Eduardo Gutiérrez

El Chacho

Barcelona **2024**
Linkgua-ediciones.com

Créditos

Título original: El Chacho.

© 2024, Red ediciones S.L.

e-mail: info@linkgua.com

Diseño de cubierta: Michel Mallard.

ISBN rústica: 978-84-9816-577-7.
ISBN ebook: 978-84-9897-201-6.

Sumario

Brevísima presentación

La vida
Eduardo Gutiérrez (1851-1889). Argentina.

Su novela *Juan Moreira* tuvo gran popularidad y fue llevada al teatro, el cine y el cómic. Entre sus otras obras, figuran El Chacho, *Hormiga Negra*, *Santos Vega*, *Juan Cuello* y *Croquis y Siluetas Militares*.

Un caudillo

El Chacho ha sido el único caudillo verdaderamente prestigioso que haya tenido la República Argentina.

Aquel prodigio asombroso que lo hacía reunir diez mil hombres que lo rodeaban sin preguntarle jamás dónde los llevaba ni contra quién, había hecho del Chacho una personalidad temible, que mantenía en pie a todo el poder de la nación, por años enteros, sin que lograra quebrar su influencia ni acobardar al valiente caudillo.

A su llamado, las provincias del interior se ponían de pie como un solo hombre, y sin moverse de su puesto, tenía a los seis u ocho días 2, 4 o 6 mil hombres de pelea, dispuestos a obedecer su voluntad fuera cual fuese.

Los paisanos de La Rioja, de Catamarca, de Santiago y de Mendoza mismo lo rodeaban con verdadera adoración, y los mismos hombres de cierta importancia e inteligencia lo acompañaban ayudándolo en todas sus empresas difíciles y escabrosas.

El Chacho no tenía elementos de dinero ni para mantener en pie de guerra una compañía.

Y sin embargo él levantaba ejércitos poderosos, mal armados y peor comidos, que solo se preocupaban de contentar a aquel hombre extraordinario.

El Chacho no tenía artillería, pero sus soldados la fabricaban con cañones de cuero y madera, que se servían con piedra en vez de metralla, pero piedra que hacía estragos bárbaros entre las tropas que lo perseguían.

No tenía lanzas, pero aunque fuera con clavos atados en el extremo de un palo, sus soldados las improvisaban y se creían invencibles. El que no tenía sable lo suplía con un tronco de algarrobo convertido en sus manos en terrible mazo de armas, y si faltaba el alimento comían algarrobo y era lo mismo.

De esta manera el Chacho tenía en pie un ejército con el que hacía la guerra al Gobierno Nacional, sin que hubiera ejemplo de que se le desertase un solo soldado, porque todos sus soldados eran voluntarios y partidarios de Peñaloza hasta el fanatismo.

El Chacho era valiente sobre toda exageración. Era un Juan Moreira, en otro campo de acción, con otros medios y otras inclinaciones. Generoso y bueno, no quería nada para sí: todo era para su tropa y para los amigos que lo acompañaban.

Para éstos no tenía nada reservado, ni su puñal de engastadura de oro, única prenda que llevaba consigo y que, en mejores tiempos, le regalara su amigo el general Urquiza.

Este puñal tenía una inscripción en su puño que le había hecho grabar el mismo Chacho, y que decía así:

«El que desgraciado nace
Entre los remedios muere.»

Rara inscripción que se presta a tantas interpretaciones y que prueba el horror que tenía Peñaloza a la ciencia médica.

Este solo bien de fortuna que poseía el Chacho, era la especie de varita de virtud que lo sacaba de apuros, en sus trances más amargos.

Cuando algún amigo, que para él lo eran todos sus oficiales y soldados, acudía al Chacho en demanda de dinero para salvar un compromiso, éste en el momento sacaba su puñal y lo entregaba para remediar el mal.

—Si la necesidad es grande —decía con su acento bondadoso—, vaya, empeñe esa prenda por cincuenta o cien pesos, que ya habrá tiempo para sacarla.

El feliz poseedor de la prenda acudía con ella a la casa de negocio más fuerte y solicitaba los cincuenta o cien pesos que necesitaba sobre el puñal del Chacho, que todos conocían.

¿Quién iba a negar el dinero, cuando era Peñaloza quien lo pedía sobre su puñal?

El comerciante entregaba su dinero y la alhaja, que volvía a poder de su dueño.

Su corazón, rico de sentimientos generosos, no conocía el rencor ni la pasión cobarde de la venganza. Era tan grande y magnánimo con su peor enemigo, como con sus más leales amigos. Así el oficial o el soldado que cayó prisionero entre las fuerzas del Chacho, fue obsequiado como el mejor de sus partidarios.

En todo el largo tiempo que hizo la guerra al gobierno Nacional, ni uno solo de los prisioneros tomados por el Chacho pudo quejarse del menor mal trato ni de la más leve crueldad.

Herido o enfermo, era asistido por sus partidarios, y una vez restablecido, entregado a las fuerzas nacionales sin que le faltara un solo botón de la ropa.

En el campamento era el mejor compañero de sus tropas, al extremo de jugar con todos ellos y conversar larguísimas horas alrededor del fogón.

Si llegaba un día en que los soldados no habían comido, pudiendo él hacerlo, porque no faltaba quien le regalara un pedazo de charque o de patay, no probaba bocado, porque no era justo, decía, que el jefe se hartara mientras los soldados morían de hambre.

Unico juez entre los suyos, él se daba maña para arreglar todas las cuestiones, de manera que las partes quedaran igualmente contentas y sin resentimientos de ninguna especie.

Cuando el Chacho tenía, todos tenían, pues su lujo era partir entre todos cuanto tenía a la mano.

El Chacho era un hombre de una salud de bronce y de una naturaleza especial para resistir la fatiga inmensa de aquellas marchas prodigiosas, que dejaban asombrados y a treinta leguas de distancia a sus más tenaces perseguidores.

La esposa del Chacho venía con frecuencia al campamento y al combate, a partir con su marido y sus tropas los peligros y las vicisitudes.

Entonces el entusiasmo de aquella buena gente llegaba a su último límite y solo pensaban en protestar a la Chacha, como la llamaban, su lealtad hasta la muerte.

Cuando llegaba la hora de pelear, el Chacho era el primero que entraba al combate y el último que se retiraba, si eran derrotados.

Antes de entrar en batalla, el Chacho daba siempre a sus tropas un punto de reunión, para el caso en que tuviera que dispersarlas. Y así se veía que el Chacho, derrotado hoy con 2.000 hombres, reaparecía tres o cuatro días después con un ejército de 3.000.

El Chacho no tuvo jamás una palabra dura para sus subordinados, y cuando alguno cometía alguna falta grave se contentaba con expulsarlo de su lado, prohibiendo terminantemente que formara parte de su ejército.

Manso y complaciente, accedía con la mayor facilidad a cualquier insinuación que se le hacía y que él creía sana.

Cuando él la creía mala o veía que lo que se le pedía podría perjudicar a su causa, la rechazaba redondamente, y una vez que el Chacho decía no era inútil insistir.

El Chacho combatía por el pueblo, por sus libertades y por los derechos que creía conculcados.

Para sí no quería nada ni pidió nada jamás, en tiempo en que, por hacer con él la paz, el Gobierno le hubiera dado cuanto hubiera pedido.

De aquí dimanaba principalmente el gran prestigio de que gozaba el Chacho y la cantidad de hombres que lo rodeaban.

Porque él había encarnado en él mismo la causa del pueblo, y cada hombre de los suyos sabía que peleaba por su propia felicidad y en su propio provecho.

El Chacho era un hombre alto y musculoso, de una fuerza de Hércules y de una contextura de acero.

Su mirada suavísima y bondadosa solía irradiar a veces destellos de cólera que hacían temblar a los que estaban a su lado.

Esto era cuando llegaba a sus oídos la noticia de alguna cobardía o uno de los tantos fusilamientos que de chachistas hacían las fuerzas nacionales.

Peñaloza se mostraba entonces en todo el esplendor de su nobleza, y como una venganza terrible, mandaba redoblar sus atenciones para con los prisioneros.

Las injusticias del Gobierno lo habían irritado, porque ningún gobierno debía ser cruel e injusto; luego las iniquidades cometidas con los paisanos por la autoridad de los pueblos habían conmovido su corazón hidalgo y había derrocado al gobierno que creía malo.

Pero el Chacho tenía la debilidad de escuchar las opiniones de los amigos que creía ilustrados, y prestar su apoyo, para suceder a un gobierno derrocado, muchas veces a un hombre más indigno que el que derrocó.

Así los aspirantes a gobernador y los negociantes de la política mantenían relación íntima con el Chacho para servirse de él, llegado el caso, sorprendiendo su buena fe y engañándolo en cuanto les era posible.

Sumamente astuto, aunque inocente en los enredos políticos, se dejaba engañar hasta cierto punto, haciendo a un lado al pretendiente una vez que lo había calado.

Triunfando el Chacho, triunfaba la buena causa, la causa del pueblo, y entonces el Chacho pedía una contribución en dinero para repartirlo entre sus soldados, que andaban siempre careciendo de aquello más necesario.

En el ejército del Chacho no había más ordenanzas militares que la palabra de éste, ni más ley obligatoria que el empeño que cada cual tenía en servirlo y morir por él si era necesario.

El Chacho detestaba el sacrificio estéril de sus tropas, no aceptando un combate sino cuando creía estar seguro del éxito, ni se empeñaba mucho en la batalla de éxito dudoso, para conservar enteros sus elementos.

Con una seguridad asombrosa y una rapidez notable, el Chacho calculaba cuál debía ser el fin del combate que sostenía, y si lo creía nulo, desbandaba su ejército en todas direcciones para evitar la persecución.

Por eso es que el Chacho antes de entrar en pelea daba a sus tropas el punto de reunión para un día fijo, encontrándolos reunidos cuando llegaba al punto indicado, y aumentando, con los amigos que se plegaban, a los derrotados.

Y ésta era la causa de que, derrotado el Chacho, se le viera enseguida con mayor número de gauchos y mayores elementos.

Conocedor del terreno en que operaba, como cualquiera puede conocer su aposento, el Chacho hacía marchas tan asombrosas y rápidas que muchas veces el ejército que creía irlo persiguiendo lo sentía a su espalda picándole la retaguardia y tomándole todos los rezagados que iba dejando en la marcha.

Es que, mientras el Chacho disponía de los mejores rastreadores y de toda la gente de algún valor en los ejércitos, el jefe que lo perseguía marchaba a ciegas la mayor parte del tiempo sin encontrar quien quisiera darle el menor informe, aun bajo la mayor amenaza.

Un dato perjudicial al Chacho, un informe que pudiera ocasionar una sorpresa era un crimen que no había paisano capaz de cometer ni por todo el oro del mundo ni por todas las torturas conocidas.

Esto había causado más de una vez el fusilamiento de algún paisano que se había resistido a dar los informes pedidos, o el martirio de algún prisionero por la misma causa.

Pero esto producía un efecto contrario al que se buscaba, pues con este proceder los paisanos huían del ejército regular como de la calamidad más espantosa.

Cada vez que el Chacho tenía conocimiento de algún hecho de éstos, su indignación no conocía límites.

—¡Y ése es el ejército civilizado que nos persigue como a horda de salvajes! —exclamaba conmovido—, ¡y degüella nuestros leales y azota nuestras mujeres! ¡Y ésos son los valientes que vienen a enseñarnos el goce de la ley bajo las banderas del gobierno!

Y conmovido e indignado apuntaba el nombre de la víctima en su memoria fabulosa, para atender lo que necesitaban los huérfanos.

Él, pudiendo hacerlo, no tomaba nunca venganza con los prisioneros que hacía.

Por el contrario, cuando algún jefe u oficial era tomado prisionero por los suyos, lo hacía tratar con todas las consideraciones a su alcance, proporcionándole todos aquellos recursos cuya adquisición era posible.

Pero el poder del Chacho no llegaba hasta evitar las justas represalias que tomaban los suyos, heridos en sus deudos más cercanos.

Muchos de sus jefes más prestigiosos se habían acercado al Chacho pidiéndole que mandara lancear los prisioneros que tenía en su poder, como justo desquite a las matanzas ordenadas por los jefes nacionales, pero nunca habían podido arrancarle su consentimiento.

—Él que un jefe sea un bandido y un asesino, no autoriza para que yo lo sea —respondía el Chacho dulcemente—. ¿Cómo voy a hacer pagar a un prisionero el delito que cometió un jefe, cuando tal vez ése fue el primero en condenarlo? Matar en la batalla es necesario puesto que es el único medio del triunfo. Pero matar a prisioneros de guerra o a hombres inocentes porque no quieren hacer traición a su causa, es una cobardía infame. Dejemos cometerlas al ejército de la civilización que nos manda el Gobierno, no nos mancharemos nosotros.

Y mientras el Chacho prohibía severamente las represalias, el ejército seguía su sistema, cada vez más bárbaro y cobarde.

El hogar del montonero era botín de la tropa, que lo saqueaba y destruía con una ferocidad de indio.

Los hombres eran degollados o lanceados sin el menor escrúpulo porque no sabían dar informes del paraje donde se hallaba el Chacho.

Y las mujeres eran azotadas, después de sufrir toda clase de vejámenes y actos vergonzosos.

Así, cuando alguna fuerza del Chacho lograba hacer algunos prisioneros, se vengaban de la misma manera, antes de que lo supiera el Chacho y lo pudiera impedir.

—¿Por qué nosotros hemos de ser los buenos y los estúpidos —decían—, mientras ellos manchan nuestras mujeres y nuestras hijas, degollándolas después como a reses de carneada? ¿Por qué hemos de guardarles lástimas y consideraciones, desde que ellos nos pagan todo eso con el filo del puñal y el robo de nuestra hacienda? Que paguen siquiera una de las tantas que hacen.

Y antes de que lo supiera el Chacho tomaban su represalia que creían justa y arreglada a derecho.

Cuando el Chacho llegaba a saber que habían muerto prisioneros, se enojaba y reprendía a sus tropas, haciendo pesar sobre el jefe o el oficial inmediato la responsabilidad del hecho, pero éstos decían:

—Es preciso hacer así, señor; si ven que nosotros, lejos de vengar a nuestras víctimas premiamos a sus verdugos, no van a parar hasta concluir con la última mujer de las poblaciones. ¡Es preciso ser duro alguna vez, a ver si así escarmientan de miedo, y si no escarmientan peor para ellos!

¡Y era verdaderamente salvaje lo que hacían las tropas del Gobierno, bajo las órdenes del tremendo Sandes y del infame Iseas!

Allí se degollaba por ver cómo ponía la cara una mujer, como se lanceaba por ver si un individuo era ágil o pesado.

El degüello o ejecución a lanza de prisioneros de guerra era un espectáculo lleno de interés para aquellas verdaderas hordas de bárbaros que marchaban bajo el nombre de Ejército Nacional.

Los horrores cometidos fueron tantos y tales, que las poblaciones, aterradas, huían de un batallón de línea como de una invasión de salvajes, mientras que miraban al Chacho y su ejército como la única salvaguardia de su deceso, de su fortuna y de su vida.

Las tropas de línea entraban a las poblaciones como conquistadores en tierra extranjera, cometiendo toda clase de vejámenes y monstruosidades.

Y si alguno se quejaba, ahí estaban las lanzas de los regimientos de caballería para hacerles guardar silencio.

El dinero, como las mujeres y los hombres mismos, era propiedad de los jefes nacionales, porque eran familias y bienes de montoneros, y éstos estaban fuera de la ley.

Los regimientos se remontaban con jóvenes montoneros, por el único delito de que debían de ser chachistas, o porque habían andado montoneando, o porque tenían una cara que no había caído en gracia al jefe que los destinaba.

Los soldados también mataban montoneros por su cuenta y violentaban cuanto se les ponía a tiro.

Aquél, para la buena gente de las provincias, no era un ejército regular, sino una cuadrilla de bandidos amparados por el poder de la Nación, y contra los que no había otro recurso que la resistencia armada y lo que cada cual pudiera hacer en su legítima defensa.

De ahí se explica cómo de todas partes acudían los hombres a alistarse voluntariamente en las filas del Chacho para defenderse del enemigo común.

Así era recibido el Ejército Nacional en las provincias del Norte, donde aún queda fresca y sangrienta su antigua leyenda de sangre a la que empezó a poner coto el general Arredondo en sus campañas contra el Chacho, Felipe Varela y Juan Sorá.

Veamos ahora quién era el Chacho, esta entidad respetable que se levantaba airada y vengativa contra todo el poder de la Nación, de dónde había surgido.

El Chacho era un hombre sin vicios, criado en los campamentos militares y teniendo cerca de sí viciosos de todo género; él no bebía, no jugaba, ni parrandeaba siquiera.

Loco por las carreras, era capaz de galopar cincuenta leguas para asistir a una fiesta de éstas, sobre todo cuando sabía que corrían buenos caballos.

Nunca corrían caballos suyos, a pesar de la gran afición que tenía por las carreras, porque los parejeros no se veían en sus tropillas.

El Chacho los había tenido muy buenos, pero le habían durado poco, porque o los daba para que se remediaran los que andaban mal de caballos, o para que los empeñaran o los vendieran los que tenían alguna necesidad imperiosa, como daba cuanto tenía, sin excluir su propio puñal de cabo de oro.

El Chacho no castigó nunca ni hizo armas contra nadie, aun en sus momentos de mayor irritación, que era cuando veía cometer alguna mala acción o una cobardía.

Entonces castigaba con algún moquete o un rebencazo, y el que lo recibía olvidaba el dolor que el golpe podía haberle causado, para pensar en la desgracia de haber enojado al Chacho.

A pesar de tratarlos bien y de impedir que sus soldados los mataran cuando caían prisionero, el Chacho no tenía la menor simpatía por los soldados del ejército, abrigando el mayor desprecio por los jefes, a consecuencia de las iniquidades que hemos apuntado.

Porque para hacer que un paisano declarara dónde estaba el Chacho, lo ahorcaban de un algarrobo como Linares, o lo hacían lancear con clavos como Iseas.

Recién cuando fue el general Arredondo a hacer la guerra al Chacho, ésta se hizo más tratable y cesaron por completo todos los horrores a que eran sometidos los pueblos ocupados por tropas nacionales.

Es que la guerra, había dejado de ser guerra de salvajes, para tomar su verdadero carácter.

Antecedentes juveniles

Peñaloza había nacido en Huaja, pequeña población situada a treinta y cinco leguas al sur de La Rioja, en el departamento de la Costa Alta, en los Llanos.

Huaja es hoy una población de quinientos habitantes, más o menos, compuesta de ranchos diseminados y alguna que otra casa de adobe.

Nuestros lectores podrán calcular lo que sería aquello el año [180]6, época a que remonta nuestro relato.

Cerca de Huaja, a unas tres leguas más o menos, vivía Quiroga, el tremendo Quiroga, que en aquella época había empezado a sacar las uñas y a mostrarse en toda la deformidad de su alma.

Ya Quiroga acaudillaba grupos de muchachos grandes, a los que trataba duramente, castigándolos como se puede castigar a un soldado.

Quiroga se había impuesto por su valor y su maldad, al extremo de que sus compañeros lo obedecían ciegamente como si fuera una autoridad suprema.

Peñaloza era hijo de gente pobre, pero de cierta importancia porque estaba emparentado con lo mejor de La Rioja, y contaba con un cura en la familia que era lo mismo que decir un sumo pontífice.

Bastaba que una familia tuviera un hijo cura para que fuera mirada como una familia celeste que disponía a su antojo de la voluntad de Dios.

El cura era la primera autoridad de los pueblos, pues a ellos se les consultaba desde la cosa más sencilla e inocente hasta la más grave disposición de gobierno, bastando su más leve indicación para que se cambiara la más firme determinación.

Los padres de Peñaloza tenían honor con ese hijo que, siendo el protegido del cura Peñaloza, su tío, era el mimado de todo el departamento.

Desde que tuvo diez años el cura, su tío, se había hecho cargo de él con el proyecto de educarlo para la Iglesia.

Pero aunque Peñaloza era de un carácter dulcísimo y bondadoso no mostraba ninguna inclinación por la carrera que quería darle su tío.

Él prefería andar acaudillando muchachos como Quiroga y montando a caballo para pasear por su departamento que conocía palmo a palmo.

Así como Quiroga se había hecho de prestigio por su crueldad sin límites, Peñaloza empezaba a tenerlo por la proverbial bondad de su carácter y la generosidad de su corazón hidalgo.

Si alguna vez se veía en la necesidad de pelear por alguna de tantas cuestiones entre muchachos, siempre lo hacía sin la menor ventaja, y tratando de que tres o cuatro cayeran sobre él, porque le parecía una cobardía pelear contra uno solo.

Es que Peñaloza tenía una fuerza terrible y tal tino para dar trompis que, no bien empezaba la pelea, ya su adversario estaba chocolata de fuera.

Cuando Peñaloza tenía uno de estos estragos, era él quien se acercaba a su mal parado adversario manifestándole el profundo pesar que sentía de haberle causado daño.

Y lo ayudaba a estancar la sangre, y si era poseedor de algunos reales, se los daba también, para que se consolara y olvidara más pronto.

Y como tenía conciencia de su poder por el resultado de las primeras riñas, le parecía que pelear contra solo uno era una acción cobarde, y no aceptaba combate si su adversario no se juntaba, por lo menos, con uno más.

Entonces Peñaloza peleaba duro y era cosa sabida que a los pocos minutos de lucha sus adversarios quedaban derrotados y con la chocolata de fuera.

Algunos muchachos mal intencionados y que pretendían tener prestigio de más valientes, habían llegado hasta atacarlo con armas, pero no por esto lo habían intimidado ni vencido.

Sin más que sus puños famosos, había desarmado a sus adversarios y los había golpeado de firme, pero sin causarles el menor mal.

Los muchachos habían concluido por convencerse de que Peñaloza era el más valiente y el más fortacho y lo habían dejado en paz.

Su tío, el cura, lo reprendía severamente cuando tenía conocimiento de estas peleas, pero Peñaloza se disculpaba con grandeza, demostrando a su tío cómo lo habían obligado a pelear.

Él sabía disculpar las debilidades ajenas y sus labios tenían siempre una palabra cariñosa aun para aquel que más hondamente lo había ofendido.

Era de un natural bondadoso y humilde, en el que su tío el cura había sabido grabar el sentimiento del bien y la generosidad llevado a su último límite.

El cura le decía habitualmente muchacho, y cuando andaba en el campo, para llamarlo, hacía sonar las dos últimas sílabas, gritando, ¡chachoooo!

El hábito de oírlo llamar siempre así, fue acostumbrando a sus compañeros y amigos que no lo nombraban sino por Chacho, y Chacho se le fue quedando, sin que él protestara jamás del apodo.

Cuando Peñaloza, ya mozo y hombre de bailes, empezó a figurar ya no se le conocía sino por Chacho, y el Chacho decían los que a él querían referirse.

No había reunión alegre ni fiesta completa, sin la presencia del Chacho, porque además de su bondad natural, era su carácter sumamente alegre y sonriente.

Su tío, el cura, quería instruirlo como se instruía en aquella época, enseñándolo a leer y escribir lo menos malamente que le fuera posible, pero para esto era el Chacho rebelde como un demonio.

—¿Para qué quiero yo saber todo esto? —decía asombrado el Chacho—, ¿si no tengo qué leer ni a quien escribirle? Déjeme, tío, montar a caballo y andar rastreando, que es más entretenido.

—Es que con eso solo no pasarás de ser un salvaje, y yo quiero que, cuando muera, puedas reemplazarme tú en mi santo oficio.

—Queda eso de ser cura para los buenos y sabios como usted —respondía sonriendo el Chacho—, ¿qué voy a ser cura, un animal como yo que apenas puedo darme cuenta de lo que es Huaja? ¡Ni siquiera conozco los alrededores del cielo!

—Yo te los haré conocer, muchacho, para que seas un hombre útil a la humanidad y a tus conciudadanos.

Y durante dos o tres días lograba tenerlo a su lado trasmitiéndole sus lecciones.

Pero el cuarto día el Chacho se le disparaba a sus correrías, y cuando volvía a echarle el guante las había olvidado de tal manera que no recordaba la diferencia que había entre una a y una i.

Y no era que Chacho fuera rudo o tuviera mala memoria.

Por el contrario, su inteligencia era clara y despejada y su memoria extraordinaria, lo que podía conocerse en el recuerdo que tenía de los sucesos más remotos.

Es que el tío tenía una manera de enseñar que lo fastidiaba horriblemente, al extremo de mirar el estudio de sus lecciones como el castigo más horrible que pudiera darle.

El cura se desesperaba pensando que nunca saldría un cura de Peñaloza, y lo encerraba días enteros haciéndole estudiar las letras.

Pero entonces Chacho se ponía a pensar en tal o cual caballo o en tal o cual muchacha, y lo que menos le preocupaba era la forma de las letras que tenía por delante.

Así, cuando el tío iba a tomarle la lección para apreciar los adelantos hechos, se encontraba con que no acertaba con la o.

—Es una desesperación —decía—: ¿por qué no han estudiado una cosa tan fácil como ésta?

A la edad de las parrandas el Chacho salía de la Costa Alta y se pasaba una o dos semanas recorriendo otros departamentos, donde lo habían invitado a un baile, y de esta manera iba echando también su prestigio fuera de Huaja, y haciéndose de toda clase de relaciones.

Estas excursiones ponían en alarma al cura Peñaloza, que echaba al Chacho formidables discursos, demostrándole que aquella era la vida del infierno y que era necesario rompiera con aquellos hábitos, pues de lo contrario rompería él entregándole a su destino.

Sumiso y obediente, por el doble motivo de ser su tío y ser cura, el Chacho prometía no andar más en los bailes y no moverse de Huaja sino con su expreso permiso.

El buen cura temía que detrás del baile viniera el juego y la bebida y que su sobrino se hiciera un perdido de cuenta y trataba de impedir por los medios a su alcance que esto sucediera, evitando que Chacho se juntara con ciertos perdidos o jóvenes de mala reputación.

Pero Chacho se veía acosado por sus amigos de tal manera que olvidaba las promesas hechas a su tío, y cuando aquél menos acordaba ya salía en excursión a la hacienda de tal o cual familia amiga que lo mandaba invitar para su fiesta.

Su tío lo reprendía agriamente, pero el Chacho pedía perdón con tal humildad y prometía con tal seriedad no volvería a incurrir en la misma, que se le perdonaba sobre tablas bajo la condición expresa de no volver a caer en pecado.

Hombre viejo ya, teniendo idolatría por aquel sobrino, no se conformaba con la aversión que el Chacho mostraba por el estudio, y con admirable paciencia persistía en sus proyectos de enseñanza, pero el Chacho se sentía más inclinado por el lado de la milicia y no quería saber nada de misas ni de historia sagrada.

Su natural inclinación eran las armas, y cuando pensaba que algún día podía llegar a ser capitán de milicias, se sentía completamente feliz.

Su tío perdió la esperanza de verlo cura algún día y se concretó a enseñarle a leer y escribir.

El Chacho, no teniendo nada mejor que hacer, formaba sus amigos en grupos y hacía grandes simulacros de batallas contra los grupos de algún otro capitán que de entre ellos surgía.

Estas siempre eran luchas de caballería, en que los ejércitos esgrimían sendas ramas de algarrobo que simulaban lanzas o sables.

Y el Chacho obtenía siempre la victoria contra sus contrarios que, acosados de todos modos, concluían por abandonarle el campo.

Chacho mostraba una particular tendencia a proteger siempre al desvalido y al pobre que le pedía amparo contra los desmanes de la justicia.

Entonces el alcalde de un pueblo era una especie de déspota que por la mayor fruslería metía a un hombre de cabeza en el cepo y lo tenía así tanto tiempo como le daba la gana.

El cepo, en las provincias del Norte, era un tronco de algarrobo aserrado a lo largo y con algunos agujeros, colocado a campo raso bajo algún algarrobo, para evitar que el Sol ardiente derritiera los sesos del preso.

Muchas veces el cepo se hallaba colocado a más de una legua de la casa del alcalde, y allí penaba el preso sin la menor vigilancia y sin que nadie se atreviera a sacarlo o llevarle algún alimento o vaso de agua por temor de despertar las iras del supremo alcalde.

No hace muchos años que vimos nosotros mismos en la provincia de Santiago un hombre trincado así en uno de estos cepos originales, y que puesto en libertad por nosotros se negó a salir porque el alcalde, dijo, era capaz de matarlo a azotes.

Los que se encontraban en situación semejante se empeñaban con el Chacho para que hiciera jugar la influencia de su tío en su favor, y como no había alcalde que resistiera al pedido del cura Peñaloza, el Chacho conseguía siempre la libertad de los presos, que quedaban obligados a él de todos modos.

De aquí venía que en cada rancho tenía el Chacho un amigo dispuesto a pagarle el servicio con la vida si era posible.

Si el delito era muy grave y necesitaba hacer a la justicia alguna untada de mano para que quedara conforme, el Chacho no trepidaba en deshacerse de alguna prenda o algún animal que llenara la codicia del alcalde obteniendo así la libertad del preso.

Así Chacho se había hecho de un gran prestigio entre la gente del pueblo, que lo miraba como un protector celeste contra todos los desmanes de aquellas autoridades miserables.

Y estas tales autoridades, conociendo el desinterés del Chacho y el poco apego que tenía a sus cosas, no le soltaban ya los presos sino por medio de alguna dádiva.

Así el Chacho, con su sagacidad asombrosa, comprendía el manejo, y aunque nada decía, había concluido por cobrar un profundo desprecio por todo lo que se llamaba justicia.

—La mejor y más mansa de las justicias —decía—, son los pesos y las mulas; tenga uno reales disponibles y podrá hacer todo aquello que le dé la gana. Pero que aquel que no tenga no se meta a zonzo porque la pagará por todos.

Sucedió una vez que por asuntos de mujeres un joven dio unos trompis al alcalde, por lo que éste resolvió secarlo en el cepo de cabeza.

El preso se mandó empeñar con el Chacho, y éste puso en juego todos sus recursos y todas sus mulas para sacarlo en libertad, pero esta vez se estrelló con el rencor del alcalde y la venganza que quería ejercer a todo trance.

Esta vez los empeños del cura y las ofertas de Chacho se estrellaron contra el deseo de vengarse que tenía el alcalde y el interés en mantener preso al joven, no solo por vengar los trompis sino para quedar dueño de la mujer que de tales trompis había sido causa.

El Chacho se convenció de que por esta vez no valían los ruegos y los regalos, sintió que por primera vez la mostaza se le subía a las narices y se encaprichó en que el alcalde había de poner en libertad al preso o lo pondría él mismo.

El alcalde se sulfuró y dijo al Chacho que si se le volvía a poner por delante a él también lo iba a meter de cabeza en el cepo.

El Chacho se fue adonde estaba el cepo y puso en libertad al preso, comprometiéndolo a pelear contra el alcalde si persistía en su empeño y quería prenderlo de nuevo.

Aquello fue un acontecimiento fabuloso en Huaja, que vino a conmover todo el departamento.

Era la primera vez que un hombre se permitía desacatar la autoridad al extremo de poner en libertad los presos desafiando sus iras.

El alcalde mandó en el acto prender al Chacho o traerlo a su presencia, con la santa intención de ponerlo en el cepo y castigar así el desacato cometido.

Pero esto era cosa más difícil de realizar por el cariño que al Chacho tenían y porque ya sabían que éste se resistiría a mano armada.

Toda la fuerza de que disponía el alcalde para hacerse respetar eran dos hombres erigidos en soldados de la ley y con el derecho de usar una cosa que había sido sable en sus mocedades.

Los dos representantes de la ley se apersonaron al Chacho y le intimaron orden de prisión en nombre del alcalde, pero se encontraron con que éste se negó redondamente a obedecer.

Quisieron hacer uso de la fuerza, pero el Chacho les dijo que les iba a romper la crisma si insistían y que se retiraran a llevar su contestación.

Decidido a resistirse de todas maneras, Chacho juntó al que había puesto en libertad dos amigos más para pelear al alcalde y no dejarse prender.

El escándalo estaba dado y la población de Huaja pendiente de lo que iba a suceder.

El alcalde, profundamente irritado con la contestación de sus soldados, decidió ir en persona a prender al Chacho, y con ese objeto se armó hasta los dientes y acompañado de sus dos soldados salió en busca de éste.

Chacho y sus amigos se habían armado de garrotes de algarrobo para dar con ellos una soberana paliza a la autoridad.

Y como los dos enemigos se buscaban, no tardaron en encontrarse, deseosos de venirse a las manos.

En cuanto se encontraron, el alcalde intimó al Chacho que se entregara preso y entregara también al causante de todo aquel escándalo.

—Mire amigo —dijo el Chacho—, ¿por qué está embromando? Es mejor que se retire y se deje de caprichos, porque puede sucederle algo malo; en cuanto a ustedes, no se metan a guapos —dijo a los soldados—, porque el asunto puede salirles caro por sus huesos.

—Si no se entregan —gritó el alcalde completamente sulfurado—, soy yo quien los va a moler a garrotazos, y a algo más si fuera necesario.

Algunos mozos que sabían lo que pasaba se habían juntado por allí cerca, dispuestos a tomar parte a favor del Chacho si la cosa se formalizaba, de modo que todas las probabilidades estaban contra el alcalde.

Como el Chacho y sus amigos soltaron una gran carcajada ante la amenaza, el alcalde arremetió lata en mano contra el grupo, seguido de sus dos milicos.

Guapos todos, pues en La Rioja no hay hombres flojos, empezaron a menudearse cada garrotazo que sonaban los huesos de una manera formidable.

El Chacho se había trenzado con el mismo alcalde, mientras los compañeros vapuleaban a los milicos con su garrote de algarrobo. El Chacho no tardó mucho en avasallar al alcalde; le sacudió el garrotazo de gracia y lo echó al suelo desmayándolo sobre tablas, acudiendo en auxilio de sus amigos, dos de los cuales habían recibido contusiones serias.

La justicia quedó completamente en derrota y mal parada sobre el campo de batalla.

En vano el alcalde pedía favor a los vecinos que miraban; todos habían rodeado al Chacho, complacidos de que hubiera acogotado a aquel trompeta.

Aquel fue un colmo en el tranquilo pueblo de Huaja. Pelear a la autoridad del pueblo y ponerla en derrota era cosa que jamás había sucedido, era algo como una revolución inverosímil que la imaginación se resistía a creer.

El alcalde se quejaría, el juez de paz pondría el grito en el cielo y el gobernador citaría la Guardia Nacional para castigar de firme tan terrible crimen.

El mismo Chacho hizo llevar a su domicilio al alcalde y sus milicos para que los curaran como Dios les diera a entender, porque debían tener los huesos descangallados, pensando enseguida en los amigos, que no estaban mucho mejor.

Cuando el cura supo lo sucedido, se quería morir de pura desesperación, porque aquel escándalo dejaba a su sobrino como un bandido y lo hacía acreedor a un serio castigo.

—¿Es posible que seas tú quien cometa un barro de esta naturaleza rebelándote contra la autoridad del pueblo y peleándote como una cuadrilla de forajidos?

—¿Y por qué andan embromando? —contestaba Chacho que no daba a la cosa tanta importancia—. ¿Por qué no quiso poner en libertad a Agenor que no le había hecho nada, cuando yo le ofrecí pagar lo que fuera necesario?

—¿Y qué tienes que meterte tú en esas cosas? Si él estaba preso, su delito habría cometido; ¡cuántas veces te dije yo que tus amigos habían de ser tu perdición! Vamos a ver cómo sales de ésta.

—Bien, no más; ¿cómo quiere que salga? Este alcalde no sabe más que hacer iniquidades para sacar plata por la libertad de los presos, y alguna vez había de sucederle un descalabro. La chacarera que le hemos bailado en los huesos, se la tenía que bailar alguno, de todos modos, porque ya sus procederes no se podían aguantar.

—Pero es que ahora el juez de paz del Departamento te va a mandar buscar preso y van a hacerte alguna atrocidad.

—Es que no he de ir, y si se empeña, como el alcalde, en llevarme, hay algarrobos para él también, y le hemos de menear duro y parejo para que no se meta a apoyar pícaros.

—Pero ésa es la revolución, Ángel, y tú no tienes fundillos para revolucionario.

—¡Y por eso se ha de dejar uno llevar por delante! Está bien ser bueno, tío, pero no tanto que se parezca a zonzo.

—¡Ay, Ángel! Quiera Dios protegerte y protegernos, porque me parece que vamos a pasar un mal rato.

Tan grave era la situación para el buen cura, que por primera vez llamaba al Chacho por su nombre propio.

Ya se lo figuraba preso como un criminal famoso y cubierto de heridas y grillos.

Todos los jóvenes de Huaja no solo encontraban que Chacho había tenido razón sino que se felicitaban de la paliza que había dado a aquel alcalde a quien todos odiaban a muerte por bárbaro y por injusto.

Para ninguno era un misterio que el juez mandaría a prender a Peñaloza, y que éste se resistiría, pero todos, en este caso, estaban dispuestos a sostener al Chacho y librar una batalla antes que permitir que lo prendieran y lo llevaran.

Aquella paliza dada al alcalde había acentuado su prestigio de un modo fabuloso, hasta el extremo de creerlo invencible.

—¡Ah! Si nosotros tuviéramos armas —exclamaban—: ni aunque vinieran con un ejército llevaban a Chacho; hemos de pelearlos hasta que reventemos.

Por fin sucedió lo que tanto temía el cura Peñaloza; el alcalde mandó a dar cuenta de lo que sucedía al juez de paz del Departamento, y éste mandó ordenar al Chacho que inmediatamente se presentara preso.

—¡Ya voy a ir! —exclamó el Chacho—. ¡Ya voy a ir por el aire! Como si uno no tuviera más que hacer que obedecer a cuanta burrada le manden. Diga usted al juez que no he de ir nada, que no quiero ir, y que es en vano que mande chasques porque tendrían que volver como han venido.

El juez de paz, que estaba acostumbrado a que sus órdenes se obedecieran sobre tablas sin discutirlas ni observarlas, sintió que el diablo se lo llevaba cuando le dieron la respuesta del Chacho.

—¿Que no ha de venir? —exclamó lleno de ira—. ¿Que no ha de venir? Pues lo haré traer atado codo con codo y a garrotazos; yo le he de preguntar si soy yo como el alcalde o algún trompeta como él.

Y previendo que el Chacho se le pudiera resistir, mandó seis hombres y un oficial con la orden de traerle preso al Chacho de cualquier modo, amarrándolo en caso de que se resistiera.

El oficial y los soldados llegaron a Huaja dispuestos a cumplir al pie de la letra la orden que habían recibido, pero no contaron con el recibimiento que se les preparaba.

El Chacho, suponiendo que el juez no se había de tragar su respuesta así no más y que alguna medida seria había de tomar, se había preparado a una resistencia en toda regla.

Había juntado quince mozos, que se habían armado de gruesos garrotes de algarrobo, dispuestos a romperles el bautismo a los que allí aparecieran en son de guerra, aunque viniera con ellos el mismo juez de paz.

En vano el cura se empeñó con Chacho para que no resistiera y obedeciera las órdenes de la autoridad: éste declaró terminantemente que no se entregaba, porque sus amigos no querían que se entregara, y que estaba dispuesto a no dejarse atropellar por la justicia.

—No te entregues —le decían sus amigos—; nosotros te hemos de sostener hasta el último aliento y no te han de llevar.

Esta era la disposición en que estaba el Chacho y su gente cuando llegaron los enviados del juez de paz.

El oficial que venía conocía al Chacho como lo conocían todos los habitantes de la Costa Alta por lo que quiso hablar con él antes que emplear los medios violentos.

—Yo, como amigo —le dijo—, le aconsejo que nos acompañe y arregle con el juez esta cuestión, sin necesidad de complicarla más todavía. Con buena voluntad todo se arregla, y entre usted y el juez se han de entender debidamente.

—Yo no voy nada, porque no he dado motivo para que me pongan preso y porque no quiero. Si el juez de paz quiere arreglar algo conmigo o averiguar cómo ha sido el suceso del alcalde, puede venir no más que yo tendré muchísimo gusto en recibirlo, pero eso de ir yo preso es una fantasía que debe quitarse de la cabeza porque no ha de suceder.

—Es que yo tengo orden de llevarlo de todos modos; y si no quiere venir a buenas tendrá que venir a malas, porque así es la orden que traigo.

—Bueno, amigo, y antes de venirnos a las manos quiero darle un consejo, que espero seguirá por la cuenta que le tiene. Ya he dicho que no quiero ir, y si ustedes me esfuerzan, van a obligarme a sacudirles, y cuando yo pego soy muy grosero; ya ve lo que le ha sucedido al alcalde por haberse metido a zonzo.

—Yo me iría —contestó el oficial—, porque lo estimo a usted en lo que vale, pero es el caso que me han dado orden de llevarlo de todos modos, y yo no me puedo ir sin usted.

—Pues la única compañía que de aquí pueden llevar serán los chirlos que yo les sacuda, porque otra cosa no es posible.

Ya hemos dicho que en la provincia de La Rioja no hay hombres flojos, así es que el oficial, aunque sabía que la empresa era peligrosa y arriesgada, intimó al Chacho que lo siguiera.

Para él no había otro camino que éste: cumplir la orden que había recibido.

El Chacho se sentó en el suelo, con el garrote entre las piernas, y miró al oficial con la expresión bondadosa y tranquila de su mirada.

—Caramba, siento mucho, pero veo que no hay más remedio —dijo el oficial, y bajándose del caballo se acercó al Chacho como para tomarlo de un brazo.

La escena tenía lugar en medio del campo, siendo testigo de ella toda la población de Huaja, que al ver llegar fuerzas del juzgado había acudido previendo lo que iba a suceder.

Y esta cantidad de público obligaba al oficial a echar el resto en el cumplimiento de sus órdenes.

Cuando Chacho vio que el oficial iba a ponerle la mano encima, se puso de pie y le dio un leve empujón en el pecho diciéndole:

—Cuidado con lo que se hace porque cada uno tiene la paciencia puesta en su lugar y yo siento que la mía se me va acabando.

El oficial se demudó, palideció intensamente y volvió sobre el Chacho siempre en ademán de tomarlo de un brazo.

Chacho entonces le dio un empujón tan violento que por poco no lo voltea de espalda.

Esta fue la señal de la lucha, lucha terrible porque tenía lugar entre hombres bravos y dispuestos a salirse con la suya o dejar allí el pellejo.

—Pues, entonces, y ya que no hay más remedio, firme y no se quejen —dijo el oficial cargando sobre Chacho espada en mano.

Los soldados sacaron su simulacro de sable y se aproximaron para secundar la acción de su oficial.

Pero no habían aún llegado adonde él estaba cuando Chacho le hacía volar la espada de un garrotazo.

El combate empezaba por las cabezas, con una enorme desventaja para el oficial que no tenía más que su rebenque para hacer frente al garrote del Chacho.

Los soldados avanzaron en protección del oficial; el Chacho se vio en el acto rodeado de sus amigos y la batalla empezó violentísima por una y otra parte.

Los milicos tiraban cada sablazo capaz de dividir hasta el estómago al que tomaran por la cabeza.

Pero los amigos del Chacho, ágiles y jóvenes, los evitaban como podían, devolviendo por cada uno de ellos, garrotazos verdaderamente matadores.

Este género de luchas no son muy largas, porque tratando los combatientes de herir antes que cubrirse, se reciben golpes terribles y los combatientes se sienten muy pronto postrados.

El primero que cayó bajo los golpes del garrote del Chacho fue el oficial, que había recibido un golpe en la cabeza y otro golpe en el brazo derecho que se lo había roto de la manera más dolorosa. El Chacho acudió al grupo donde más recio se peleaba, decidiendo bien pronto su garrote la victoria por parte de los suyos, que eran más numerosos y peleaban apasionados.

Como sucede siempre que los combatientes son igualmente bravos, los heridos y contusos eran muchos, casi todos lo estaban.

Quien tenía la cabeza abierta de un sablazo, quien la nariz rota de un palo, quien una mano fuera de su lugar o la dentadura fuera.

Los combatientes se habían pegado firme, así es que cada palo había levantado una contusión terrible.

El único que no estaba herido era el Chacho, y esto porque era el más hábil y práctico de todos ellos.

El Chacho cuerpeaba los golpes con una limpieza de pruebista y los devolvía con una rapidez endiablada.

La derrota no podía ser más famosa ni completa, pues no había un solo milico que, por lo menos, no hubiera recibido un par de garrotazos, con excepción del oficial que había recibido una paliza de primera fuerza.

Todo el pueblo de Huaja, sin excepción de sexos y edades, había acudido al campo de batalla y presenciado la pelea.

Los viejos no estaban conformes con aquel acto revolucionario, que podía tener malas consecuencias, pero los jóvenes, entusiasmados, felicitaban a los amigos que habían tomado parte en la jornada y se disponían a pelear ellos mismos si el juez insistía en llevarse a Chacho.

El Chacho con esto se había hecho célebre, aumentando su prestigio de cumplido capitán.

Los vencedores habían querido rematar la función con una gran paliza aplicada al lomo de los vencidos, pero Chacho se opuso, mostrando que aquello no era generoso ni noble y que hartos golpes habían recibido para remacharles el clavo con otros nuevos.

Las mismas muchachas felicitaban a los vencedores, pues para el pueblo de Huaja aquella era una batalla formidable.

El cura Peñaloza se quería morir de espanto, pues creía que, por lo menos, el Chacho sería fusilado.

La sagrada autoridad de un alcalde no había sido jamás desconocida, y el hecho de apalear al alcalde y a las fuerzas del juzgado debía ser un crimen digno de algún castigazo bárbaro.

Así Huaja, célebre hasta entonces por su mazamorra especial, empezaba a hacerse célebre por el Chacho y la guapeza fabulosa de sus hijos.

—¡Qué sería si estos diablos tuvieran armas! —exclamaban los viejos—, ¡cuando a garrote limpio han hecho tanto destrozo! No hubiera vuelto uno solo con vida.

Los que podían andar, se habían vuelto a llevar el parte del desastre, quedando los más estropeados en Huaja, para allí curarse como Dios les diera a entender.

—¿Y ahora qué vas a hacer? —preguntaba el cura al Chacho, afligidísimo—. Mira que esto no va a quedar así y que la fiesta puede costarte cara.

—¿Y qué he de hacer? Esperar no más a que vengan otros para que lleven también su parte.

—Pero ése es un desatino, mi hijo, porque al fin y al cabo ellos tienen la fuerza y la posibilidad de embromarte. Es preciso que te escondas por lo menos donde no te vean ni sepan que estás, mira que es el juez de paz y puede venir él mismo.

—Pues si viene él mismo peor para él, porque si ellos tienen la fuerza, yo tengo los amigos, que valen más, según se ha visto ya. Lo que es a mí, mi tío, no me llevan preso, porque yo no he nacido para que nadie se limpie las manos en mi cuero, ni para que me metan de cabeza al cepo como a cualquier perdido. Para eso, tío, es preciso que me muera, y gracias a Dios tengo la vida bien pegada a los huesos.

—Es que yo me voy a morir del disgusto, porque desde que andas en esto no me llega la camisa al cuerpo.

—Confórmese tío, pues mucho peor sería que me llevaran e hicieran conmigo alguna herejía; ya sabe usted lo que es esta gente de justicia y lo que se aprovechan cuando a uno lo tienen seguro de la cabeza.

—Dios nos ayude, hijo mío —exclamó el cura—, quiera que esto no concluya en alguna desgracia horrible.

—Hasta ahora no ha habido ninguna desgracia mayor, puesto que no ha habido ningún muerto; esperemos que no suceda nada grave.

La población de Huaja seguía cada vez más conmovida, porque comprendía que aquello no podía concluir así, y que el juez de paz persistiría en prender a Chacho y lo mandaría llevar con mayores fuerzas.

Unos cuarenta jóvenes y paisanos habían rodeado al Chacho, constituyéndose en regimiento y poniéndose bajo sus órdenes, y pasaban el día y la noche en la confección de grandes garrotes destinados a dragonear de sables.

Estas eran las armas con que esperaban el segundo avance de la Justicia de Paz.

Algunos se habían provisto de piedras, con las que hacían ejercicio mañana y tarde, para tener mejor puntería el día del combate.

Y Chacho, semejante a un gran general, se ponía a la cabeza del escuadrón, improvisando los movimientos que se le ocurrían, porque no tenía la menor teoría de lo que era la milicia.

En el Juzgado de Paz tenían lugar los mismos preparativos, pues la conducta del Chacho había conmovido a todo el Departamento. Cuando el juez tuvo conocimiento por los contusos que volvieron de lo que había hecho el Chacho, su indignación no reconoció límites.

No solo no reconocían su autoridad y desobedecían sus órdenes, sino que apaleaban a los agentes que había mandado para que las ejecutaran.

Aquello era para él el colmo del ridículo, pues lo exponía a la burla de toda la población y a que todos se creyeran con el derecho de hacer lo mismo y desobedecerlo, armando partidas para pelear con sus milicos.

—Aunque tenga que ir yo mismo y aunque tenga que dejar el pellejo en la demanda, es preciso que yo traiga aquí al Chacho y a los que lo han ayudado en su insolencia, y los castigue de una manera ejemplar, para que nadie se atreva a repetir la misma.

—Es que todo Huaja ha tomado el partido del Chacho —le decían—, y están dispuestos a sostenerlo a todo trance.

—¿Y qué son esos cuatro inservibles para poder conmigo? Es que la partida que fue estaba compuesta de fregados, que no han sido capaces ni siquiera de traerme las orejas de uno de ellos. Esta vez iré yo mismo y veremos si los traigo o no los traigo.

El juez de paz era un hombre de genio fuerte y atropellado, estaba ensoberbecido con la autoridad que revestía, y se sentía capaz de colgar en los algarrobos del camino a todos los que se habían levantado en su contra.

Si hoy mismo un juez de paz en las provincias del Norte se cree con tanta autoridad como un monarca, ya se podrá calcular lo que serían entonces, en que sus actos no tenían control y hacían su más brutal capricho sin dar cuenta a nadie.

Habían tomado los puntos a las despóticas y soberbias autoridades españolas y no podían convencerse de que los tiempos, el año 25, habían cambiado de una manera radical.

Y estos atropellos y pequeñas iniquidades de las autoridades más subalternas era precisamente lo que había precipitado la acción del Chacho.

—No es que yo pelee por mí ni por librarme de algún castigo que haya merecido —decía Peñaloza—, sino para enseñar a esta canalla que no somos una majada de chivos y que tenemos nuestros derechos también, que ellos están obligados a respetar y hacer respetar. ¿A dónde iríamos a parar si para sus negocios privados o pequeñas venganzas, cada alcalde de éstos tuviera el derecho de secar a un hombre en el cepo? Eso es tratarnos peor que esclavos y es bueno que sepan que esto no es posible; que somos hombres que tenemos también nuestros derechos y la libertad de hacer lo que nos da la gana sin que nadie se meta con nosotros, mientras no ofendemos a nadie.

Estas eran las ideas que sostenía el Chacho, arrastrando con ellas a todo aquel que tenía fuerzas para enarbolar un garrote.

Y cada uno se sentía fuerte en su derecho, pues defendía su libertad personal y colectiva contra los desmanes y avances de la justicia, justicia solo en la palabra, pues en el hecho no era sino el capricho de las autoridades.

El juez de paz de la Costa Alta juntó los ocho milicos que representaban toda la fuerza de su autoridad, citando a unos doce vecinos a quienes ordenó que le prestaran su concurso para ir a prender a Chacho. Estos vecinos simpatizaban profundamente por la causa del Chacho, pero no se atrevían a resistir las órdenes del juez; y tomando los viejos sables que éste les daba, se dispusieron a marchar con la peor voluntad de este mundo, pero firmemente resueltos a no usar de estas armas contra el Chacho, cuya causa era la de todos. Con estos veinte hombres armados de sable y uno que otro fusil de chispa, el juez se creyó bastante fuerte, porque creyó que solo tendría que vérsela con los ocho o diez perdidos que habían atacado a su oficial, y marchó sobre Huaja. De todos modos aquellos no tenían otra arma que sus garrotes, y con semejantes armas no era posible luchar. Y frotándose las manos de satisfacción al pensar que volvería con un revoltoso en anca del caballo de cada milico y Chacho a las ancas del suyo, tomó la dirección de Huaja.

En cuanto se movió el juez, tuvo avisos el Chacho y formó y preparó su improvisada tropa, esperando al enemigo en son de guerra. Eran más o menos cuarenta mocetones dispuestos a triunfar a toda costa; el resto de la población se preparaba a presenciar la batalla, la más formidable y descomunal que hasta entonces se había librado en las cercanías de Huaja.

Cuando el juez vio semejante ala de caballería tan superior a la suya, se conmovió profundamente, no por el peligro que corría sino por el fiasco que podía dar. Pero, esperanzado en la desventaja de las armas, desplegó sus veinte jinetes sable en mano y avanzó resueltamente.

—¿Quién de ustedes es Ángel Peñaloza, conocido por el Chacho? —preguntó en tono de amenaza.

—Presente y para lo que usted guste mandar —contestó el Chacho avanzando a su vez y secándose el sombrero—. ¿En qué puedo serle útil? —añadió sonriendo.

Aquella sacada de sombrero y aquel respeto en el modo de hablar fue de muy buen augurio para el juez, que se había figurado que el Chacho era un guapo insolente y camorrista que lo recibiría con palabras descomedidas agrediéndolo enseguida.

—¿Usted es —preguntó— el que ha lastimado al alcalde de este punto y el que ha peleado con la comisión con la que yo lo mandé buscar?

—El mismo, sí señor —contestó el Chacho con igual comedimiento como si agradeciera un elogio—; el mismo. Yo no quise ir porque no soy ningún criminal, no he dado motivo para que se me lleve preso como un trompeta, y como me quisieron llevar a la fuerza, no he tenido más remedio que defenderme. Es esto todo lo que ha habido y nada más; nadie tiene el derecho de pegar a nadie y el que pega se expone a recibir también.

—¿Y no sabés, bribón, que es preciso respetar la autoridad y que el que le hace armas se hace acreedor a un castigo?

—¿Y no sabés pillo —respondió el Chacho tomando el mismo tono que el juez—, que es preciso respetar a los hombres y que quien no los respeta se expone a que uno haga uso de sus medios de defensa y les rompa el alma? Nosotros no somos perros, amigo juez —concluyó con una energía soberbia—; somos hombres y tenemos derechos que no se pueden atropellar, so pena de exponerse a ser atropellado también.

—¡Bravo, muy bien, tiene razón! —gritaron los amigos del Chacho—. No somos carneros para que se nos atropelle y nos hemos de defender.

El juez se iba calentando poco a poco, pero no quería precipitarse y contenía su genio hasta ver dónde paraba aquello.

—¿Y por qué no han acudido a mí en demanda de justicia, antes que sublevarse contra la autoridad?

—¿Y por qué no han venido a averiguar lo que pasaba antes de mandarnos prender? —preguntó el Chacho—. En cuanto a pedir justicia ya sé yo cómo se administra, y no será el hijo de mi madre quien vaya a pedirla; la compraré cuando tenga plata y sanseacabó.

Aquello ya era inaguantable, el juez estaba haciendo un papel ridículo, pues era el Chacho quien lo retaba en vez de ser él quien retara al Chacho. Perdida entonces toda paciencia, toda reflexión, el juez dijo al Chacho que lo siguiera hasta el juzgado, donde debía quedar hasta tanto averiguara él cómo habían pasado los hechos.

—Para eso no hay necesidad de que yo vaya, puesto que ya usted está aquí; puede tomar las declaraciones que quiera sin necesidad de que yo vaya hasta allí.

—Es que yo quiero que venga porque así debe ser —exclamó el juez perdiendo la paciencia—; yo quiero que vengas y te prevengo que dejés a un lado las bravatas y manotadas, porque yo soy el juez de paz y como tal sé hacerme obedecer.

—Mande en justicia y seré yo el primero en obedecerlo, pero eso de que he de ir preso, nada más que porque usted lo quiere, no puede ser; no voy nada y déjeme de andar embromando.

Los de Huaja aplaudieron con entusiasmo, dando en alta voz la razón al Chacho y diciendo que aquello era una injusticia.

—¿Quiere decir que te resistes a obedecerme —preguntó el juez— y quieres obligarme a que use de la fuerza?

—Use todo lo que quiera —respondió Chacho alegremente—, pero lo que es a mí, yo le garanto que no me va a usar.

—Pues entonces te he de llevar del cogote, y veremos si cualquier compadrito ha de hacer lo que le dé gusto y gana.

Y dirigiéndose a sus milicos, mandó a dos que fueran a atar al Chacho.

—No seáis zonzos —les dijo Chacho—, y no lleguéis hasta mí, porque al que me venga a agarrar le rompo el mate. ¿Por qué no viene usted, pues, ya que es tan malo y compromete a esos infelices echándomelos para que les pegue?

—Atenlo y átenlo bien —dijo el juez a los suyos—, que ahora verá ese sinvergüenza quién pega a quién.

El primero que se acercó al Chacho dio dos vueltas en el aire como quien baila un vals, y cayó de espaldas al suelo. Peñaloza le había pegado una de aquellas cachetadas que parecían dadas con mano de hierro, preguntando enseguida:

—¿Quién quiere el par?

Aquella era la señal del combate y no había qué hacer. Los amigos de Peñaloza lo rodearon en el acto y revolcaron sus largas macanas de algarrobo en señal de reto. El juez se puso a la cabeza de los suyos y les cayó a sable sin ningún miramiento, pues a su modo de ver era preciso escarmentar de firme a aquella gente, y la mejor manera de escarmentarla era matar cuatro o cinco y colgarlos de los algarrobos para escarmiento de los demás. Pero es que los de Huaja no eran muñecos, ya habían dado pruebas de que tampoco eran mancos para el garrote. Los milicos, guiados por el mismo juez, cargaron, creyendo que a los dos o tres sablazos todo habría terminado, pero fueron recibidos con tal bravura que se contuvieron un poco sin poder avanzar. Aquello era una lluvia espantosa de garrotazos, imposibles de evitar.

El juez hizo cargar a los vecinos que traía de refuerzo, pero éstos lo hicieron flojamente, no porque tuvieran miedo de pelear, sino porque se trataba de pelear con el Chacho, que era quien tenía todas sus simpatías. El juez, a pesar de la ira que lo dominaba, empezó a comprender que se había metido en una empresa dificilísima, pero era demasiado tarde para retroceder sin mengua de su autoridad. Chacho buscaba siempre encontrarse con el juez para medirle las costillas, pero los combatientes se interponían y no lo dejaban llegar hasta él.

Los milicos habían herido ya a dos o tres jóvenes, pero éstos garroteaban con tal fe, que dentro de poco no iba a quedar milico sano. No era posible dudar del triunfo de Chacho, porque cada minuto que pasaba se le veía ganar terreno sobre sus enemigos. Todos habían echado pie a tierra para pelear mejor, lo que prueba que ninguno tenía la intención de disparar.

El juez mandó a los vecinos que lo acompañaban que peleasen, de tal manera que éstos no tuvieron más remedio que obedecer y entrar en pelea, aunque muy flojamente y nada más que por cumplir.

A los cinco minutos de tan sin igual batalla, el campo empezó a despejarse y a dejar ver a los del Chacho venciendo ya sobre sus adversarios. En el suelo había cuatro o cinco milicos gravemente lastimados y otros tantos amigos del Chacho heridos de sable.

De los vecinos que habían venido con el juez, tres habían quedado mal parados, Habiéndose los demás retirado del combate, viendo que la causa del juez estaba allí perdida.

Encerrado el juez de paz en un círculo de mozos, había sido hecho prisionero de guerra a pesar de sus bravatas y terribles sablazos.

—No me toquen que soy el juez de paz y puede costarles caro —gritaba éste desesperadamente.

—A ese pillo atenmeló, atenmeló firme —dijo el Chacho—, pero no le peguen, no por lo que él vale, sino porque es bueno que vean la diferencia que hay entre ellos y nosotros. Ellos en cuanto lo tienen a uno bien seguro, lo duermen a palos; no hagamos nosotros lo mismo y mostrémosles que somos generosos.

—Yo haría con ellos lo que ellos han querido hacer con nosotros —dijo uno—; los colgaría de un algarrobo.

—Bien lo merecían —contestó el Chacho—, pero estos pobres no tienen la culpa, porque los mandan, y no tienen más remedio que obedecer aunque no quieran. A él que es el que manda las iniquidades es a quien es preciso castigar, y yo me encargo de hacerlo de la manera que le sea más dolorosa y no nos comprometa gravemente.

El juez de paz estaba ciego de ira, se debatía con todas sus fuerzas y trataba de escapárseles de todos modos. Pero entre todos lo tenían bien sujeto y apretado, mientras los demás preparaban las cuerdas con que lo habían de atar.

—¡Bandidos! ¡Cobardes! —gritaba el juez de paz, trémulo de coraje—. ¡Ya verán lo que esto les cuesta! ¡Ya verán cómo el Gobierno castiga este acto de verdaderos bandidos, colgándolos de los algarrobos!

—No nos han de hacer nada, porque no hemos hecho más que defendernos, y la prueba es que pudiendo matarlos no hemos querido hacerlo, limitándonos a castigarlos no más.

Como lo había dispuesto el Chacho, el juez fue perfectamente atado con dos maneadores, que le ligaban los brazos a la espalda. Y era tan ridícula la atadura del pobre juez, amarrado como un ladrón y amenazando al cielo y la tierra.

—Si no ha de hacer nada —decía el Chacho riéndose—, si quien le va a hacer a usted somos nosotros, señor juez de injusticias.

Y era tan ridícula la actitud del juez que los mismos milicos contusos olvidaban sus dolores para reírse un poco. Y esto irritaba más y más a aquel hombre, haciéndolo prorrumpir en las palabras más soeces y groseras, cada una de las cuales levantaba un coro de carcajadas.

Una vez que estuvo atado y se hubieron divertido con los despropósitos que la ira le hacía ensartar, el Chacho mandó que trajeran el caballo del juez, haciéndolo montar con la cara hacia la cola.

Las risotadas parecían un inmenso coro que no terminaba nunca.

El Chacho lo mandó atar de los pies por debajo de la barriga del caballo, castigándole enseguida el mancarrón, que rompió a galopar del lado de la querencia.

Aquel hombre enfurecido, galopando con la cara para atrás y amarrado sobre el mancarrón, ofrecía la figura más endiablada y curiosa. Los mismos milicos, sanos y contusos, echaron a reír y palmotear, aumentando aquel coro tan terriblemente infernal. Y como no se movieron de allí, el Chacho les dirigió la palabra diciéndoles:

—Los que quieran quedarse a curar aquí pueden hacerlo, pero los que estén buenos o pueden andar que se vayan y que no me vuelvan a pisar por aquí, aunque los mande el mismo gobierno.

Los milicos que podían hacerlo, montaron a caballo sin el menor apuro y se fueron al tranquilo detrás del enfurecido juez.

Cuatro quedaban a curarse en Huaja, no pudiéndose mover a causa de los golpes recibidos, habiendo dos de ellos que tenían la cabeza dividida en varias partes.

Los vecinos que habían acompañado al juez se quedaron en Huaja de visita, a disculparse por haber venido, explicando que no habían tenido otro remedio, pero ya veían que no habían tomado una parte firme en el combate.

—Están disculpados —decía el Chacho sonriendo—; ya sé que los han de haber obligado a venir y que no han de haber tenido más remedio; lo que es ahora me parece que no intentarán volver a meterse con nosotros.

Inmediatamente los amigos empezaron a llevar los contusos a sus respectivas casas, habiendo entre ellos algunos serios, pues los milicos habían sacudido fuerte con sus sables que por lo mismo que eran poco filosos habían hecho heridas más dolorosas.

El Chacho ayudaba a acompañar a cada uno, dirigiéndole sus palabras más afectuosas. Él no había recibido ni un rasguño.

El Tigre de los Llanos

Con el triunfo del Chacho la población de Huaja estaba en un estado de excitación imponderable. Los milicos habían sido desarmados, de modo que para otro encuentro los amigos del Chacho eran poseedores de diez sables que se preparaban a esgrimir en la primera oportunidad contra el diablo mismo, si el diablo venía a pelearlos.

—Ellos nos han dado de hacha y de alma —decían—, pero ahora nosotros les vamos a devolver los hachazos hasta cansarnos y veremos quién puede más.

Y se habían prendido los sables, los sacos o levitas, presentando el aspecto de ciudadanos en estado de revolución. El Chacho, como jefe, tenía derecho a un sable; podía usar el del juez de paz mismo, que le había tomado él en persona, pero lo cedió a uno de sus compañeros, asegurando que él tenía suficiente con su macana de algarrobo, porque con ella se encontraba mejor y más liviano.

El cura Peñaloza se había enfermado de desesperación, pues para él era indudable que aquello concluiría mal para su sobrino, porque el juez de paz se quejaría al gobierno, y éste mandaría reducir al Chacho con fuerzas superiores. Y llamó a su sobrino para pedirle que se escondiera o se fuera de Huaja hasta que pasara el chubasco.

—¿A dónde quiere que me vaya, tío? En todas partes me han de perseguir, si es que lo merezco.

—Pues andate a Chile, yo te daré dinero y así viviremos todos tranquilos sabiendo que nada malo puede sucederte.

—Es que yo no puedo irme ahora, tío, porque los amigos se han comprometido por mí, por mí han peleado y se han hecho lastimar, y por mí van a ser perseguidos ahora. Si yo los abandonara sería tan cobarde que merecería que me escupieran a la cara; yo no puedo moverme de aquí, tío, sin quedar como un cochino.

—Es que quedándote aquí te va a suceder una desgracia, porque no tengas duda que no han de dejar las cosas así.

—No lo creo, tío, ahora tenemos diez sables y somos más combatientes, pues de todas partes vienen amigos a ofrecerse, porque ésta no es ahora una simple cuestión de justicia, se trata de defender los derechos de un pueblo, atropellados violentamente por un juez de paz que no sabe cumplir con su deber.

Este era efectivamente el carácter que había tornado la cuestión.

Los hombres de Huaja, entusiasmados con el triunfo del Chacho, se reunían en todas partes, diciendo que era preciso defender la soberanía del pueblo, y los vivas a Huaja y al Chacho atronaban el pueblo, como si se tratara de una guerra.

Los heridos eran visitados y regalados, pues gracias a su valor y esfuerzo, el juez había sido contenido en sus violencias y Huaja se había librado de ser conquistada.

Si el juez de paz hubiera triunfado, habría hecho mil iniquidades, puesto que él mismo decía que iba a ahorcar una docena de chachistas, de modo que el pueblo se había librado de todas aquellas atrocidades por el esfuerzo heroico de sus hijos y el genio guerrero del Chacho.

Como el enemigo no tardaría en volver más fuerte, puesto que ya sabía lo que le esperaba, era necesario prepararse a la lucha y juntar todos los elementos de combate.

El Chacho empezó a organizar un regimiento en toda regla, que en los primeros momentos llegó a tener más de cincuenta plazas de primer orden. El Chacho armó una compañía a sable, con los tomados al enemigo y unos cuatro o cinco que se juntaron en el pueblo. Los demás no tenían más que garrotes y piedras, armas terribles cuando eran esgrimidas por aquellos mocetones fuertes y llenos de vida.

Chacho les enseñaba el ejercicio tarde y mañana, esperando que el día menos pensado se presentaría el enemigo a atacar al pueblo, momento que los de Huaja esperaban ansiosos, pues tenían ciega confianza en sus fuerzas y sobre todo en su capitán.

Tres días hacía ya que Chacho estaba dedicado a sus preparativos y ejercicios, cuando recibió un chasque de Facundo Quiroga, que vivía en Atile, pueblo inmediato a Huaja y perteneciente al mismo departamento.

Facundo Quiroga, natural de Atile, era allí entonces un gran caudillo que tenía completamente dominado a su pueblo, pueblo de mayor importancia y más elementos que Huaja.

Quiroga tenía un gran prestigio por su valor personal asombroso y la sagacidad incomparable que lo hacía superior a cuantos se lé acercaban. Así como Chacho se había hecho prestigioso por el cariño que todos le tenían y la generosidad hidalga de su carácter, Quiroga se había impuesto a los suyos por una crueldad sin límites y una ferocidad salvaje. Por la menor desobediencia a una orden suya, Quiroga azotaba por su propia mano y de una manera bárbara al que la había cometido, no teniendo inconveniente en darle de puñaladas si se negaba a recibir los azotes. Tres o cuatro bandidos de que se había rodeado al principio y que lo habían obedecido ciegamente lo habían ayudado hasta que Quiroga, por aquellos medios, acentuó su dominación de un modo indiscutible, protegiendo siempre al bárbaro contra el hombre culto y de posición. Todos los criminales y vagos se ponían bajo la protección de Quiroga, que los amparaba de todos modos, ocultándolos en su casa y no permitiendo a la justicia que les tocara un pelo de la ropa. Allí no había más justicia ni se obedecía más autoridad que la de Quiroga, al extremo de que los que tenían alguna dificultad no ocurrían jamás al alcalde o al juez para que los arreglara, sino a Quiroga, cuyo fallo justo o injusto era acatado sobre tablas y cumplido sin la menor observación.

Y era tal el dominio personal que tenía sobre los suyos, que los más bandidos temblaban en su presencia como criaturas y le aguantaban un cachetazo o un palo, sintiéndose felices con que no pasara de ahí.

Quiroga era un joven de unas fuerzas de Hércules, que se había ejercitado siempre en el manejo de las armas. Nadie montaba a caballo mejor que él, nadie tenía más coraje y nadie era capaz de meterse en las pellejeras que él se metía.

El guapo que había querido meterse a medir con él sus fuerzas, si había salido con vida había quedado convencido de que con Quiroga no era posible luchar.

Una vez se juntaron dos entrañudos para pelearlo, porque no era posible que un hombre solo los dominara de aquella manera, y para mejor éxito le salieron de noche y por sorpresa. Quiroga recibió la primer puñalada, pero cayó como una tempestad sobre los que lo atacaron.

Muchos que estaban en el secreto de la cosa habían formado un grupo y miraban la desigual lucha sin tomar parte en ella, pues todos deseaban que mataran a Quiroga. Quiroga, que se había apercibido de esto, se había enfurecido y con una agilidad de tigre saltaba en todas direcciones, evitando los golpes de sus contrarios y tirándoles puñaladas terribles.

Pero sus contrarios eran tan bravos y duchos, que habían tenido el coraje de provocar al gran caudillo y lo acosaban de todos modos, tratando de ultimarlo cuanto antes.

Facundo, comprendiendo tal vez que si se prolongaba la lucha su resultado le sería fatal, echó mano de sus grandes recursos para hacerla terminar pronto y victoriosamente. Mientras que con su manta riojana envolvía la cabeza de uno, dándole un terrible ponchazo con la mano izquierda, con la derecha hundía el puñal hasta la empuñadura en el pecho del otro. La victoria estaba decidida y solo era cuestión de tiempo. Al ver que su compañero caía y aún aturdido por el ponchazo, el otro bandido medio se descompaginó, siendo éste el momento que aprovechó Quiroga para írsele encima y darle de puñaladas. Aún no habían tenido tiempo los mirones de volver de su asombro, cuando Quiroga se había metido entre ellos arriador en mano, dándoles una soberbia vuelta de azotes.

—¿Conque habían venido a verme matar? —les decía; y les envolvía el cuerpo en cada azote que les cortaba las carnes.

El grupo se disolvió como por encanto, no sin que la mayor parte de los que lo componían llevaran la marca del arriador de Facundo.

Disuelto el grupo, Quiroga se volvió al sitio donde habían caído los dos bandidos, a los que examinó prolijamente. El primero, que no había recibido más que una sola puñalada en el pecho, estaba vivo; el otro no respiraba ya.

Con su propia faja y las de los dos bandidos, atadas unas con otras, Quiroga hizo un lazo con el que ató del cogote al moribundo y lo cruzó sobre la rama de un algarrobo ahorcándole y dejándolo allí para escarmiento de los demás. Quiroga se retiró enseguida a su casa, donde fueron en el acto a visitarlo sus amigos.

El suceso había cundido por todo el pueblo, referido por los mismos curiosos a quienes castigó Quiroga, y de todas partes venían a visitarlo, cumplimentándolo por la manera valerosa con que se había conducido y el ejemplo hecho con asesinos y curiosos.

Recién supieron que Quiroga tenía catorce heridas, entre puñaladas, puntazos y tajos, recibidas en la lucha, y que con aquellas heridas había muerto a los bandidos y había tenido suficiente aliento para azotar después a los curiosos y ahorcar al moribundo.

Excusado es decir que desde entonces Quiroga se hizo fabulosamente temible, no habiendo quien se atreviera ni siquiera a pensar que sería posible vencerlo. Jugador habilísimo, bebedor en toda regla y guapo como nadie, él se metía en todas partes, alternando con la gente más perdida. Nunca usaba más arma que un grueso arriador, y un pequeño puñalito, pues éstas eran más de las que necesitaba para hacerse respetar.

En las pulperías más sucias, en las reuniones más escandalosas, allí estaba metido Quiroga jugando y chupando con los mayores perdidos, a los que trataba como a perros, sin que ninguno se atreviera ni siquiera a levantar la voz.

Quiroga se les había impuesto por su valor y crueldad al extremo de que por la menor tontera agarraba a un hombre a cachetadas y lo golpeaba furiosamente de todos modos.

Por la razón o por la fuerza, como el escudo chileno, él salía vencedor en todas las jugadas, y si acaso había entre los jugadores alguna cuestión, él la resolvía en el acto de la manera que le daba la gana, sin que nadie se atreviera a protestar.

La autoridad no se había atrevido nunca a decirle la menor palabra, las quejas habían llegado hasta el gobierno, que había resuelto contemplar a Quiroga y tenerlo como un gran elemento de sostén desde que era un caudillo a cuya sola palabra se levantaban dos o trescientos hombres que lo obedecían ciegamente.

Entre los más bandidos había elegido veinte o treinta que formaban su escolta, pues siendo solo un simple comandante de milicias, rango a que lo elevó el gobierno, se manejaba como un general en jefe y andaba siempre con escolta para darse mayor importancia y dominar mejor.

Y Quiroga había cobrado tal influencia, que se entendía directamente con el gobierno, que le daba armas y facultades para organizar fuerzas de guardia nacionales que él manejaba como jefe supremo.

Este era el célebre Facundo Quiroga cuando mandó llamar a su vecino el Chacho, de quien tenía noticias desde que éste empezó a guerrear con las justicias, dejándolo solo para ver lo que aquel era capaz de hacer.

Quiroga, impuesto de lo que pasaba, deseaba ayudar al Chacho porque le habían dicho que era un mozo de grandes prendas, pero ante todo quería estar seguro de que el Chacho era hombre de provecho.

Así es que fue recién después del combate con el juez cuando Quiroga caló al hombre y lo mandó llamar para tener con él una entrevista.

El Chacho conocía a Quiroga por sus hechos, como lo conocían ya en toda La Rioja, pero nunca había cambiado con él una palabra.

«¿Por qué podía mandarlo buscar Quiroga? —pensaba el Chacho—. ¿Le habrán comisionado a él para prenderme, creyendo que me va a dominar como a los demás? ¿Habrá tomado cartas a favor del juez de paz? Mucho lo sentiría, pero lo que es a mí ni Quiroga mismo me prende y andaríamos en guerra los de un pueblo con otro.»

Chacho avisó a sus amigos más íntimos lo que pasaba.

—No vayas —le dijeron algunos—. Quiroga es un bandido y te puede hacer alguna porquería; mándale decir que venga él aquí si quiere.

—Es que entonces va a creer que le tengo miedo o que lo quiero provocar, y no es que crea ni una ni otra cosa. Voy a ver qué quiere, y entretanto ya saben ustedes donde estoy; si algo se ofrece, avísenlo a mí tío para que tome sus medidas.

Chacho se puso en la cintura el puñalito que llevaba habitualmente y se fue a ver a Quiroga, dispuesto a todo.

Facundo lo esperaba alegremente, de modo que salió a encontrarlo en el camino, viniendo juntos hasta su casa.

La conferencia fue la más cordial que podía esperarse. Quiroga era el comandante de milicias de aquellos departamentos, y algún respeto tenía que inspirar al Chacho, que no era nada.

—No es por meterme en lo que no me importa —dijo—, pero yo quisiera saber lo que ha sucedido con ustedes, para prestarles mi ayuda si fuera necesario. Yo tengo de usted los mejores informes y sé que los otros son una manga de pillos, pero quisiera saber lo que ha pasado para obrar con toda conciencia.

Chacho miró profundamente a Quiroga, como si quisiera sondear hasta el fondo de su alma; y convencido de que tal vez fuese hecha de buena fe la pregunta, explicó a Quiroga todo lo que había sucedido.

—Si Agenor fuese un pillo —concluyó—, yo no me hubiera metido con nadie por defenderlo; pero él es un mozo bueno y honrado, que jamás dio motivo para que la justicia se metiera en sus cosas; el alcalde pretendía que una muchacha que estaba enamorada de Agenor había de quererlo a la fuerza, y éste era todo el motivo que había tenido para meterlo al cepo como un criminal. Fue por esto que yo le puse en libertad, y por esto que tanto el alcalde como el juez quisieron llevarme por delante, obligándome a darles una buena lección.

—Muy bien hecho —contestó Quiroga—. Eso es lo que se debe hacer para que a uno lo respeten, si no lo echan por delante y hacen lo que se les da la gana. A otra cosa ahora, y es por esto que lo he mandado llamar: el juez se va a quejar ahora al gobierno y al diablo, pidiendo que lo reduzcan, y con ese objeto han de venir fuerzas a Huaja. ¿Qué piensan hacer allí, porque no es a usted solo a quien han de perseguir, sino a sus amigos también?

—Lo que yo pienso hacer es defenderme y no permitir que se atropellen los derechos del pueblo de que soy hijo y jefe de mis amigos. Pelearemos como Dios nos ayude y hasta caer el último, pero no nos han de llevar por delante.

—Soberbio, veo que no me he equivocado al juzgarlo, y en esa empresa puede contar conmigo que yo les he de proteger en todo lo que pueda. A mí me conocen ya, saben que con el comandante Quiroga no se juega, y tal vez solo esto basta para contenerlos. ¿Acepta mi ayuda?

—¿Y cómo no la he de aceptar? Quedo por ella muy reconocido y le garanto a mi vez que puede contar conmigo en todo cuanto llegue a necesitarle.

El Chacho quedaba así ganado por Quiroga y obligado a su reconocimiento. La ayuda que le ofrecía Quiroga era sumamente importante para el Chacho, no solo por lo que ésta podía valer como apoyo moral, sino que protegido por Quiroga, y dada la importancia de este caudillo, estaba seguro de no ser perseguido por el gobierno, que entre el juez de paz y el comandante Quiroga no vacilaría.

Chacho se mostró cada vez más agradecido, pues Quiroga había llegado hasta ofrecerle no solo algunas armas sino algunos hombres también para apoyar a los de Huaja.

—Lo que ha de hacer ahora es no aflojarles —dijo—, porque para que éstos lo respeten a uno, es preciso ser duro y romperles el alma por la menor cosa. Probablemente ahora el juez se va a desquitar con los vecinos que no han querido ayudarlo, tratándolos como a hijos malos, para obligarlos a ayudarle en otra tentativa.

—Es que yo no puedo abandonar a mis amigos en la desgracia, si el juez hace eso me obligará a agredirlo en sus propios dominios y libertad, como hice con Agenor, a cuantos haya prendido.

—Eso me parece lo más acertado, y de esa manera le tendrían más respeto.

El Chacho y Quiroga, después de hacerse mil ofrecimientos de amistad se separaron, quedando en verse con más frecuencia en adelante por lo que pudiera suceder.

La verdad es que el Chacho se había ganado la simpatía de Quiroga, que no le pareció tan malo como decían ni tan intratable y dominante.

«Ese muchacho vale lo que pesa —pensaba Quiroga viendo alejarse al Chacho—, es preciso que yo lo traiga a mi lado y lo haga capitán de milicias; así detrás de él se vendrían los de Huaja, que son algo soberbios y que parece lo siguen con gusto.»

Cuando Chacho llegó a Huaja, ya sus amigos lo estaban esperando con impaciencia y consultándose sobre lo que debían hacer.

Quiroga no les merecía la menor confianza, lo creían capaz de todo, y si se había aliado con el juez de paz, alguna mala treta les iba a jugar. Y sabían ellos que Quiroga era capaz de todo y no podían estar tranquilos desde que Chacho tardaba.

Así es que cuando lo vieron llegar la alegría fue general e íntima. Todos lo rodearon en el acto, preguntándole lo que había hablado y lo que debía esperar de Quiroga.

Chacho hizo una especie de consejo y narró a sus amigos con los mayores detalles lo que había hablado con Quiroga y las ofertas que éste le había hecho, en el sentido de proteger su causa que era la de Huaja.

—Pues si Quiroga nos protege —dijeron todos— ¡se van a divertir nuestros amigos! —y a los vivas al Chacho y a Huaja, se unieron las más estruendosas vivas al comandante Quiroga.

Solo con su aprobación y sus ofertas Quiroga acababa de conquistarse la simpatía de Huaja, cuyos habitantes, como ya hemos visto, habían hecho de aquella riña una cuestión de derechos y de soberanía desconocida.

Con las armas que Quiroga había ofrecido podían armar bien el regimiento y entonces ser fuertes e invencibles.

Si con simples garrotes habían acogotado al juez y sus milicos, ¿qué sería cuando tuvieran sables y lanzas?

Entonces serían ellos los que podrían poner la ley a la justicia y obligarla a conducirse como debía.

Una comisión nombrada a iniciativa del Chacho fue a dar las gracias a Quiroga por sus ofrecimientos, y a asegurarle que podía contar con ellos, que estarían siempre prontos a su llamado.

Quiroga, que ante todo lo que quería era hacerse de prestigio, entregó a aquella comisión ocho sables y tres lanzas para que los llevaran al Chacho, asegurando que era todo cuanto tenía disponible por el momento, pero que si la necesidad urgía, no solo les facilitaría más armas, sino gente de pelea.

—Confíen en mí —les dijo despidiéndolos— y avísenme de cualquier dificultad que puedan tener.

Quiroga fue desde entonces como quien dice un protector honorario de Huaja. Puede decirse que Chacho se había subordinado a él y deseaba complacerlo por todos los medios a su alcance. Ya tenía como veinte hombres armados a sable y lanza, y con esto se creía capaz de pelear con el mismo diablo.

El pobre cura Peñaloza era quien no se hallaba conforme con todo esto.

—Te estás metiendo en muchas honduras ya —le decía—, y esto no puede concluir bien, no tengas duda. ¿Qué sacas con tener un regimiento si no tienes elementos para mantenerlo? Créeme, Ángel, déjate de esas locuras, que lo que quiere Quiroga es embaucarte para que seas un instrumento y le sirvas a su insaciable ambición de mando.

—No es tan fiero el león como lo pintan, tío; Quiroga es un hombre bueno y comedido que me ayuda porque quiere y nada más ¿De qué podría servirle yo?

—Nada menos que de sostén, puesto que representas a Huaja, puede decirse; sobre todo, y ya que te has dejado seducir así, piensa bien lo que haces y no te comprometas.

El pobre cura miraba con dolor el camino que tomaba su sobrino, pues conocía a Quiroga y temía que hiciese del muchacho un gran bandido.

Entre tanto, mientras esto tenía lugar en el pueblo de la mazamorra, el juez de paz preparaba su desquite, en la esperanza de tomar al Chacho y a sus amigos.

Había pasado una nota tremenda al gobierno, pidiendo que se ordenara al comandante Quiroga que le prestase auxilio, pues era el único que podía sostener su autoridad contra los desmanes del Chacho y la gente que éste había reclutado y armado por su cuenta. Y para intimidar a los vecinos y obligarles a prestarle ayuda eficaz cuando se la pidiera, había empezado por meter en el cepo a seis de los vecinos que según él se habían resistido a atacar al Chacho. Ganas de hacer lo mismo con todos no le faltaban, pero es el caso de que en el cepo no cabían más que media docena y no se podía improvisar un cepo nuevo.

Con esto y con la amenaza de ahorcar a los que en adelante se negaran a obedecerle, creyó que en cualquier momento de apuro podía obligarle al vecindario a pelear firme.

Este, por el contrario, se había irritado contra aquellas medidas despóticas, resolviendo dar cuenta al Chacho de lo que sucedía y pedirle que viniera a librarlo de semejante bandido.

Con el mayor sigilo para evitar que fueran a tomarlos, salió una comisión de dos vecinos a verse con el Chacho para imponerle de lo que sucedía y pedirle que viniera a protegerlos, en la seguridad de que había muy pocos milicos capaces de pelear, y que los vecinos no se habían de meter en nada.

En cuanto el Chacho supo lo que pasaba con el juez de paz y los vecinos que se habían negado a pelear contra él, adoptó la resolución de ir a libertarlos.

Tenía la espalda guardada con Quiroga y en estas condiciones bien podía animarse a todo.

Consultó con sus amigos y todos fueron de su misma opinión.

Aquella gente se había comprometido por ellos, por ellos estaba sufriendo y era preciso entonces irlos a ayudar a toda costa.

Como había seguridad de que los vecinos no obedecerían al juez de paz, el Chacho tomó veinte hombres de sable, que era lo suficiente para su empresa, y con aquel famoso escuadrón y a pesar de todos los ruegos del cura, marchó sobre el juzgado en son de guerra.

El juez de paz que no se figuró nunca que el Chacho se atrevería a traerle un ataque en su mismo juzgado, se extrañó al ver llegar aquel grupo, pensando más bien que el Chacho, convencido de la barbaridad que había hecho, iría a pedirle disculpa.

Así es que mandó echar pie a tierra en el juzgado dejando su gente a caballo, y le preguntó severamente qué era lo que allí quería.

Allí a campo, y a algunas varas del juzgado, estaba el cepo con los seis presos que miraban al Chacho como a su salvador.

Sabiendo a lo que el Chacho iba, los vecinos en numerosos grupos habían acudido al juzgado a refocilarse en la vergüenza y el ridículo en que iba a caer aquel juez arbitrario y grosero.

El juez atribuía la venida del Chacho al motivo que ya hemos indicado, aunque no podía explicarse cómo se presentaba allí con veinte hombres armados. De todos modos estaba rodeado de vecinos y tenía así a mano con qué repeler cualquier agresión o insolencia.

Para mayor seguridad mandó un milico con un oficio para Quiroga, en el que le pedía auxilio con fuerza armada para acudir y estar prevenido en cualquier caso imprevisto. Así es que con tono autoritario y bastante insolencia, intimó al Chacho que le dijera qué quería y explicara por qué iba allí con gente armada.

—Es muy sencillo lo que vengo a pedirle —dijo Peñaloza sonriendo y con la mayor naturalidad—; quiero que usted me ponga en libertad inmediatamente a esos amigos que tiene presos sin motivo alguno. Usted anda embromando mucho y es bueno que sepa que ciertas cosas no se pueden hacer impunemente.

El juez sintió que toda la sangre se le subía a la cabeza, pero trató de contenerse, haciendo tiempo para que llegara el auxilio pedido a Quiroga. El juzgado no tenía fuerzas para contrarrestar las que traía el Chacho y no era prudente irritarlo. Con la ayuda de Quiroga ya era distinto, entonces podía dejar preso al Chacho y su comparsa, después de darles la merecida paliza. Así es que fingiendo un buen humor que estaba muy lejos de tener sonrió y contestó al Chacho.

—¡Vaya que ha amanecido de buen humor el amigo Chacho! Como si él fuera el juez y como si uno no tuviera más remedio que obedecerlo en lo que gustara mandar.

—De bueno o de mal humor usted me pone en libertad a sus vecinos que injustamente tiene en el cepo, o los pongo en libertad yo mismo, lo que sería peor para usted.

—Hombre, no sea loco y vaya a dormir la tranca, que yo no estoy para perder el tiempo de esta manera, a no ser que quiera quedarse usted a hacerles compañía.

Aunque el juez hacía todo lo posible por dar a su palabra un tono de tranquilidad, no podía disimular el temblor de su voz y la palidez de su semblante, que acusaban claramente la excitación poderosa de que era presa interiormente.

Los del Chacho estaban impacientes por que su jefe arremetiera cuanto antes contra todos ellos, pero no decían la menor palabra, para no precipitarlo en su idea.

Los vecinos aglomerados allí en gran número, sonreían ante el apuro del juez y se felicitaban íntimamente de la humillación de que era objeto.

Así a la expectativa no era posible estar mucho tiempo. El Chacho comprendió que el juez quería ganar tiempo porque esperaba algo, y por eso lo entretenía con palabras de fingida tranquilidad, y resolvió terminar de una vez.

—Bueno, amigo —dijo con acento duro y terminante—, yo necesito una contestación pronto porque no es posible estar aquí todo el día, ¿va usted a soltar ahora mismo esos hombres, sí o no?

El juez tembló de coraje, miró a los pocos milicos que tenía a su lado, angustiosamente, y echó una proclama a los numerosos vecinos que allí se habían juntado.

—¡Los vecindarios tienen obligación de sostener sus autoridades! Yo espero que ustedes no vacilarán en prestarme su ayuda contra estos insolentes.

Los vecinos no respondieron una palabra, y miraron para otro lado, esquivando toda contestación. El juez estaba solo con sus milicos, no podía equivocarse, pues la muda actitud de los vecinos era demasiado elocuente para no comprenderla. La contestación de Quiroga no llegaba, tardanza que bien podía significar que aquél se preparaba para venir en su socorro. Si el juez podía entretener siquiera media hora al Chacho, la cuestión estaba ganada, pero el caso era que el Chacho no esperaría y llevaría su pretensión a las vías del hecho.

Así sucedió, en efecto, el Chacho avanzó sobre el juez y le intimó que cumpliera en el acto su pedido, o lo cumplía él mismo.

—Cuando yo los tengo presos es porque lo merecerán y así deberá ser, yo soy aquí la autoridad suprema, y prevengo que el menor avance contra ella puede muy bien costarles la cabeza.

—Mi cabeza no es la de ningún criminal ni la de un bandido para encontrarse en ese caso, así como usted ha hecho lo que le parece, yo hago lo que me da la gana, porque soy el más fuerte y aquí la justicia es la fuerza. Esos hombres están presos porque se han negado a apoyar sus iniquidades contra Huaja, y yo tengo la obligación de protegerlos contra semejante insolencia. Vamos, pronto, mande que esos hombres sean puestos en libertad.

El juez de paz, no pudiendo hacer otra cosa, soltó una carcajada nerviosa que no fue más que un ruido seco y sin expresión.

El Chacho avanzó entonces hasta el cepo rápidamente y empezó a abrirlo.

—¡A ver dos —gritó el juez a sus milicos—, prendan a ese insolente!

Chacho hizo señas a los suyos de que no se movieran y siguió tranquilamente abriendo el cepo.

Los dos milicos, resueltos a obedecer las órdenes del juez, llegaron adonde estaba Chacho y le echaron mano para prenderlo, pero el primero que llegó a donde estaba, recibió un sopapo tan violento que cayó al suelo dando vueltas como una barrica de azúcar.

El otro soldado se detuvo, sacó su sable y se fue sobre el Chacho en actitud de herir. Pero el golpe de la macana de algarrobo no tardó en caer sobre su cabeza, postrándolo de firme.

No había más que esperar para empezar el desigual combate, y juez y milicos llegaron al cepo, queriendo impedir a Chacho que lo abriera.

—¡Firme con ellos mientras yo abro! —gritó el Chacho a los suyos—. Firme con ellos y hagan lo posible por no lastimarlos. Otro va a ser el desquite que yo pienso tomar y que será mejor que la mejor paliza.

Los de Huaja rodearon a juez y milicos, y el combate empezó como siempre, sin que ninguno aflojara. Pero aquellos pocos milicos ni siquiera podían defenderse de aquella rociada.

—¡Favor a la justicia! ¡Favor a la justicia! —gritaba el juez a los vecinos—. ¡En nombre del gobierno, vecinos! ¡Favor al juez de paz!

Pero los vecinos tenían a bien no moverse, y reír como unos descosidos ante la fabulosa angustia de la autoridad.

Mientras los suyos acorralaban a juez y milicos, el Chacho había abierto el cepo y puesto en libertad a los en él aprisionados. Estos salieron retozando y dando vivas al Chacho y a Huaja, lo que aumentó la confusión del combate.

El juez de paz se defendía con toda la energía de su carácter, auxiliado por dos milicos que, aunque contusos, permanecían fieles. Pero los de Huaja eran muchos y acometían con un brío inaguantable.

El Chacho se aproximó al juez de paz y, evitando el sablazo con que lo recibió, lo tomó del cogote, lo volteó al suelo y lo amarró con su faja.

Los milicos fueron en su protección, amenazando matar al Chacho, ocupado en amarrar al juez, pero los de Huaja se fueron detrás de éstos y en un segundo los acogotaron y los ataron.

Amarrado el juez de paz, ya no había qué hacer, pues todo quedaba concluido. Los libertados andaban de un lado al otro, más alegres que gatos chicos, mientras que el juez de paz, dominado por la ira y desesperación más estupenda, echaba espuma por la boca y fuego por los ojos, lo que provocaba la risa de toda la gente allí amontonada. Era tal la furia que no dejaba de hablar y maldecir un momento, pero nadie podía entenderle la menor palabra.

El Chacho y los suyos se retiraron de donde estaba el cepo, para que todos gozaran del espectáculo, y se sentó un momento a descansar. Enseguida dispuso que todos fueran puestos en el cepo y que los que no cupieran en él, fueran atados de a sarta y amarrados en la argolla que había al extremo del cepo.

La caída del juez no podía ser mejor, puesto que era condenado a ocupar el mismo lugar de los presos que él había querido castigar. Estaba el Chacho metiendo al juez en el cepo cuando apareció el chasque mandado a Quiroga.

—Ahora verán lo que les pasa, ¡hijos de mala madre! —gritó—. ¡Veremos quién los salva de la tormenta que les viene encima! —y queriendo intimidar a los amotinados, preguntó al chasque en alta voz—: ¿Qué te ha contestado el comandante Quiroga? ¿Viene ya mi protección?

Aturdido el chasque con lo que veía, no atinó a contestar una palabra; el juez de paz en el cepo era cosa que jamás había imaginado.

—¡Contesta, animal! —volvió a gritarle el juez—. ¿Qué te ha dicho el comandante Quiroga?

El milico obedeció a su modo y como no se atrevía a acercarse donde el juez estaba por temor a lo que pudieran hacerle, se puso las manos en la boca en forma de bocina y con todas las fuerzas de sus pulmones dio el siguiente grito:

—Me ha dicho el comandante Quiroga que le diga que quién lo mete a zonzo, que él no está para defender pillerías de nadie y que si usted se ha metido en alguna iniquidad, que se las campanee solo y no cuente con él para nada.

Aquello fue como un balde de nieve echado sobre el juez; se puso lívido y se agitó en un movimiento como una convulsión. La contestación de Quiroga equivalía a sancionar lo que había hecho el Chacho, condenando y desconociendo su autoridad en el departamento de la Costa Alta.

Tan pronto como escucharon la contestación de Quiroga un inmenso clamoreo se levantó por todas partes y los vivas al comandante Quiroga atronaron los aires, mezclado al más furioso palmoteo y ruidos de toda especie.

Huaja quedaba salvada y reconocida su actitud por el mismo gobierno, pues si Quiroga la aprobaba, el éxito tenía que ser completo y quedar condenado el proceder del juez de paz.

Fue tal la impresión que causó en éste la respuesta de Quiroga que no volvió a escuchársele una sola palabra. Parecía que hubiera enmudecido.

El Chacho tomó de las orejas al chasque y le quitó sus armas, como al sexto de los milicos, retirándose con sus tropas a Huaja después de echar el siguiente discurso:

—Aquí en el cepo quedan éstos, porque sí y porque me da la gana en castigo de las iniquidades que han hecho. Yo no vuelvo hasta mañana, pero en mi representación y como custodia quedan dos amigos. ¿Está contento el vecindario?

Un inmenso y prolongado ¡sí! salió de todas las bocas, seguido de vivas entusiastas al Chacho, a Huaja y al comandante Quiroga.

Chacho dejó al juez en el cepo con dos centinelas de vista y regresó a Huaja, donde lo esperaba la población y el resto de su regimiento, ávidos de conocer el desenlace de la empresa que había acometido.

Todo fue fiesta en Huaja; por la noche hubo serenatas famosísimas, y se festejó el acontecimiento como una fiesta patria.

El capitán Peñaloza

Al día siguiente el Chacho mandó poner en libertad al juez de paz y a los milicos, haciéndole decir que si volvía a meterse en lo que no le importaba, lo tendría una semana en el cepo.

Chacho era visitado y festejado hasta por personas que se costeaban de grandes distancias a felicitarlo por lo que había hecho. Su prestigio había crecido de una manera asombrosa, al extremo de que lo miraban como una autoridad suprema, obedeciendo como una orden su observación más insignificante. Y los de Huaja, orgullosos de su capitán, seguían en sus aprestos bélicos, decididos a sostenerlo aun contra el gobierno mismo, si el gobierno tomaba parte sosteniendo al juez de paz. Para ellos habían llegado al colmo del poder desde que Quiroga les prestaba su apoyo.

El juez de paz, en cuanto se vio en libertad, montó su mejor mula y se vino a La Rioja a poner personalmente la queja de lo que pasaba y acusar al comandante Quiroga por no haber prestado el apoyo solicitado.

La Costa Alta quedó sin autoridad y nunca sus habitantes fueron más felices que desde entonces. Chacho pasó a visitar a Quiroga para agradecerle la actitud que había tomado en la emergencia y asegurarle que podía contar con él y todo Huaja en cualquier ocasión y para cualquier cosa. Quiroga recibió al Chacho afablemente, cumplimentándolo por lo que había hecho.

—Ha tenido mucha razón en proceder así —le decía—, y ya verá cómo con esto no vuelven a meterse con ustedes y los dejan tranquilos. El juez de paz se ha ido a La Rioja a quejarse contra mí, sin duda, pero no le van a tomar atadero y el gobierno me va a pedir informes antes de tomar medida alguna. Sus condiciones militares me gustan, Chacho; nosotros podemos hacer mucho, y en la primera ocasión yo lo voy hacer nombrar capitán de milicias, que es lo que le conviene. Usted es hombre de provecho y no se debe limitar a estar oyendo los consejos del cura y comiendo mazamorra; véngase a mi lado y entre de lleno en la milicia, que así hará carrera provechosa y podrá figurar.

Chacho estaba encantado con Quiroga y la manera con que éste lo trataba; no comprendía cómo podían decir que Quiroga era un mal hombre. Inocente y puro, incapaz de cometer una acción mala ni de fingir afectos que no sentía, creía que Quiroga era lo mismo y que cuanto le decía debía ser exactamente lo que sentía.

Y Quiroga no tenía por el Chacho el menor afecto, porque era incapaz de tenerlo para nadie, pero le convenía traerlo a su lado por la influencia que representaba, y trataba de engañarlo. En el poco tiempo que lo había tratado, había comprendido que Chacho era indomable por el rigor, era sumamente accesible a los buenos modos y sumamente agradecido a los servicios que le prestaran y era éste el único móvil que lo impulsara a conducirse como se había conducido.

«De este modo lo ligo a mí por el agradecimiento, evito que a mi lado se levante una influencia que puede hacerme sombra, y el Chacho me es útil, provechosamente útil en mis aspiraciones.»

Porque Quiroga tenía una desmedida ambición de mando y aspiraba no solo a mandar en la provincia de La Rioja, sino en todas las del Norte. Estudiando bien a Chacho había visto que era un hombre leal, incapaz de una acción mala, y por eso desde el principio trató de dominarlo por el agradecimiento, para disponer de su influencia disponiendo de él mismo. Ya Quiroga tenía noticias de las manifestaciones de simpatía que se le habían hecho en Huaja al celebrar el triunfo del Chacho, y quería hacer todo lo que en su mano estuviera por aumentar esa simpatía. Así es que cuando Chacho se preparó a retirarse, repitió sus ofrecimientos en términos extremadamente bondadosos.

—Ustedes pueden contar conmigo para todo y sin ninguna reserva —le dijo—, ya con el apoyo de mi persona como con el de toda la gente de que yo disponga. En cualquier apuro no tiene más que venirse aquí que lo hemos de ayudar en toda regla.

Chacho estaba encantado, no sabía cómo agradecer a Quiroga sus ofrecimientos, así como hacerle presente su alegría.

—Yo nada valgo a su lado —le decía—, pero si puedo serle útil en algo, aquí me tiene a sus órdenes; mande no más que será obedecido. Cuando yo me ofrezco lo hago, de todo corazón y hasta la muerte; cuente conmigo entonces como su más humilde servidor y sin la menor reserva.

Y ambos se estrecharon la mano como en corroboración de las palabras que acababan de decirse. Y Chacho regresó a Huaja entusiasmado, no

60

haciendo otra cosa que ponderar a Quiroga y proclamar por todas partes que era el mejor de los hombres que había tratado en su vida.

—No te fíes, Ángel —le decía su tío el cura, que conocía a Quiroga en toda su deformidad moral—; no te fíes de ese hombre, porque cuando menos lo pienses te saldrá el tigre donde creas hallar el hombre. Quiroga es un ser perverso que solo puede dominar por el terror que inspira; no te dejes halagar por sus ofrecimientos y huye de él como de una mala tentación.

Pero Chacho estaba completamente ganado por Quiroga, y creía que su tío decía un disparate al clasificar a Quiroga de aquel modo.

—Es un leal amigo —decía—, y la prueba de ello es lo que ha hecho conmigo. Él podía haberme echado al diablo y ayudar al juez de paz en mi contra; y sin embargo ya ve que ha llegado hasta darme armas y negarse a prestar el menor auxilio al juez de paz.

—Es que le conviene estar bien contigo por la influencia de que dispones y porque ha visto que eres un hombre de corazón; de otro modo no creas que te hubiera prestado el menor apoyo.

—Esos son modos de pensar y nada más; el comandante Quiroga me ha ayudado, me ha servido como nadie me hubiera servido y yo le estoy profundamente grato, como debe estarle Huaja. Por mi parte, si alguna vez puedo retribuirle los servicios prestados, me consideraré feliz.

Así Quiroga no se había equivocado y tenía en el Chacho un amigo leal y un aliado de quien podía disponer de todas maneras. Y al darle importancia y poder a aquella naciente influencia, comprendía que hacía crecer la suya propia.

Huaja estuvo de fiesta una semana entera, festejando sus triunfos con bailes y grandes serenatas. Y era curioso ver a aquella gente bailar su zamba o chacarera al compás de un bombo, único instrumento musical que allí se conocía.

Era tal el prestigio que había criado Chacho, que de todas partes le llovían quejas contra tal o cual autoridad que había cometido una injusticia. Chacho mandaba un recado al alcalde que la había cometido, quien en el acto modificaba su sentencia en beneficio del que se había quejado, porque ningún alcalde se atrevía a contrariar a una persona que, como Chacho, ponía en el cepo a los mismos jueces de paz.

Así los paisanos tenían adoración por aquel hombre que se había convertido en el amparo del desvalido contra los avances de la justicia, cuya palabra había sido siempre para ellos sinónimo de un atropello o un latrocinio. Y como Chacho era incapaz de una mala acción y hasta de hacer valer un servicio, aquel cariño aumentaba grandemente hasta convertirse en idolatría.

El gobierno había escuchado la queja que llevaba el juez de paz de Costa Alta, queja aumentada de un modo fabuloso en la narración de los hechos. Y no pudiendo creer lo que se le decía, mandó pedir informes a Quiroga, cuya palabra merecía la mayor fe. Quiroga pasó un informe formidable, con su lenguaje rudo y franco.

—Ese juez de paz, como la mayor parte de ellos —decía—, es un pillo autor de las mayores injusticias y atropellos. La población de Huaja, obligada a defenderse contra sus iniquidades, le ha dado una lección severa, y esto es todo. El gobierno puede estar seguro de que el orden no ha sido alterado, cosa que yo no hubiera permitido y que todo ha sido una cuestión personal entre el tal pillastre y Peñaloza, que es una persona de la mejor conducta a quien recomiendo al gobierno.

Aquel informe tenía que ser apasionado según lo que del mismo se desprendía, pero el gobierno estaba interesado en complacer a Quiroga, por la influencia que representaba, aunque hubiera tenido que sacrificar a todos los jueces de paz.

Un alcalde y un juez eran cosa fácil de reemplazar, pero el comandante Quiroga no solo era irreemplazable sino que no convenía en manera alguna disgustarle.

Entonces un gobierno de provincia disponía de pocos elementos de acción, y quien, como Quiroga, manejaba 200 hombres era digno de toda contemplación, pues el gobierno no podía desprenderse de elementos tan valiosos. Así es que cuando recibió el informe de Quiroga, no solo separó de sus empleos a juez y alcalde, sino que escribió a aquél le indicara las personas que debía nombrar en su reemplazo.

Con esta resolución quedaba plenamente justificada la conducta del Chacho, y condenadas de hecho todas las justicias que procedieran de idéntica manera.

Como era natural, esta medida del gobierno hizo duplicar la influencia del Chacho, con grande asombro del cura Peñaloza que veía a su sobrino convertido de la noche a la mañana en un personaje de influencia con Quiroga y con el gobierno mismo.

Para la Costa Alta se nombró como juez de paz la persona que Quiroga hizo indicar y para alcalde de Huaja a un amigo del Chacho que éste indicó a pedido de Quiroga.

Con este golpe Quiroga extendió su influencia poderosa por todos los Llanos, a fuerza de rigor y con el prestigio de su valor personal mientras Chacho aumentaba su influencia por el cariño y la estimación de cuantos lo trataban. Con el apoyo de Quiroga, que quería a todo trance tenerlo a su lado, Chacho había organizado y armado un regimiento de más de cien hombres, que servían con amor y anhelo. Y así como Quiroga mantenía la disciplina más completa a fuerza de rigor y de castigos, Chacho la mantenía por el cariño y el compañerismo.

La política de Rosas empezaba a agitar la República con su política sangrienta y los gobiernos de las provincias, que seguían la influencia de López en Santa Fe, empezaban a organizar sus guardias nacionales, siendo Quiroga el nombrado para organizar la de La Rioja.

Como era natural, Quiroga trajo a Chacho a su lado, nombrándolo capitán de las milicias de la Costa Alta, nombramiento que fue plenamente aprobado por el gobierno. Y mientras Quiroga se alejaba ya a conferenciar con el gobierno, ya a vigilar las demás milicias de La Rioja, quedaba el Chacho encargado de las milicias de la Costa Alta que lo miraban como al segundo de Quiroga.

Chacho era un buen compañero de sus tropas, pareciendo mucho más bondadoso de lo que realmente era, por el contraste que ofrecía con el feroz Quiroga. Mientras éste castigaba con un exagerado rigor la menor falta, aquél reprendía moderadamente a los soldados aconsejándoles cómo debían portarse para ganar el aprecio de su jefe superior. Así es que los soldados habituados al rigor de Quiroga, miraban al Chacho como la suprema bondad, deseando que las ausencias de Quiroga se prolongaran lo más posible. Es que a Quiroga le temían al extremo de no atreverse a levantar los ojos en su presencia, mientras que delante de Chacho estaban como delante del mejor amigo, pues éste llevaba su bondad al extremo de no dar cuenta de aquellas faltas que podían excitar la crueldad de Quiroga.

Entre los soldados de Atile, había bandidos como hombres buenos.

Dos o tres de aquellos que Quiroga tenía como a sus perros más bravos, engañados por la bondad del Chacho, quisieron ver la diferencia que había entre éste y Quiroga, y empezaron a buscarle las pulgadas, como ellos decían.

—A nosotros puede gobernarnos Quiroga, pero todos no son Quiroga, y si éste quiere mandarnos es preciso que sea nuestro.

En vano los de Huaja les decían qué clase de hombre era el Chacho, pero como éste les dispensaba sus faltas intencionales, creían que esto era porque les tenía miedo, y querían destaparlo.

Poco tiempo les duró su curiosidad. El Chacho, bondadoso por naturaleza, les dispensaba sus faltas y ni siquiera los reprendía o retaba, se limitaba a aconsejarles que cambiaran de conducta, porque si Quiroga sabía lo que hacían, los iba a castigar severamente.

Los dos bandidos, que no eran otra cosa, se reían de los retos del Chacho, y como éste no insistía, creían a puño cerrado que les tenía miedo y que por esto no les castigaba. Y cometían las faltas unas tras otras, sin lograr irritarlo, porque Chacho no solo tenía paciencia a toda prueba, sino una gran lástima a los que él llamaba más infelices, por la dureza con que los trataba Quiroga.

—Chacho es muy bueno —les decían los de Huaja—, pero no es bueno tantearle mucho el bulto, porque si se enoja les va a dar un buen dolor de cabeza.

Convencidos de que Chacho no valía nada, se echaron una tarde unas copas de vino al estómago y se presentaron a Chacho, decididos a demostrar que no valía un ochavo.

Chacho les retó con dureza y los trató de sinvergüenzas, diciéndoles que aquel no era modo de presentarse a su presencia, porque si lo sabía el comandante, los había de colgar de un algarrobo.

—El comandante podrá hacer lo que le dé la gana, pero usted no tiene laya para hacer lo mismo. Usted es una criatura y muy poca cosa, y no es con nosotros con quien se va a estrenar.

—Yo no pretendo estrenarme con nadie —contestó bondadosamente el Chacho—; yo les doy ese consejo por bien de ustedes y nada más. Ahora, si no quieren hacer caso, peor para ustedes.

—¿Y quién le va a hacer caso a usted si es zonzo, y a más de zonzo, inservible? No se gobierna a hombres como nosotros sin tener el alma bien puesta, y usted es un cualquier cosa.

Chacho no comprendió que aquello era estudiado de antemano, creyó que los dos milicos estaban borrachos y no sabían lo que decían, y se encogió de hombros mandándolos a dormir la tranca.

—Más tranca será la suya —contestaron, y riendo del Chacho empezaron a insultarlo de una manera inaguantable.

Los de Huaja estaban asombrados de que Chacho tolerara tanto, mientras los soldados de Quiroga empezaban a reír también, sospechando que el capitán no era tan famoso como lo querían pintar.

—Yo puedo dispensar las faltas que se cometan —dijo el Chacho severamente—, pero no puedo dispensar que se me falte al respeto porque no puede ser.

—Es que le hemos de faltar no más porque usted es un maula y tendrá que aguantarnos no más por la cuenta que tiene.

El Chacho, que jamás se ponía espada sino cuando estaba en pelea, y así mismo no la sacaba nunca, manoteó su macana y ordenó a los soldados que salieran de su presencia en el acto.

Estos soltaron una carcajada, pifiándose del Chacho, y declarándole que no le obedecían y que mientras el comandante no viniese, no reconocían ningún superior.

—Desgraciadamente es preciso que me reconozcan como su único jefe cuando no está el comandante, y el que no quiera obedecer tendrá que hacerlo a la fuerza.

Los dos soldados siguieron riéndose del Chacho, y diciéndole mil insolencias, hasta que éste se les fue encima enarbolando su macana. Los dos soldados sacaron sus cuchillos y avanzaron sobre el Chacho.

Chacho ni siquiera se preocupó en tomar la menor preocupación de defensa, atropelló a los milicos y empezó a sacudirles tal lluvia de macanazos que les eran pocas las manos para proteger la cabeza. A los dos o tres minutos estaban en el suelo desarmados y sin aliento ni para pedir gracia.

—Hasta que uno no les pega de firme, no están contentos estos tontos con quienes ni siquiera se puede ser bueno, porque creen que se les tiene miedo.

Y sin preocuparse de averiguar qué les había hecho o la clase de heridas que tenían, se retiró mandándolos llevar de allí.

Aquello fue como con la mano; todos valoraron entonces lo que era el Chacho y la bondad extrema de su carácter, condenando el proceder de los castigados en cuyas cabezas y lomos la macana del Chacho había dejado recuerdos que durarían mucho.

Con este solo hecho el Chacho se impuso a sus tropas, o mejor dicho a las tropas de Quiroga, porque las suyas, que lo conocían ya, lo amaban con verdadera idolatría.

Quiroga había habituado a sus tropas a ciertas costumbres vandálicas que no estaban en armonía con el carácter del Chacho. Quiroga no los castigaba nunca por riñas, robos o borracheras, mientras lo que más irritaba al Chacho era un robo o una riña a mano armada.

—El que roba es un infame —les decía— que merece que le rompan el alma, y el que se pelea con un compañero no es digno de mi aprecio.

Y cuando Quiroga andaba ausente, no había ejemplo de una riña o un robo, porque Chacho era capaz de una atrocidad.

—Déjelos —le decía Quiroga—; es natural que los muchachos se entretengan en algo.

—Menos en hacer daño —contestaba Chacho—, porque los soldados deben hacerse querer y tener abiertas todas las puertas para un caso de necesidad. De esta manera todos los ayudarán, mientras del otro modo tendrán en los mismos habitantes del pueblo su peor enemigo.

Quiroga comprendía que Chacho tenía razón, pero no hacía nada por ayudarlo en ese sentido. Para él la manera de hacerse querer por la tropa era consentirle todos sus vicios; sabía que esto le enajenaba la simpatía de las poblaciones, pero en cambio por el terror él obtendría siempre lo que necesitaba, y venía a ser lo mismo. Dominar por el cariño o el miedo todo le era igual, y era el segundo modo el que estaba más en armonía con las inclinaciones de su espíritu.

Así se veía que, mientras los soldados de Quiroga estando éste presente eran temidos y odiados por todos, los del Chacho eran recibidos con agrado en todas partes y auxiliados con cuanto podían necesitar.

Pero Quiroga dominaba, lo que era su objeto y poco le importaba de los demás. No contradecía tampoco el proceder del Chacho, porque aunque creía que el mejor modo de dominar a los demás era el rigor, el Chacho, que era un elemento suyo, lo hacía por el cariño y era él de todos modos el que recogía los resultados benéficos.

Quiroga era vicioso por naturaleza; él jugaba con sus soldados y se embriagaba con ellos, vicios que no habían podido hacer tomar al Chacho, porque no estaban en sus condiciones ni modo de ser. Y así como era capaz de jugar en una carrera cuanto tenía, era incapaz de jugar un centavo en las cartas o en otro juego cualquiera. No desdeñaba jugar con los soldados a quienes miraba y trataba como amigos y compañeros, pero lo hacía sin interés de dinero. De día, cuando no había nada que hacer, y de noche, se reunía, en rueda con sus milicos y conversaban alegremente y jugaban a las cartas, pero sin dinero.

En cambio en la rueda de Quiroga se descamisaban de firme, siendo siempre Quiroga el que ganaba, porque era preciso tenerlo de buen humor y que se retirara contento. Como los malos humores de Quiroga se traducían siempre en garrotazos y muchas veces en lanzadas, todo el afán de los soldados era tenerlo contento y no dar lugar a que les aplicara sus bárbaros castigos.

El cura Peñaloza, convencido al fin de que el Chacho había tomado su camino en la vida, dejó de fastidiarlo con sus consejos y prácticas, renunciando a hacer de su sobrino un buen cristiano y mejor cura.

—Siento mucho que se haya dedicado a las armas —decía— pero si es esa su vocación ¡qué le hemos de hacer!

Rosas empezó a extender su poder y sus agentes. López en Santa Fe y Aldao en Mendoza empezaron a echar mano de todos los elementos de acción.

Quiroga era una potencia en La Rioja y a él se le encargó la organización militar rosista de aquella provincia, reconociéndole como coronel.

El gobierno de Catamarca fue el primero que intentó resistir las barbaridades de Quiroga, negándose a sus pretensiones. Quiroga tuvo con él un fuerte altercado diciéndole que era preciso que entendiera que allí no había más poder que el suyo. Pero el gobierno se negó a poner las milicias de la provincia bajo sus órdenes, que era lo que Quiroga quería, y a darle las armas de que disponía.

Quiroga lo insultó y el gobernador de Catamarca lo hizo retirar bajo la amenaza de hacerlo fusilar.

Quiroga volvió a La Rioja, previno al gobernador que avisara a Buenos Aires que la situación de Catamarca respondía a los unitarios y preparó sus elementos para cambiarla, sin esperar autorización alguna.

El gobernador de Catamarca, sabedor de lo que sucedía, preparó sus elementos para resistir a Quiroga, que había invadido ya la provincia, dejando en los pueblos por donde pasaba autoridades riojanas y arriando no solo con la guardia nacional sino con todo hombre susceptible de manejar una lanza.

Cuando Quiroga llegó a Catamarca, llevaba como mil hombres de caballería. Hizo alto en los alrededores del pueblo y mandó intimar al gobernador, con un ayudante, que se entregara y renunciara al mando de la provincia, o entraría en la ciudad a sable y lanza.

El gobernador de Catamarca, hombre enérgico y enemigo realmente de la política de Rosas, puso preso al ayudante de Quiroga y salió al encuentro de éste, con unos mil quinientos hombres de infantería y caballería.

Quiroga, cuyas fuerzas eran solo de esta arma, las dividió en dos grupos, dejando uno de reserva a sus órdenes inmediatas y dando el mando del otro al Chacho para que llevara el ataque.

Apenas tuvo tiempo de formar el ejército de Catamarca que venía mandado por el mismo gobernador, cuando cayó el Chacho sobre él como una tormenta, a sable y lanza. La infantería rompió sus fuegos sobre aquella masa de caballería, pero ésta no se detuvo a pesar de los claros abiertos en sus filas. Con el Chacho a la cabeza cargaron con increíble impetuosidad, arrollándola y echándola por delante a sable y lanza.

Quiroga, que vio esto, no esperó más, y con su reserva cayó sobre la caballería catamarqueña, trabándose entre ambas un combate sangriento y encarnizado. Por todas partes se veía a Quiroga hiriendo y matando sin piedad. Y con un valor imponente acudía allí donde el combate era más recio, sin que su brazo reposara un momento.

Pronto la caballería tomó el camino de la infantería, y Quiroga empezó la persecución más sangrienta de que allí hubiera memoria.

Los soldados no daban cuartel, como no lo daba él mismo, y el que quedaba o era alcanzado era lanceado sin ninguna especie de consideración.

¡Grande era el contraste que ofrecían aquellas dos divisiones!

Mientras el Chacho contenía a los suyos a los gritos de ¡no maten! y arrancaba de manos de sus soldados a las víctimas que querían sacrificar, Quiroga incitaba a los suyos a la matanza, y mataba él mismo a los que quedaban al alcance de su brazo.

Chacho mandó hacer alto como único medio de evitar la matanza y empezó él mismo a dirigir la toma de prisioneros y salvamento de heridos.

Quiroga, por el contrario, excitaba a su gente para que siguiera lanceando sin tregua. Y los bandidos de Quiroga, en su elemento, seguían la persecución con un encono tremendo.

Chacho y Quiroga entraron en Catamarca por dos puntos diferentes, matando el uno y protegiendo el otro a los que iban tomando sus tropas.

Una vez dentro de la ciudad, Chacho mandó pedir órdenes a Quiroga, y éste le hizo decir que campara en la Policía y casa de Gobierno, ocupando los dos puntos. Allí empezó Quiroga a mandarle personas, sin distinción de posición social o política para que los hiciera lancear.

Y Chacho, comprendiendo que en la confusión no se acordaría de ellos al día siguiente, daba escape a unos y ocultaba a los otros de manera que pudieran salvarse de aquella matanza bárbara.

Quiroga había desparramado su gente por la ciudad, empezando a saquear las casas de negocio y donde vivían las personas de fortuna. Quiroga, personalmente, andaba entre los grupos matando él mismo y enardeciendo la ferocidad de su tropa infame.

Catamarca estaba dominada por completo y en poder de Quiroga, que nada quiso respetar. El gobernador tuvo que entregarse, mandándolo

Quiroga a Santa Fe, con una escolta, para que el general López dispusiera lo que tuviera por conveniente. Y ocupó Catamarca mientras le indicaban lo que debía hacer respecto a la elección del nuevo gobernador.

La ocupación por Quiroga fue fatal a Catamarca, porque empezó a sacar contribuciones de todo género y a echar de sus filas a los amigos del gobernador derrocado o a los que él quería declarar como tales. Y mientras él quedaba en la capital, mandó a Chacho que recorriese los diversos departamentos, restableciendo el orden donde se hubiera alterado y haciendo las mismas herejías, como sacar contribuciones en dinero y lancear a los que no estuvieran conformes con sus actos.

Chacho partió con 400 hombres a cumplir las órdenes recibidas en su primera parte solamente, pues harto hacía Quiroga en la capital para que él lo secundara en los departamentos.

Los horrores cometidos por Quiroga habían cundido en toda la provincia, narrados por los mismos fugitivos de la batalla y los que habían logrado escapar después. El miedo les hacía exagerar los hechos de modo que las poblaciones estaban aterradas, preparándose todos a huir en cuanto aquel bárbaro se aproximara.

Uno contaba cómo Quiroga hacía lancear a los hombres y azotar a las mujeres por el solo delito de ser catamarqueños, otros narraban cómo la ciudad estaba en poder de la soldadesca, que saqueaba las casas, apuñalando al que no quería entregar sus alhajas y sus mujeres, y así cada persona que llegaba refería un nuevo horror.

La primera población a la que llegó Chacho, más impuesta de lo que pasaba en Catamarca por estar más cerca, se aterró completamente a la aproximación del Chacho, al extremo de no haber quien acertara a huir, por temor de ser visto y muerto por este solo delito.

Chacho la ocupó tranquilamente, alojándose en el juzgado de Paz donde mandó comparecer a los vecinos más influyentes y ricos. Por los derrotados y dispersos se sabía que Chacho no era tan feroz como Quiroga, pero por bueno que fuese no tendría más que cumplir las órdenes que indudablemente traería.

Chacho tenía sus tropas formadas sin haber permitido que un solo soldado se moviera de sus filas, por temor de que se entregara a algunos excesos. Cuando hubo reunido una media docena de vecinos, les manifestó bondadosamente las órdenes recibidas y de qué manera estaba dispuesto a cumplirlas.

—Las contribuciones se me pagarán equitativamente —les dijo—, es decir que cada uno me dará lo que pueda y el que nada pueda nada me dará. El vecindario será respetado de todos modos por la tropa a mis órdenes, para lo cual es necesario que se me dé cuenta del menor abuso que lleguen a cometer mis soldados. Esté tranquilo el vecindario que en esa tranquilidad está su salvación, pues así Quiroga no tendrá a qué venir y por consiguiente nada malo podrá suceder.

Esta especie de proclama producía en los ánimos más afligidos la mayor tranquilidad.

—Chacho, que es quien manda estas fuerzas, es un hombre humano y bondadoso, es preciso no dar motivo a que venga el mismo Quiroga, y lo pasaremos mejor.

Cada cual entregó a Chacho el poco dinero de que disponía, y nadie fue molestado en lo más mínimo.

Dos días permaneció allí Chacho, y ninguno tuvo de él ni de su tropa el menor motivo de queja.

En los departamentos de Catamarca no había negocios de ninguna clase, de modo que solo podía sacarse contribución en víveres, pero Chacho no incomodó ni molestó a nadie. Recibió complacido lo que cada cual quiso llevarle, y se retiró dejando las mismas autoridades que había encontrado.

—Es necesario que ustedes acepten buenamente lo que les mande el coronel Quiroga —les dijo a la despedida—, y yo les garanto que no tendrán que arrepentirse.

Esta fue la conducta que siguió el Chacho en todos los departamentos que recorrió hasta su vuelta a Catamarca.

Un día fueron a quejársele dos mujeres de que habían sido robadas y violentadas por un grupo de soldados a quienes había permitido, la noche antes, salir a pasear, pues acostumbraba darles puerta franca por turno de diez hombres.

Chacho llamó a todos los soldados que habían salido y fácilmente averiguó quiénes habían sido los autores del atentado que se le denunciaba. En el acto les quitó el robo, que consistía en unos pocos pesos y algunas alhajitas, devolvió el todo a aquellas infelices, y en presencia de ellas mismas dio a los soldados, que eran tres, una vuelta de azotes y palos con su arriador de algarrobo.

Esto bastó para que nadie incurriera en igual delito, pudiendo el Chacho licenciar a toda su tropa, en la seguridad de que nada malo había de suceder.

Chacho empezó así a extender su prestigio por Catamarca y el cariño que en todas partes le demostraban. Todo cuanto le llevaban, fuera en artículos o dinero, lo repartía entre su tropa, sin reservar para él absolutamente nada. Así se verá que cuando lo apuraba la necesidad, se acercaba al fogón de sus soldados, pidiéndoles que lo convidaran con lo que tuvieran. Y los soldados, que veían esto, se habían habituado a respetarlo más por sus prendas que por su valor mismo.

Cuando regresó a Catamarca, y dio cuenta a Quiroga de lo que había hecho, éste aprobó cuanto dijo, puesto que de un modo o de otro, conseguía su objeto, que era la dominación.

—Las autoridades que quedan en todas partes responden al coronel Quiroga y harán lo que éste les mande —dijo—, puede usted estar seguro de ello.

El Chacho no pudo menos que asombrarse al conocer todos los excesos y violencias que había cometido Quiroga en la capital. Las casas de negocio, las pocas casas de negocio que había en Catamarca, habían sido saqueadas por la soldadesca que, desparramada en todo el pueblo, cometía todo género de abusos y de horrores. Los que se habían atrevido a llevar la queja a Quiroga, habían recibido de sus manos unos buenos puñetazos, como prevención de lo que les sucedería si insistían en sus quejas. De modo que no tenían más recurso que dejarse saquear impunemente, dándose por felices de que no les sucediera algo peor.

Quiroga no había respetado nada ni a nadie, cruel hasta la última exasperación. Él mismo calculaba lo que las personas tenían, imponiéndoles la cantidad que le habían de llevar como contribución, y si no podían completarla, los castigaba sin más trámite con una buena paliza.

Los partidarios de Rosas habían rodeado a Quiroga, aplaudiendo sus hechos bárbaros y felicitándolo por las bárbaras medidas que tomaba. Y daban bailes y fiestas de todo género en honor del feroz caudillo, los unos porque eran tan bandidos como él y a su sombra podrían hacer mil iniquidades, y los otros porque comprendían que ésta era la única manera de escapar a las atrocidades que se cometían.

Y Quiroga lo pasaba de fiesta en fiesta y de jugada en jugada, mientras sus soldados, si no se entregaban a mayores excesos era porque no querían.

Rosas no podía menos que aplaudir los actos de Quiroga, que estaba poderosamente sostenido por López, de Santa Fe, y que era un elemento incomparable para sostener aquella política de sangre y robo.

Así es que la conducta de Quiroga no solo fue aprobada con las palabras más entusiastas, sino que se le facultó para que, antes de retirarse de Catamarca, dejara un gobernador rosista, con quien pudiese marchar de perfecto acuerdo en todo.

Quiroga dominaba por completo a las provincias de La Rioja y Catamarca, pero ya aspiraba a extender su dominación a Santiago y las demás del Norte, que empezaban ya a conocerlo de nombre y de hechos.

Chacho respetaba sus órdenes como superior y las cumplía de la manera que hemos indicado, pero no se prestaba a ejecutar las crueldades por él dispuestas, siguiendo en su sistema bondadoso.

De esto había resultado que los mismos perseguidos por Quiroga se amparaban con el Chacho, buscando en él la protección necesaria, habiendo muchos que venían a su lado para estar más seguros.

Quiroga se retiró a La Rioja, una vez que estableció el gobierno que quería, dejando a Chacho un poco de tiempo más para que lo sostuviera y lo afianzara por completo.

Ya él entraba más de lleno en los manejos y combinaciones de la política federal, no pudiendo atender sino por medio del Chacho a la estabilidad de sus ideas y sistema especial de gobierno.

Aquellos dos gobernadores respondían a Quiroga de tal manera, que no daban ni un solo paso sin consultarlo, obedeciendo inmediatamente sus menores indicaciones. Podía decirse que él era el único gobernador de ambos, siendo ellos simples empleados suyos que no se atrevían a contrariarle en lo más mínimo.

El derrumbamiento del gobierno de Catamarca le había dado un crédito fabuloso como militar, crédito que se había repartido con el Chacho, cuya fama de bueno cundía, haciendo poderoso contraste con la crueldad proverbial de Quiroga.

Todo el tiempo que Chacho estuvo en Catamarca fue ganando en la estimación del pueblo, que veía en él una garantía de paz y seguridad. El Chacho había quedado solamente con las milicias de la Costa Alta, que eran las que se distinguían por su orden y conducta irreprochable.

Así cuando Chacho recibió orden de retirarse a Huaja y esperar allí órdenes, el sentimiento público fue grande, acompañándolo todo el pueblo hasta su salida de la capital y siendo vitoreado y obsequiado cariñosamente en todos los departamentos por donde pasaba. Buen mozo y con el prestigio de su valor y sus hechos, las familias lo habían obsequiado de todos modos, repartiendo él los regalos recibidos entre sus oficiales y su tropa. Así éstos cobraron por Chacho verdadera adoración y profundo respeto.

La muerte de un justo

El cura Peñaloza se consideraba completamente feliz con la posición adquirida por su sobrino. No había podido educarlo como él deseaba ni logrado hacerle tomar la carrera eclesiástica, pero en cambio veía con placer que Peñaloza, su sobrino, era un joven de conciencia y de corazón, piadoso como pocos, y honrado como el que más.

—En todas partes puede servirse a Dios —le decía—, ayudando al desvalido y protegiendo al desamparado. No hagas mal a nadie ni te prestes a hacerlo por cuenta ajena, y Dios te ha de ayudar y te ha de amparar en tus momentos desesperados.

Chacho y los milicianos de Huaja habían sido recibidos en el pueblo con muestras del mayor regocijo. Los bombos y los triángulos sonaban por todas partes, en señal de alegría, y la casa del cura Peñaloza estaba de reunión perenne.

Allí se invitaba a todo el mundo con el rico anisado y la exquisita mazamorra que ha hecho célebre a Huaja y el baile parecía no terminar nunca, siguiendo la zamba a la chacarera y la chacarera a la zamba.

—Estoy orgulloso de ver a mi sobrino en la posición que ha alcanzado, mereciendo la confianza del gobierno —decía el buen cura—, pero me siento más orgulloso de verlo que es un buen cristiano y hombre de corazón. Esto me consuela profundamente ya que no he podido cumplir mi deseo, y solo aspiro antes de morir a verlo casado y con un par de hijos. Tal vez de entre ellos salga algún curita; ¡quién sabe!

Estas palabras del buen cura engendraban graciosísimas bromas que dirigían a Chacho señalándole novia entre las muchachas más lindas. Y Chacho se ponía colorado como un tomate, y se disparaba afuera cuando la lluvia de bromas arreciaba, porque a este respecto no solo era sumamente vergonzoso, sino que no le gustaba que lo embromaran con mujeres delante del tío, por quien tenía un gran respeto. Y por esto mismo sus amigos hacían subir las bromas de punto tomando parte en ellas el mismo cura, que le decía que antes de morir quería casarlo él mismo.

—Es que yo no quiero casarme —decía Chacho—, porque un hombre no se debe casar sino para hacer feliz a su mujer, y un militar, por su género de vida, no puede dar a su mujer sino disgustos de todo género por la vida expuesta y vagabunda que lleva.

Y concluía pidiendo que se hablara de otra cosa.

Quiroga consiguió que se nombrase a Chacho comandante de las milicias de la Costa Alta, lo que llenó de orgullo a Peñaloza, a su tío el cura y a todos los habitantes de Huaja, que ya hemos dicho cómo querían a Chacho.

Aquél era un honor que nunca habían esperado y el principio de una carrera brillante, pues siguiendo así. Chacho podía llegar a ser coronel, general y hasta gobernador de La Rioja.

El cura estaba tan entusiasmado, que hasta se hizo partidario de Quiroga, a quien antes detestaba cordialmente.

Quiroga vino a Buenos Aires a conferenciar con Rosas, y quedó Chacho representando su poder. Fue entonces cuando los habitantes de Costa Alta apreciaron todo lo que valía Chacho. Nadie fue molestado por él durante el tiempo que faltó Quiroga, puso en libertad a los que estaban presos y no hubo soldado que diera motivo para ser preso o castigado.

Nadie se hizo justicia por su mano porque Chacho atendía todas las quejas y arreglaba amigablemente todas las cuestiones. Se puede decir que la justicia civil había caducado, pues ninguno acudía a los jueces de paz ni alcaldes, sino a Chacho, como antes acudían a Quiroga. Este fallaba todas las cuestiones del mal lado siempre, por la tendencia que tenía siempre por hacer daño, y Chacho, íntegro como pocos, se inclinaba siempre del lado de la justicia y de la razón.

Huaja parecía siempre un campamento, pues aunque los guardias nacionales no estaban en pie, la mayor parte de los soldados querían estar a su lado, porque de todos modos no tenían nada que hacer. El trabajo era entonces muy escaso en las provincias del Norte, como lo es hoy mismo, y los paisanos se aburrían no teniendo nada mejor en que emplear el tiempo.

Y allí vivían a su lado de una manera miserable, pues el Chacho no tenía nada que darles y el dinero escaseaba mucho. Quiroga volvió a representar de hecho la política y las aspiraciones de Rosas. Ellos se habían entendido, volviendo con un poder ilimitado y facultades plenas para hacer lo que les diera la gana.

Traía dinero en abundancia, armamento para sus tropas y sueldos para Chacho, a quien traía una rica lanza y un kepí de comandante. Quiroga vestía un lujosísimo uniforme de coronel, lleno de galones y bordados de oro, como jamás se había visto en la provincia de La Rioja.

Rosas, que conocía a la gente con quien trataba, penetrando al momento sus gustos e inclinaciones, había regalado a Quiroga todo aquel lujo de entorchados, para entrársele más en el corazón, pues había comprendido que Quiroga era sumamente vanidoso y amigo de los relumbrones y bordados.

Si solamente el kepí de Chacho hacía abrir la boca a los buenos habitantes de Huaja, incluyendo al cura, ya se calculará la impresión que causaría el vistoso y rico uniforme de Quiroga, cuyas prendas éste solo se sacaba para dormir, y eso las que más podían incomodarle.

Rosas le había regalado además una montura llena de adornos de plata y un par de espuelas de plata que le tomaban todo el pie.

Las poblaciones salían asombradas a su paso para verle el uniforme, ante el cual se extasiaban los milicos.

Con el armamento traído, compuesto de lanzas y sables, venía una cantidad de gorras de manga colorada, las que se apresuró a repartir entre la tropa para darle un aspecto más militar. Los buenos soldados, que hasta entonces no habían tenido ningún distintivo militar, daban vuelta la cabeza mirándose la manga de la gorra, y se hamacaban llenos de orgullo. Así es que con sus gorros y sus lanzas o sables se creían llenos de magnificencia. Chacho con su kepí y la espada que le regaló Quiroga parecía un general europeo; y éste con su flamante uniforme de coronel, era algo como un emperador o como un rey.

El dinero que trajo Quiroga para Chacho, como doscientos pesos plata que allí era una suma nunca vista, los partió Chacho generosamente entre los milicianos de Huaja, viniendo a tocarles unos dos pesos por cabeza, suma que muchos de ellos no habían visto junta en toda su vida.

Con este rasgo de generosidad el prestigio de Chacho no tuvo límites, se hubieran dejado hacer picadillo por el Chacho. Los que habían recibido el dinero, porque lo recibieran, y los demás al saber la generosidad de su jefe y por estar en iguales condiciones en un próximo reparto, adoraban a Chacho como a un ser supremo.

Quiroga, que había probado ya lo que era la vida en Buenos Aires y lo que se podía hacer teniendo dinero, no se desprendió de un solo peso. Los soldados, según él, no necesitaban dinero para nada, y el que lo quisiera, que se lo proporcionara. Esto disgustó mucho a las tropas, disgusto que nadie se atrevió a manifestar, pues podía costarle caro.

—¿Tienes el valor de haber repartido todo tu dinero? —preguntaba el cura a su sobrino—. ¿Y con qué te has quedado tú?

—Con nada tío; ¿para qué necesito yo plata? Nada me hace falta y cuando tenga necesidad de algo ellos me lo darán.

—Es bueno ser generoso, pero hasta cierto punto, porque la caridad empieza por casa y tú andas tan necesitado como ellos.

—Es que por ahora nada necesito, tío, y cuando necesite no me ha de faltar quien me dé. Usted mismo me ha dicho que quien siembra recoge.

Derrotado así por sus propias palabras, el cura no insistía, pero decía a Chacho que era necesario no fuese tan desprendido y que dejara algo para él. Pero Chacho se sonreía bondadosamente, mostrando el ningún apego que tenía por las grandezas de la vida.

Con la nueva posición adquirida y árbitro de los destinos de aquellas provincias, con su magnífico uniforme y la representación que le había dado Rosas, Quiroga no podía estar oscurecido en un departamento y decidió trasladarse a la capital, donde la vida era más agradable y más cómoda. Y efectuó la traslación en el acto, dejando al Chacho representando allí su poder tremendo.

El Chacho extendió entonces su benéfica influencia por todas partes, siendo su casa, desde entonces, en movimiento y concurrencia, lo que había sido antes la casa de Quiroga.

Facundo Quiroga, que empezaba ya a ser conocido bajo el apodo de «Tigre de los Llanos», se instaló en La Rioja, con cierto descontento del gobernador, que miraba en Quiroga un control en todos sus actos y una amenaza a su poder.

Quiroga era un hombre de Rosas, más caprichoso y autoritario que Rosas mismo, de una astucia incuestionable y a quien sería muy difícil si no imposible engañar. Quiroga era allí un peligro para el gobernador, pero era necesario mostrarse satisfecho y contento, pues peor sería que aquél se apercibiera del disgusto que causaba su presencia y empezara a hostilizarlo sin más trámites.

Quiroga se había trasladado a La Rioja con una escolta que había vestido y armado con algunos uniformes completos que le dio Rosas, de modo que parecía todo un general en jefe de ejército en campaña. Inmediatamente se entregó a la vida licenciosa y calavera que había probado en Buenos Aires y que era tan de su agrado. No había fiesta, por ínfima que fuese, que no lo contara en el número de sus invitados más alegres. Si no había sido invitado se entraba nomás, porque nadie se habría de atrever a rechazarlo, unos por temor y otros por respeto a aquel lujosísimo uniforme.

Con todos los vicios y sin ninguna de las virtudes, las muchachas más lindas de La Rioja empezaron a ser festejadas y solicitadas por el terrible caudillo, que en su insolencia y poderío había llegado a figurarse que las mujeres, como la fortuna de los demás, era propiedad suya y que haría honor a sus dueños apoderándose de ellas.

La Rioja es una provincia de mujeres hermosas, estupendamente hermosas. La belleza riojana es una belleza apacible y calma: tienen sus mujeres ojos magníficos, de expresión cariñosa, que irradian toda la tranquilidad de un espíritu inocente y puro. Hay algo del corte de la fisonomía romana, con toda la molicie y pereza de la napolitana y la gracia chispeante que ilumina la fisonomía de la andaluza. Hay en ellas la pureza de una juventud exuberante que se prolonga hasta la edad madura, sin alterar aquellos semblantes virginales y de cutis espléndido. La tez de las mujeres de La Rioja es especial; parecen semblantes sobre los cuales se hubiera extendido una hoja de rosa más suave, con más vida en el color y con la frescura humana que deslumbra y conmueve.

Hay en Buenos Aires algunas damas de La Rioja que pueden dar una idea de lo que son las mujeres de aquella provincia encantada, por el carácter de sus habitantes, su naturaleza poderosa y sus mujeres preciosas. Inocentes y sin idea de mal, con el espíritu abierto a todas las impresiones puras, ellas brindan la amistad, una amistad leal y pura al viajero que golpea sus puertas;

tienen la religión de la hospitalidad, que llevan hasta privarse ellas mismas de lo más necesario para atender a las necesidades de su huésped.

La mujer de La Rioja, bondadosa sobre toda exageración y con el carácter más dulce y generoso que pueda idearse, contrasta poderosamente con sus hombres, esencialmente valientes y de carácter firme y caballeresco. Allí el hombre es el compañero cariñoso y protector de la mujer, cuya misión está en el hogar, santificado por el amor de la familia y la abnegación profunda que guarda para los padres como para los hijos.

La mujer de La Rioja, que es el bello ideal de la mujer del hogar, caritativa y buena, considera un deber ineludible el alivio de la desgracia ajena, llevando su abnegación hasta el sacrificio propio.

Así el alma negra de Quiroga fue deslumbrada por aquellas mujeres cuya belleza era incomparable. Jugador consumado, no faltaba a ninguna reunión de tahúres por pobre que fuera, jugando en todas ellas según lo que había sobre la mesa.

Quiroga se enamoró de una dama que vivía frente a su casa, pero aquella dama era casada y por más brillante que fuera el uniforme del caudillo no estaba dispuesta a faltar a sus deberes ni al cariño que tenía por su marido. Quiroga la visitaba diariamente, pasando larguísimas horas en su contemplación, sin atreverse a decirle una palabra. Aquella joven era espléndidamente bella, era una especie de María Elía con toda la exuberante frescura de María Luisa Ocampo.

El caudillo se sintió deslumbrado, dominado por la belleza de aquella mujer, y pasaba las horas muertas a su lado, no encontrando una frase digna de ella para manifestarle el amor que lo devoraba. Y cuando se encontraban las dos miradas, ella sonreía y él bajaba la suya, como quien huye la vista de algo que le inspira miedo. En su suprema inocencia la joven concluía por reír, no conociendo el peligro que corría, y preguntar a Quiroga:

—¿Por qué no me quiere mirar, tengo algo en la cara que le causa espanto?

—No es que no quiera —contestaba Facundo trémulo y agitado—, es que no puedo.

—¿Y por qué no puede?

—Yo no sé, quiero pero no puedo; me sucede, al encontrar sus ojos, lo mismo que me sucede al mirar al Sol... me encandilo.

Es que la belleza magnífica de la joven deslumbraba a Quiroga de una manera fabulosa, tratando él de explicar en su lenguaje rudo la fuerza de aquella impresión.

Quiroga no había encontrado una mujer que se impusiera a su espíritu como aquella joven, al extremo de dominarlo por completo.

—Yo siento en mí que soy capaz de algo tremendo —le decía—, pero de algo que no podría explicar bien aunque lo siento, porque pasa por mi corazón como la ráfaga de una tormenta.

—¡Qué, mi amigo! —decía ella, riendo siempre en su inocencia—. ¡Siempre está de guasa y de juguete!

—Yo no juego —contestaba Quiroga—, yo no juego porque no tengo alientos para tanto, usted es la que juega conmigo porque me ha ganado la voluntad. Hay algo que me empuja hasta usted con la fuerza del deseo, pero hay algo también que me contiene con el temor de disgustarla, porque usted para mí es algo como un Dios.

Y ella volvía a reír en su suprema inocencia, desconociendo el peligro que corría. Porque para la joven, Quiroga era un hombre simpático a quien profesaba el cariño de la amistad leal.

Cuando Quiroga llegaba a su casa, después de su larga visita, se enrostraba amargamente su cobardía y hacía la resolución de declarar al día siguiente su amor a Ángela.

«Es una estupidez —pensaba— que yo me deje dominar así por una mocosa y no me atreva a decirle que la quiero con toda mi alma. Mañana se lo digo, mañana le pido todo su cariño para calmar esta inmensa y rara sed que me devora, y si no quiere, ¡oh! ¡Si no quiere la haré querer a la fuerza!»

Y al día siguiente iba a la casa de Ángela resuelto a cumplir su propósito, pero una vez en su presencia volvía a sentirse cobarde y no se atrevía a decir una palabra. En el corazón de Quiroga se daba una batalla; batalla terrible que lo había de hacer estallar de alguna manera. Cuando Quiroga estaba en casa de Ángela, cambiaban así todas sus resoluciones, contentándose con decir alguna galantería a su modo, que ningún resultado podía darle en su propósito.

Un día fue tal la lucha que sostuvo en su corazón en presencia de la joven, que aquel hombre cuyo corazón jamás se había conmovido ante la mayor desventura, sintió los ojos húmedos por primera vez en su vida, y dos gruesas lágrimas rodaron por sus pómulos morenos y varoniles.

—¿Por qué eso? —preguntó la joven ligeramente turbada y conmovida—. ¿Por qué llora, amigo mío? ¿He hecho yo algo que haya podido causarle pena?

—Yo no lloro —contestó Quiroga—, es que el dolor del alma, como el cariño, debe asomar a los ojos bajo alguna forma, lo mismo entre dos rayos que entre dos lágrimas.

—¿Y usted tiene algún dolor, Quiroga?

—Sí, tengo el dolor de este cariño terrible que me roe las entrañas. Yo la quiero a usted, Ángela, como jamás se ha querido a nadie, como no es posible querer en este mundo.

—Pero en eso no hay nada de malo, amigo mío; yo también lo quiero a usted, lo quiero y lo aprecio como puede quererme y apreciarme usted.

La mirada de Quiroga se había iluminado con un brillo fabuloso, estaba trémulo, y su boca, completamente seca, apenas podía pronunciar las palabras.

—Es que yo la quiero como solo se quiere una vez en la vida, yo la quiero con el poder de la pasión más violenta; hay algo que me empuja entre sus brazos, pero como usted no los abre, siento que esa misma fuerza me hace caer a sus pies, que besaría como se besa la mano de Dios.

Y Quiroga, el terrible Quiroga, dobló la rodilla, y buscó con el labio trémulo los pies de Ángela.

La joven estaba asombrada y sorprendida al extremo de que no tuvo tino de moverse de allí ni retirar sus pies, que besaban apasionadamente los labios de Quiroga.

Embellecido por la suprema pasión que lo dominaba, Quiroga seguía pronunciando palabras de amor casi poético, que llegaban al corazón de la joven como la revelación de un mundo desconocido, lleno de atractivos encantados. Aquella palabra cargada de pasión y de sentimiento, llegaba a su alma de una manera sumamente agradable, haciéndole caer en un éxtasis extraño. Quiroga se alzó en una especie de vértigo, oprimió a la joven entre sus brazos y la besó en la boca con violencia frenética. Aquel beso volvió a Ángela a la realidad de la vida y de su situación.

—¡Por Dios, Quiroga —dijo—, mi cariño no puede pasar de la amistad franca que hemos tenido siempre! ¡Recuerde por Dios que yo no me pertenezco, que tengo mi marido y que esto está mal hecho!

—Yo no pienso en nada —exclamó frenético el caudillo—, solo pienso en que mi cariño no reconoce límites y en que usted es necesaria a mi existencia.

La palabra ardiente de Quiroga había conmovido a la joven de una manera poderosa, porque ella le había hablado un lenguaje de pasión que nunca había escuchado. Ella se había casado porque todos se casaban, sin averiguar si amaba o no a su marido. Así su corazón adormecido despertaba violentamente a la vida del amor, de ese amor que todo lo avasalla y lo subleva. Ángela creía poder amar a Quiroga sin faltar a su marido; por eso aceptaba su palabra de amor, rechazando su ademán que consideraba grave e inaceptable.

Quiroga quiso abrazar de nuevo a Ángela, pero ella lo contuvo, suplicándole que la dejara.

—¡Ángela! ¡Ángela! ¡No, Ángela! —dijo Quiroga—. ¡Porque eres un ángel! ¡Mi vida entera por una palabra de amor!

—Yo no puedo dejar de quererlo —dijo ella entrecerrando los ojos—, pero déjeme hoy, estoy postrada; después hablaremos más largo.

Quiroga la tomó entre sus brazos crotonianos y la oprimió contra su pecho de bronce.

—¡Por Dios, Quiroga! —dijo ella sollozando y bañando con sus lágrimas el semblante de Facundo—; ¡yo le pido que me deje y se vaya! ¿Me negará esta súplica?

Y Quiroga, a quien no bastaban todos los ruegos y lágrimas de este mundo para disuadir de un propósito, soltó a Ángela y se retiró dominado por su palabra melodiosa y suplicante. Y con el semblante lívido y descompuesto salió de aquella casa.

¿Qué secreto mantenía la palabra de Ángela para hacerse obedecer por el indómito caudillo?

Y ella quedó llorando y conmovida, mientras Quiroga salía con toda la violencia de su genio terrible, murmurando:

—¡Y es preciso obedecer o hacer una atrocidad, esa mujer puede más que yo!

Si Quiroga se hubiera quedado y cometido un acto violento como era de esperarse de él, hubiera muerto toda ilusión en el corazón de la joven. Pero sin saberlo, sin quererlo, seguía precisamente el camino más seguro de cautivar el corazón de la joven.

Y ella, ante aquella misma docilidad, se sintió más inclinada al amor de Quiroga, en quien veía un hombre bondadoso y noble.

Amar a Quiroga para ella no era faltar a sus deberes de esposa y amó a Quiroga con toda la virginidad y fuerza de su alma. Y extasiada en el recuerdo de sus últimas palabras, solo pensó en el momento de volverlo a ver.

Aquella misma rusticidad del ademán viril, aquel sonido imperativo de la voz, aquel semblante feo si se quiere, pero poderosamente simpático, y aquellos ojos negros de mirada imponente y severa la seducían con una fuerza desconocida.

Ángela comparó y de la comparación saltó la superioridad de Quiroga, que estaba rodeado, además, del prestigio de su valor inmenso y de su posición brillante. El marido fue hallado inferior al amante, y Ángela se entregó por completo al sueño de aquel amor que ella idealizaba a su manera.

Quiroga, una vez en su casa, se recriminó el haber sido tan débil con Ángela.

—¡Quién sabe! —exclamó—; tal vez tenga razón el Chacho al decir que también se domina por el cariño. ¡Pero de un modo o de otro esa mujer tiene que ser mía o dejo de llamarme Quiroga!

Poco delicado y obediente a cierta grosería de su espíritu inculto, quiso obsequiar a Ángela y no encontró mejor manera de hacerlo que mandar a Ángela una bandejita llena de onzas de oro. Aquel era un regalo espléndido del que no se tenía idea en La Rioja, pero un regalo que comprometía, ante los demás, la honradez de Ángela. El marido de ésta no había mirado siempre con ojos complacientes las frecuentes visitas de Quiroga, pero no se atrevía a decir nada. No hubiera tenido otro recurso que despedir de su casa a Quiroga, pero esto hubiera sido provocar al Tigre de la manera más violenta. Él empezó a demostrar a Ángela los peligros de aquellas visitas y lo necesario que era alejarlo de su casa, pero ya sabemos de qué clase de sentimientos estaba ella poseída y la poca voluntad que tenía en seguir los consejos del marido.

—Sin embargo —decía éste— es preciso que lo despidas porque su presencia compromete nuestra tranquilidad.

—¿Y cómo hago para despedirlo? Despídelo tú que eres el dueño de casa, yo no tengo valor para hacerlo y él probablemente no me hará caso.

Esta misma resistencia cobarde y pasiva del marido empujaba a Ángela hacia Quiroga, pues encontraba en él una superioridad incuestionable.

El amor de Quiroga por Ángela era ya conocido en toda La Rioja, porque él no hacía ningún misterio de su pasión, desde que cuando no estaba en casa de Ángela, estaba mirándola desde la puerta de la suya. Y aconsejaban a Pintos que despidiese a Quiroga de su casa si no quería que le sucediera una desgracia.

—Es que tal vez la provoque despidiéndolo —decía él— pues ya ven que con Quiroga ni el mismo gobierno puede.

Es que Pintos, que conocía todas las atrocidades de Quiroga, tenía recelo de que si lo despedía fuese a cometer con él alguna enormidad, y creía que la mejor manera de despedirlo sería que Ángela lo hiciera ya directamente, ya por medio de una indiferencia glacial y estudiada.

Estos eran los trabajos de Pintos cuando tuvo lugar la escena amorosa que hemos narrado y el regalo de la bandejita de onzas enviada a Ángela por un asistente de confianza. Ya aquello era más de lo que Pintos podía aguantar, por más temor que le inspirara Quiroga. Aquel dinero era un regalo vergonzoso que no podía aceptar de ninguna manera, pues habría sido como aceptar el escarnio público.

Y Pintos aconsejó a Ángela que devolviera el obsequio, haciéndole comprender la significación terrible que tenía.

—Pero devolvérselo tal vez lo tome como un insulto —decía la joven—, y creo que esto no lo merece quien manda un regalo, tal vez con la mejor intención. ¿Por qué han de tomarse las cosas por el lado ofensivo?

Pintos se resolvió a devolver el obsequio, aunque el mundo se le viniera encima. Aceptarlo era aceptar una vergüenza y provocar que se le hiciera otra mayor.

Pintos, que era un joven santiagueño, resolvió devolver las onzas a Quiroga y ausentarse con su esposa a Santiago si Quiroga empezaba a perseguirlo o pretendía hacerles mal. Así es que remitió la bandejita con una carta atenta, en la que hacía presente a Quiroga en términos comedidos, que no era posible que una mujer aceptara dinero de una persona que no era su marido o su padre. Que no tomara a mal aquello, porque como marido no podía hacer otra cosa.

Quiroga recibió carta y bandeja de una manera tremenda, sintiendo que toda la sangre se le subía a la cabeza en un vértigo de muerte.

—Voy a enseñarle a esa porquería —dijo— quién es el coronel Facundo Quiroga.

Y llamando a su asistente, le entregó la bandeja y la carta, con el siguiente recado:

—Llevas esto y se lo entregas de mi parte a Pintos, para que se lo pase a su mujer, diciéndole que no sea zonzo, y si no la quiere recibir, se la sacudís por la cabeza sin decir una palabra y venís a darme cuenta.

Cuando llegó el asistente, Pintos estaba esperando lo que contestara Quiroga para saber a qué atenerse.

Ángela se había quedado en su cuarto, sumamente disgustada, porque preveía el desquite que tomaría Quiroga y el violento estallido de su cólera.

—Aquí manda el coronel esto —dijo el asistente presentando a Pintos la bandeja sin siquiera saludarlo—: dice que no sea zonzo y que la reciba.

—Dígale al coronel que no puedo complacerlo por los motivos que ya le he expuesto, que perdone, pero que no puedo.

El asistente retiró la bandeja y dijo:

—¿Quiere decir que usted no quiere recibir este obsequio de mi coronel y se niega a obedecer sus órdenes de recibirlo nomás?

—Ya he manifestado al coronel las razones que tengo, amigo; lleve nomás la bandeja y dígale lo que yo le he contestado.

El asistente levantó entonces la bandeja y la estrelló en la cabeza de Pintos.

86

El golpe fue terrible, no solo por el vigor del que lo daba como por el peso de la bandeja. Pintos quedó aturdido y bañado en sangre, pues cada onza le había hecho una herida o lastimadura en la cabeza y la cara, que se habían convertido, puede decirse, en una sangrienta flor de regadera.

Al desparramo de las monedas y al grito que lanzó al recibir el golpe Pintos, acudió Ángela asustadísima, preguntando lo que había sucedido. Y se encontró con el cuerpo de su marido estirado entre la bandeja y las onzas.

—¡Pobre de mí! —exclamó la joven—. ¡Qué habrá sucedido aquí! ¡Qué habrá habido entre mi marido y Quiroga!

Y afligidísima con lo que veía, llamó a grandes voces acudiendo en su auxilio las gentes de la casa.

Pronto fue recogido y llevado a su casa, donde se le prodigaron todos los cuidados que se creyeron necesarios.

A falta de médicos, que no los había entonces en La Rioja, vino el curandero, que estancó prolijamente la sangre y vendó la herida causada por la bandeja. Las demás eran contusiones y lastimaduras que ningún mal podían causar, fuera del dolor del golpe.

Ángela se había apresurado a recoger y hacer recoger las onzas desparramadas, que venían a ser el cuerpo del delito y la prueba de que todo aquello sucedía por causa suya. Desde el principio interpretó que aquello no podía haber sido sino una grosería de su marido, contestada de aquella manera terrible por Quiroga.

Cuando Pintos volvió en sí no se dio cuenta inmediatamente de su situación; pero poco a poco fue recordando, hasta que pronto se dio cuenta de todo lo sucedido.

—¿Pero qué es eso? —preguntaron los extraños o parientes que lo rodeaban—. ¿Qué le ha sucedido?

—No es nada —contestó Pintos que se apercibió del mal que podía hacerle la narración de la verdad—; me he caído con una bandeja llena de cosas pesadas, y todo se me ha caído sobre la frente.

Y miró a Ángela de una manera dolorosa. Con la desesperación de los celos, su amor por su esposa había aumentado inmensamente, y al pensar que podían arrebatarle su cariño, su desesperación era poderosa.

Ahora Quiroga lo perseguiría a muerte para arrebatarle su esposa, y sabe Dios si no se le ocurriría hacerle matar por el mismo asistente que había ido a maltratarlo con la bandeja de onzas.

Cuando quedaron solos, para lo cual Pintos tuvo que valerse del pretexto de que se sentía con deseo de dormir, los dos esposos tuvieron una explicación sobre aquel suceso.

—Lo que ha sucedido —dijo Pintos— es que Quiroga me ha mandado nuevamente la maldecida bandeja de onzas, y el asistente que la traía me la ha sacudido por la cabeza. Esto va a acabar mal, porque va a concluir por una gran desgracia en mi contra. Ese hombre, que es un bandido, me ha tomado entre ojos, y ya que ha empezado no concluirá hasta no hacer conmigo una iniquidad. Es preciso que salgamos de La Rioja cuanto antes y nos vayamos a Santiago con mi familia.

Ángela estaba aturdida con lo que le decía su marido y con aquel viaje repentino que rompía todas sus ilusiones. Se había enamorado de Quiroga con toda su inocencia y buena fe, su marido se le había hecho antipático, pero este amor y esta antipatía no podían arrastrarle al extremo de olvidar sus deberes y caer en la perdición más vergonzosa.

—Si él ha ofendido a Quiroga —pensaba—, es justo que Quiroga se haya dejado llevar por su genio militar y haya hecho esta maldad. Pero yo no puedo sublevarme contra mi marido, al extremo de abandonarlo al odio de su rival.

—Lo que sucede es vergonzoso —añadió Pintos—; vas a quedar afrentada ante toda La Rioja, porque lo que hay aquí en plata es que Quiroga se ha enamorado de ti, y quiere arrancarte de mi lado para lo cual no se detendrá ni ante mi muerte misma. No hay más remedio que huir de La Rioja, a no ser que tú quieras verme muerto el día menos pensado.

—¡Dios me libre! —exclamó Ángela llorosa—. Yo haré lo que tú me mandes y nada más, porque no quiero que tengas nada que reprocharme.

Así, entre los dos esposos quedó concertado el viaje a Santiago, que los libraría de la persecución de Quiroga. Ángela estaba vencida por el dolor, sentía lo que pasaba a su marido, pero sentía tener que abandonar a Quiroga en quien había fundado tanta ilusión feliz. Con el cuerpo dolorido por los golpes y el espíritu tranquilo por la promesa de Ángela, Pintos cayó en un sueño reparador y profundo.

Al oscurecer se presentó Quiroga, que conocía perfectamente bien los detalles de lo que había pasado. Hasta el proyecto de viaje lo conocía, pues antes del suceso él mismo lo había puesto en conocimiento de amigos que lo trasmitieron a Quiroga.

El amor de Facundo no era un misterio para la sociedad riojana puesto que él mismo era el encargado de propalarlo y dejarlo traslucir a todos. Así es que todos presagiaban a Pintos un mal fin, si pretendía disputarle la posesión de su mujer.

Tampoco era un misterio que Ángela amase a Quiroga, porque ella, no creyendo que aquella amistad fuera un delito, no lo había tratado de disminuir con aquel misterio impenetrable con que muchas veces las mujeres ocultan las pasiones más íntimas de su corazón.

¿Qué oposición podía Pintos hacer al tremendo caudillo? No tenía más remedio que huir de La Rioja abandonando a su esposa, o quedarse con ella aceptando la vergüenza que venía ligada a la aceptación de una situación tan terrible.

Aquella misma noche Quiroga fue a visitar a Ángela a quien encontró llorando, vencida por los más tristes pensamientos.

—¿Por qué llora la virgen de La Rioja? —preguntó Quiroga con voz tan dulce, que él mismo la extrañó—. ¿Quién ha podido hacer llorar a la vida de Quiroga?

—A mí no me ha hecho llorar nadie —contestó ella embalsamando con su aliento purísimo el espíritu del caudillo—. Lloro por lo que ha sucedido, porque Pintos está lastimado y quiere que nos vayamos de La Rioja para evitar que le suceda alguna desgracia.

—Pintos es un imbécil, él ha cometido conmigo una insolencia que yo no podía tolerar, y me he visto obligado a castigarla para no dar lugar a otra mayor. Pintos puede irse de La Rioja cuando quiera, en la seguridad que nada he de hacerle, pero que no me toque el corazón, que no quiera privarme de la luz de tus ojos, porque entonces yo me defendería con toda la fuerza de que soy capaz.

Es que él quiere llevarme por lo mismo que usted está enamorado de mí y tiene miedo de defenderse, por eso quiere que nos vayamos para Santiago donde está su familia.

Y Ángela en su inocencia, hablaba de esto como de la cosa más natural del mundo.

—¡Ni en Santiago, ni en Córdoba, ni en la Luna, quedaría fuera del alcance de mi brazo! —exclamó Quiroga, con la mirada brillante de pasión—. Donde tú fueras ahí iría Facundo, porque te ama sobre todas las cosas de la vida.

Y tomó una mano de Ángela, que ésta le abandonó sin la menor resistencia.

—Sí —exclamaba—, pero yo no quiero que por mí le suceda a Pintos una desgracia, yo siento que no lo quiero, que me es un ser indiferente como cualquier extraño, pero por lo mismo y ya que le quito mi cariño, no quiero que le suceda nada.

—Y nada le sucederá —contestó Quiroga—, porque Ángela me lo pide, porque nada le puedo negar desde que le he dado mi alma.

—Entonces iremos a Santiago, y allí podré tener noticias y esperar que algún día nos volvamos a ver.

Es que Ángela estaba penetrada del amor de Quiroga, pero creía también que, sin perjuicio de amarlo, debía obedecer la voluntad de su marido, voluntad incontrastable para ella.

—¡Por todos los infiernos! —exclamó Quiroga, mostrando en su mirada uno de aquellos relámpagos que la iluminaban en sus momentos de ira—. Ni un momento, ni un minuto me separo yo de ti, aunque así lo quieran todos los Pintos del mundo.

—Y si él me manda que lo siga, ¿qué vamos a hacer? ¿Cómo podré resistirme a su voluntad?

—Donde está el coronel Quiroga, él solo es el que manda. Pintos podrá irse solo donde quiera, ¡pero contigo, jamás!

—Yo tampoco quiero irme, pero ¿cómo hago si él manda seguirlo?

—No te opongas, acepta el viaje, pero mándame avisar en el acto. Lo demás corre por mi cuenta.

—Pero ¿nada malo sucederá? ¿No le harán daño alguno?

—Ninguno, te lo juro por mi fe; yo impediré tu viaje sin tocarle a él ni un pelo de la ropa.

Desde aquel momento Ángela se entregó por completo al amor de Quiroga, sin que su conciencia le hiciera el menor reproche.

Desde que su amor no podía acarrear ningún perjuicio físico a su marido, creía que no cometería ninguna acción mala.

Quiroga salió de la casa más tarde que nunca, verdaderamente enloquecido por el amor de Ángela. Estaba dominado por aquel cariño de una manera asombrosa, al extremo de que no vivía sino pensando en ella y en la manera de serle agradable.

Poco tiempo tuvo Pintos que guardar cama, pues los golpes recibidos, con un poco de reposo quedarían casi curados. No había más que el tajo de la cabeza, y éste no era bastante grave para tenerlo en cama. Dos días después estaba perfectamente sano y preparando su viaje a Santiago.

Durante aquellos dos días Quiroga había estado en constante contacto con Ángela, hablando de su amor y diciéndole palabras como arrullos. El amor de Ángela había modificado el carácter del caudillo, que se había vuelto delicado y suave.

Pintos preparó sus mulas y armó su viaje para el día siguiente, arreglando sus petacas y las de Ángela, que mandó prevenir a Quiroga lo que sucedía.

Facundo mandó llamar a Pintos, que acudió en el acto, no sin algún temor, pues no podía sospechar lo que Quiroga quería de él.

—Me han dicho que ustedes se van de La Rioja, usted es libre de hacer lo que más le dé la gana, sin que yo me tenga que meter en ello. Pero me han dicho que usted se lleva a su mujer, y esto no puede ser porque a mí no me conviene. Yo no quiero que Ángela salga de La Rioja, porque no y nada más, y para notificarle esto es que lo he llamado. Queda despachado usted.

Aunque aturdido por semejante declaración, Pintos protestó contra la orden que le daban.

—Yo soy el dueño de mi hogar y de mi mujer —dijo con cierta energía— y hago lo que quiero sin que nadie tenga el derecho de mezclarse en lo que yo haga. No sé con qué derecho usted se mete en estas cosas, ni por qué razón yo deba obedecerle.

—Si usted manda en su casa, amiguito, yo mando en La Rioja y ya he hablado más de lo que debía.

Aquello era humillante en último grado, y Pintos no tenía más remedio que hacerse matar por su decoro y su honor, atropellado de aquella manera. Y salió de casa de Quiroga sin replicar una palabra, pero firmemente resuelto a cumplir su propósito. Comprendiendo que por la fuerza no podría hacer nada, resolvió esperar la noche para realizar su viaje. Y así lo previno a Ángela, diciéndole que la conducta de Quiroga era infamante para ella, y que para evitar un cataclismo era necesario salir de La Rioja esa misma noche.

Aquélla mandó prevenirle a Quiroga lo que sucedía y éste se preparó a impedir el viaje de Ángela, sin hacer el menor daño a Pintos, como lo había prometido, de la siguiente manera:

—Yo no quiero, Ángela, que mi amor te cueste una sola lágrima, confía en mí y no tengas cuidado.

Por eso Ángela no se afligía en lo más mínimo, aunque Pintos se preparaba a hacerse matar cien veces antes que ceder a la orden infamante del caudillo.

Desde que había sido amenazado del peligro de perderla, Pintos amaba a su esposa de una manera entrañable. Le parecía cada día más bella, más hermosa, y creía que sin su amor no había para él vida posible.

Lo que sucedía entre Pintos y Quiroga era del dominio público. En un pueblo tan chico, donde los habitantes no tienen en qué distraerse, la vida privada es conocida de todos, al extremo de que no hay medio de ocultar los actos más íntimos. Así, desde que vieron a Pintos preparar el viaje, sospecharon que Quiroga no lo consentiría, e ignorando el compromiso que había entre éste y Ángela se prepararon a asistir a una tragedia.

Apenas había la noche oscurecido por completo, cuando Pintos y Ángela subieron en sus mulas y salieron de sus casas por los fondos.

Quiroga no estaba en la suya y Pintos creía poder salir sin que aquél se lo sospechara siquiera. Estaba firmemente resuelto a defenderse de cualquier avance y a acometer al mismo Quiroga en caso de una agresión.

Quiroga, acompañado de dos asistentes, había salido temprano, apostándose en el camino, a unas dos leguas de distancia, esperándolo en compañía de sus asistentes. De modo que Pintos anduvo aquellas dos leguas creyendo que todo peligro había desaparecido, pues Quiroga no sospecharía siquiera de su viaje.

No llevaba más compañía que el arriero que conducía las mulas y un peón de toda su confianza. Sus armas se reducían a un gran cuchillo, pero con éste tenía lo bastante para defenderse de todo avance.

La misma Ángela había extrañado andar tanto sin que nada hubiera sucedido, pero tenía confianza en su amante y esperaba verlo aparecer en el momento menos pensado.

Pintos, más inocente e ignorante también de las relaciones de su mujer y Quiroga, lo suponía entretenido en alguna jugada o parranda.

—Buen chasco se va a dar mañana cuando sepa lo sucedido —decía—, entonces va a querer darnos alcance, pero es inútil: habiendo marchado nosotros toda la noche, no nos alcanza con el mejor caballo, a pesar de sus iras.

Y Ángela al escucharlo sonreía y exclamaba entre sí: «¡Si supieras!»

Y esperaba que el momento menos pensado saldría Quiroga a detenerlo.

Cuando menos lo esperaba Pintos, cuando su espíritu empezaba a desprenderse de todo temor, el mulo que montaba pegó una gran tendida, asustado de un bulto que se le había puesto delante.

Era Quiroga, el tremendo Facundo Quiroga que los atajaba cerrándoles el paso.

—A su servicio, caballero Pintos —dijo—, a su servicio, ya ve, los buenos amigos salen cuando uno menos piensa. ¿En qué puedo serle útil?

Pintos pegó un grito a sus peones y acudió al lado de su mujer, pues Quiroga allí no podía pretender otra cosa que robarla.

Los asistentes de Quiroga entre tanto habían detenido al arriero y al peón diciéndoles: «De orden del coronel Quiroga, que ustedes no se muevan de aquí.»

Aquella era una orden que nadie se hubiera resistido a cumplir; y los peones, para que vieran mejor su acatamiento, echaron pie a tierra y se sentaron en el suelo.

La noche estaba tan clara que se percibía hasta el juego de las fisonomías.

Ángela había bajado los ojos tímidamente, huyendo el encontrarse con la mirada de Pintos. Este, pasada un poco su primer sorpresa, preguntó a

Quiroga qué quería y con qué objeto lo atajaba en medio del camino como un bandido.

La desesperación de los celos había puesto temerario a Pintos, que lo provocaba resueltamente sin el menor temor.

—Hombre, lo que yo quiero —contestó éste lanzando en la mirada llamaradas de cólera—, es impedir que prive usted a La Rioja de la luz de esa estrella, porque no tiene ningún derecho para hacerlo.

—Soy su marido —contestó Pintos—, y tengo para llevarla conmigo todos los derechos que me da este título.

—Las estrellas no tienen marido, señor Pintos, todos tenemos derecho a gozar de su luz y a contemplar su esplendor, porque para eso las puso Dios en el mundo y sobre la bóveda de los cielos.

El amor de Ángela hacía en el espíritu oscuro del caudillo una transformación completa. Hablaba con todo el encanto que le prestaba su pasión, usando un lenguaje bello, que extasiaba a Ángela y lo sorprendía a él mismo.

Este lenguaje galante y enamorado irritaba a Pintos, a quien la angustia empezaba ya a sofocar. Él no tenía miedo, pues estaba en una situación que hace arrostrar todo peligro, pero el temor de que le arrancara a Ángela de su lado empezaba a turbar su razón. En aquel momento sentía que la amaba más que nunca y se estrechaba a ella como si así fuese a protegerla mejor.

—Señor Quiroga —dijo por fin mascando las palabras—, a mí no me conviene vivir en La Rioja y me voy a otra parte, y como es natural me llevo a mi mujer; nadie tiene el derecho de meterse en esto ni de impedirme hacer lo que yo quiero; basta pues de estupideces que estoy apurado y nadie tiene por qué detenerme.

—Si a usted no le conviene La Rioja —replicó Quiroga, conteniéndose a duras penas por no asustar a Ángela—, puede usted irse a Santiago o al santo infierno, que para mí es indiferente. Pero usted no puede llevarse a Ángela que no es propiedad suya y cuya luz, ya lo he dicho, pertenece a todos. Lárguese usted cuanto antes, que ya empieza a fastidiarme, pero solo, sin llevarse a esa estrella.

—Ella me sigue voluntariamente, y si hay en todo esto alguna violencia es la que usted quiere cometer, yo no sé en qué nombre.

—En nombre de mi amor —rugió Quiroga, abriendo una válvula a su cólera—, en nombre de mi amor que vale sobre todos los derechos de mi voluntad que es superior a todo. Buen viaje, pues, amigo, y usted señora puede regresar cuando quiera, que la acompañaré.

Una agonía inmensa cruzó el semblante de Pintos que buscó su puñal en la cintura.

—Si usted es más fuerte coronel, porque trae gente que lo acompaña, yo traigo en mí la fuerza de mi derecho y de mi corazón. Usted puede hacerla regresar porque el que tiene la fuerza todo lo puede, pero en ese caso su compañía está de más porque con la mía sobra.

Quiroga soltó una prolongada carcajada ante la pretensión de Pintos, y mirándolo con el más profundo desprecio, le dijo:

—¿Y se figura el zonzo que para hacerlo regresar me he incomodado yo? ¿Qué me importa a mí de semejante jumento? Usted va a Santiago voluntariamente, pues así le ha dado la gana; en cuanto a Ángela, que es lo que me interesa, se volverá a La Rioja sola. Conque, buenas noches y buen viaje, amigo Pintos, será hasta un día de estos. Vamos, señora —dijo a Ángela poniéndosele al lado.

La joven no había pronunciado una palabra mientras los dos hombres hablaban, pero aceptaba lo que decía Quiroga, desde que no se trataba de hacer a su marido mal alguno.

—¡Ángela! —gritó Pintos, viendo que su esposa se disponía a hacer lo que Quiroga decía—. ¡Ángela, no te muevas!

—Vamos, señora —volvió a decir Facundo—; adiós, amigo, y buen viaje.

Pintos ya no pudo resistir más y avanzó sobre Quiroga blandiendo su puñal. Herido en su amor y en la desesperación de ver que Ángela lo abandonaba, se había resuelto a todo, a matar a Quiroga o a morir a sus manos.

Quiroga, con el rebenque, evitó aquella primer puñalada, levantándolo enseguida para descargárselo sobre la cabeza.

—¡Por Dios, Facundo! —gritó Ángela tomándole el brazo—. No lo vayas a lastimar.

Y la palabra de la joven detuvo el brazo de Quiroga como una mano atlética.

—¡Infame! —le gritó entonces Pintos, con la razón trastornada por los celos—. Tú eres la pérfida y la miserable que has hecho todo eso. ¡Pero algún día caerás también entre mis manos!

Y acometió de nuevo a Quiroga, decidido a matarlo.

—¡Aquí! —gritó Quiroga, y sus dos asistentes se lanzaron sobre Pintos, sujetándolo fuertemente—. No le toquen ni un pelo de la ropa ni le aprieten las manos siquiera —les dijo Quiroga—. Desármenlo nomás y átenle las manos a la espalda.

Aquella orden fue ejecutada con increíble rapidez, quedando Pintos perfectamente amarrado.

—¡Cobarde! ¡Cobarde! —gritaba éste llorando—. Algún día yo te agarraré como quiero y te sacaré el corazón a pedazos. Y tú, maldita, mala mujer, autora de este crimen, ya llevarás tu merecido.

Y furioso y no pudiendo hacer otra cosa, les escupió en la cara. Quiroga saltó como un verdadero tigre ante la injuria, sacó su sable y cayó sobre Pintos con ánimo de hacerlo pedazos.

—¡Quiroga! —gritó nuevamente Ángela—. ¡Quiroga! —y Facundo al sonido de aquella voz volvió a contener el brazo como si éste hubiera sido sujetado por otro más vigoroso.

—Es la segunda vez que te salva la vida —dijo— por lo que en vez de amenazarla, debes estarle agradecido. Tené cuidado de no irritarme otra vez, porque quién sabe si su palabra sonará a tiempo. A ver, ustedes —dijo a los asistentes—, a ese hombre me lo montan sobre su mula, así, con los brazos atados y me lo llevan hasta Santiago, donde recién lo desatan y lo dejan ir para donde quiera, no siendo volver a La Rioja, porque si quiere hacerlo, me lo atan en el primer árbol que encuentren y lo dejan allí no más, volviendo a buscarme enseguida. Vamos, vida —dijo a Ángela poniéndose a su lado—, ya nada tenemos que hacer aquí.

—¿Respondes de que nada podrá sucederle a Pintos? —preguntó con la voz ligeramente conmovida.

—Respondo que no se le hará más que lo que he mandado, puedes estar perfectamente segura de ello.

Ángela bajó la cabeza, y al lado de Quiroga se puso en camino de regreso a La Rioja.

Pintos quedó lanzando toda especie de gritos y maldiciones, mientras los soldados lo amarraban sobre la mula, tomándola del cabestro.

Quiroga iba radiante de alegría, la felicidad se desbordaba en sus ojos expresivos y sonreía de una manera suprema ante la belleza purísima de Ángela.

—¡En esa mula vas mal! —dijo Facundo—, sube aquí a mi caballo que andaremos con más rapidez.

Y Ángela pasó a las ancas de Facundo, que puso su caballo al galope. Bien pronto, al perderse entre el monte del camino, dejaron de escuchar la palabra dura e injuriosa de Pintos, que no había cesado de gritarles todo género de injurias y amenazas.

Cuando Quiroga llegó a La Rioja era más de media noche, de modo que nadie lo vio entrar, y al otro día fue la sorpresa de todos al ver que Ángela había regresado sola, sin saberse lo que había sido de Pintos, suponiendo muchos que lo habían asesinado.

Quiroga se había instalado en casa de Pintos, de donde no salía ni para asistir a las jugadas que siempre lo habían tenido presente.

A los diez días regresaron los asistentes con el parte de lo que había sucedido. Pintos, comprendiendo que si lo ataban a un árbol moriría de hambre o comido por algún animal feroz, no opuso la menor resistencia, y apenas llegó a Santiago y lo desataron, se internó en la provincia fingiendo una tranquilidad que estaba muy lejos de tener.

«Para lograr mi venganza es preciso fingir —pensó—, para que me dejen libre, lo demás corre por cuenta mía, y veremos si Quiroga es invulnerable para mi puñal.»

Cuando los asistentes vieron que Pintos se internaba en Santiago esperaron perderlo de vista, y recién entonces emprendieron el viaje de regreso.

Y recién se supo en La Rioja, con todos los detalles, lo que había sucedido.

Los amores de Quiroga y de Ángela eran públicos y harto conocidos de todos como era natural, puesto que Quiroga se había trasladado a casa de Pintos hasta con sus asistentes que no salían de allí, una vez que allí estaba el jefe.

Las damas de La Rioja se habían alejado del trato de Ángela, lo que no impedía la invitaran a sus reuniones y fiestas, porque era preciso invitar a Quiroga y era peligroso hacer desaire a Ángela, que de rechazo iba sobre Quiroga.

Y la pasión de éste por Ángela aumentaba poderosamente por la frecuencia de estar con ella, al extremo de ser la única influencia que sobre el caudillo riojano se conocía.

Ángela vino a ser así el amparo de aquellos que caían en desgracia con Quiroga. Cuando alguno iba a avisarle que tal o cual individuo había sido condenado a recibir azotes o algún otro castigo, intercedía con Facundo y conseguía muy pronto su perdón.

—Si yo fuera a hacerle caso —le decía el caudillo—, concluirían por perderme todo respeto, sabiendo que no los puedo castigar. Estos canallas son hijos del rigor, mi querida —decía—; en cuanto les levantan el rebenque no hay Cristo que los aguante.

Ángela callaba, callaba, pero cuando volvía a pedirle intercediese en favor de alguna nueva víctima, lo hacía siempre con el mismo buen éxito.

No pudiendo negarle nada y convencido de que sería imposible castigar a nadie, Quiroga, cuando quería hacer pegar algunos azotes o aplicar algún castigo violento, hacía sacar la víctima fuera de La Rioja. Y había prohibido terminantemente que nadie fuera a pedir gracia a Ángela, bajo las más severas penas.

Así pasó cerca de un año sin que Pintos diera señales de vida y sin que variara en nada la vida que llevaban los dos amantes.

Quiroga había vuelto a asistir a las jugadas, pero no con la frecuencia de antes. Sin embargo, cuando había mucho dinero que ganar, pasaba la noche en la reunión, dominado por el vértigo del juego.

Una de tantas noches salía Quiroga de una reunión de jugadores, después de haberles ganado cuanto medio había apuntado.

Quiroga llevaba en las manos dos bolsitas llenas con las monedas que había ganado, monedas de oro y plata boliviana, que por lo menos pesarían seis libras.

Preocupado con los incidentes del juego y con el disgusto que tendría Ángela al ver que tardaba tanto, Facundo no sintió los pasos de un hombre que se había desprendido del hueco de una puerta y se ponía en su seguimiento. Quiroga marchaba un poco de prisa para llegar más pronto, y aquel hombre avanzaba, estrechando la distancia que había entre los dos, hasta reducirla a uno o dos pasos.

Al volver una esquina, algo brilló en la mano de aquel hombre y su mano cruzó sobre la espalda de Facundo.

Le había dado una puñalada.

Al contacto del acero y al pinchazo del puñal, giró Facundo rápidamente sobre sus talones, y con toda la fuerza de sus brazos poderosos, estrelló una después de otra, las dos talegas sobre la cabeza de quien lo había herido.

Los dos golpes fueron tremendos y violentos. El primero aturdió al asesino misterioso y el segundo lo postró en el suelo, exánime; le había roto la cabeza.

Rápido y enérgico, después de pasear su mirada a todos lados por si había otro hombre, Quiroga arrancó el puñal que brillaba aún en la mano del caído, y se lo hundió en el cuello. Y dejándolo enterrado allí y sin preocuparse de averiguar quién era, recogió sus dos talegas y siguió en dirección a su casa.

La herida recibida le causaba un dolor agudísimo. En cuanto sintió la punta del puñal en la espalda, había girado con una rapidez vertiginosa como para no darle tiempo a que entrara, pero asimismo la herida había sido bastante profunda, aunque inferida de arriba abajo, por lo que era menos peligrosa.

Si la herida hubiera sido recta, probablemente Quiroga hubiese quedado muerto en el sitio.

Ángela fue la primera en aterrarse ante el semblante algo desencajado de Quiroga.

Cuando éste se hubo despojado de la ropa y vio la sangre que empapaba su espalda, Ángela no pudo ahogar un grito de espanto y principió a llamar llorando desconsoladamente.

—¡Te han asesinado! —decía—. ¡Y te vas a morir! Yo también quiero morirme, quiero hacerme heridas iguales para que muramos juntos.

Extasiado ante estas demostraciones de amor, Facundo no sentía ya el escozor de su herida, y trataba solo de tranquilizar a Ángela que le pedía con desesperación que la hiriese a ella del mismo modo que él lo estaba.

A los gritos de Ángela acudieron los asistentes, primero, y algunos vecinos más tarde, los que fueron aumentando poco a poco hasta llenar la casa.

El rumor de que habían asesinado a Quiroga corría por todos lados, llevando la alarma al espíritu de sus parciales y la alegría más profunda al de aquellos que lo temían y tenían con él algún resentimiento. Y todos se preguntaban quién podía haberse atrevido a asesinar a Quiroga, sin poder darse una respuesta satisfactoria, pues el único que tenía motivos y entrañas para hacerlo, que era Pintos, no estaba en La Rioja. A no ser que fuese algún otro que tenía iguales motivos de venganza y que ellos no conocían.

El gobernador de La Rioja no tardó en llegar, avisado en la cama de lo que sucedía, y fue tal el escándalo, que poco tiempo después toda la cuadra estaba llena de gente, que se preguntaba lo que había sucedido.

Asombrosamente sufrido, Quiroga no demostraba el dolor que podía causarle su herida, pero la pérdida de sangre le había hecho palidecer intensamente y debilitado un poco.

En vano le pedían que se pusiera en cama para curarlo, él no quería.

—La vida de Quiroga no se arranca con una puñalada —les decía con una sonrisa altiva—. Hay mucho que hacer para matarme, y eso no lo sabía el imbécil que creyó que con un pinchazo se me sacaba de en medio.

La pérdida de sangre había sido enorme, toda su ropa estaba empapada, y al abrirle la camisa, un gran coágulo cayó al suelo. Ángela, que nunca había visto sangre en aquella cantidad, creía que Quiroga se iba a morir sin remedio, y lloraba de una manera desconsolada.

—No te aflijas —decía Facundo—; esto que tú crees una enormidad, no es más que un pinchazo de alfiler que con un poco de agua fría se cura. No te aflijas, mi alma, en cuanto me limpien un poco verás como ella sola se cura.

La herida era bárbara; ya sus labios se habían inflamado muchísimo y solo con una naturaleza como la de Quiroga se podía estar sereno y tranquilo en aquel estado. Por complacer a Ángela se dejó lavar la herida y curarla enseguida como mejor se pudo, y siempre bajo su dirección.

Los soldados de Quiroga estaban desesperados por salir a buscar al asesino, y matar, si no lo encontraban, a media población, pero Quiroga los contenía, diciendo que ya hablarían de eso.

—Pero ¿quién ha sido el autor de semejante crimen? —preguntó el gobernador—. Es preciso que usted nos dé alguna luz para que la policía pueda proceder.

—No hay tal necesidad —contestaba Facundo—, porque ya le he procedido yo. El que intente matarme estén ustedes seguros que no ha de caminar una cuadra.

—¿Pero no tiene usted idea de quién puede ser el autor de este crimen horrible?

—Yo no sé quién es, pero él lo podrá decir.

Todos sonrieron creyendo que eso fuese una simpleza de Quiroga, pero Facundo explicó enseguida todo el alcance de sus palabras.

—Al que me ha herido lo encontrarán ustedes en el mismo paraje donde me dio la puñalada. Apenas tuvo tiempo para retirar el puñal cuando recibió su merecido. Vayan a buscarlo y llévenlo al cuartel para que enseguida lo entierren.

—¿Qué, está muerto? —preguntaron algunos.

—¿Qué, lo habían dudado ustedes? Lo que es ése no volverá a atentar contra la vida de nadie.

Cuatro soldados fueron al sitio que indicaba Quiroga, hallando el cadáver del asesino, con el puñal clavado aún en el cuello. No había pasado nadie por allí y, por consiguiente, nadie lo había visto.

Entonces no se conocía en La Rioja ni angarillas ni otro modo de transportar un cadáver que tomándolo de los pies y arrastrándolo hasta el sitio de su destino. Si era en la campaña, se ataba un lazo de las piernas del difunto y se llevaba a la cincha hasta el sitio de su destino. Si era en la ciudad, la arrastrada se hacía a mano, de la misma manera.

El cadáver fue llevado hasta la casa de Quiroga, que era lo que éste llamaba el cuartel, y reconocido allí por las personas que, llenas de curiosidad, lo esperaban.

Este cadáver era el de Pintos, que había vuelto a La Rioja con el mayor misterio, dispuesto a vengarse de Quiroga, matándolo, y a llevarse a su mujer adonde no se conociera su vergüenza. Él les había seguido los pasos durante dos días, hasta que se convenció de que era imposible llegar a su mujer sin que lo supiese Quiroga. Buscar a éste y pelearlo era un desatino, porque

Quiroga era un hombre tremendo, superior a él físicamente y aun moralmente también. Irlo a matar a su casa, haciendo uso de todos sus derechos, era expuesto también, pues allí estaban día y noche los asistentes del coronel.

No es que Pintos tuviera miedo a la muerte, puesto que en su situación tremenda la vida se le había hecho odiosa. Es que no quería morir sin haberse vengado, y dejando a su mujer y a Quiroga gozando de todas las felicidades de la vida.

Pintos se decidió entonces a matarlo por la espalda y entre las sombras de la noche, para regresar a Santiago sin que nadie lo viera. Y como Quiroga andaba siempre solo, lo espió aquella noche a la salida de la jugada, seguro de realizar su venganza.

Quiroga salió solo, como siempre, llevando la ganancia en las dos bolsitas, y completamente ajeno del peligro que corría.

Y Pintos siguió sus pasos con el largo cuchillo en la mano, espiando el momento oportuno de herirlo. Tan seguro estaba de matarlo, que iba pensando mentalmente el sitio donde le había de pegar.

El gozo de la seguridad turbó su criterio, y ya se ha visto el triste resultado que tuvo.

Si la puñalada hubiera sido recta y de afuera adentro, indudablemente Quiroga habría muerto pues le hubiera bandeado el corazón. Pero la puñalada fue de arriba abajo, metiéndose entre la carne y rozando apenas las costillas.

—¡Maldición! —gritó Pintos cuando sintió el primer bolsazo y comprendió que había errado el golpe. Y no pudo decir más porque el segundo bolsazo le rompió los huesos de la cabeza y enseguida vino la puñalada que le dio muerte instantánea.

Reconocido su cadáver, resultó que tenía los huesos de la cabeza hechos pedazos, y que el puñal que entraba por el cuello iba a asomar su punta por la nuca.

Solo el brazo de Quiroga podía haber dado semejante puñalada.

El golpe revelaba una verdadera fuerza hercúlea y una seguridad pasmosa; era una mano práctica.

El poder del Chacho

El asombro fue grande al reconocer en el cadáver a Pintos, operándose un movimiento general de conmiseración. Al fin y al cabo Pintos había tenido perfecta razón de hacer aquello, puesto que Quiroga lo había herido en su honor y en sus sentimientos. Y los mismos que antes reían de Pintos por la mansedumbre con que había aceptado su afrenta, tuvieron por él un sentimiento de tardío respeto. Él había tratado de vengarse de la manera que había creído más segura, y si había sido desgraciado en la empresa no era suya la culpa. Solo asesinándole había creído vengarse y lo había intentado con toda la convicción de su alma. La suerte no lo había ayudado, pero por eso mismo era más digno de respeto y de lástima.

Aquella muerte era para La Rioja la voz de alarma que le prevenía de un gran peligro. El hogar y el honor de todos quedaban a merced de Quiroga que castigaría al que no quisiera dejárselos arrebatar de la manera tremenda que había castigado a Pintos.

Quiroga se hacía dueño así de las mujeres cuya belleza golpeara sus sentidos; y como en La Rioja todas las mujeres eran más o menos bellas, todos sintieron el peligro de cerca.

¿Y quién podría defenderse contra aquel hombre cuyo prestigio era inmenso y sostenido por el gobierno, que era un ser sumiso a todos sus caprichos? Intentar una venganza personal era exponerse a lo que le había sucedido a Pintos. Pensar en un movimiento colectivo era un disparate, porque contra Quiroga no podrían reunir elementos de gente ni armas.

Así se aceptó la muerte desgraciada de Pintos, no atreviéndose nadie ni siquiera a dejar traslucir el pesar que le había causado.

—Si yo hubiera sabido que era Pintos —decía Quiroga— me hubiera contentado con pegarle unas patadas, porque no merecía otra cosa, pero yo no podía sospechar que él era. Sentí que alguien me apuñalaba por la espalda, e hice lo que cualquiera hubiera hecho en mi lugar; le sacudí con lo que tenía en la mano y enseguida le pegué con la misma arma con que él me había pegado, sin meterme a averiguar quién era. ¡Pobre Pintos! Él tiene la culpa, porque yo nunca pensé en hacerle el menor daño, aunque bien hubiera merecido una buena rebenqueadura para que no se metiera a zonzo.

Cuando Ángela supo que el muerto era su marido, lloró amargamente mostrándole la falta de cumplimiento a su palabra de no hacer el menor daño a Pintos.

—¡Pero si yo no sabía que era él! —exclamaba Quiroga, seriamente mortificado por el pesar de Ángela—. ¿Cómo me iba a suponer que ese imbécil estuviera en La Rioja cuando lo creíamos en Santiago? Nada puedes reprocharme sino el delito de no ser adivino. Pero Ángela seguía llorando amargamente, comprendiendo que ella era la única culpable de aquella muerte, por su conducta liviana y punible.

—Dime —preguntó Quiroga, buscando en su imaginación los argumentos necesarios para consolar a Ángela—, entre Pintos y yo, ¿a quién prefieres?

—Sabes que te amo con toda mi alma, y que el pobre me era tan indiferente, que desde que se fue no tuve para él más que un remoto recuerdo.

—¿Hubieras preferido que Pintos me hubiera muerto o que las cosas hayan concluido con su muerte?

Por toda contestación Ángela echó los brazos al cuello de Facundo y lo oprimió estrechamente.

—Pues para librarme yo de la muerte, era preciso que matase al que venía a asesinarme, y que me había herido ya de gravedad. De otro modo hubiera sido mi cadáver y no el de Pintos el que hubieran traído a La Rioja.

Ángela secó sus lágrimas y selló con un beso, leve como una brisa, la boca gruesa y ardiente de Facundo.

—Tú no tienes la culpa de lo que ha sucedido, ni la tengo yo mismo que ignoraba quién me venía a asesinar. Solo él es el culpable, él que ha venido a asesinarme con toda cobardía y premeditación, él que si no soy yo quien soy, te hubiera traído mi cadáver para gozarse en tu desesperación. No llores, Ángela mía, pues ese hombre venía a hacernos todo el mal posible. Muerto yo, a su lado hubieras llevado una vida de infinitos martirios, pues está visto que ese hombre era un cobarde, y sabe Dios lo que hubiera hecho contigo. ¿Y quién te hubiera protegido entonces, cuando tu Facundo estuviera bajo tierra?

Quiroga la había tomado por el lado sensible y la había convencido por completo.

Ángela se echó en los brazos de Facundo y lloró, pero no ya de pena por la muerte de Pintos, sino de satisfacción al ver salvo a su amante y verse libre ella misma de la amenaza que en su contra representaría siempre su marido. Lo que más seriamente le afligía era que la familia de Pintos fuera a echarle la culpa de su muerte.

Quiroga curó rápidamente; su carnadura privilegiada, como la de Sandes, cicatrizaba al momento. Y siguió instalado en casa de Pintos como su único dueño.

Los sucesos de la política de Rosas empezaron a precipitarse y Quiroga fue llamado a Buenos Aires.

Lavalle y La Madrid por un lado y Paz por otro eran para el tirano una amenaza de muerte.

Era necesario formar en el interior un ejército respetable, y nadie más a propósito para ello que Facundo Quiroga.

Con López en Santa Fe y Quiroga en las provincias del Norte no había quién pudiera contrarrestarlos.

Rosas daría a Quiroga armas y planteles para formar sus cuerpos, y Quiroga, como se ha dicho, le respondía de un ejército de cinco mil hombres por lo pronto y diez mil más adelante.

Quiroga no quiso abandonar su cuartel general de La Rioja mismo, y mandó llamar al Chacho, haciéndole decir que montara las milicias de la Costa Alta, y se viniera con ellas a la ciudad.

Chacho obedeció en el acto, y como sus milicianos estaban siempre prontos a la primera orden, los hizo montar en el acto, marchando con ellos a La Rioja.

Grande era la prueba de confianza que iba a darle Quiroga, pues iba a dejarlo en La Rioja como a sí propio, dándole instrucciones delicadísimas. Él no sabía cuánto tiempo demoraría en Buenos Aires, y temía que durante su ausencia los gobernadores de Catamarca, La Rioja y Santiago se aliaran para ir en su contra y arrebatarle su prestigio.

—Yo me voy al llamado del general Rosas —le dijo—, y usted va a quedar en mi representación, respondiéndome que la situación actual no será alterada. Es preciso sostener el gobierno actual mientras él marche de la misma manera. De lo contrario, es preciso derrocarlo y que usted asuma el gobierno hasta que yo regrese. El poder militar de La Rioja queda a sus órdenes inmediatas y todo lo que de mí dependa; con esto, su prestigio propio, y la conciencia de que obedece mis órdenes, no habrá quien se atreva a oponérsele.

—Puede irse, coronel, con la ciega confianza de que encontrará a La Rioja y Catamarca en la misma situación en que las deja. Mantendré en ellas el orden y obligaré al gobernador a marchar de acuerdo con sus instrucciones.

Quiroga tenía en el Chacho una confianza ilimitada, sabía que cumpliría sus órdenes al pie de la letra y que se haría respetar, con sus buenos modos primero, y con todo rigor si por este medio no podía conseguir nada.

El Chacho tenía ya un gran prestigio sin sus propias prendas, prestigio que, como se sabe, no se limitaba solo a La Rioja, puesto que se extendía también a Catamarca.

Quiroga era más temido, nadie se hubiera atrevido a desobedecer una orden suya, pero Chacho era obedecido de mejor voluntad, viéndole constantemente rodeado de oficiales prestigiosos, cada uno de los cuales respondían de grupos de hombres más o menos numerosos.

Quiroga reunió a toda la guardia nacional de la ciudad y los departamentos más próximos, para presentarles a Chacho como único jefe mientras durara su ausencia.

—Lo que Chacho mande será obedecido al punto como si lo mandara yo mismo —dijo Quiroga en una forma de proclama—. Él queda facultado a todo, y si alguno falta en la menor cosa, se entenderá conmigo a mi regreso, fuera de lo que Chacho le haya hecho en justo castigo de su falta.

—¡Viva el Chacho! ¡Viva el Chacho! —gritaron de todas partes. Y un entusiasmo indescriptible estalló en las filas de los milicos.

Y como si las autoridades de La Rioja fueran subalternas, del gobernador abajo, Quiroga les presentó a Chacho en la misma forma en que lo había presentado a los soldados.

—Él queda representando mi autoridad, en lo que quiero decir que queda representando la del general Rosas; es preciso entonces que marchen de acuerdo, bajo la inteligencia de que lo que él haga será lo que yo aprobaré y lo que aprobará el gobierno de la Confederación.

Aquello era lo mismo que decir: dejo a Chacho de gobernador de La Rioja, y las autoridades acatarán la disposición, puesto que no tenían más remedio. Oponerse a lo que Quiroga mandaba era correr la misma suerte que el gobernador de Catamarca, así es que no había más que bajar la cabeza y someterse.

Quiroga dispuso asimismo que la guardia nacional quedase movilizada para que con ella y las milicias de la Costa Alta pudiera Chacho acudir inmediatamente adonde fuera necesario.

Quiroga llevó a Chacho a la casa de Pintos, que era la suya, haciéndole la presentación de Ángela como el tesoro más precioso que encerraba La Rioja.

—Ella es el alma de Facundo —le dijo—, y la única vida que hace latir mi corazón. No sería extraño que en mi ausencia alguien quiera turbar la paz de esta casa —le dijo con voz trémula—. En su caso me lo cuelga de un árbol y me guarda el esqueleto.

Chacho, como toda la provincia de La Rioja, conocía la triste historia de Pintos, crimen que había reprochado desde el fondo de su corazón bueno y noble, pero Ángela estaba ya con Quiroga, aquel estado de cosas había sido sancionado por la sociedad donde vivía, y no había más que aceptarlo. Chacho no podía meterse a redentor de un muerto, mucho más desde que Pintos había sido muerto a consecuencia de la acción más cobarde: el asesinato alevoso.

—Esa señora queda tan segura como si usted estuviera con ella, coronel. Chacho le responde no solo de su persona, sino de la tranquilidad de su espíritu.

—Es la luz de mis ojos —decía Quiroga—. No tengo más amor sobre la tierra, y si no fuese por la incomodidad del supremo viaje, la llevaría conmigo. Pero quién sabe lo que el general Rosas quiere de mí, puede mandarme a algo apremiante y entonces tendría que dejarla en Buenos Aires, lo que sería mucho peor.

—Lo único que te pido es que no tardes —le decía Ángela llorando—; lejos de tu lado la vida va a ser para mí una eterna congoja.

—No tardaré; el tiempo necesario para recibir las órdenes que quieran darme y regreso enseguida. Reposa en mi amor y en la seguridad de que me hallarás más amante que nunca.

A pesar de estar Chacho en La Rioja, Quiroga permaneció allí más de una semana, para dejarlo con todo bien arreglado.

Peñaloza era un joven de una astucia infinita, astucia que había aguzado más todavía en sus últimos tiempos.

El cura Peñaloza, previendo los destinos a que su sobrino estaba llamado, le había dado nociones profundas de sociabilidad y aun de sana política, lecciones que el Chacho había aprovechado, porque las conceptuaba sanas y benéficas para él. De todas las autoridades de La Rioja puede decirse que era el Chacho el mejor preparado, pues su tío era un hombre de ilustración y de reposo que lo aconsejaría rectamente en cualquier caso de apuro.

Con la ausencia de Quiroga, La Rioja quedaba en mejores condiciones, puesto que dejaría de imperar la ley del capricho del caudillo, que era la única que imperaba. ¿Quién se atrevería a contradecirlo, ni observar las disposiciones por él tomadas? Era exponerse a recibir el estallido de su cólera.

A la salida de Quiroga todas las autoridades lo acompañaron hasta la frontera de Santiago, y el Chacho con tropas rigurosamente formadas en columna, le hizo honores.

El regreso de la comitiva fue aún más alegre, pues ya se veían libres de Quiroga, a quien todos temían.

Chacho se instaló en casa de Quiroga, frente a la de Pintos, pero Ángela lo hizo llamar a la suya para que se alojara allí y poder atenderlo como era debido. Pero Chacho recusó la invitación con argumentos que Ángela no podía rechazar.

—Usted es demasiado bella, niña —le decía—, yo soy joven aún y la gente tiene la lengua más larga que un maneador. Yo no tengo necesidad de que una habladuría vaya a disgustarme con el coronel y a provocar cuestión que nunca he tenido. Su casa puedo cuidarla desde allí como si en ella estuviera, no tenga por ella el menor cuidado, pero eso de venir aquí no es posible.

Ángela comprendió aquellas razones y no insistió más. Su objeto al ser fina y atenta con Chacho era contentar a Quiroga, pero se convenció de que lo mismo podía atenderlo desde su casa, sin dar lugar a hablillas ni chismes que pudieran traerle un disgusto.

Chacho tenía toda la nobleza de su juventud vigorosa y simpática. Era un joven cuya barba empezaba recién a cuadrar su fisonomía viril y mansa, donde brillaban dos ojos de un negro intensísimo y de una soberbia belleza de expresión. Alto y delgado, era sumamente musculoso y ágil, lo que le daba una flexibilidad elegante y graciosa. La sonrisa eterna de sus labios suavemente ondulados, mostraba siempre aquella doble fila de dientes blanquísimos y perfectamente iguales, que daban a su boca un aspecto de fresca jovialidad.

Al saber que había quedado recomendado a Ángela, los maliciosos rieron pensando que la escena de Pintos podía repetirse con Quiroga de una manera poco agradable para éste, pero la conducta reservada y seria de Chacho apagó bien pronto aquellas risas y aquellas sospechas tan poco favorables a Ángela. La que ha faltado a su marido no es extraño que falte a su amante, decían, pero es que aun en la posibilidad de hacerlo, Ángela no tendría con quien.

Cada dos o tres o más días, Chacho hacía una visita a Ángela, preguntándole en qué podía serle útil, pero se volvía a su casa poco después para volver a hacer lo mismo cuando lo creía prudente. Ángela tenía pocos atractivos para el Chacho, o éste tenía demasiada amistad por Quiroga y no deseaba darle el más leve disgusto.

Desde que Chacho se instaló en La Rioja, empezaron a lloverle visitas de todos lados, que venían a cumplimentarlo y a ponerse a sus órdenes de todos modos. Y Chacho los recibía con todo agasajo, agradeciéndoles la atención y prometiéndoles ocuparlos en cuanto llegara la oportunidad.

El Chacho no ocupaba a nadie, aunque fuera su último soldado, sin pedírselo por favor, y sin hacer valer su influencia personal o el poder que le daba su posición. Su humildad llegaba al extremo de que, aun en la cosa de riguroso servicio, decía a sus soldados: hágame el favor, amigo, de hacer tal o cual servicio.

Así es que aquella gente, habituada a la brusquedad de Quiroga, que muchas veces no daba una orden sin acompañarla de una trompada, no tenía palabras con qué ponderar al Chacho y sus modos suavísimos. Y como sabían que no lo hacía aquello por debilidad ni por falta de valor, pues ya sabían qué clase de entrañas tenía, lo querían con locura y deseaban que Quiroga no volviera nunca para que quedara éste mandando en La Rioja.

Comprendiendo el gobernador que Chacho era el único poder capaz de luchar con éxito contra Quiroga, había tratado de ganarle el lado, mostrándosele su amigo y visitándolo con frecuencia. Cuando creyó que Chacho era completamente suyo, empezó a hablarle mal de Facundo, diciéndole que era un monstruo a quien era preciso aplastar antes que tomara más poder.

—A usted lo sigue toda La Rioja y gran parte de Catamarca; nosotros lo ayudamos y usted puede ocupar entonces la posición más fuerte y respetable de las provincias del Norte.

—Mire, amigo —dijo Chacho, desde que se sintió pinchado por el gobernador para ir contra Quiroga—, no me busque por este lado, porque yo no soy lo que usted puede haber creído. Soy amigo de Quiroga sobre todas las cosas —le dijo—, porque él lo merece y porque como amigo leal se ha portado conmigo toda la vida. A él le debo la posición que tengo y he de guardarle la más profunda consecuencia, cualesquiera sean sus pretensiones. Yo soy leal, amigo, y como leal le digo que no intenten nada contra Quiroga porque en el acto me tendrían a mí encima.

El gobernador comprendió que había dado un golpe en falso, pero era ya tarde para retroceder. Miró con recelo a Chacho, pues pensó que éste lo descubriría cuando viniera Quiroga, y presintió que en el Chacho tenía ya un enemigo y un fiscal de sus acciones.

—Por mí no esté receloso, amigo mío —le dijo—, pues conforme soy leal para con el coronel Quiroga, lo seré para usted mismo. Lo que usted me ha dicho ahora, no lo sabrá jamás de mi boca ni el coronel Quiroga, ni nadie, puede estar seguro. Pero por ahora y mientras él no esté en La Rioja no intenten nada, no den el menor paso contra Quiroga, porque les iría encima con todo el rigor de que soy capaz. Yo le he respondido de la paz de La Rioja, de Catamarca y aun de Santiago mismo, y tengo que mantenerla a toda costa hasta que él venga. Una vez que vuelva y yo deje de representarlo, hagan ustedes lo que gusten, pero tengan muchísimo cuidado porque Quiroga es un hombre muy vivo y no van a poderlo engañar, además que todo movimiento contra él no podría dar un buen resultado porque todos lo temen y los mismos que estuvieran en su contra serían los primeros en obedecer su palabra y venir con él en contra de ustedes.

Con este motivo y comprendiendo todo el valor que tenían las palabras del Chacho, el gobernador desistió de toda tentativa contra Quiroga y se hizo más amigo que nunca de Peñaloza.

Tal vez, de todos modos los acontecimientos políticos llamarían a Quiroga a otro teatro, y La Rioja quedaría en poder del Chacho a quien todos querían y respetaban.

El cura Peñaloza, que era hombre muy rico, relativamente a aquellas provincias miserables, había enviado a Chacho mil pesos, para que pudiera atender con lujo sus necesidades mientras durara la ausencia de Quiroga.

—De todos modos lo que yo tengo es tuyo, porque a ti ha de venir a parar cuando yo me muera —solía decirle—. No pases ninguna necesidad y pídeme lo que quieras, que mi deseo es que hagas una buena figura.

Y aquellos mil pesos fueron empleados por el Chacho, no en su persona que nada necesitaba, sino en atender las necesidades de sus soldados y oficiales más pobres. Estos, en sus mayores apuros acudían al Chacho como quien acude a un padre, en la seguridad de que teniendo el Chacho, no los había de dejar en apuros. Y así más tardaban ellos en hacerle el pedido, que él en complacerlos.

La fama de su generosidad había cundido al extremo de que de los departamentos más lejanos se costeaban las familias hasta La Rioja para implorar la ayuda del Chacho, porque tenían la seguridad de no volver con las manos vacías.

Así los mil pesos que recibió el Chacho de su tío se fueron en dádivas y prestadas que nunca serían devueltas, pero el prestigio del joven caudillo había aumentado de una manera fabulosa.

Cuando ya no tenía qué dar, daba sus prendas y hasta sus mulas mejores para que fueran empeñadas, pues teniendo él algo que dar no le gustaba que ninguno pasara necesidades.

Estas noticias llegaban hasta el cura Peñaloza que aplaudía el desprendimiento de su sobrino, remitiéndole dinero para que desempeñara sus prendas o mulas.

Por las mañanas Chacho salía a pasear por los alrededores de La Rioja, con cuidado de dejar en casa de Ángela dos asistentes de mayor confianza. Y aquí un cuarto; allí un peso y más allá dos reales, cada paseo de estos le costaba ocho o diez pesos, verdadero caudal en aquellos tiempos y en aquellos parajes.

Si las autoridades cometían alguna injusticia con alguien, al momento venía la queja a Chacho, quien se empeñaba hasta que el de la injusticia quedaba en libertad. Pudiendo imponerse por su posición y por los medios que tenía a su alcance, siempre intercedía pidiendo la libertad del preso como un favor especial, de modo que las autoridades inferiores o superiores no tenían inconveniente en hacer lo que les pedía, puesto que el empeño no revestía un carácter de imposición que rebajara la autoridad del funcionario.

Por la noche el Chacho armaba tertulia con sus subalternos que se venían a reunir en su casa a pasar un rato agradable. Allí se jugaba al truco o a cualquier otro juego de naipes, pero sin interés, porque Chacho jugaba solo para matar el rato y sin que las cartas tuvieran para él mayor aliciente.

Las familias lo buscaban para que las visitara, pero Chacho huía como del diablo de las etiquetas sociales; odiaba cordialmente los cumplidos y no podía soportar la falta de confianza que reina en las visitas de cumplimiento.

Solo visitaba tres o cuatro casas con cuyos dueños había estrechado relaciones, y la casa de sus oficiales y soldados, donde no tenía que andar con cumplidos y encogimientos.

Así los subalternos no veían en el Chacho un jefe sino un amigo ante quien podían abrirse con la mayor franqueza. Porque Chacho había logrado este dificilísimo resultado que había de hacer de él lo que fue más tarde: inspirar confianza, cariño y profundo respeto.

Las jóvenes de La Rioja que miraban en el Chacho un partido soberbio, le hacían sus inocentes agasajos, solicitando su presencia en sus fiestas y reuniones.

El Chacho, cuando no tenía cómo saciar el cuerpo, asistía a ellas, pero no galanteaba a ninguna, aunque algunas había que le gustaban, sin duda. Como por el momento estaba decidido a no casarse no quería festejar a ninguna, ni hacer caso a las indicaciones que en este sentido le hacían los amigos.

—¿Qué, no te gusta ninguna? —le decían empujándolo hacia las más bellas.

—Por el contrario —respondía picarescamente—, me gustan todas de tal manera que no quiero dar la preferencia a una, por no renunciar a las demás. Todas son más lindas que todas, y como yo no soy más que uno solo, preferir a una es para inhabilitarme con las demás. Así me encuentro mejor y puedo mirarlas a todas con igual libertad.

Así pasaba su vida, repartiéndola entre sus amigos y entre sus soldados que lo querían con locura.

Este cariño era tal que muchísima gente que no pertenecía ni a la guardia nacional ni a las milicias de Costa Alta, únicas fuerzas movilizadas, rodeaba al Chacho y no salía del cuartel, prestando todo género de servicios.

El Chacho les había dicho desde el principio que no necesitaba más gente, que se fueran a sus casas, que él los llamaría en caso de necesidad. Pero ellos le habían respondido que se encontraban muy bien a su lado y que no pensaban moverse de allí.

Como quienes vienen a un paseo, tanto de Huaja como de Malligasta y otros departamentos, venían los grupos de paisanos a visitar al Chacho y a pasar dos o tres días en compañía suya.

Él les hacía regalos de dinero y de animales, con lo que se retiraban felices y llenos de orgullo; por servir al Chacho no había sacrificio que no se sintieran capaces de hacer.

Así, en cuanto Chacho lo hubiera necesitado, habría tenido dos mil hombres a su alrededor.

Los enemigos de Quiroga y los que deseaban que el caudillo no adquiriera más poder, veían con satisfacción profunda la preponderancia que iba adquiriendo el Chacho y el crecimiento fabuloso de su prestigio, porque aquel sería el único elemento que en caso dado podrían oponer a Quiroga. Pero con desesperación profunda veían también que esta esperanza sería irrealizable, porque todos aquellos elementos, hasta su persona misma, el Chacho los pondría al servicio de la causa que precisamente querían combatir.

Chacho era un hombre de una inquebrantable lealtad, estaba estrechamente ligado con Quiroga y no había que pensar en que faltara a esta lealtad ni abusara siquiera de la confianza que aquél había depositado en él.

Así los elementos que por medio del terror había adquirido Quiroga y los que por el cariño había adquirido el Chacho, se juntaban para servir a la más infame de las causas y consolidarla en las provincias de una manera inconmovible.

Ángela veía a Chacho con sumo agrado, porque sus modos suaves y cariñosos contrastaban tanto con las maneras bruscas y hasta cierto punto groseras de Quiroga, aun para ella misma a quien el caudillo se esmeraba en complacer. Y lo hacía invitar con frecuencia a comer con ella o a pasar un momento en su compañía. El Chacho aceptaba e iba cuando le parecía prudente, pues no quería tampoco provocar una enemistad en la joven, que pudiera dar lugar al menor disgusto.

Todos se llevaban bien con el Chacho, todos lo querían y todos deseaban que la ausencia de Quiroga se prolongase el mayor tiempo posible, ya que no se veían nunca libres de él. Estando lejos, cometería sus iniquidades por otra parte, no acordándose de La Rioja para nada. Pero Facundo no podía tardar, puesto que en Ángela había dejado su vida en La Rioja. Cuando antes no había venido es porque materialmente no le había sido posible. Pero ya lo tendrían allí más soberbio y más bárbaro que nunca; no tendrían mucho que esperar.

El coronel Peñaloza

A los dos meses de haberse ido Quiroga de La Rioja, recibió Chacho una carta suya en la que explicaba la causa de su tardanza. «Organice un ejército, le decía, para marchar sobre La Madrid, que anda maleando. Una vez que lo pelee y lo venza me tendrá por allí. Es bueno entretanto que me vaya poniendo en pie de guerra toda la gente que pueda, para lo cual yo le mandaré armas. Quiero tener allí un ejército para poder rehacerme con él en caso de un contraste.»

Y Quiroga adjuntaba una carta para Ángela, rogándole tuviera paciencia, pues no le era posible venir antes, consolándola con mil frases apasionadas y hasta poéticas, de que no se hubiera creído capaz a Quiroga.

«Pronto estarás orgullosa de tu Quiroga, concluía aquella carta, que sin embargo no es más que el más miserable de tus esclavos.»

Ángela, que andaba triste y pensativa porque no podía explicarse la causa de la larga ausencia de su amante, volvió a irradiar en sus ojos toda la felicidad en que sintió bañado su espíritu.

Quiroga no se demoraba porque la hubiese olvidado ni dejado de amar como antes. Estaba retenido por obligaciones ineludibles, según las explicaciones que Chacho le daba, y no había más que tener conformidad para poder esperarlo tal vez convertido en un general.

Chacho, para mejor cumplir los deseos de Quiroga, salió personalmente a recorrer los diversos departamentos, citando a los guardias nacionales en nombre del coronel, y diciéndoles que cuanto antes era necesario que se encontraran reunidos en La Rioja para recibirlo y ponerse a sus órdenes.

Chacho, que estaba en todo porque su espíritu no se turbaba jamás, había dejado en casa de Ángela un piquete de diez hombres de su mayor confianza, a las órdenes del más bravo de sus capitanes, quien le respondía de la tranquilidad de la joven. Así el Chacho podía atenderlo todo sin que Quiroga tuviera a su vuelta el menor disgusto.

Ocho días después de haber salido Chacho de La Rioja, había reunido cuatro mil hombres, pues al saber que él reclutaba gente, hasta de Catamarca y Santiago habían venido a presentársele voluntariamente.

Chacho era recibido en todas partes con muestras del mayor regocijo. Todos se disputaban el derecho de alojarlo en su choza o en su rancho, teniendo él que parar a campo para contentar a todos igualmente. Y apenas les daba la orden de prepararse y les señalaba como punto de reunión la ciudad de La Rioja, pasaba a otra parte a hacer la misma operación.

Así Chacho se recorrió toda la provincia, reclutando la mayor cantidad de gente que le fue posible. Cuando regresó a La Rioja ya lo esperaba reunido un inmenso ejército, con el que podía acometer cualquier empresa, aunque la mayor parte de aquella gente se hallaba sin armas y sin organización.

En cuanto a la organización, en un mes haría el Chacho de ellos otros tantos veteranos, y en cuanto a las armas, las traería Quiroga, y así no habría nada perdido.

El cura Peñaloza acudía en socorro de su sobrino cada vez que éste le hacía alguna consulta grave, y así el pueblo y las autoridades militares y civiles vivían en una perfecta armonía.

Quiroga entretanto permanecía en Buenos Aires, bebiendo en la inspiración infame del tirano las más sangrientas ideas, y recibiendo las más terribles instrucciones.

La Madrid, el héroe La Madrid, querido y respetado por todos, levantaba un ejército en Tucumán, ejército terrible, que Rosas no podía dejar en pie, porque era una amenaza de muerte para su gobierno. Era preciso destruirlo a toda costa, y el único capaz de llevar a cabo aquella destrucción, era Facundo, el terrible Facundo Quiroga.

Después de explicarle Rosas lo que quería de él, le preguntó qué necesitaba para batir a La Madrid y concluir con su ejército.

—Lo único que yo puedo necesitar, si algo necesito —replicó Quiroga con infinita soberbia—, son armas. Gente me sobrará porque todo el interior se alza a mi voz, y el que por casualidad no se alce lo hago levantar yo. Aunque La Madrid tenga el primer ejército yo concluiré con él, no dejando ni un solo soldado para que le haga de comer.

—Eso es lo que yo quiero, para que concluyamos de una vez con estas alzadas ridículas que solo sirven para convulsionar la República y alterar la paz federal que en ella reina.

—Hágame dar las armas necesarias y yo le garanto que no queda en toda la República ni un La Madrid para remedio.

—Es preciso que no olvide que La Madrid es un buen táctico y un jefe brillante, que maneja muy bien la infantería y sabe aprovechar muy bien las ventajas de la artillería.

—No hay cañón que resista al poncho de Facundo; en cuanto a la infantería la echaremos por delante con una buena masa de caballería, si es que no se me ocurre hacerle infantería mejor.

—Sería prudente, pues, una buena infantería; es ventajoso.

—Llevaré entonces caballería e infantería. En cuanto a artillería no pensemos, puesto que haré uso de la suya. Sería conveniente que me proporcionaran algunos buenos planteles para formación de nuevos cuerpos, y me dieran algunos oficiales de los que aquí están de más. Yo en cambio le ofrezco de la manera más formal y terminante que en el primer encuentro sucumbe La Madrid y los suyos.

Rosas tenía profunda fe en Quiroga porque era en su tiempo el mejor jefe de caballería de que se tuviera idea, y porque su valor era estupendo.

—Lo que hay es que va a encontrarse con un jefe de primer orden, algo aturdido, pero valiente hasta la temeridad y un táctico distinguido.

—Yo solo pido armas para la gente y una lanza para mí, donde poder ensartar como mojarras a esos salvajes perdidos. Yo en la vanguardia y en la retaguardia el Chacho, y deje nomás venir a los Unitarios.

—¿Y quién es Chacho? —preguntó Rosas sumamente agradado al sentir pronunciar un nombre de guerra.

—Chacho es mi segundo, mi otro yo —contestó satisfecho Quiroga—, un muchacho que si le empujo un tantito, es capaz de venirse a Buenos Aires mismo, pasando por todos los peligros y calamidades. Chacho es el que ha quedado reemplazándome en el Norte, y le tengo tanta fe que ya sé yo que estando él allí, no hace falta Quiroga.

Rosas, que era amigo de traer a su lado a todo hombre que descollara por su reputación militar, paró el oído al momento y concibió la idea de atraerlo a su lado y a su causa.

—Está en ella desde que está conmigo —contestó Quiroga—. Yo dispongo de Chacho como de mí mismo, y la mayor prueba que puedo dar es el venirme de La Rioja, dejándolo en mi lugar. Chacho es mozo de provecho y de avería, y verá la figura que hace en esta campaña.

—Cuando usted se vaya yo le he de dar algo para que le lleve, una lanza, que no tendrá, estoy seguro, y unos pesos que le han de hacer falta.

—Esto último sobre todo —contestó Quiroga—, en las provincias la gente es muy pobre, y en las del Norte sobre todo. Allí no se ve un centavo con frecuencia, y la gente muchas veces tiene que empeñar por una miseria sus más lujosas prendas.

—Pues le daré un poco de plata para que la lleve a esos buenos muchachos y le vayan tomando amor a la Federación. Es preciso que los que se sacrifican por una causa participen de sus beneficios.

—Como usted lo disponga, pues es hombre que está en todo y comprende las necesidades de uno.

—Bueno, yo voy a hacer entregar y arreglar cuanto necesite, pues es necesario que se ponga en campaña cuanto antes para impedir que aquello tome cuerpo.

Las cárceles fueron abiertas y entregados sus presos a Quiroga para que le sirvieran de plantel a los cuerpos de infantería que debía formar. Los presos de San Nicolás, los de Martín García y los de Buenos Aires mismo, donde había bandidos formidables, fueron entregados con el objeto de librarse de ellos y de que Quiroga formara buenos batallones de línea, pues de todos aquellos presos, el que más o el que menos había sido ya soldado del ejército.

¿Quién no lo había sido en aquellos tiempos de constante batalla y constante lucha?

Rosas hizo poner aparte una buena cantidad de fusiles y lanzas, entregándoselos a Quiroga con la munición correspondiente. Rosas entregó a Quiroga dinero para él, dinero para que supliera las primeras necesidades de sus tropas y dinero para que diera a Chacho, como un regalo que le hacía el gobierno y fuera de los sueldos que pudiera devengar.

Rosas disponía de la fortuna pública y podía ser espléndido, y si no bastaba ésta, ahí estaban los bienes de los salvajes unitarios para responder a todos sus caprichos.

Rosas regaló una espléndida lanza a Quiroga y otra no menos famosa al Chacho, con un vistoso uniforme para que le fuera tomando cariño a las glorias militares.

Quiroga se puso en marcha seguido de una tropa de carros llenos de pertrechos de guerra, y de unos 500 presidiarios con los que debía formar sus batallones de infantería.

Aquellos honorables bandidos creyeron que aquella era su libertad completa. No conocían a Quiroga y esperaban solo salir de Buenos Aires para sublevarse y mandarse mudar.

Rosas había dado a Quiroga cuatro oficiales, los que debían ayudarlo a conducir los presos a su destino.

En el Rosario estaba el general López con todo su poder, así es que solo a la salida del Carcarañá hicieron su primera evolución en ese sentido. Uno de los batallones, pues en batallones los había dividido Quiroga, se declaró libre y en el mismo campamento dijeron los soldados que estaban fuera del alcance de Rosas y que no querían servir ni reconocían jefe alguno.

Quiroga no esperó más; tomó un gran garrote y recorrió las filas de los sublevados, de tal manera que cuando llegó al extremo opuesto del que había empezado, quedaban ocho soldados en el suelo con las cabezas partidas. Dos o tres más guapos y más bandidos, lo asaltaron cuchillo en mano creyendo que lo podrían ultimar, pero bien pronto cayeron al suelo, y allí los ultimó Quiroga a garrotazos. Los oficiales vinieron en su auxilio con algunos soldados, pero Facundo los contuvo inmediatamente haciéndolos retroceder.

—Yo no necesito para estos hombres más auxilio que el del garrote —dijo—. ¡Lindos quedaríamos si no pudiera yo contener a cuatro borrachos!

Y siguió sacudiendo garrotazos tremendos sobre aquellos desventurados que empezaron a comprender, aunque demasiado tarde, qué clase de hombre se habían echado encima.

Aquella tentativa de motín, que les costó bastante cara, vino a demostrarles que con Quiroga no se podía jugar y que era peligroso intentar sublevarse.

Quiroga no se dio por satisfecho hasta que verdaderamente no se cansó de pegar. Los oficiales estaban asombrados del valor de Facundo y aterrorizados ante su atrocidad brutal.

Los otros batallones no se dieron por vencidos y creyeron que Quiroga hacía aquello porque ellos no tenían armas todavía, pero que una vez que se les diera no se atrevería a hacer lo mismo.

Facundo mandó un chasque al Chacho para que se le incorporara con todas las milicias que pudiera reunir, sin preocuparse de las armas porque él se las daría.

Nadie sabe si alguien se lo dijo a Quiroga o si él lo sospecharía, pero apenas salió de Córdoba, proclamó a los presos de una manera original.

—Ustedes creen que yo los he sujetado porque no tenían armas, pero que teniéndolas podrían conmigo. Como es preciso que sepan que conmigo no puede nadie y que cuando yo mando, mando, voy a hacerles repartir armas, y para que escarmienten, les voy a romper el alma con arma y todo.

Quiroga hizo entregar fusiles a uno de los batallones, y después de hacerlos formar, tomó un garrote y empezó a recorrer las compañías pegando palos de muerte. Pero los soldados, solo con la simple demostración de que no les tenía miedo, habían sido dominados. De aquella primera prueba quedaron dos soldados muertos y diez o doce contusos de una manera gravísima. El que menos, tenía la cabeza rota.

Tales cosas hizo con ellos, que el ascendiente que cobró sobre aquellas tropas presidiarias fue completo.

Para demostrarles mejor qué clase de hombre era él y lo que podrían esperar, si no se sometían por completo, Quiroga hizo repartir a todos el fusil que les correspondía, con un paquete de cartuchos. Y esa noche se acostó a dormir entre los mismos soldados, sin más arma que un garrote de algarrobo. ¿Dormía o no dormía Quiroga? Parecía entregado al más profundo sueño, pero ninguno se atrevía a cerciorarse, temiendo que Quiroga fuese a sorprenderlo y a matarlo a palos.

Desde entonces todos aceptaron a Quiroga como jefe supremo, al extremo de que los más bandidos temblaban a su menor indicación, pues Quiroga se les había impuesto y los había dominado con su valor personal y el poder pasmoso de su brazo de Hércules.

Al pasar por Santiago, Facundo pidió un contingente de caballería, que se le entregó al momento sin la menor resistencia, pues ya sabían de lo que Quiroga era capaz. Y de allí mismo hizo un chasque a Mendoza, ordenando al gobernador le remitiera un contingente de seiscientos hombres.

El gobernador de Mendoza desobedeció, mandándole decir que no lo conocía como superior, lo que irritó inmensamente a Quiroga que dijo que ahora no solamente sacaría de Mendoza dos mil hombres, sino que se traería entre ellos al mismo gobernador para que sirviese unos días como el último individuo de tropa, y aprendiera entonces a respetarlo y obedecerlo como era debido.

—Estos pillos creen —decía—, que porque son gobernadores lo son todo, sin ver muchas veces que si no los echan abajo es por temor a lo que yo haría.

Y marchó enseguida buscando la incorporación del Chacho, a quien suponía ya muy próximo al punto convenido.

Peñaloza, en cuanto recibió el chasque de Quiroga, se puso en movimiento con cerca de cuatro mil hombres que tenía listos para el primer aviso. A su paso por todos los departamentos y poblaciones, Chacho iba reclutando gente, pues había muchos que, queriendo seguir aquella patriada, se les presentaban voluntarios con su caballo y su garrote a falta de otra arma.

Chacho los incorporaba a su larga columna, contento por el cariño que se le demostraba en todas partes y el prestigio de que gozaba entre sus tropas que cruzaban las poblaciones sin hacer el menor daño.

El cura Peñaloza había puesto en las petacas de su sobrino una buena cantidad de charque y todos los pesos de que pudo disponer por el momento.

Todo el afán del buen cura era que su sobrino hiciera una figura lucida y que no careciese de nada. Sabiendo que éste andaba contento, ya se consideraba feliz. No tenía más parientes que su sobrino y para él eran todos sus cariños y sus afanes.

Chacho y Quiroga se encontraron al fin, maravillado el segundo de la gran masa de caballería que traía el primero. Es que la mayor parte del dinero que le diera su tío la había empleado en socorrer a las familias de los que venían con él, de modo que ninguno había tenido reparo en dejar la suya para seguirlo.

Por más que Quiroga esperara ver llegar a Chacho con una buena cantidad de gauchos, no pudo menos que asombrarse del número de éstos. Había allí con qué pelear un mes seguido sin fatigar a la gente.

La primera pregunta de Facundo fue para informarse de Ángela, cuyo recuerdo no se había debilitado en su corazón a pesar de los múltiples pensamientos que ocupaban su imaginación.

Quiroga era un hombre de una ambición desmedida por todo lo que era mando; venciendo a La Madrid estaba seguro de que su poder sería inmenso en todo el Interior y que podría llegar hasta imponérsele a Rosas mismo, presentándose como un igual en prestigio y en poder.

Así es que miró con un placer inmenso al ejército del Chacho, preguntándole después por Ángela.

—Ahí está contenta y feliz —contestó Chacho—; sabiendo que yo venía a su encuentro, me ha dado para usted esta carta, añadiendo que espera que no se vaya sin contestársela por un chasque.

Era aquella una carta llena de pasión y de enamorados conceptos, que trastornó la imaginación de Facundo.

A no ser por el temor de que La Madrid saliera de Tucumán y se incorporara a algún otro de los jefes unitarios que andaban en campaña, hubiera volado a La Rioja a visitar a su amante. Pero no podía perder tiempo sin exponerse a un fracaso que le hiciera perder enormemente en la opinión de Rosas, que al fin y al cabo era su proveedor de dinero y de armas.

Así es que allí mismo y sobre un escritorio de campaña que le regaló Rosas, contestó la tierna carta con sus frases más cariñosas y la mandó inmediatamente por medio de un chasque.

Recién empezó a hablar con Chacho, siendo lo primero, informarse de si la había dejado en seguridad.

—En seguridad perfecta —contestó Peñaloza, satisfecho de lo que hiciera en este sentido—. He dejado el mejor y más guapo de los oficiales con veinte hombres mejor armados y de más confianza que tenía entre los míos. Esto me permite asegurarle que nadie le tocará un pelo de la ropa.

Quiroga estrechó la mano de Chacho y le dio las gracias por cuanto había hecho, pasando enseguida a informarse de la marcha de la provincia en general.

Chacho, consecuente con lo que había prometido, no dijo una sola palabra de lo que había intentado el gobernador. A su salida de La Rioja le había recordado su conversación y su promesa, agregando: «Cuidado con lo que se hace, porque aunque yo me voy de La Rioja puedo volver con un ejército».

«No tenga cuidado —había respondido el gobernador—, nada intentaré por mi parte, esperando que usted será consecuente con el secreto pedido.»

«El Chacho no tiene más que una sola palabra: el coronel no sabrá jamás de mi boca lo que ha pasado, y como supongo que usted no lo habrá dicho a alguien más, espero que no lo sabrá nunca.»

Con esto el Chacho creyó poder asegurar y aseguró a Quiroga que las cosas permanecían y permanecerían en el mismo estado que él las dejó.

—El gobernador es bueno y leal, lo estima a usted y lo respeta como es debido, lo que significa que pondrá todo su esfuerzo para que el orden no sea turbado.

Plenamente satisfecho por este lado, Quiroga no pensó ya más que en arreglar su ejército y marchar sobre Tucumán. La conducta del gobernador de Mendoza lo preocupaba algo, pero pensaba tomar su desquite en la primera oportunidad, así es que dejó aquel asunto para resolverlo cuando terminara con La Madrid.

El caudillo prestigioso que allí había, era el fraile Aldao, hombre de acción y de nervio, pero que si algún prestigio tenía en Mendoza, fuera de allí no podría contrarrestar la influencia de Facundo. Todavía Aldao no se había revelado en la feroz crueldad que lo distinguió más tarde; era un tigre que recién empezaba a sacar las uñas y que disponía de algunos cientos de hombres. Sumamente sagaz y comprendiendo lo que era Quiroga y adónde podía llegar éste, su posición y prestigio, había cambiado con él algunas cartas, significándole que podía contar con él en todos los casos.

—Este es consejo del pícaro padre —dijo Quiroga al Chacho cuando la negativa del gobernador de Mendoza—, pero el día que yo lo agarre lo voy a mandar a decir una misa en el infierno.

Decidido a no preocuparse de Mendoza hasta terminar con Tucumán, empezó a repartir las armas que traía y a distribuir fuerzas en divisiones de las dos armas.

Los milicos estaban maravillados ante aquellos brillantes sables y agudas lanzas.

Pocos fueron los hombres que pudo destinar a la infantería, por el momento, pues la mayor parte de los soldados de Chacho no tenían ni idea del manejo del fusil. Pero más tarde podría reclutarla con elementos que sacaría de Tucumán, aunque él tenía poca fe a la infantería, siendo la caballería el arma de su predilección.

Una especie de estupor se apoderó del Chacho cuando vio la espléndida lanza que le remitía el general Rosas y recibió los pesotes que la acompañaban.

—Esta lanza secundará sus esfuerzos, coronel Quiroga —dijo el Chacho al recibirla, todo impresionado—, y estará siempre al servicio del gobierno del general Rosas y su sabia política.

Enseguida Quiroga se puso en marcha sobre Tucumán, no sin haber enviado a Rosas una comunicación en la que le significaba que el gobernador de Mendoza no era leal a su política y que a su regreso lo cambiaría. «Si usted dispone otra cosa, concluía aquella comunicación, hágamelo saber con tiempo.»

Cuando Quiroga llegó a los alrededores de Tucumán, mandó intimar a La Madrid que se rindiera con todos sus libertadores famosos, que de lo contrario entraría a sangre y fuego.

Quiroga traía su caballería perfectamente armada y ávida de entrar en pelea, su infantería aunque escasa no era mala, y con estos elementos creía tener lo suficiente para entrar en pelea ventajosamente.

La Madrid tenía una división de las tres armas, pero poco numerosa, miserable puede decirse ante el ejército de Quiroga. Sin embargo, tenía la más pobre idea de Quiroga y de aquellas tropas sui generis, y creyó que no resistirían ni al empuje de su infantería ni a los disparos de su artillería de campaña.

Soberbio y altanero el valiente La Madrid respondió a Quiroga que salía a su encuentro y que si no se entregaba en el acto haría con él un escarmiento en toda regla.

Quiroga tendió una larga línea de batalla, cuyo mando inmediato dio al Chacho, dejando como reserva una fuerte columna de caballería. Él se reservaba su puesto en todas partes, para poder acudir, como siempre, al paraje donde flaquearan sus tropas.

El brillante y noble La Madrid iba a encontrarse por primera vez frente al tremendo y feroz Quiroga. Y con esa confianza ciega que le daba su valor y la disciplina de sus escasas tropas, salió de Tucumán, creyendo que, jugando su artillería en campo abierto, los guapos de Quiroga no resistirían a sus disparos.

La Madrid formó su línea protegiendo los cuerpos uno con otros, y rompió sobre el inmenso blanco que ofrecían los regimientos de Quiroga el fuego de sus tres piezas de artillería.

Quiroga, semejante al tigre que salta tras del fogonazo del arma, salió al frente de sus tropas mandando romper el fuego de su fusilería.

El combate estaba reciamente empezado y la artillería de La Madrid funcionaba de un modo bárbaro, abriendo claros que hacían vacilar el resto de la tropa.

—¡Es preciso apagar el fuego de aquellas piezas! —gritó Facundo, incitando a sus tropas y animándolas con su ejemplo—. ¡A ver los de la Costa Alta! Aquí conmigo... que atienda el Chacho el resto de la línea.

Y Quiroga, revolcando su poncho de gaucho y seguido de la caballería de la Costa Alta, cayó sobre las piezas, a pesar del fuego violento de fusilaría con que intentaron contenerlo.

Los soldados empezaron a caer, pero el resto animado por el ejemplo de aquel jefe tremendo, siguieron adelante revolcando sus ponchos y sus sables.

Chacho, en previsión de su rechazo, que era fácil, había enviado tras de Quiroga dos regimientos más en su protección, mientras él cargaba a la caballería con terrible violencia.

Solo la reserva de Quiroga permanecía sin combatir, contemplando extasiado aquel combate bárbaro, cuerpo a cuerpo y al arma blanca. Facundo había llegado a las piezas apagando los fuegos con su propio poncho y matando allí a lanzadas a los artilleros de las otras. Allí había acudido La Madrid, comprendiendo que era un punto al que debía dedicar toda su atención, aglomerando sus infanterías.

Pero Quiroga ya se había apoderado de las piezas, que, a pesar del fuego terrible que recibían, no tardaron en atarlas a la cincha de sus caballos.

Perdida la artillería no quedaba nada que hacer; su infantería era cargada con un brío asombroso, mientras su caballería, que era arrollada y perseguida por el Chacho, cuyo empuje no había podido resistir, se desbandaba por todas direcciones.

No quedaban en el campo más que las infanterías de La Madrid, envueltas por una tremenda masa de caballería. El fragor del combate era inmenso, por todas partes se oían gritos desesperados y maldiciones de muerte.

Los que huían del campo de batalla eran perseguidos y muertos o aprisionados por las fuerzas de Chacho. Este, como siempre, contenía a los suyos en lo posible para que no mataran más gente. Pero Quiroga por su lado los incitaba a la matanza.

En este estado del combate se apareció una ligera columna de caballería, que se situó al lado de las reservas que habían quedado en el campo. Era el fraile Aldao que venía con un refuerzo en socorro de Quiroga.

El fraile, que era quien había aconsejado al gobernador de Mendoza, para intrigarlo, que negase a Quiroga el contingente pedido, se había puesto en marcha en su socorro para lograr mejor su intriga. Y abriéndose paso por entre lo más duro del combate, se acercó a Facundo y le dijo:

—A pesar del gobierno y de todo, aquí vengo a ponerme a sus órdenes con la poca fuerza que he podido reunir.

Ante aquella demostración Quiroga vio en el fraile Aldao un aliado de su causa y lo mandó que cargase con sus mendocinos para concluir de una vez aquel combate que se prolongaba ya más de lo debido. Aprovechando aquel momento, La Madrid se puso en retirada con la infantería que había logrado salvar, entrando en Tucumán, pues ninguna resistencia podría ya oponer.

Era preciso retirarse a toda costa porque Quiroga no tardaría en seguirlo, y triste y perdida toda esperanza, el desgraciado La Madrid pudo retirarse del lado de Salta con el propósito de pasar a Bolivia.

El campo de batalla quedó convertido en un inmenso horror.

Las tropas de Quiroga no daban cuartel, degollando a los heridos y tratando de alcanzar a los que huían.

Aquellos forajidos, que había llevado de las cárceles de Buenos Aires, estaban en su elemento, desde que podían robar y matar impunemente.

Chacho había concluido su persecución y volvía con bastantes prisioneros.

Quiroga y Aldao presenciaban el degüello que hacían sus tropas satisfechos de ver correr la sangre en aquella abundancia.

—Chacho trae más prisioneros —gritó Quiroga, al ver que éste regresaba—; la fiesta va a durar todo el día.

Al oír esto, los soldados aplaudieron con estrépito, pues no solo les traían nuevas víctimas, sino nuevas personas que robar.

Pero Chacho no permitió que le tocaran un solo prisionero, pasando a conferenciar con Quiroga.

—Los prisioneros míos, son todos soldados y oficiales que pueden sernos de gran utilidad en adelante; es mejor dejarlos para que yo los destine a mis regimientos que matarlos. Demasiado han matado ya, coronel, yo le pido que haga cesar el degüello.

No se sabe por qué, pero lo cierto es que el Chacho influía de una manera poderosa en el ánimo de Quiroga.

—No maten más, que así lo pide el Chacho —dijo—, no maten más.

Pero los bandidos estaban tan entusiasmados, que no oyeron la palabra de su jefe y siguieron la matanza y el robo.

Quiroga empuñó como un garrote un pedazo de lanza, y empezó a sacudir a sus soldados de una manera tremenda. Cinco minutos después la matanza había concluido, ocupándose los soldados en desnudar los cadáveres.

Los prisioneros del Chacho y los que éste había salvado de una muerte segura y bárbara, miraban a éste como a un ser milagroso, no sabiendo cómo agradecerle el servicio recibido.

—Conduciéndose bien, yo me consideraré satisfecho —les decía Chacho—, y así no habrá motivo para que el coronel haga una herejía. Mientras estén conmigo, serán tan bien tratados que en nada han de extrañar a sus antiguos jefes. Pero es preciso que se porten bien y que no den motivo para la menor queja, pues el coronel es áspero y duro, y no siempre estará dispuesto a hacer lo que le pida yo ni nadie.

Aquellos infelices, que consideraban un milagro el hecho de estar vivos siendo prisioneros de tropas federales, prometieron obedecer en un todo al Chacho, y no darle motivo para que les dirigiera la menor observación.

En Tucumán estaban aterrados con la derrota de La Madrid, cuyo resultado sería la ocupación de la plaza y el saqueo de la ciudad a que se entregarían las tropas de Rosas, pues Quiroga no era considerado allí sino como un teniente del tirano. Y al saber que el fraile Aldao estaba entre ellos, el terror no reconocía límites.

A la tarde, las autoridades que quedaban en Tucumán, tenían solo las pocas fuerzas existentes para imponer algún temor a Facundo. ¿Pero qué iba éste a imponerse, cuando había artillería de línea para reducirlo a la obediencia?

Quiroga les mandó intimar que se entregaran sobre tablas o entraría a cuchillo con todos.

Resistir era ridículo: La Madrid se había retirado con un puñado de leales, y si él no había podido resistir a Facundo, era ridículo que ellos intentaran una resistencia que solo serviría para irritar más a Quiroga y hacerlo cometer mayores excesos.

Chacho fue el encargado de llevar la segunda intimación, intimación perentoria, que debía ser contestada sobre tablas, si no querían que Quiroga entrara a sangre y fuego.

Chacho persuadió a las autoridades que debían entregarse para evitar que Quiroga hiciera alguna iniquidad sin nombre.

—Pero, de todos modos, Quiroga no respetará nada, ¿quién nos garante la vida si lo dejamos entrar?

—¿Y quién se las garante si entra a la fuerza? Yo me comprometo a hacer todo lo que pueda en beneficio de ustedes, pero les aconsejo que se entreguen, porque si Quiroga entra irritado, va a pasar a degüello a todo el mundo, es un hombre tremendo. Él sabe por los prisioneros que aquí no hay defensa posible, y aunque la hubiera tiene fuerzas bastantes para vencerlos; llévense de mi consejo y no lo irriten, es lo mejor que pueden hacer.

Aquella tarde misma, Tucumán permitió a Quiroga que entrara sin condiciones y atenido solo al amparo que pudiera prestarle el Chacho. Este, por su parte, había tratado de influir en el ánimo de Facundo para que no permitiera el desborde de sus tropas, y Quiroga dijo que aquello era difícil porque los ánimos estaban enconados, pero lo facultó para que se encargara de mantener el orden en la ciudad. Era cuanto pedía Chacho para poder garantizar la vida de los habitantes, en lo posible.

Quiroga, por un lado y el fraile Aldao por otro, empezaron a cometer toda clase de horrores, haciendo lancear a unos y fusilar a otros. Los presidiarios se habían desbordado por la ciudad, saqueando las casas de negocio y matando dentro y fuera de las casas.

Chacho envió con fuertes grupos a sus mejores oficiales para que recorrieran la ciudad y evitaran en lo posible al saqueo y la matanza, saliendo él mismo a recorrer el centro con aquel propósito y evitando de esta manera muchos crímenes.

Así la reputación de humano y bueno que iba criando el Chacho se extendía a la par que crecía la de bárbaro y feroz que tenía ya conquistada Quiroga.

Todo fue cambiado en Tucumán, autoridades y gobierno, quedando Quiroga por el momento al frente de todo. Fue entonces cuando Quiroga por sí y ante sí hizo coronel al Chacho, coronelato que fue confirmado por Rosas.

El fraile Aldao

En nuestra historia de Rosas hemos hecho un bosquejo de este tipo repugnante y feroz, como vicio y como crueldad. Su traición y su intriga al gobernador de Mendoza, lo había levantado ante la consideración de Quiroga que lo creía un buen aliado de su causa. Aldao era más cruel y más corrompido que Quiroga mismo, por lo cual aquellos dos corazones tenían que simpatizar y ligarse estrechamente.

Su venida inesperada con un socorro de fuerzas, contrariando la voluntad del gobernador, era una prueba de su lealtad hacia Facundo, para éste, aunque todo no había sido más que una intriga para quedar bien parado. Él aspiraba al gobierno de Mendoza y comprendía que protegido con el poder de Quiroga, el conseguirlo sería cosa bien fácil.

Por esto es que había puesto mal a aquél con éste, y se había recostado al último, comprendiendo que de este lado estaba todo el poder y el amparo de Rosas. Y en el Tucumán mismo empezó a influir más en el ánimo del caudillo, para que diera su golpe de manos a Mendoza.

—Lo que es prestigio en Mendoza, yo tengo —decía el fraile—, y la prueba es que a pesar de toda su mala voluntad y su capricho, he reunido gente para venir, he cumplido con su pedido. Yo hubiera traído mucha más gente, pero carezco absolutamente de elementos, y traer gente desarmada no valía la pena. La situación de Mendoza me parece que responde a los unitarios, y no sería extraño que éstos hagan allí cuartel el día que quieran.

—Pues es preciso cambiar la situación de Mendoza; yo voy a esperar aquí una respuesta de Rosas que debe enviarme y enseguida caeremos sobre Mendoza.

La entrada de Quiroga a Tucumán costó a su población martirios de todos géneros; era cuestión de caer o no caer en gracia a Facundo.

Por simple antipatía hacía lancear o lanceaba él mismo a cualquier persona.

—Has de ser unitario —decía—, tenés cara de unitario, andá que te corten la cabeza —y sin más preámbulos se la hacía cortar.

Los que querían medrar a la sombra de Quiroga, o estar bien con él para conservar la cabeza, delataban como unitarios y enemigos del caudillo a personas que habían o no habían estado mezcladas a los sucesos políticos, delación que, como sucedía en Buenos Aires, era el equivalente de una sentencia de muerte.

Chacho impedía muchos horrores, pero no podía impedirlos todos. Sus tropas estaban acampadas fuera de la ciudad, no permitiéndoles entrar por temor a los desórdenes y excesos a que indudablemente se entregarían, siguiendo el ejemplo de la división que Quiroga había alojado dentro de la ciudad.

Muchas familias oyendo lo que del Chacho se decía, y alarmadas con las brutalidades que cometía Quiroga, habían salido a ampararse al Chacho.

Pero éste poco podía hacer por ellas, puesto que no podía contrariar las disposiciones de Quiroga. Sin embargo, daba a cada una un oficial de su confianza para que lo alojaran en su casa y pudiera servirles de garantía contra cualquier avance de la tropa. Así el Chacho era la única garantía de vida y orden que había en Tucumán.

Quiroga solía enviar a su campamento tal o cual individuo para que lo hiciera lancear, pero éstas fueron órdenes que jamás cumplió Chacho, proporcionando a los que venían en aquellas condiciones todo lo necesario para salir de Tucumán.

Quiroga, preocupado en la eterna orgía a que se hallaba entregado en sociedad con el fraile, confiaba en el Chacho y poco se ocupaba de lo demás, puesto que el día lo dedicaba al sueño y la noche a la orgía.

Chacho era invitado con frecuencia a estas fiestas infernales que concluían siempre con una borrachera, pero siempre rehusaba moverse de su campamento bajo pretextos diferentes.

Así es que nunca se le vio formar parte de aquellas escenas repugnantes y bárbaras.

Quiroga, en su desenfreno espantoso, no respetaba cosa alguna, armaba la parranda donde le parecía mejor sin que nadie se atreviera a protestar ni con la expresión de la mirada.

¿Quién se hubiera atrevido a provocar la cólera de Facundo, más cuando ningún beneficio hubiera obtenido? Todos callaban y sufrían esperando que algún día terminaría aquello.

La contestación que de Rosas esperaba Quiroga, no tardó en llegarle. El tirano se mostraba plenamente satisfecho de la campaña contra La Madrid, autorizaba a Quiroga para cambiar la situación de Mendoza, apoyando al elemento federal.

«El fraile Aldao es mío, le decía, puede dejarlo en Mendoza que él los arreglará como es debido. Es preciso no abandonar a Tucumán sin dejar allí bien establecido el Gobierno, pero un gobierno que sea federal y capaz de hacerse temer y respetar.»

Quiroga marchó entonces a Mendoza después de haber sacado a Tucumán una fuerte contribución en dinero para atender los gastos y necesidades de su ejército. Y dejó allí a Chacho con una división para que mantuviera el estado de cosas que dejaba, hasta que quedase bien consolidado.

Los habitantes de Tucumán, que miraban la presencia de Chacho como una verdadera garantía de orden, festejaron como un triunfo verdadero la permanencia del joven caudillo.

Quiroga y Aldao siguieron a Mendoza, a hacer idéntica cosa que lo que habían hecho en Tucumán, de una manera más sangrienta aún, puesto que Mendoza iba a quedar en poder de Aldao, que era más bandido y más perverso que el mismo Quiroga.

Junto con la aprobación de su conducta Rosas le había mandado su nombramiento de general y un espléndido uniforme correspondiente a su grado. Así Quiroga venía a ser en aquellas provincias, lo que Rosas en Buenos Aires, el poder supremo e inapelable.

Quiroga no quería entrar personalmente en Mendoza, quedando solo como una garantía de Aldao, que sería su vanguardia. Así envió al fraile con la mayor parte del ejército, quedando él afuera con una reserva para el caso posible en que éste fuera rechazado.

Mendoza era una provincia brava y fuerte, cuyas autoridades disponían de buenos elementos de guerra. Si Quiroga se presentaba como conquistador, iba a provocar grandes resistencias, lo que no sucedería con Aldao, que tenía allí su prestigio y sus amigos. No habría que combatir tanto y el triunfo sería más rápido.

Esta era la razón que había influido en Quiroga para no presentarse él en Mendoza, y mandar al fraile Aldao, quedando él para apoyarlo en caso de un desastre.

Desde que pisaron territorio de Mendoza, el fraile Aldao empezó a reclutar partidarios que salían a su encuentro. Unos de miedo y otros por precaución, todos se presentaban al fraile ofreciéndosele en todo. Lo veían llegar al frente de un ejército y no querían ser después perseguidos y degollados, por no haberse presentado a tiempo poniéndose a sus órdenes. Muchos que por fanatismo lo seguían con su simpatía y esfuerzo, salían a su encuentro y lo recibían con muestras del mayor regocijo, lo que persuadió a Quiroga de que Aldao era el verdadero caudillo de Mendoza.

Facundo campó a dos leguas de la capital, enviando a Aldao con sus mejores tropas, para que entrara a la ciudad y se apoderara de ella. El fraile Aldao entró a la ciudad a sangre y fuego, y por sorpresa; nadie lo esperaba, lo más ajeno que temían las autoridades era un asalto de aquella naturaleza, así es que los tomó desprevenidos, sin que siquiera pudieran intentar una defensa débil.

Algunas tropas que tenía el gobernador se resistieron duramente, pero poco después se entregaban a discreción al fraile Aldao.

Este empezó desde el primer momento a ejercer las venganzas más bárbaras. Aquellos que habían sido sus enemigos de alguna manera, o que le habían hecho oposición en sus apariciones, fueron pasados a cuchillo de la manera más bárbara, asaltando sus casas y arrancándolos de entre los brazos de la familia.

Demasiado conocidos son los horrores cometidos por el fraile Aldao, para que intentemos narrarlos de nuevo.

Avisado Quiroga de lo que había hecho Aldao, entró a Mendoza seguido de su reserva, a aumentar el horror de la matanza y del saqueo.

Mendoza tuvo que pagar a fuerza de sangre y plata la permanencia de Quiroga, huésped tremendo, que inspiró a Aldao sus más bárbaras iniquidades. Este se había apoderado completamente de Mendoza, erigiéndose en su gobernador con el aplauso del elemento bárbaro y de aquellos que querían conquistar, aun de esta manera, la garantía de sus vidas o intereses.

Aldao cambió inmediatamente todas las autoridades, colocando en todas partes a gente exclusivamente suya, sin reparar si podían o no ocupar el puesto a que se les destinaba. Puso sobre las armas él mismo tropas suficientes para sostenerse en el poder, y se entregó sin reserva a la vida de crápula que había llevado siempre.

Quiroga no tenía nada que hacer ya allí, la situación de Mendoza le pertenecía, como le pertenecían La Rioja, Catamarca y Santiago. Su poder se extendía así por todas partes, quedando como único árbitro de aquellas provincias y de las otras que recibían sus órdenes sin discutir, por temor de que el caudillo hiciera con ellos lo que había hecho en otras partes.

Quiroga se retiró de Mendoza después de haberse hecho entregar con Aldao una buena contribución en dinero para repartirla entre su gente.

—Ya sabe que Mendoza es suya —le dijo el fraile al despedirlo— y que puede contar conmigo para todo. No tiene más que mandarme un aviso, en la seguridad que será obedecido sobre tablas.

—Cuento con ello —contestó el terrible Quiroga—, y si no peor para usted, porque a mí no se me desobedece sin sentir en el acto las consecuencias. Yo lo dejo aquí en mi lugar —concluyó Quiroga de una manera sombría— pues otra cosa no puede ser. Mis órdenes deben ser cumplidas en el acto, si no usted caerá con la misma facilidad con que se ha levantado.

Aldao no tenía más remedio que acatar lo que le dijera Quiroga, y lo acató sin la menor observación.

—A su llamado —dijo—, Mendoza estará en pie.

—Y si no lo está —replicó el soberbio Facundo—, vendré yo a hacerla levantar.

Y emprendió su marcha hacia La Rioja, para licenciar a sus tropas a Buenos Aires, cuya vida le gustaba de una manera poderosa. Se había habituado a los placeres de la gran ciudad y no pensaba en otra cosa.

«Si todo queda bien en Tucumán, venga a La Rioja donde lo espero, mandó decir a Chacho, pues tengo que volver a Buenos Aires.»

Chacho, que deseaba volver cuanto antes a Huaja, se apresuró a complacer a Quiroga, poniéndose en camino el mismo día de recibir el mensaje.

El pueblo de Tucumán no hallaba frases bastante expresivas para ponderar la conducta del Chacho. Por todas partes no se escuchaban sino elogios de su bondad y su rectitud, extendiéndose allí su influencia benéfica como se había extendido en La Rioja y en Catamarca. Es que con todos había sido igualmente bueno, no permitiendo que se cometieran injusticias ni venganzas. Para él no había unitarios ni federales; todos eran hombres para él, acreedores a ser tratados con igual bondad y consideración.

Así es que todos, sin distinción de ninguna especie, acompañaron a Chacho a su salida deseándole toda clase de felicidades.

Ni él ni sus tropas dejaban en Tucumán la menor odiosidad ni un solo mal recuerdo, pues cediendo a la influencia del jefe, la conducta de la tropa había sido irreprochable.

Chacho había repartido entre ellas cuanto dinero tenía y una buena suma que le entregó Quiroga al retirarse, de modo que los soldados pagaban al contado lo que consumían, sin hacer ningún daño al comercio.

Cuando la autoridad dejada por Quiroga, había intentado cometer algún atropello, Chacho había sido el primero en oponerse, protegiendo siempre al débil y dando la razón al que la tenía. Y como él era allí la autoridad suprema, puesto que tenía la fuerza, no había más remedio que acatar y cumplir sus disposiciones.

Chacho y sus tropas dejaron así en Tucumán el mejor recuerdo de su permanencia. Todos sintieron su partida, indicándole que influyese sobre Quiroga para que lo volviera a mandar.

Mendoza, en cambio, quedaba entregada sin defensa al abismo que representaba el gobierno del fraile Aldao, gobierno de robo y muerte, mil veces peor, si esto es posible, que el que regía en la misma Buenos Aires.

Eternamente borracho y llevando una vida de crápula y vicio en todo sentido. Y las únicas horas que su cabeza estaba fuera de la influencia del alcohol, las empleaba en hacer daño, encarcelando a unos y matando a otros, según la antipatía que les tenía o el monto de la fortuna que les quería robar.

Así empezó la vía crucis de aquella provincia desventurada, via crucis que debía prolongarse de una manera terrible e indefinida.

Quiroga pasó a La Rioja, donde licenció las milicias que a ella pertenecían, como a las de Catamarca y Santiago, esperando la llegada de Chacho. Solo conservaba en pie las infanterías que había organizado con los presidiarios de Buenos Aires y los salvajes de Tucumán.

Con estas fuerzas y las milicias de Chacho, había lo suficiente para acudir al punto que fuera necesario.

El primer cuidado de Quiroga fue acudir a la casa de Ángela, a quien no había olvidado aun en medio de sus mayores agitaciones y fatigas.

Pero allí esperaba a Quiroga el primero y el último dolor que tuvo en toda su vida. Ángela estaba en la cama, postrada por una fiebre terrible que había llegado hasta turbar su razón. La vista de su amante pareció reanimarla un poco, pero poco después volvió a caer en el terrible sopor que causaba en ella la fuerza de la fiebre.

Quiroga estaba dominado por una desesperación suprema. Él que había visto morir a tantos con la más glacial indiferencia, él que había ordenado la muerte de tantos seres inocentes a quienes la vida sonreía de todos modos, no podía conformarse con la desgracia tremenda que importaba para su corazón la muerte de Ángela.

Cómo se entregaba Quiroga por completo a su dolor, era asombroso, pues al encontrarse impotente para dominar una enfermedad miserable, él que disponía a su antojo costumbres y cosas llegaba hasta maldecir de sí mismo.

Los chasques de Quiroga recorrían todas las provincias en busca de un médico que pudiera salvar a Ángela, pero los chasques no volvían y ella se iba consumiendo gradualmente, al extremo de presentar ya un aspecto cadavérico.

Y lo más desesperante para Facundo era que Ángela no lo reconocía ni respondía a sus palabras más apasionadas. Parecía mirarlo con la vaguedad de un loco o del idiota, sin que su presencia causara en ella ni la más leve sensación. Lo contemplaba con una indiferencia suprema, permaneciendo insensible a los cariños y aun a las lágrimas de Quiroga, lágrimas que le arrancaba la desesperación de la impotencia.

—Así está desde hace mucho tiempo —decía el oficial que había dejado Chacho cuidándola—. Ha ido agravándose poco a poco hasta quedar en el estado en que usted la ve.

—¿Pero es imposible que no haya ningún remedio para volverla a la vida? —gritaba Quiroga enfurecido—. Mi vida, mi poder, mi esclavitud para el que me salve a Ángela y me la vuelva a la vida.

Y Ángela enflaquecía por momentos, puede decirse, sin que los remedios que le aplicaban con profusión los viejos curanderos bastaran tan solo a detener el mal. La vida de Ángela se iba acabando por momentos

—¡Ángela! ¡Ángela! —gritaba Quiroga en el colmo del dolor, y la sacudía fuertemente como si de aquella manera fuera a volverla a la vida.

En uno de aquellos sacudimientos Ángela volcó completamente la cabeza para no volverla a alzar más: había muerto.

En el primer momento Quiroga quedó preso de un estupor inmenso. Poco a poco aquel estupor fue desapareciendo, hasta que el tremendo caudillo empezó a dar escape a su dolor, por actos de una crueldad espantosa. Aquél no era un hombre sino un tigre que no se saciaba jamás de sangre.

El regreso del Chacho fue lo que vino a distraerle, entreteniéndole el espíritu, salvando así a La Rioja de los excesos tremendos a que se había lanzado Quiroga.

Una historia triste

I

Chacho no podía llegar a La Rioja en mejor oportunidad, porque lo que hacía Quiroga ya no tenía nombre.

Todos vivían aterrados, esperando de un momento a otro se le ocurriera prender fuego a la ciudad o salir a degollar por las calles. El dolor que le había causado la muerte de Ángela lo había enloquecido, locura que él aumentaba enormemente con el uso desmedido de los alcoholes. Su irritabilidad era inaguantable y brutal, puesto que la desahogaba cometiendo actos de crueldad inaudita que habían concluido por aterrar a la población.

Para él no existía más pena que la de muerte y la aplicaba por cualquier causa, aun la más leve. Una respuesta dada por mal humor, a su juicio, bastaba para que en el acto mandara degollar o lancear al que la había dado.

Sus pobres soldados ya no sabían qué hacer para contentarlo, pues de todos modos se irritaba haciéndoles pagar la falta que daba por cometida, muchas veces con un lanzazo que él mismo les pegaba. Esta era la situación de La Rioja cuando llegó Chacho.

Cuando éste supo lo que pasaba, temió que Quiroga hubiera perdido la cabeza y fuera a emprenderla con él mismo dándolo por enemigo.

—Quiroga está loco —decía—, y yo no sé lo que será de La Rioja si esta locura no le pasa pronto.

Y fue en el acto a ver a Facundo, temiendo que, en el estado que estaba, fuese a interpretar mal su tardanza atribuyéndola a malos móviles.

Facundo lo recibió con un cariño inesperado.

—Ya sabrá la desgracia que me ha sucedido —le dijo abrazándolo, y se puso a sollozar de una manera conmovedora.

—Es preciso tener paciencia, general —respondió Chacho—; nadie está libre de la muerte, esto es natural y desde que no tiene remedio, no hay más que conformarse, que la vida no está encerrada en una sola mujer.

—Es que yo la quería como no es posible querer más, Chacho. ¡Es que ella era el Sol de mi alma, Chacho, yo no voy a poder vivir sin ella!

—Eso le parece, general, porque recién la pierde; ya se acostumbrará a su ausencia, y otro nuevo Sol vendrá a calentar el frío de su corazón.

—Imposible, Chacho, esa mujer parece que se ha llevado a la tumba algo de mi cuerpo, algo que no comprendo pero que siento que me falta. Yo siento en su palabra, Chacho, el único consuelo que he experimentado desde que murió Ángela, porque usted es la única persona que me quiere verdaderamente. A mí nadie me quiere, nadie es mi amigo, me rodean porque me tienen miedo y nada más, el día que me vieran postrado, solo se acercarían a mí los que vinieran a hacerme mal o los que quisieran saber primero que nadie la feliz noticia de mi muerte.

—No crea, señor, éstas son ideas que le sugieren su tristeza y nada más; ya se convencerá de que usted tiene amigos que lo quieren. Pasada esa tristeza que lo ha invadido verá las cosas de otro modo.

—Sí, veo que necesito distraerme para olvidar algo que siento en la cabeza como golpes de martillo; usted llega como mi salvación, porque yo creo que me iba a volver loco. Licencie las tropas que no necesite y véngase para que me acompañe a la Costa Alta y otros departamentos; un paseíto así me ha de distraer bastante.

Chacho licenció todas las milicias, diciéndoles que estuvieran siempre prontas a su primer llamado, y que de cuando en cuando lo buscaran sus capitanes para informarse de si ocurría algo nuevo.

El resto del dinero que le quedaba y algo más que con aquel objeto pidió a Quiroga, lo repartió entre los licenciados, para que tuvieran qué llevar a sus familias.

Aquellos buenos milicos se desparramaron en distintas direcciones, contentos de poder gozar algún descanso entre las familias, llevándose algún buen pasar.

Todos ellos, poco o mucho habían pilchado algo de los muertos y prisioneros, habiendo algunos que a escondidas de Chacho, que no podía vigilarlo todo, habían también dado su golpecito en las poblaciones. Así volvían satisfechos, después de cuatro meses de ausencia, a reposar de tanta fatiga y tanto mal rato.

Estos milicos fueron los que más desparramaron la fama de bárbaro y cruel que tenía Quiroga, al mismo tiempo que no hallaban palabras bastante expresivas para ponderar la bondad suprema de Chacho y su valor fabuloso en la pelea.

Chacho era el orgullo de La Rioja, que veía en él el único freno que podría ponerse a los desmanes de Quiroga.

Ambos caudillos pasaron a la Costa Alta dirigiéndose Chacho a Huaja a visitar a su tío, y Quiroga a pasar unos días en los parajes donde había nacido.

El cura Peñaloza estaba muy gravemente enfermo. Ya era hombre bastante viejito, contaba entonces sus buenos ochenta años, y aunque en aquellos parajes la vida es larga, a esa edad todas las enfermedades tienen un carácter grave, porque el organismo está debilitado en sus puntos más resistentes. El pobre anciano experimentó un momento de placer infinito al ver llegar a su sobrino convertido en todo un señor coronel.

—Gracias a Dios que te veo, Chacho, hijo mío, creí que me iba a morir sin tener el gusto de darte mi último abrazo, y esto me tenía muy triste. Acércate, mi hijo, acércate ya que no puedo estirarme yo hasta donde estás.

Chacho se acercó al lecho del anciano y lo tomó entre sus brazos.

Las manos leves y finas del cura, cerrándose tras de su cuello, lo oprimieron en una íntima caricia.

—Este momento feliz —dijo— me va a prolongar por lo menos días este pucho de vida que como una yapa del eterno me va quedando. Dios te bendiga, hijo mío.

—Pero quién piensa en morir —exclamó Chacho sonriendo dolorosamente, pues al oprimir en un abrazo aquel cuerpo descarnado y frío, comprendió que la muerte no andaba muy lejos—. ¿Quién piensa en morir cuando está usted más fuerte que yo mismo, tío?

—Esas son ilusiones del cariño, hijo mío, ilusiones que no puedo tener yo que me siento apagar poco a poco.

—¿Qué morir, tío? ¡Usted es más fuerte que un algarrobo, todavía nos ha de enterrar a todos!

—Pobre Chacho, ése sería tu deseo, pero no es realizable, poca falta ha de hacer ya este pobre viejo. Ya eres un hombre y hombre de provecho que no necesita más guía que su propio criterio. Soy feliz porque sé que has aprovechado mis consejos en todo, y eres honrado, valiente y bueno, puedo morir tranquilo. Ven ahora, acércate a mí para que te diga todo lo que tengo, a ti que eres mi único heredero.

—No hablemos de eso, señor, que ni usted se va a morir ni creo que tenga gusto en afligirme.

—Déjate de niñerías, que aunque siento que tu presencia ha prolongado mi vida, el mal momento puede llegar cuando menos pensemos y agarrarnos sin haber arreglado nada.

Chacho cedió por no contrariar al anciano, y con semblante conmovido escuchó aquellas últimas disposiciones del hombre que había sido para él un padre amoroso que no pensó jamás sino en su felicidad más positiva.

El cura Peñaloza era mucho más rico de lo que el Chacho podía imaginarse. Tenía en buena plata española y ocultos en su casita, unos tres mil patacones, fortuna considerable para La Rioja, y más aún para Huaja, cuya populación entera no valía tanto.

Peñaloza poseía allí mismo varias propiedades y algunas casitas en la ciudad de La Rioja, que bien valían entre todas otros 3.000 o 4.000 duros más.

—Aquí tienes la constancia de que todo esto es tuyo, hijo mío, porque yo te lo regalo a ti, mi único heredero y mi hijo querido, sabiendo que has de hacer de ellos un uso incriticable. Así muero en paz y feliz, pues he llenado mi misión sobre la tierra, a satisfacción de mi propia conciencia.

El Chacho, obedeciendo a un sentimiento de delicadeza, se negó a recibir el papel, pero el buen cura sonriendo lo miró a la cara y le dijo:

—¡No importa! Queda aquí guardado bajo mi pobre cabeza, de donde lo tomarás cuando ella no pueda guardarlo más.

Y metió el pliego bajo su almohada, haciendo a Chacho una última caricia.

Desde aquel momento, Chacho no se movió del lado del lecho del cura, mandando avisar a Quiroga lo que le sucedía. Este, en cuanto supo la desgracia de Chacho, acudió inmediatamente a acompañarlo, andando rápidamente las tres o cuatro leguas que separaban su pueblo de Huaja.

Quiroga, aquel hombre feroz a quien se creía incapaz de tener el menor afecto por nadie, amaba sin embargo a Chacho, más aún desde que había muerto su Ángela, única pasión que verdaderamente lo había cautivado.

Así se explica cómo Chacho podía influir en su ánimo tan decididamente.

—Aquí me tiene para ayudarlo en lo que me sea posible —dijo—; puede disponer de mí como lo crea necesario.

—Gracias, general —respondió el Chacho—, esto no tiene remedio; él mismo me lo ha dicho y es su mucha edad lo que lo mata.

Al otro día a la madrugada, Peñaloza se sentó en la cama, sonriendo de una manera suprema y mirando al joven que no se había alejado de su lado un solo momento, le dijo:

—Me voy, hijo mío, y quiero irme bajo la impresión de un beso tuyo. Acércate, que allá en el cielo con tus buenos padres seremos ya tres para velar por ti.

Chacho, con los ojos brillantes por las lágrimas que la emoción hacía brotar, se acercó a su tío e imprimió un beso sobre su frente que la muerte empezaba a helar.

El pobre anciano sonrió de una manera inmensa al contacto de aquella cabeza juvenil y se echó hacia atrás.

Chacho ayudó cariñosamente al descanso de aquella cabeza hasta que llegó a la almohada, dejándola reposar con la mayor delicadeza.

El cura parecía plácidamente dormido, pero estaba muerto. Sus manos fueron helándose poco a poco entre las manos del joven, hasta que empezó a pronunciarse la rigidez en todo el cuerpo. La muerte no podía haber sido más plácida y más tranquila; una muerte tal cual merecía aquel hombre justo y bondadoso.

Chacho inclinó la cabeza sobre aquel cadáver que le llevaba todo cuanto amó en la vida, y lloró silenciosa y dolorosamente. Cuando alzó la juvenil cabeza, halló a su lado de pie y risueño a Facundo Quiroga que le devolvía sus mismas frases consoladoras:

—Este es el fin natural de las cosas de la vida; no hay nada eterno y es preciso conformarse.

—Con una sola diferencia —respondió Chacho—, y es que usted encontrará otras mujeres igualmente bellas, que lo amarán con la misma pasión que lo amó Ángela. Yo no volveré a hallar otro hombre que, como éste, sea para mí un padre y una madre al mismo tiempo. A él le debo lo que soy y lo que seré, puesto que le debo la educación del corazón y el embellecimiento del espíritu. Dios le compensará lo bueno que ha sido en vida.

—Aquí me tiene a mí que soy su amigo y que lo quiero y lo estimo —y el Tigre de los Llanos cerró en un apretón formidable de sus garras las aceradas manos de Chacho.

—Gracias, general, yo me haré digno de que esa amistad y ese cariño me duren tanto como me duró el de mi pobre tío.

La triste noticia se extendió rápidamente por todos los departamentos vecinos, donde el buen cura era estimado y querido, y bien pronto el Chacho se vio rodeado de amigos que se apresuraban a venir a darle el pésame y acompañarlo en su dolor.

Y el velorio de Peñaloza fue el más concurrido de cuantos hasta entonces hubiera, porque todas las relaciones del Chacho habían acudido a cumplir el fúnebre deber.

Enterrado Peñaloza, Chacho nada tenía que hacer en Huaja, y empezó a preparar su viaje a La Rioja, sin ánimo para volver más a Huaja, donde tan feliz había sido en su juventud al lado de su tío. Acomodó los patacones en las petacas y junto con Quiroga emprendió viaje a la ciudad, donde se estableció definitivamente.

Quiroga había empezado a olvidar a Ángela, ocupado en los acontecimientos políticos y sus propias crueldades, decidiendo hacer un nuevo viaje a Buenos Aires.

II

Vivía entonces en la ciudad de La Rioja la hermosa joven Aurora Villafañe, cuñada del general de la independencia y presidente del primer Congreso de Tucumán, don Francisco Ocampo.

Aurora era verdaderamente una aurora de la vida. Su vida exuberante y poderosa, asomaba a dos ojos negros y expresivos, sombreados por largas y sedosas pestañas, que daban una expresión particular y bella a su fisonomía delicada y pura.

Aurora Villafañe era el encanto de La Rioja no solo por su belleza incomparable, cuanto por la bondad angélica de su corazón puro y virtuoso.

Aún vive en la tradición riojana la descripción de aquella fisonomía bellísima, que tenía enloquecida a la juventud de aquel tiempo. Hay hombres viejos en La Rioja que al recordar a Aurora Villafañe, se conmueven y sienten en el espíritu como un soplo de vida que los transporta a aquellos tiempos en que Aurora irradiaba su luz esplendorosa en la sociedad riojana.

Era tal la belleza de Aurora que las mismas damas riojanas, habituadas a ver caras lindas, se extasiaban ante la hermosura arrebatadora de la joven y el encanto de su espíritu gentil y bondadoso.

Aurora vivía en compañía de una tía, Rosario Herrera, tipo concluido y rematado de las antiguas dueñas guardianes de virtudes imposibles, y directoras espirituales de las jóvenes fiadas a su tutela. La tal doña Rosario, a estar de lo que cuentan los viejos que la han conocido, era una señora más brava que un sinapismo inglés y más falsa que un cuatro boliviano.

Gruñía como cualquier perro de presa a quien se le quita un hueso cuando cualquier joven miraba a Aurora, y era muy capaz de sacar con el palo de la escoba al mozuelo que entrara a su casa sin su permiso especial. Ya había hecho varias veces esta prueba contundente, que le había dado resultados de primer orden.

Aurora reía dulcemente de las genialidades de la tía, risa que irritaba a la vieja hasta el extremo de decirle que ella tenía la culpa porque era cómplice de todos aquellos insolentes que paseaban su cuadra y la seguían a misa y a todas partes.

Pero Aurora reía más aún con los dichos de su tremenda tía.

A través de sus enormes anteojos de empatilladura de búfalo, se veía asomar su mirada como una aguja finísima que penetraba hasta lo más recóndito de la intención.

Los jóvenes que seguían a Aurora cuando salía a la calle, se entretenían en desesperar a la vieja, haciéndole pagar de esta manera la bellaquería de no querer admitirlos en su casa.

Aurora reía alegremente de las rabietas de la vieja, que terminaban generalmente en un fuerte dolor de cabeza. Entonces le daba lástima y era la primera en prodigarle sus más solícitos cuidados y atenciones.

A pesar de esto la vieja le echaba espantosas raspas declarándola culpable de todo lo que había sucedido. Pero no por esto se resentía Aurora, ni disminuía sus cuidados a la vieja.

Los recursos más traviesos para ver a Aurora se habían estrellado contra la mirada pinchante de la vieja, a quien no había forma de engañar, lo que más de una vez había arrancado esta frase que llegaba a sus oídos:

—¡Cuándo se morirá esta vieja maldita!

—Primero los he de enterrar a todos —contestaba doña Rosario, temblando de ira—, y asimismo y por las dudas, me he de llevar a Aurora conmigo cuando me vaya de este mundo.

Para hacer contraste con el nombre de Aurora, los jóvenes llamaban a la vieja doña Ocaso, sobrenombre que le producía verdaderos paroxismos de ira.

—¡Ah! ¡Malditos —les decía—, siquiera los parta un rayo!

Así, a fuerza de guardar y ocultar a Aurora, la vida de la vieja se había convertido en un eterno y lento trago de acíbar que le hacían apurar cada momento.

A la misma medianoche, y cuando todos estaban entregados al más tranquilo reposo, la puerta de la calle de doña Rosario era fuertemente sacudida y golpeada como en noche de incendio. Y cuando la vieja salía a informarse de lo que ocurría, se encontraba con tres o cuatro traviesos que habían armado todo aquel escándalo, para darse el placer de saludarla bajo el nombre de doña Ocaso y de vieja maldita.

—Yo me voy a morir —gritaba doña Rosario en el paroxismo de la ira—, yo me voy a morir y la culpa solo ellos la han de tener.

—¿Pero por qué les hace caso, señora? —respondía la joven con su voz melodiosa y de purísimo timbre—. No les haga usted caso y verá cómo la dejan en paz. Pero sabiendo que esta broma risueña la incomoda a usted hasta este extremo, han de seguir dándosela hasta el infinito.

—Porque tú los alientas, bribona, y ellos saben que te gozas en mi desesperación.

—¿Pero qué les voy a alentar yo, que ni los conozco ni hablo con ellos jamás?

—¿Y cómo te ríes entonces?

—Me río porque es una travesura graciosa e inocente que no causa más mal que su enojo.

Es que a Aurora, joven y con un carácter naturalmente alegre, le hacían cosquillas no solo la travesura de los jóvenes sino las iras de la vieja. Y se reía alegremente hasta que alguna insolencia de la vieja venía a apagar la risa sobre sus labios de púrpura.

Así la vida para la pobre joven, bajo la feroz tutela de su tía Ocaso, se iba convirtiendo poco a poco en un martirio intolerable. Y a pesar de lo que sufría, su belleza crecía en esplendor y en frescura.

Los jóvenes, corridos de la casa de doña Ocaso, de una manera formidable, se contentaban con mirarla en la iglesia y seguirla a su paso, como se sigue el paso luminoso de los astros.

No había otra manera de verla, porque doña Rosario la ocultaba en las últimas piezas de la casa, adonde no entraba sino el cura, única persona a quien la tremenda vieja respetaba.

Aurora acababa de cumplir los catorce años, siendo por sus formas y cuerpo lo que una joven de diez y ocho.

Tal era Aurora Villafañe cuando llegó a La Rioja Quiroga, acompañado del Chacho, de vuelta de Huaja.

Facundo no había podido verla, porque él nunca iba a misa, única parte adonde doña Rosario llevaba a Aurora.

Pero una mañana que volvía de una casa de juego, la encontró en su camino y, como todo el que la veía por primera vez, quedó deslumbrado. Le parecía haber enceguecido como si hubiera mirado al Sol mucho tiempo.

La joven no conocía tampoco a Quiroga, lo veía por la primera vez, sintiendo hacia aquel hombre un extraño movimiento de repulsión.

—¿Quién es ese militar tan espantoso que nos mira como si nos quisiera comer? —preguntó a su tía, aterrada ante aquel hombre que las seguía con mirada ansiosa.

—Ese es Facundo Quiroga —respondió la tía, sintiéndose dominada por un terror instintivo—, el terrible Facundo Quiroga.

Si Aurora no conocía a Facundo, conocía sus crímenes horribles y la triste historia de Ángela; así es que al oír pronunciar el nombre del caudillo, se estremeció toda y apuró su paso lo más que le fue posible.

—Apúrese usted tía, apúrese por Dios —dijo—; yo tengo miedo de ese hombre y quiero llegar pronto a casa.

Y tan absorto había quedado Quiroga ante la espléndida belleza de Aurora, que permaneció como clavado en la calle, siguiendo con la mirada asombrada la estela luminosa que dejaba la joven, semejante a un astro. No atinó a dar un solo paso ni a moverse de allí, ni a quitar los ojos de sobre las dos mujeres que se deslizaban rápidamente. Fue cuando las hubo perdido de vista, cuando al doblar una esquina se perdió el escorzo gentil de Aurora que Quiroga se dio cuenta de lo que sucedía.

—¡Qué espléndida! —exclamó como si hablara con alguien—. ¡Qué espléndida mujer! ¡Nunca he visto nada parecido! ¿Quién será?

Quiroga pensaba que debía ser alguna recién llegada de otra provincia, pues ni la había visto jamás en La Rioja, ni tenía idea que allí pudiera existir una belleza como aquella.

Ángela se había borrado completamente de su alma, que se sintió conmovida y extasiada ante la hermosura espléndida de Aurora. Y siguió su camino pensando en ella y en la manera cómo podría conquistar su cariño.

Quiroga no se detuvo a pensar que su aspecto monstruoso no podía inspirar otra cosa que horror en una niña fina y delicada como Aurora. Conforme Ángela se había enamorado de él, creía que todas se enamorarían con la misma facilidad sintiéndose orgullosas ante el amor de un general, ante quien todos temblaban y obedecían sus órdenes sin atreverse a comentarlas.

Quiroga no pensaba que sus hechos sangrientos debían inspirar horror a todo el que no fuera un bandido como él, y creía que en cuanto la joven supiera que el general Quiroga se había enamorado de ella, se apresuraría a complacerlo en sus bárbaras pretensiones.

Aquel mismo día Quiroga averiguó quién era la joven y dónde vivía.

—Lo tremendo que hay es la vieja tía que se ha constituido en su guardián —dijeron a Facundo—. Esa vieja la tiene bajo siete llaves y solo por una casualidad puede vérsela.

—Arreglaré a la vieja de manera que pueda verla cuantas veces me da la gana, y si embroma mucho, será a ella a quien le costará ver a su sobrina.

Los enemigos de la vieja Ocaso, en cuanto vieron el interés que tenía Quiroga por la joven, decidieron jugarle una mala pasada, comprendiendo que a Facundo no se atrevería ni siquiera a hacer lo que hacía a ellos.

Y como la vieja no se atrevería ni siquiera a disgustarse ante los dichos de Facundo, le dijeron que por doña Ocaso era más conocida, aunque suponían que se llamaba Rosario.

Y contaron cómo la vieja no permitía que nadie viera a la sobrina, corriendo de su casa a los que ella sospechara tenían sus pretensiones amorosas.

—Lo que es conmigo —dijo— la vieja tendrá la bondad de tragarse la lengua y cerrar los ojos, porque de lo contrario se los cerraré yo por toda la vida.

Los traviesos se frotaron las manos, y pensando en los tragos de ira que tendría que apurar la vieja en adelante, aunque sintieran profundamente que Quiroga se hubiera enamorado de la joven, porque presentían una desgracia.

No creían que Aurora hiciera lo que Ángela, porque la joven era un modelo de pureza, y no prestándose a las exigencias de Quiroga, era indudable que éste cometería alguna violencia sin nombre ni precedente.

Aquella misma tarde, Quiroga, vestido de gran uniforme y ridículamente acicalado para presentar mejor y más atrayente aspecto, se presentó en casa de doña Rosario, y se entró en ella como a la suya propia.

La vieja, más muerta que viva, al ver semejante visita que no había más remedio que recibir, se apresuró a abrir la puerta de la sala.

Quiroga miraba a todos lados como esperando la aparición de la espléndida joven, pero no asomaba por parte alguna.

Quiroga, creyendo que estaría empaquetándose para causarle mejor impresión, conversaba con la vieja de cosas indiferentes. Y devoraba con una mirada ávida y curiosa la puerta cerrada que comunicaba con las otras piezas.

Practicada y maliciosa, desde el principio comprendió lo que Quiroga esperaba, pero no quiso darse por entendida.

Aburrido Facundo y recordando lo que le habían dicho sobre la ocultación que la vieja hacía de su sobrina, trajo la conversación al grano, y acostumbrado a decir francamente lo que quería, expuso lacónicamente su pretensión.

—Y su sobrina, señora Ocaso, ¿dónde está su preciosa sobrina?

Al sentirse tratar de Ocaso, la vieja tembló de ira y miró a Quiroga con sus ojos de lanza, pero no se atrevió a lanzar el reniego que pendía de sus labios trémulos.

—Yo no me llamo Ocaso, sino Rosario, para servir a usted, ése es mi verdadero nombre.

—Ocaso me dijeron que se llamaba, pero si le gusta más que le digan Rosario, no hay por mi parte inconveniente.

—Hay muchos bandidos mal intencionados que por desesperarme me ponen toda clase de sobrenombres, y sin duda han hecho creer a usted que así me llamo, para que me desespere.

—Pues le diré Rosario y santas pascuas, no hay que afligirse por tan poco. ¿Pero y su sobrina, señora? ¿Dónde está su sobrina? —preguntó Quiroga—. Usted se supondrá que no he venido solo a visitar a usted. Quiero ver a esa linda joven a quien no conocía, para que mis ojos de salvaje se alumbren un poco con la luz de ese Sol.

—Mi sobrina —balbuceó la vieja no sabiendo qué decir— está hoy un poco enferma y ha tenido que recogerse temprano.

—Es extraño —contestó Facundo frunciendo el ceño—; es extraño porque hoy la he encontrado en la calle y parecía estar perfectamente buena.

—Es verdad —repuso la vieja—, pero precisamente la salida es lo que le ha hecho daño, porque volvió con mucho dolor de cabeza y el estómago terriblemente descompuesto.

Quiroga se mordió los labios, pero logró dominarse, no por la vieja, sino por no asustar a Aurora.

Y se despidió, con el firme propósito de que, si aquello volvía a repetirse, pegar a la vieja un susto tremendo que le sirviera en lo sucesivo. Él calculaba que la enfermedad era solo un pretexto de la vieja para no dejarle ver a la sobrina, pero pasó por alto la cosa, preparándose para la siguiente visita.

—Espero que la enfermedad no será nada —dijo al despedirse— y que mañana tendré el gusto de saludarla. Hasta mañana, entonces, mis más finos recuerdos a la niña.

—Afílate nomás —gruñó la vieja—, que la verás tanto como hoy.

Era indudable que Quiroga se había enamorado de Aurora, y había que temer tanto de aquel amor como de la peor de las desgracias. No había más remedio que salir de La Rioja, para huir de Quiroga y sus pretensiones, pero ¿cómo huir sin que él lo supiera y cómo provocar con una fuga irrealizable la cólera del Tigre de los Llanos?

Doña Rosario estaba verdaderamente aterrada, porque sabía ella como toda La Rioja que Quiroga no se detenía en nada para satisfacer sus caprichos y que sus instintos brutales lo llevaban a los peores excesos.

Aurora, que había escuchado toda la conversación desde la otra pieza, estaba más aterrada que su misma tía. La narración de los horrores cometidos por Quiroga habían impresionado su espíritu sensible y delicadísimo, y miraba a Facundo como un monstruo deforme contra quien toda precaución era poca.

—Yo no quiero que vuelva, no quiero recibirlo —exclamó—, porque a su sola presencia me moriría de miedo.

Y rompió a llorar con el mayor desconsuelo.

—Yo le haré entender que de mí no tiene que esperar más que el horror que me inspira, y que es inútil que pretenda otra cosa.

—Esto sería lo peor que podrías hacer, porque al sentirse así rechazado se irritaría y no tardaríamos en sufrir las consecuencias de su ira. Es preciso fingir y disimular, hija mía, esperando un momento oportuno para huir de La Rioja.

—Es que si fingimos agrado al recibirlo no saldrá de aquí, se figuraría que puede hacer lo que le dé la gana y tal vez esto tenga fatales consecuencias.

—Nada puede sernos más fatal que su cólera; es preciso ante todo evitar irritarlo y que no tenga motivo para proceder con violencia. Él es el supremo poder, contra él no hay justicia en La Rioja y ya se sabe que él hará lo que más le dé la gana. Es preciso tener paciencia por ahora y estar preparadas a todo; con ese maldito no hay que descuidarse.

Tía y sobrina, convencidas de que corrían un peligro inminente con la amistad de Quiroga, se resolvieron a esperar pacientemente la oportunidad de salir de La Rioja.

Al otro día como lo había anunciado, Facundo se presentó en la casa de Aurora, y entró a las habitaciones sin tomarse el trabajo de hacerse anunciar. Quiroga temía que se hicieran negar o se escondieran para no recibirlo y quería evitar toda negativa, presentándose así de golpe en las habitaciones.

Al sentir a un hombre que entraba, doña Rosario, que estaba en una pieza tejiendo con su sobrina, salió apresuradamente a ver quién era, quedándose helada de miedo y de rabia al ver al visitante a quien nada podía decir.

—Pero general —balbuceó entre amable y enojada—, esa no es manera de entrar a una casa habitada por damas solas; siempre se respeta su interior, donde éstas pueden estar en trajes livianos, entregadas a las faenas domésticas.

—No crea que usted se ofendería, mi amiga —respondió Quiroga riendo como quien ha hecho una gracia—; deseaba informarme cuanto antes de la salud de Aurora, y por esto me apresuré a llegar.

—La niña está mejor —contestó la vieja Ocaso—, pues lo de ayer no fue más que una indisposición pasajera; pase adelante.

Y con más deseos de echarlo a la calle que otra cosa, lo condujo a la sala donde lo hizo sentar.

Poco importaba a Facundo que la vieja estuviera o no rabiando, lo que él quería era ver a Aurora y nada más, hablar con ella, de su amor, aunque doña Rosario hiciera y dijera lo que le diera la gana.

—¿Conque está mejor la niña? —preguntó—. Lo celebro mucho, hágame el favor de prevenirle que yo estoy aquí expresamente a visitarla.

—Aurora está mejor, efectivamente —dijo Rosario—, pero no como para atender visitas, porque aún está con la cabeza aturdida, y no se ha vestido. Le ruego que la perdone por hoy, pues la pobrecita ha sufrido bastante.

«Te has entrado hasta adentro como a tu casa, pensaba la vieja, pues te has de ir sin ver a Aurora, hoy como cualquier otro día, a ver si así te convences que no quiero recibirte y te dejas de fastidiar.»

Quiroga, que parecía adivinar la intención de la vieja y que conocía sus hábitos por lo que le habían dicho, dejó de reír un momento, y mirándola con fijeza le dijo secamente:

—Doña Rosario, es preciso que se fije y recuerde que yo no soy ninguno de esos mocitos a quienes usted trata como quiere y les impide ver a su sobrina. Yo soy Facundo Quiroga, doña Ocaso o doña Rosario, y no reconozco más voluntad que la mía; vaya dígale a esa niña que aquí estoy yo a visitarla.

Aquello no admitía la menor contradicción, y la vieja se echó a temblar, viendo que no había más remedio que obedecer la voluntad de aquel hombre.

—Voy a avisarle para que se vista —dijo—, la pobre está como entre casa y no es propio que lo reciba así.

—Como yo no vengo a visitar la ropa sino a ella misma —contestó Quiroga—, que no se fije en trapos más o menos que todos serán lo mismo bajo la luz de sus ojos.

La vieja estaba dada al infierno, cada palabra de Quiroga era una puñalada para ella, y un nuevo motivo de indignación suprema.

Quiroga se servía de ella misma para enviar a Aurora frases galantes y aquello era intolerable.

Pero el miedo era más que la rabia, y peor sería que Quiroga se entrara nomás a las piezas interiores e hiciera lo que le diera la gana.

Así es que salió de la sala dispuesta a hacer salir a Aurora, pero aleccionándole sobre lo que tenía que hacer.

—Ese hombre es un maldito, quiere verte a toda costa y no hay más remedio que obedecer; es preciso que salgas, hija mía, porque si no vendrá él. Fíngete algo enferma y trátalo con dulzura para no irritarlo, aunque con la mayor frialdad que puedas para que vea que de ti no puede esperar amores.

La joven estaba contrariada. Quiroga le repugnaba de una manera invencible y le inspiraba un terror de muerte. Pero se decidió a salir, pues peor sería que él se viniera hasta su dormitorio, según lo que su tía le aseguraba.

A pesar de su modo de pensar respecto a Quiroga, Aurora se compuso con más cuidado que nunca, poniéndose su mejor vestido y peinándose con una especie de despeinado de gracia infinita.

Al fin era mujer, y mujer bonita, siendo su primer cuidado mostrarse en todo el esplendor de su belleza, aun al hombre que le inspiraba horror y repulsión. Una mujer alejaría de su lado al hombre que no le gusta, por todos los medios a su alcance, menos éste: mostrársela fea, ridícula y sin interés alguno. No hay mujer que se haya resuelto a emplear esta arma, la más eficaz de todas para alejar a un hombre. Aunque vayan a hablar con su peor enemigo, no lo harán sin haberse antes compuesto y vestido de manera de hacer resaltar su belleza lo más posible, u ocultar los defectos físicos que pueden llamar la atención.

Así Aurora, siguiendo los instintos de mujer, quería aparecer ante Quiroga en toda la exuberante magnificencia de su belleza, a pesar de ser un hombre a quien nunca hubiera deseado ver cerca de sí.

Facundo Quiroga, el tremendo Facundo Quiroga, esperaba en la sala, estremecido como un colegial que asiste a su primera cita. A su vez se había vestido con su gran uniforme de gala y con un esmero ridículo, pues desdecía en todo con su persona brusca y grosera. Quiroga creía que para seducir a Aurora bastaría el brillo de su uniforme, y no había cacharpa que no se hubiera puesto, lo que daba a su persona ese tinte de ridiculez que tanto contrastaba con la ferocidad de su aspecto.

Cuando entró Aurora, Quiroga se puso de pie y abrió la boca positivamente deslumbrado. Nunca había visto una mujer tan linda, ni tenía idea que la belleza femenina pudiera llegar a aquel grado de perfección.

—¡Esto no es posible! —exclamó como si hablara con sí mismo, y sin poder dominarse—. Yo no estoy aquí delante de un ser humano, esta es una virgen del cielo, si es que en el cielo puede haber belleza de tal magnificencia.

Quiroga no podía volver de su asombro y miraba extasiado el rostro luminoso de la joven, de tal manera que ésta no pudo menos de sonreír con una mansedumbre verdaderamente celeste.

—Perdón, perdón —exclamó Quiroga trémulo y sin volver de su éxtasis—. Perdón, si le he incomodado; perdón si mancho su persona divina con mis ojos de salvaje, pero estoy dominado. Déjeme que la siga mirando, que la siga mirando tan solo y doy toda mi vida sin retirar una sola gota de sangre.

Aurora miraba sonriendo siempre el encanto de Quiroga, gozándose en la impresión que en el feroz caudillo había causado.

—Yo me creía un hombre de voluntad firme —siguió diciendo éste—, pero con su presencia he aprendido que soy un niño y un ser inferior. No mire usted en mí más que un esclavo —dijo— a quien puede mandar con la punta del pie. Facundo Quiroga, que no ha conocido un superior en este mundo, ha hallado en usted el único poder que podía subyugar su alma de león.

Y envolvió con su mirada candente y en una ráfaga de fuego todo el ser de Aurora.

—Aurora de la vida, será desde hoy la Aurora de Quiroga. Siento que mis pulmones son pequeños para aspirar la brisa balsámica que se desprende de su ser aéreo. Y es tan poderosa la influencia que sobre mí ejerce solo el brillo de su mirada, que yo mismo no comprendo las palabras que brotan de mis labios como arrancadas por un poder extraño.

La expresión que marca la pasión en la mirada expresiva del tigre y el encanto de su palabra trémula y enamorada, habían borrado algo de la antipatía que sintiera por él en un principio la joven. Ya no parecía feo ni ridículo, ni experimentaba el terror que había sentido al principio. Es que la pasión embellece en la expresión, y sabido es que la belleza de expresión es superior a la belleza de las formas mismas.

Doña Rosario miraba llena de ira el agrado que empezaba a demostrarle la joven, temiendo que pudiera convertirse en cariño, y trató de mediar en la conversación hablando de cosas indiferentes. Hacer el amor a su sobrina en sus propias narices, era una insolencia irritante que no podía tolerar, pero que tampoco se atrevía a suprimir directamente por miedo a Quiroga.

El sonido seco y agresivo de aquella voz acerada vino a quebrar el encanto que se había establecido entre Aurora y Facundo.

Los ojos de éste, mirando a la vieja de una manera siniestra, volvieron a mostrar al tigre, y Aurora se estremeció toda al recordar todas las atrocidades cometidas por aquel hombre. Recordó que estaba frente al hombre sanguinario y feroz, y su alma tímida y pura se estremeció pensando en el peligro que corría.

Quiroga quiso reanudar la conversación amorosa, pero ya estaba roto el encanto, y Aurora lo escuchaba con tan fría seriedad que helaba todo el entusiasmo de su palabra.

Y aquella maldita mujer que cortaba el diálogo cada vez que empezaba a animarse, lo irritaba de una manera poderosa. Él la hubiera deshecho entre sus manos más de una vez, más de una vez había sentido el deseo de apretarle el gañote, pero esto hubiera asustado a Aurora, y Quiroga hubiera perdido en su corazón todo lo que calculaba haber ganado. Por esto se contenía a duras penas, aunque a sus ojos asomaban como relámpagos las intenciones siniestras de su espíritu. Y pensó en retirarse temiendo que la ira lo arrastrase a un acto violento a pesar de toda su voluntad, esperando una oportunidad de hallar sola a la joven para tener con ella la explicación que deseaba.

Cuando Quiroga salió de la casa, empezaba a anochecer. Y la vieja Rosario alzó las manos al cielo en señal de gracias, por el peligro a que había escapado.

III

Quiroga volvió al día siguiente y siguió haciendo su visita diaria. Pero siempre doña Rosario se hallaba presente sin dejarlos solos un solo momento. Ella sabía que Quiroga nunca conquistaría el cariño de Aurora, pero como lo creía capaz de cualquier acto de violencia, no se atrevía a dejarlos solos un solo momento.

Y el amor de Facundo por la joven crecía de una manera poderosa, al extremo de que éste solo pensaba en la joven. Ya no se reunía con sus amigos, ni asistía a las jugadas ni andaba en las parrandas de mujeres fáciles porque todo su tiempo y su pensamiento lo tenía dedicado a Aurora, al extremo de que cuando no estaba en su casa con ella, se estacionaba en la esquina, contentándose con mirar la casa de lejos.

Así el amor de Quiroga por la joven Aurora se había hecho público en La Rioja, como el desdén y la frialdad con que ella lo recibía y atendía.

El día menos pensado les va a pasar un chasco con Quiroga, decían, y esperaban de un momento a otro la noticia de alguna atrocidad cometida por el caudillo.

Pero éste estaba contenido por su misma pasión y el temor de asustar a Aurora. Poco a poco se iba irritando creyendo que la oposición de la vieja era la causa de todo, y sintiendo la necesidad de hacer un descalabro.

—No voy a tener más remedio que hacer una enormidad con esa vieja —dijo un día a Chacho—, y lo siento mucho, porque la muchacha se me puede asustar y cobrarme miedo.

—Tenga paciencia —dijo Chacho con su calma reflexiva—, las cosas vendrán naturalmente y sin que usted quede mal. Así la joven nada tendrá que echarle en cara y usted se habrá salido con la suya.

Pero la pasión de Quiroga crecía y crecía de un modo evidente y él mismo comprendía que no podía tardar sin hacer un estallido. Pensando en la mejor manera de alejar a la tía, aunque fuera momentáneamente, Quiroga había apostado dos soldados en la calle con la orden de echar el guante a la vieja en cuanto la vieran salir sola y llevársela a su casa.

Doña Rosario solía salir a la vecindad, sola, pero tardaba tan poco que nunca Quiroga, por prevenido que estuviera, había podido aprovechar una sola de estas ausencias cortas.

—En cuanto yo tenga segura a la vieja por un par de horas —decía— mi triunfo será completo, pero la dificultad está en asegurarla sin que Aurora sepa que yo la tengo presa.

Y los soldados pasaron en su apostadero un par de días, sin que la vieja Rosario saliera de su casa.

Al tercer día y a eso de la siesta, la vieja salió de la casa muy apurada. Iba a ver a su otra sobrina, Máxima, que vivía a la cuadra siguiente. Deseando regresar lo más pronto posible, la vieja caminaba aprisa; había dejado cerrada la puerta de calle y como no era aquella la hora que acostumbraba a ir Quiroga, iba perfectamente tranquila.

En cuanto los soldados la vieron salir, se lanzaron tras de ella, y antes que llegara a la casa donde se dirigía, la acometieron, le taparon la boca con arreglo a las instrucciones que habían recibido y corrieron con ella al hombro a casa de Quiroga.

La vieja Ocaso hacía esfuerzos espantosos para arrancarse de manos de los soldados, pero no podía hacer el menor movimiento.

Aquellos habían recibido instrucciones terminantes del general, y por la cuenta que les tenía, habían asegurado a la vieja de tal manera, que cada dedo de sus manos parecía una atadura.

Doña Rosario había comprendido inmediatamente de lo que se trataba, y se sentía dominada por el vértigo de la locura, que en cuanto estuvo suelta en presencia de Quiroga, le saltó a la cara como si fuera a estrangularlo.

Pero los soldados volvieron a sujetarla, dándole un moquete por vía de advertencia.

—¡Bandidos! —gritó la vieja—. ¡Bandidos, suéltenme, suéltenme pronto!

Y Quiroga reía estruendosamente, dando su última mano de compostura a todo su traje.

—A ver, átenme a esa vieja en una silla, bien amarrada para que se esté quieta y pueda verle mejor la cara.

—¿Pero qué es lo que usted pretende con esto, hombre infame? —preguntaba doña Rosario, a quien la rabia había hecho perder el miedo.

—Una cosa muy simple —contestaba Quiroga con su ademán más burlón—, visitar a su sobrina sin que usted oiga lo que hablamos ni vea lo que hacemos, y sin que venga a interrumpir con burradas nuestra plática de palomos. Miren que facha de vieja burra, para venir a imponerme condiciones y estar de sayón impidiendo que yo diga lo que me da la gana. No la suelto hasta que yo no vuelva, vieja de porquería, a ver si así deja de meterse en lo que no le importa.

Doña Rosario estaba aterrada. Facundo iría a su casa a hacer lo que le diera la gana, y la pobre Aurora, indefensa, quedaría entregada a aquel bandido.

La vieja insultó, vociferó e hizo esfuerzos tremendos por soltarse, pero todo fue inútil.

Quiroga siguió riéndose como un loco y se preparó a salir.

Aquí la desesperación de la vieja fue tremenda al extremo de ponerse a llorar y suplicar a Quiroga por todos los santos del cielo que la soltara y la llevara con él.

—No, vieja burra —respondió éste—, no te suelto hasta que yo vuelva.

Al ver que se iba, doña Rosario empezó a gritar de un modo tremendo, al extremo que sus gritos y llantos podían oírse desde la esquina.

Entonces Quiroga mandó a sus soldados que si no se callaba le taparan la boca, y salió rápidamente hacia la casa de Aurora.

Un soldado lo seguía, soldado que llevaba Quiroga para que cuidase que nadie entrara a la casa mientras él estuviera dentro. El milico se quedó en la puerta a cumplir su consigna y Quiroga se entró a la casa completamente dominado por su pasión.

Su amor por Aurora crecía de una manera imponderable, no conocía escollo a su pasión frenética y solo pensaba en la posesión de aquel ángel. Él creía en su insolente soberbia que Aurora correspondía a su pasión, pero no se atrevía a decírselo por temor a la vieja.

Suprimido ese inconveniente, la joven se entregaría a él sin ninguna reserva, y todo quedaría arreglado.

¿Qué mal podría hacerle la vieja después? No tendría más remedio que conformarse con la situación y aceptaría tal cual lo representaba, de otro modo la haría salir de La Rioja y se quedaría sin tener quien lo molestara.

Aurora estaba tejiendo en sus habitaciones completamente ajena a lo que sucedía. Tal vez preocupada con su situación no notaba el tiempo pasado desde que salió su tía y esperaba tranquilamente su vuelta. Cuando vio delante de ella de pie y sonriente al general Quiroga, una expresión de inmenso asombro asomó a su semblante bello; estaba sola con Quiroga y esto le causaba un miedo terrible.

—Por Dios, general —dijo toda trémula y cortada—, pasemos a la sala, que si viene mi tía y lo encuentra aquí se va a poner furiosa conmigo al extremo de golpearme. Vamos, por Dios, general —y se levantó queriendo pasar a la sala.

—No temas —dijo Quiroga tomándole suavemente de un brazo—; la vieja no vendrá porque yo he tomado mis medidas para que no venga, podemos entregarnos libremente al goce de nuestro amor.

Tan terribles eran aquellas palabras para la joven, que quedó muda y azorada sin saber qué contestar.

Aunque inocente y purísima, empezaba a entrever el plan maldito de Quiroga y a comprender lo angustioso de su situación. ¿Qué era lo que pretendía Quiroga? ¿Qué quería decirle con aquello que podían entregarse al goce de su amor?

Quiroga interpretó favorablemente el asombro de la joven, creyó que aquella sonrisa de terror era una sonrisa de placer, y tomó las manos de la joven que ésta no atinó a retirar.

—No tengas cuidado, Aurora de mi noche más lóbrega —dijo Quiroga, tratando de poetizar—; no tengas cuidado, yo estoy aquí para protegerte de todo mal.

Aurora se retiró, se arrancó de manos de Facundo y retrocediendo en dirección a la sala preguntó qué había sido de su tía.

Quiroga, creyendo hacer gracia a Aurora, le refirió la rabieta que había tomado la vieja y cómo quedaba en su casa segura hasta que él volviera.

—Pero eso es una iniquidad —gritó la joven sobreponiéndose a la situación—. Su presencia aquí me compromete de un modo horrible; cualquiera que entre aquí y lo vea va a pensar de mí cosas terribles y tal vez me va a creer cómplice en lo que usted ha hecho.

—Todo está previsto; en la puerta hay un soldado precisamente para que no deje entrar a nadie mientras yo esté aquí.

Con aquella última medida la joven se vio perdida ante la sociedad que la creía cómplice de Quiroga, y conteniendo las lágrimas que asomaban a sus ojos lánguidos, intimó a Quiroga que hiciera retirar a ese soldado y se retirara él mismo.

—Yo no puedo recibir visitas de nadie no estando mi tía —dijo—. Váyase por Dios y si usted quiere que yo le conserve mi estimación, suelte a mi tía y no vuelva a esta casa sino cuando ella esté presente. Así lo exige mi reputación y buen nombre, de otra manera yo no lo puedo recibir.

Quiroga estaba atontado ante tan inesperada salida, ante aquellas palabras que caían como un balde de agua helada sobre su pasión verdaderamente volcánica.

Y su pasión, contrariada de aquella manera cuando él menos lo esperaba, empezó a irritarlo profundamente.

—No seas niña, alma mía —dijo, fingiendo una tranquilidad que no sentía—. Nadie se atrevería pensar mal de la mujer en quien Quiroga ha puesto los ojos y el que lo piense, se entenderá conmigo. Yo te amo sobre todas las cosas de la vida, tú me amas también y a nadie tienes que dar cuenta de tus actos ni de tu persona. A tu tía no le ha de suceder nada, y si tú lo quieres así, yo la haré venir y todo quedará como estaba.

Y avanzó sobre Aurora queriéndole tomar las manos nuevamente.

Aurora escondió las suyas a la espalda para que no las tomara Quiroga y con el terror y la indignación pintados en el semblante azorado, volvió a intimar a Quiroga que se retirara y no volviera mientras su tía estuviera ausente.

Facundo estaba tremendo de ira y loco de amor: él mismo se tenía miedo y hacía lo posible por contenerse para no hacer una barbaridad.

La joven, aterrada ante la expresión de aquella fisonomía tremenda, rompió a llorar con verdadera desesperación.

Ablandado ante las lágrimas de la joven, se aproximó de nuevo a tomarle las manos y prodigarle sus caricias, pero ella, sintiendo una repulsión inmensa, lo rechazó de nuevo, con toda la indignación de una mujer pura que se siente próxima a ser víctima de una acción cobarde. Exaltado por la pasión y enceguecido por sus instintos brutales, Facundo tomó a la joven entre sus brazos de Hércules y la besó en la boca.

Al contacto de aquellos labios de fuego, Aurora hizo un esfuerzo supremo y jadeante y estremecida quiso arrancarse de aquellos brazos que la aprisionaban y la oprimían contra los botones del uniforme que se marcaban en sus carnes.

Quiroga se iba irritando cada vez más por aquella resistencia violenta, y luchaba con Aurora como si hubiera luchado con un hombre. Y con el uniforme desgarrado y el semblante descompuesto, Quiroga ofrecía un espectáculo tremendo.

—¡Socorro, que me muero! —gritó la joven sofocada y próxima a sucumbir.

Facundo abrió los brazos y ella aprovechando aquel momentáneo desahogo, empujó a aquel bárbaro y saltó al patio.

Quiroga saltó sobre ella nuevamente y trató de volverla a agarrar, pero ella, empezó a correr por toda la casa. Quiroga corrió tras ella volteando los muebles que hallaba a paso y haciendo un estrépito infernal.

La joven hubiera salido a la calle en demanda de auxilio, pero la puerta no solo estaba cerrada, sino cuidada por el soldado que le había anunciado el mismo Quiroga. Aurora, cerrado el paso por aquel lado, huyó hacia el fondo seguida siempre de Quiroga que se había convertido en un verdadero loco.

En el fondo de la casa había un pozo y allí en un borde se detuvo Aurora, mirando fijamente a Quiroga.

—Esta es mi única salvación —le dijo con la voz entrecortada por el cansancio—; si usted no se detiene me tiro en él.

Quiroga, ciego por la pasión y la ira, avanzó rápidamente tratando de ganarle tiempo. Pero ella, más rígida y decidida, invocó el nombre de Dios y se arrojó al pozo.

Un grito formidable salió del pecho de Quiroga al ver desaparecer a Aurora y sentir el golpe de su cuerpo en el fondo del pozo. Pero no fue un grito de dolor o espanto, sino un rugido de ira. La presa se le escapaba, y la ira de Quiroga era ya algo de espantoso.

—¡Cosme! ¡Cosme! —gritó con voz poderosa, pasando al patio donde volvió a llamar a Cosme.

—Ordene V. S. —gritó el soldado de la puerta entrando a toda prisa.

—Ahora mismo, ya —le gritó Facundo antes que llegara a su lado; bájate al pozo y sácame a esa joven que se ha caído.

El milico se metió en el pozo y empezó a descender con una facilidad de gato.

Un negro, Matías, negro viejo y enfermo que había en la casa, se asomó a los gritos, y viendo que Quiroga mandaba sacar a la joven, se apresuró a facilitar la operación por medio de un soga que trajo.

El negro había visto lo que pasaba, había oído cuando la joven se tiró al pozo, pero no se atrevió a moverse.

El semblante de Quiroga horriblemente descompuesto y sus ojos dilatados y centellantes, causaban verdadero espanto. Y parado a la orilla del pozo, con su uniforme hecho jirones y el cabello alborotado, trataba de facilitar la operación por medio de la soga.

En el fondo del pozo Aurora había entablado una lucha con el soldado que quería sacarla, pero aturdida con el golpe, su resistencia fue sumamente corta y débil.

El soldado le ató la soga por debajo de los brazos y avisó que la subieran, operación que empezó a hacer Quiroga con sus fuerzas de Hércules. La acción de la joven había irritado a Facundo de una manera imponderable.

En aquel momento él no la sacaba por salvarle la vida, sino para castigar su acción, la insolencia de haber huido de sus caricias.

La pobre niña lloraba de una manera triste y conmovedora, pero en vez de mover con su llanto la compasión de aquel bárbaro, lo irritaba cada vez más.

Cuando llegó a la orilla del pozo, Quiroga la tomó de un brazo y la sacó afuera dejándola caer al suelo con terrible violencia.

—¡Bribona, estúpida —le dijo—, qué te figuras, que conmigo se puede jugar de esa manera, ya te enseñaré yo a no ser bruta y a aceptar por la fuerza lo que no he podido hacerte aceptar por el más puro cariño!

—La muerte mil veces antes que la infamia —balbuceó la joven—; todas las muertes me son preferibles al amor sincero que usted me ha propuesto.

Quiroga, perdida ya toda reflexión, le dio un golpe con el pie diciéndole:

—A honor debías haber tenido ser querida por mí, bribona; ya te pesará lo que has hecho, y verás que el amor de Quiroga era grande y bello, cuando tengas que aceptar por fuerza lo que no has querido aceptar por amor.

—Jamás —contestó la joven horrorizada—; yo sé que usted es un bandido capaz de todo, pero que nada podrá contra mí. Prefiero mil veces que me hagan pedazos al horror de verlo a mi lado.

Quiroga avanzó sobre la joven y le dio algunos golpes y sacudones.

—Así —dijo ella—, más fuerte, con eso me mata pronto y dejo de padecer y de oír sus palabras odiosas, más fuerte, así, así mismo.

Y este así mismo se refería a los golpes violentos que daba Quiroga cada vez con más fuerza.

Pero Facundo no quería matarla, porque no quería que la muerte robara a Aurora a sus deseos brutales. Él creía que con el rigor conseguiría lo que no había conseguido con las protestas de su amor, pero al fin se convenció de que pegándole concluiría por matarla y se detuvo.

La joven estaba en un estado que inspiraba la mayor compasión. Su bello rostro lleno de horribles moretones y su ropa desgarrada por todas partes, le daban un aspecto tremendo. Y no tenía fuerzas ni valor para llorar siquiera.

Al ver el estado de la joven, Quiroga se arrepintió de lo que había hecho, no porque sintiera la menor compasión, sino porque su acción bárbara y cobarde le quitaba toda esperanza de ser amado por la joven.

Y él amaba a su manera, como aman los tigres, en quienes una caricia se traduce en un golpe de garras. Y dejando a Aurora estirada en el suelo, salió rápidamente, ordenando al soldado que se quedara allí para ayudar a atenderla.

Pasado el primer momento de ira y vuelta la calma a su espíritu sintió inmensamente lo que había hecho, pero ya no tenía remedio, ahora no había más que soportar las consecuencias de su acción.

Quiroga entró a su casa, y al tropezar con la vieja, sintió una nueva ráfaga de ira que le subió a la cabeza.

Esta al ver el estado en que volvía Facundo, comprendió que éste había sostenido con Aurora una lucha tremenda; pero ¿cuál había sido el resultado de aquella lucha? Conocidas las personas era indudable que Aurora había sucumbido, porque su físico débil y delicado, no habría podido resistir a la presión de aquellos brazos formidables. La pobre mujer sintió su alma cruzada por una inmensa agonía, y conteniendo apenas su llanto increpó a Quiroga lo que suponía habría hecho.

—¿Dónde está Aurora? —preguntó de una manera agresiva—. ¿Qué ha hecho usted con mi sobrina, infame?

—Lo que voy a hacer contigo, vieja insolente, desátenla.

Desatada la vieja, en vez de salir disparando como era de esperar, se cuadró delante de Quiroga queriendo obligarlo a responder a sus preguntas.

—¿Dónde está Aurora? ¿Qué ha hecho usted con ella? ¿Por qué vuelve en este estado?

—Porque me da la gana, vieja de perra —contestó sulfurado Quiroga—, y si no sale pronto de aquí le hago pegar doscientos garrotazos.

—¡Infame! —gritó la pobre vieja—. Dios le libre de haber cometido una iniquidad.

E iba a seguir con sus injurias, pero Quiroga le cortó la palabra de un cogotazo.

Doña Rosario dio un grito estridente, se agarró la nuca con ambas manos, y salió rápidamente maldiciendo del cielo y de la tierra. En menos de un minuto, la vieja estuvo en su casa, ávida de hablar con su sobrina y averiguar lo que había sucedido. Por más preparada que fuera la vieja a presenciar algo monstruoso, la vista de su pobre sobrina fue superior a todo cuanto se había imaginado. La cara angelical de Aurora, hinchada horriblemente por los golpes recibidos, estaba llena de moretones cárdenos y contusiones brutales. Por entre sus ropas desgarradas se veían las manchas moradas que los golpes habían producido en el cuerpo, y sus ojos enrojecidos por el llanto, acusaban de una manera conmovedora todo el dolor que experimentaba.

—¡Hija de mi alma! ¡Hija de mi corazón! —gritó la vieja meciéndose los cabellos desesperadamente—. ¿Qué te ha sucedido? ¿Qué ha hecho ese bandido cobarde?

—Me ha golpeado, me ha maltratado de esta manera porque me resistí a sus pretensiones. Desesperada y no pudiendo ya huir de él, que había llegado hasta luchar conmigo como un infame, me arrojé al pozo del fondo y esto fue lo que más lo irritó. Me hizo sacar con un soldado y enfurecido, me ha pegado de una manera horrible.

Y la pobre niña abrazada del cuello de su tía, se puso a llorar con inmensa amargura. Era el primer desahogo que tenía.

—Por lo que ese hombre habrá hecho conmigo —balbuceó—, creí que a usted la hubiera muerto; bendito sea mi Dios que me la devuelve para consuelo de mis males.

Y la pobre joven refirió a doña Rosario, con sus menores detalles lo que había sucedido.

Tan enfurecida estaba ésta, que, sin el menor miedo, echó a empujones al soldado, que aún estaba allí dominado por el horror de aquella situación especial. Y se puso a armar enseguida tal escándalo de gritos y maldiciones, que poco después todo el barrio estaba en su casa comentando lo sucedido, y asombrándose de la virilidad ejemplar de la joven.

Aquel suceso fue el tema de las conversaciones durante mucho tiempo. Y todos se ocultaban para condenar el proceder de Quiroga, temiendo que éste lo supiera y fuera a castigarlos de alguna manera bárbara. Todos aconsejaban a doña Rosario que saliera de La Rioja, pues la segunda tentativa de Quiroga podría tener consecuencias más fatales y dolorosas. Y todos se ofrecían a ayudarla, sin que a ninguno se le ocurriera el medio de ponerlo en práctica.

IV

Desde aquel día, Quiroga se encerró en su casa, negándose a ver a persona alguna, con excepción del Chacho. Estaba arrepentido de lo que había hecho, no por el hecho en sí, sino porque él importaba el odio y el desprecio de la mujer que amaba.

Aurora no podría oírlo en adelante, sin sentir un movimiento de horror y huiría de él como del peor enemigo.

—No tengo conformidad —decía al Chacho—, no puedo olvidarme de ese momento maldecido, y siento que cada día estoy más apasionado, y el amor de esa mujer es una necesidad de mi vida.

—Todo se olvida en la vida —contestaba el Chacho—, y no hay cosa que no pueda borrarse a fuerza de buenas acciones. Con la dulzura y el cariño puede ser que ellas olviden lo sucedido, porque al fin y al cabo aquello no fue más que un extravío producido por la pasión más íntima.

—Siento una fuerza tremenda que me impulsa a buscarla nuevamente, pero me tengo miedo a mí mismo, porque la misma pasión puede conducirme muy lejos irritándome de una manera tremenda si sufriera otro rechazo.

—Pues déjelas en paz —contesta el Chacho—; muchas otras mujeres superiores a Aurora misma, se considerarán felices con su amor, y usted nada habrá perdido.

—Sobre toda la tierra no hay una mujer más linda que Aurora, no hay una mujer tan linda como Aurora, Chacho, y yo no puedo conformarme con esa pérdida. Ruego a Dios que las inspire, porque me siento capaz de hacer una barbaridad.

Aurora sabía esto; por lo que ya le había sucedido, calculaba de lo que era capaz Quiroga, pero estaba dispuesta a arrostrar la muerte antes que el deshonor.

Aquello era para ella cuestión de convicción profunda y no había que hacer.

Los ocho o diez días que ella guardó cama, curándose, Quiroga no dio señales de vida; se había contentado con establecer centinelas a los alrededores de la casa para que le avisasen si las mujeres intentaban huir.

En La Rioja se comentaba mucho la actitud de Facundo, esperándose de un momento a otro el estallido de su cólera, estallido tremendo que podía dar resultado de muerte.

Los movimientos políticos en contra la política de Rosas se sucedían unos a otros. Paz por un lado, Lavalle por el otro y el mismo Tucumán que no se mostraba tan sometido como lo había dejado Quiroga, se movían amenazadores.

Rosas, alarmado, había mandado a llamar a Quiroga, ordenándole que pusiera nuevamente en pie su ejército y se moviera sobre Tucumán y sobre Córdoba, dejando al Chacho para mantener el orden en las provincias del Norte; manteniéndose al habla con Aldao, en previsión de cualquier movimiento por aquel lado, cosa difícil, pues los unitarios tenían aglomerados sus elementos entre Tucumán y Córdoba.

Quiroga sintió profundamente aquel llamado, que lo arrancaba de La Rioja cuando más empeñado estaba en aquella conquista y cuando la ausencia de La Rioja, podía costarle la pérdida de Aurora para siempre.

Quiroga se preparó para marchar, pero quiso antes tener una nueva entrevista con Aurora.

Después de organizar todas las tropas y formar el ejército que había de llevar consigo; después de escribir al fraile Aldao que le remitiera un fuerte contingente quedando él prevenido para cualquier revés, se fue de visita a casa de la vieja Rosario, la noche antes de su partida.

La presencia de Quiroga produjo en las mujeres una impresión de pánico terrible. Claro era que después de lo que había sucedido, Quiroga no podía ir allí a nada bueno. Como Facundo se entraba a la casa sin esperar a que nadie lo recibiera, salió la vieja a su encuentro preguntándole qué deseaba.

—Quiero ver a Aurora —dijo Facundo—, quiero hablar con ella un momento.

Quiroga había hecho el propósito de no irritarse y hablarle con una mansedumbre terrible por lo mismo que era fingida.

—Aurora está enferma —contestó la vieja—, y no puede recibirlo; después de lo que ha pasado aquí, extraño mucho que usted vuelva a esta casa.

—Usted no tiene nada que extrañar porque no es a usted a quien yo vengo a ver. Llame usted a Aurora, que si ella no puede venir adonde yo estoy, iré a verla.

La vieja no se atrevía a echar a Quiroga, y temblaba de que éste, hallando siempre la misma resistencia, fuera a irritarse y a cometer un crimen.

—He venido con todo el propósito de estar tranquilo —dijo viendo que la vieja no se movía—; le ruego que no me irrite, porque siento que voy a hacer un descalabro.

La vieja tuvo miedo e hizo entrar a Quiroga a la sala y fue a llamar a Aurora.

—No tengas miedo —le dijo—, que yo estoy contigo y si algo intenta entre las dos nos hemos de defender, llamando en nuestro socorro a todo el mundo.

A la noticia de que allí estaba Facundo, Aurora tembló de espanto y se resistió a obedecer a su tía.

—La muerte —dijo—, la muerte mil veces antes que permitir que ese hombre se me acerque.

Fue necesario toda la buena lógica y autoridad de la tía, para que Aurora saliese a ver a Quiroga.

—Piensa que si te resistes será capaz de venir a buscarte él mismo y esto será mucho peor; tal vez arrepentido con lo que ha hecho y en víspera de marchar, quiera pedirte perdón por lo infame de su conducta.

La pobre joven gimió y se resignó a obedecer a la tía.

A la vista de la joven, cada vez más bella por la misma tristeza marcada en su semblante, Quiroga sintió un golpe de pasión violenta y de deseo. Le parecía que la amaba más que nunca y que realmente el amor de Aurora era una necesidad de su vida.

Y aterrada la joven, permanecía de pie sin atreverse a dar un paso.

—Por Dios, Aurora —dijo Facundo—, acérquese sin desconfianza, escúcheme lo que voy a decirle. Yo la amo siempre de la misma manera, con la misma intensidad; yo no estoy enojado, y si el otro día la traté mal, fue arrastrado por un vértigo de pasión, y porque usted me había instado que me retirase. Sin embargo estoy arrepentido; he sentido más dolor que usted misma, y haría cualquier cosa por borrar aquello de mi memoria. Yo la amo más que nunca, Aurora, y ahora al partir siento que mi pasión aumenta de una manera inmensa.

Al recordar aquellas escenas vergonzosas, al recordar que aquellas manos que se estiraban hacia ella trémulas de amor le habían golpeado de una manera tan cobarde, Aurora se sintió presa de la vergüenza más íntima, y dos hilos de lágrimas silenciosas cruzaron su semblante bello.

La vieja Rosario miraba a Quiroga de una manera agresiva, pensaba en que al fin al día siguiente debía salir de La Rioja y guardaba un silencio profundo, calculando que sería mucho mejor guardar silencio y no irritarlo con recriminaciones que ningún buen resultado podían dar.

—Vamos —dijo Quiroga, conmovido ante el mudo dolor de la joven—, yo no quiero irme de La Rioja sin la caricia de su palabra tierna, Aurora; el privilegio de la aurora es disipar las tinieblas de la noche, yo quiero que usted alumbre en mi espíritu y que su perdón y su sonrisa sean la prenda de amor que yo lleve en mi viaje.

Y se aproximó a la joven tratando siempre de tomarle las manos. Exaltado por sus mismas palabras, Facundo había palidecido, sus ojos brillaban con fulgor extraño y el vértigo del deseo empezaba a dominarlo.

La joven, al verlo avanzar en aquella actitud, retrocedió hasta donde estaba la tía, guareciéndose en ella, y ésta la cubrió con su cuerpo, como si fuera aquel un escollo que Quiroga no se atrevería a salvar.

—Todo lo que usted quiera —dijo— yo le perdono lo que ha hecho conmigo, yo quedo muy reconocida a usted, pero por Dios, váyase, porque siento que a su presencia yo me muero de miedo.

—¿Cómo puede inspirar miedo el esclavo que solo espera un ademán para obedecer sumiso? No es miedo lo que yo quiero inspirarle, sino amor, Aurora, un amor muy puro y tranquilo que calme en algo la sed que me devora; en cambio el general será su siervo.

—Bien, todo lo que quiera, pero váyase —insistió la joven—, váyase, por lo que más ame en el mundo, se lo pido de rodillas.

Y la pobre joven, con el semblante bañado en lágrimas, cayó de rodillas al lado de su tía.

Quiroga empezaba a irritarse nuevamente por la resistencia de la joven y la presencia de la vieja, y aunque quería contener sus iras, su enojo salía a su mirada de tigre en rayos siniestros.

—Yo soy el que debe estar así ante usted —exclamó Facundo acercándose y levantándola—; yo que la amo inmensamente y que miro con la mayor felicidad de la tierra poderme llamar su esclavo. Aconséjemela, doña Rosario, aconséjemela que me quiera y tendrá usted mi más vivo agradecimiento.

Al ver que Quiroga se acercaba, la joven se levantó rápidamente para que no la tocara y se cubrió con su tía nuevamente.

Eran Aurora y su tía de aquellas mujeres que estiman el honor y la virtud como el primer bien de la tierra y que en su defensa arrostraban la muerte sin el menor inconveniente.

Así es que Aurora, antes que ceder a las pretensiones de Quiroga, estaba dispuesta a sufrirlo todo. Si la primera vez le había pegado de un modo tan bárbaro e inhumano, estaba segura que a la segunda tentativa la mataría; pero asimismo estaba decidida a rechazarlo de una manera terminante. Ningún apoyo tenía ella en La Rioja, ni podía contar con más auxilio que las fuerzas que le diera su propia virtud, y sin embargo no se arredró y resuelta a defenderse a toda costa, volvió a pedir a Quiroga que se retirara.

—Como amigo —le dijo—, olvidando lo que ha pasado, no tendré inconveniente en recibirlo, pero como enamorado jamás.

—Me casaré contigo ahora mismo —gritó Quiroga completamente exaltado ya—, me casaré contigo en el acto.

—¡No es posible, Quiroga! —dijo entonces doña Rosario hablando por primera vez—. Deje en paz a la pobrecita, sea generoso, que no es mucho pedirle, y olvide lo que no es en usted más que un capricho de hombre acostumbrado a hacer su voluntad.

—¿Capricho mío? ¡Eso es una locura! El amor de Aurora es una necesidad de mi vida; yo la necesito para poder respirar con libertad, para dormir tranquilo y para que la vida no me sea una cosa detestable. Yo necesito el cariño de Aurora para volver a ser Facundo Quiroga, porque sin él no soy más que un idiota, un ente que no tiene libertad de pensamiento, porque su alma queda aquí, y su espíritu no sabe pensar más que en este amor divino que lo ha aprisionado por completo.

Y la voz de Quiroga temblaba, y su palabra conmovida expresaba toda la angustia por que pasaba en aquel momento.

—Yo no pido una cosa imposible, no pido más que un poco de cariño, y esta es una cosa que hasta a los perros se les da. En cambio yo me ofrezco como el más sumiso de los esclavos.

—Bueno —dijo Aurora queriendo terminar de una vez—; pero váyase de aquí porque me siento enferma y necesito reposar.

Quiroga avanzó sobre Aurora con tal rapidez que ésta no tuvo tiempo de huir, y él le tomó la cabeza con ambas manos, dándole un beso en la boca.

La joven soltó un inmenso grito como si la hubiese picado un reptil, y se desprendió de Quiroga, huyendo por la pieza, mientras doña Rosario pretendía detener a Quiroga que avanzaba siempre con el semblante horriblemente descompuesto y pintado en él toda la innoble pasión que lo conmovía. El contacto de aquellos labios de brisa, aquel aliento tibio y perfumado y aquel cabello de suavidad incomparable habían concluido de exaltar a Quiroga haciéndole perder todo su tino y todo resto de razón.

—¡Mía! ¡Mía para siempre! —gritó—. Y que mis labios febricientes puedan beber en los suyos siempre también, la vida de otro mundo que emana de un ser magnífico como una promesa de los cielos.

Y enloquecido y furioso, saltó sobre la joven como podía haber saltado un tigre.

Aurora recordó entonces la terrible escena del pozo, se imaginó que Quiroga la estrechaba ya entre sus brazos y empezó a correr por la pieza dando gritos que ahogaba la propia desesperación y el llanto.

Doña Rosario, animada por la fuerza y el valor que le daban su desesperación, se puso delante de Quiroga y pretendió sujetarlo de los brazos, mientras le decía:

—Quiroga, por piedad, por lo que más ame en el mundo, tenga usted compasión de nosotras y viviremos eternamente agradecidas.

Quiroga tenía la mirada ardiente fija en la joven como si quisiera magnetizarla, y ni siquiera escuchaba lo que le decía la vieja.

Al sentirse detenido, dio un sacudón violento, arrojando a la pobre mujer a dos varas de distancia. Y avanzó sobre Aurora terrible y resuelto.

—¡Quiroga, por Dios! ¿Qué va usted a hacer? —dijo doña Rosario cerrándole de nuevo el paso y tomándolo de la cintura—. ¡Deténgase por Dios!

Pero Quiroga no escuchaba ya; estaba dominado por el vértigo y no veía más que a Aurora, que miraba en todas direcciones como si buscara un lugar seguro para esconderse y huir de aquella fiera.

Al sentirse nuevamente detenido por la vieja, Quiroga le puso una mano sobre el pecho y le dio tal empujón que la arrojó al suelo de espaldas.

Las dos mujeres empezaron entonces a llorar amargamente, y Rosario levantándose enseguida volvió a abrazar a Quiroga más resuelta que nunca, mientras gritaba a Aurora:

—¡Huye, hija mía! ¡Huye a la calle y sálvate!

Quiroga dio un nuevo empujón a la vieja, pero ésta se le había prendido de tal manera que no pudo arrojarla como las veces anteriores. Enfurecido entonces por esta resistencia, le dio un puñetazo tremendo.

La pobre mujer gimió bajo el dolor, pero lejos de soltarle se había prendido con más fuerza, desgarrando el uniforme de Quiroga, a cuya cabeza subía ya un vértigo de sangre.

Aurora, aterrada, porque creía que Quiroga podía matar a su tía, de tal manera le pegaba, avanzó imponente y magnífica de indignación y hermosura.

La lucha era tremenda, las mujeres luchaban con Quiroga de una manera desesperada y éste, no pudiendo vencerlas de otro modo, las golpeaba furioso, como podía golpear a un soldado. Frenético y perdida la razón, aturdido por los gritos de las mujeres y temiendo que éstas pusieran en alarma a toda la ciudad, dio un puñetazo en la cabeza de la vieja, que cayó al suelo privada de sentido. Y siguió golpeando a Aurora de una manera frenética.

Era una manera de enamorar exclusivamente de Quiroga, que creía que lo que no cedía a la razón debería ceder a los golpes.

La joven, viendo caída a su tía y no teniendo ya quien pudiera defenderla, hacía esfuerzos tremendos por desprenderse del caudillo para huir a la calle.

Ambas tenían las ropas hechas pedazos, porque ambas se habían prendido de ellas en sus momentos de desesperación.

Quiroga no parecía ya un hombre; era un animal feroz cebándose en una presa. Quiroga tropezó en una mesa y cayó cerca de doña Rosario, lo que concluyó de enfurecerle. Y se levantó con ánimo de descalabrar de un golpe a Aurora, pero ésta había huido al patio y en dirección a la calle.

El escándalo se había producido en todo su apogeo, la cuadra se había llenado de curiosos, que venían a informarse de la causa de aquellos gritos.

Cuando Quiroga salió, ya Aurora estaba en la calle, corriendo como una loca, sin dirección fija, porque le parecía que a cualquier parte que entrara iría a sacarla Quiroga.

Y al verla así lastimada y desgarradas las ropas, todos se sentían conmovidos y asombrados ante la virtud ejemplar de la joven.

Quiroga salió de la casa, enfurecido al extremo de abrirse paso a puñetazos por entre la gente que allí estaba aglomerada, pero no siguió a la infeliz Aurora, como todos se imaginaban sino que se dirigió a su casa, tratando de ocultar los jirones de su uniforme despedazado.

En cuando llegó, mandó dos soldados que fueran en busca de Aurora y la condujeran inmediatamente.

Formado todo el ejército para marchar, la casa de Quiroga se hallaba llena de soldados y oficiales que rodeaban a Quiroga esperando el momento de la marcha. Allí estaba también el piquete de artillería, con las dos grandes piezas de hierro que lo formaban.

Irritado, terriblemente irritado, Facundo presentaba tal aspecto, que sus oficiales más bravos se retiraban, temiendo que por el menor motivo fuese a descargarse sobre ellos el chubasco. Llegado a sus piezas, empezó a cambiarse de ropa, dando tiempo a que volvieran los soldados que habían ido en busca de Aurora.

—No me ha querido por esclavo —decía—, no me ha querido por el más sumiso de los amantes, pues me tendrá como señor, como señor rígido que exige se le obedezca al pensamiento. Yo les he de enseñar cómo han de conducirse conmigo o el diablo se los ha de llevar.

Y se vestía apurado, pensando en la venganza que había de tomar. Era tal la ferocidad de Quiroga que había olvidado hasta su pasión misma, para pensar en el castigo que había de aplicar a Aurora, para que con ella escarmentaran las que quisieran hacer lo mismo.

Y todos al saber que había mandado buscar a la joven, temblaban pensando que por lo menos la iba a hacer lancear.

Ciudad pequeña y convulsionada por los preparativos de marcha de las fuerzas, todos estaban levantados en la calle, aunque eran las dos de la mañana, y aterrados esperaban saber lo que Quiroga iba a hacer con la joven.

Conociendo que era el único capaz de contrariarle, las principales personas de La Rioja fueron a ver al Chacho, a referirle lo que pasaba y a pedirle que viniera a proteger a la joven e impedir que Quiroga hiciera con ella un atentado terrible.

—Mucho dudo poder conseguir nada si Quiroga está tan enfurecido como dicen —contestó el Chacho—, pero haré lo que pueda.

Y decidido a jugar toda su influencia, el generoso Chacho se trasladó a casa de Quiroga.

Ya habían vuelto los soldados conduciendo a Aurora, cuyo terror era indescriptible. La joven estaba perfectamente dispuesta a arrostrar la muerte, que miraba como una salvación. Lo que la aterraba de aquella manera era pensar en la violencia que podría cometer Quiroga, y era este terror lo que le daba fuerzas y ánimo para mantenerse en pie a pesar de todo lo que había sufrido aquella noche. Así es que cuando sintió que Quiroga la mandaba amarrar a un cañón, sonrió con la amarga mansedumbre de los mártires y dobló sobre el pecho la espléndida cabeza, aceptando aquella afrenta dolorosa, como una felicidad. De todo lo que había pensado, era aquello lo mejor que le podía suceder.

Sin conmiseración de ninguna clase Aurora fue amarrada sobre el cañón, como si se tratara de un bandido, temiéndose que enseguida viniera la orden de azotarla, como parecía ser la intención de Quiroga.

Y Aurora estaba más bella que nunca, aquella misma expresión de sufrimiento marcada en el semblante la hacía más simpática y bella.

—Ah, bribona —había dicho Facundo al verla—, ahora vas a aprender cómo se debe manejar y tratar a Quiroga y la diferencia que hay en obedecerlo y ser con él una insolente estúpida.

—Estoy conforme con todo, con la muerte misma —dijo suavemente la joven—, pues así me veré libre del oprobio de semejante cariño.

Iba Quiroga sin duda a hacerla azotar, cuando se apareció el noble Chacho, que no pudo reprimir un movimiento de profundo disgusto ante aquel espectáculo bárbaro.

Quiroga hizo señas al Chacho que se le aproximara; sabía que el Chacho le iba a pedir la libertad de Aurora, pero en cambio le proporcionaba algún consuelo en su apurado trance.

—¿Admite un consejo de amigo, general? —preguntó Chacho después de saludarlo.

—De usted admito todo —respondió Quiroga entrándose a sus piezas para evitar que lo oyeran—; ya sabe que lo estimo, ya sé yo que un consejo suyo debe ser bueno, porque es la única persona que me quiere en el mundo.

—Bueno, general, haga desatar a esa mujer y déjela que se vaya a su casa. Por más grave que sea su falta, no se puede tratar a una mujer delicada como a un soldado, y ésa demasiado castigada está ya con lo que le ha sucedido.

—Es que han sido unas infames, es que yo las debía fusilar para enseñarles a respetarme.

—Demasiado castigada está con lo que se le ha hecho ya, suéltela general, siquiera para que no digan que la trata así porque es una pobre mujer indefensa.

—Es que yo trato lo mismo al hombre más bravo, porque no hay nadie más bravo que yo —contestó Quiroga echando un terno—. A un hombre le habría dado yo mismo quinientos azotes, a ella me contento con atarla al lomo de un cañón.

Chacho estaba pálido y agitado, la vista de aquella joven desgraciada lo había conmovido hasta la vergüenza y se había propuesto conseguir su libertad aun a costa de un altercado con Quiroga. Su corazón hidalgo no comprendía cómo se cometían actos de aquella naturaleza, y sentía que la indignación más justa invadía su espíritu. Sin embargo, sabiendo que la suavidad era el mejor medio a emplearse con Quiroga, sin alterar el tono de su voz agregó:

—Yo no he hecho más que darle un consejo que usted me ha pedido, si le parece malo no he dicho nada, pero sepa que nadie en este mundo ha de mirar con más amor que yo su reputación y sus conveniencias.

Quiroga acababa de ser vencido por la palabra suave y persuasiva del Chacho, encontrándose tan dispuesto a ceder que le dijo:

—Está bueno, y sea lo que usted quiera, vaya y desátela, y póngala en libertad y haga lo que más le dé la gana, ya sabe que a usted no le niego nada.

—¡Bravo, Quiroga! —contestó el Chacho estrechándole la mano—. Estoy orgulloso de usted, y si fuera posible quererlo más de lo que lo quiero, este rasgo le hubiera captado todo mi cariño. Ahora voy a darle un consejo que usted no me pide, pero que lo necesita para reprimir cierta violencia de carácter. Por medio de la dulzura y el cariño, no hay cosa que no pueda obtenerse de una mujer; el rigor no sirve muchas veces sino para conquistar su odio, o como en el caso presente, provocar una resistencia hasta la muerte. No hay nada tan accesible al cariño y a la súplica, como el espíritu de una mujer; tardará más o menos tiempo, pero al fin concederá lo que se le pide.

—Vaya nomás, zalamero —dijo sonriendo el feroz caudillo. Y empujó suavemente a Chacho que se dirigió al cañón donde estaba atada Aurora.

Y con una delicadeza de que nadie le hubiera creído capaz, desató rápidamente a la joven.

—No tenga miedo, niña —le dijo cariñosamente—, que yo la desato para ponerla en libertad y llevarla hasta su casa, yo soy el Chacho, de mí no hay que tener miedo.

—Dios lo bendiga —respondió la joven—; pero sería mejor que me dejara morir, porque de todos modos esto va a repetirse hasta el fastidio.

—No tenga miedo, yo le aseguro que nadie ha de volver a meterse con usted; vamos, yo voy a acompañarla.

Tan débil y postrada estaba Aurora, que no pudo dar un paso. El Chacho la cargó entre sus robustos brazos, y con delicadeza de madre la condujo hasta su casa, entregándola a los parientes y amigos que cuidaban de doña Rosario.

—Adiós, niña —le dijo—, si yo llego a quedar en La Rioja, yo volveré a ponerme a sus órdenes cuando se vaya Quiroga, y trataremos de remediar el mal que se le ha hecho.

—Adiós, Chacho —contestó la joven—, Dios lo bendiga, y si alguna vez puedo pagarle el inmenso bien recibido, crea que me consideraré feliz.

—Usted no me debe nada, adiós y sea feliz.

Y se alejó rápidamente, más por huir las frases de agradecimiento que porque tuviera necesidad de alejarse tan rápidamente.

Quiroga lo esperaba para informarse de la salud de Aurora. Pasada la ira y el acceso de ferocidad, había vuelto el amor por la joven con más empeño que nunca.

«Ella ha de ser mía, pensaba, o el diablo se la ha de llevar; en vano no soy Facundo Quiroga.»

Cuando volvió el Chacho se desató en un millón de preguntas referentes al estado de la joven, preguntas a las que supo responder el Chacho, halagando hábilmente su amor propio.

—Ella está bien —dijo—; son golpes que pasarán, porque aunque recios no creo que ofrezcan la menor gravedad. Cuando usted vuelva ya estará curada, y quién sabe lo que de ella podrá esperar. Todo lo que se comete cediendo al vértigo de una pasión violenta, tiene siempre una disculpa ante los ojos de la mujer que la inspira; cuando Aurora vea que todo ha sido obra del amor que inspira y que usted ha obrado con la razón perturbada por su amor a ella, apreciará su conducta de modo diferente. Hay siempre la disculpa del amor.

—Dios lo oiga, Chacho —contestó Quiroga—, y si alguna vez habla con ella, hágalo en ese sentido.

—No tenga cuidado, general, yo influiré en su ánimo todo lo que me sea posible.

Esa misma madrugada se puso en marcha Quiroga con su ejército, dejando al Chacho de reserva en La Rioja con orden de estar listo al primer aviso.

V

Todos estaban asombrados de la influencia de Chacho sobre Quiroga. Cuando lo creían más enfurecido y más dispuesto a matar a Aurora, lo habían visto ceder a las indicaciones de éste, quedando perfectamente conforme con lo que había hecho. Y lo miraban como la salvación de todos, puesto que Quiroga se ponía cada vez más feroz.

El primer cuidado de Chacho fue volver a casa de doña Rosario, a informarse del estado en que se hallaban.

Como no tenían de qué tener miedo, todos los parientes y amigos habían acudido a la casa prestando sus solícitos auxilios. La vieja Rosario estaba dada al infierno, ella había recibido menos golpes que Aurora, pero éstos habían sido mucho más serios, produciendo dos contusiones bastante graves.

Aurora había sido peor tratada, había sufrido mucho más, pero sus golpes habían sido menos violentos, aunque las manos de Quiroga no necesitaban caer con fuerza para producir un moretón; sin embargo su cuerpo estaba lleno de contusiones cárdenas y su rostro arañado y moretoneado por los manotones recibidos en la violenta lucha.

—No importa —respondía la joven a las palabras de consuelo que los demás le dirigían—; todo lo doy por bien empleado pues he podido escapar al plan terrible de Facundo.

Chacho fue recibido en medio de las demostraciones de mayor cariño, todos sabían que a él exclusivamente se debía la salvación de Aurora, y trataban de mostrarle de todas maneras su agradecimiento, pidiéndole un consejo para evitar que aquello se repitiera.

—Lo mejor es salir de La Rioja —decía doña Rosario— y que ese hombre no pueda saber nunca dónde nos hallamos.

—El medio no es malo pero tampoco es salvador —decía Chacho—, mucho más andando Quiroga de pueblo en pueblo y al frente de un ejército. En cualquier parte las encontraría, no faltaría quien por adularlo y quedar bien le diera noticias de su paradero.

—Lo mejor que puede hacerse lo tengo yo pensado —dijo Aurora—; lo tenía ya pensado desde la primera iniquidad de Quiroga. En cuanto me sea posible me voy a Catamarca y entro de monja en el convento, lo más ocultamente que me sea posible; así no podrá saber dónde me encuentro, y en caso que lo sepa estaré allí más segura que en cualquier otra parte.

—Es penoso echar mano de ese recurso —dijo el Chacho—, cuando se tiene un semblante como el suyo, usted ha nacido para brillar en el mundo, Aurora, y no para enterrarse viva.

—¡Qué hemos de hacer! —respondió la joven—. Ante todo es preciso huir de ese hombre fatal, y no hay por ahora otro recurso. Yo siento dejar el mundo más que nadie, pero veo que por ahora es preciso: quién sabe aún lo que me guarda el destino.

Con el prestigio de su proverbial bondad y del servicio inestimable que le había prestado, Chacho se había hecho fuertemente simpático a la joven.

Estaba entonces Peñaloza en todo el vigor de la vida, y su fisonomía, donde asomaba toda la bondad de su espíritu noble, le inspiraba un cariño invencible. Tratado la primera vez, parecía un viejo amigo, inspiraba aquella confianza que solo dan los años de continuo trato y el íntimo conocimiento de las personas.

Chacho había sido a su vez deslumbrado por la belleza suprema de Aurora, su corazón había temblado de pasión, pero se había contenido, se había dominado y ocultado para sí, bajo una capa de indiferencia, aquella pasión naciente. No quería dejarla entrever, no porque tuviera miedo de Quiroga ni de una complicación con él, sino porque no quería por nada de este mundo que el general fuese a enrostrarle un acto de deslealtad, creyendo que él le hubiera robado el amor posible de Aurora.

Así empezó a observar con ésta la misma regla de conducta que había seguido con Ángela, para que ni siquiera pudiera acusársele de haber provocado una relación amorosa con la frecuencia de sus visitas.

Al principio y cuando la salud de las mujeres era aún delicada, venía todos los días a informarse de ella y ofrecerles cuanto podían necesitar. Pero así que se fueron mejorando empezó a economizar su presencia, al extremo de que solo se presentaba una vez cada dos días.

Doña Rosario y Aurora se habían habituado de tal manera a la presencia del Chacho que lo mandaban buscar continuamente, pues él se resistía a acudir, alegando diversos pretextos.

¿Empezaba Aurora a enamorarse del Chacho, o era una amistad sincera y reconocida por el servicio recibido? Es que la joven, cuyo corazón virgen había permanecido cerrado a la manifestación de toda pasión cariñosa, se había sentido impresionada ante la bondad y desinterés delicado de Chacho, que decía:

—No quiero que se interprete mal la frecuencia de mis visitas y por eso las escatimo, no es que ustedes me sean tan indiferentes como parece.

La misma doña Rosario, enemiga de todo hombre que pudiera tener un interés por Aurora, había cobrado al Chacho un gran cariño y una íntima estimación.

Llegado el momento de irse a Catamarca, pidieron al Chacho consejo y compañía, pero él les demostró que toda injerencia suya sería perjudicial para todos.

—No faltaría quien dijera a Quiroga que yo había influido en Aurora con interés personal, y tal vez irritado por la idea de una preferencia que no existe cometiera entonces un verdadero crimen que nadie podría evitar. Lo único que yo puedo hacer es dejarlas obrar con completa libertad, sin meterme para nada en lo que hagan.

Doña Rosario y Aurora se despidieron de Chacho jurándole una amistad sin límites. Y al separarse de Chacho, la joven sintió que, sin poder evitarlo, las lágrimas se agolparon a sus ojos bellos.

—Nunca he de olvidar lo que le debo, Chacho, y en cualquier situación de la vida, usted será siempre para mí el bienvenido.

Chacho se retiró a su casa profundamente conmovido y sintiendo que aquella joven llevaba algo suyo.

Se había habituado a verla, a sentir la impresión de su belleza y no iba a poder habituarse a pasar los días sin verla. Si no hubiera sido por esta separación y a pesar de su voluntad puesta en juego, Chacho se habría enamorado de Aurora con toda la intensidad de su naturaleza vigorosa y ardiente. Y esto podía costarle un rompimiento con Quiroga que sabe Dios dónde hubiera terminado. No tenía más salvación su amor que la muerte de Quiroga, y esto era muy problemático porque aunque Quiroga combatía continuamente a la par de sus soldados, parecía que tenía hecho un pacto endiablado con la muerte; nunca le sucedía el menor contratiempo.

Aurora llegó a Catamarca ocultándose de todos y se dirigió al convento. Allí habló con la madre abadesa, y de allí no volvió a salir más, decidida a quedarse hasta que las cosas cambiaran de manera que Quiroga no pudiera perseguirla más.

Conmovida con la relación que le hizo la joven de sus desgracias, la buena madre abadesa la admitió sin condiciones y sin compromiso de profesar si aquella no era su vocación o su voluntad. Es que la abadesa contaba con que el hábito por una parte y el temor por la otra la harían profesar tarde o temprano.

La pobre tía, aunque tenía permiso para visitarla de cuando en cuando, quedó sumida en la mayor tristeza; le parecía que aquella separación debía ser eterna y que ya no volvería a ver más a su sobrina en el mundo de los vivos. Al salir del convento vaciló y estuvo tentada a volverse, pero se acordó de Quiroga, se acordó de aquella última y tremenda escena y siguió adelante.

Aquella separación sería lo único que podría salvar a Aurora, pues Quiroga volvería más apasionado que nunca, y sabe Dios lo que intentaría, para satisfacer su capricho.

La pobre Aurora sufría inmensamente con aquella reclusión forzada. La pobre niña amaba la vida con toda su alma, porque recién empezaba a entrever todos los goces que la vida encierra, aunque ya había probado algo de su amargura también, amaba a Chacho tanto como odiaba a Quiroga y esperaba de la vida encantos desconocidos que la ilusión embellecía poderosamente. Chacho se le había presentado haciéndole conocer su espíritu viril y generoso y había despertado su corazón a la vida del amor y del espíritu. ¡Ah, si Quiroga no viviera, cuán feliz podría haber sido ella! La quietud del claustro y la privación de todos los goces del espíritu contribuían a hacer más poderosa aquella pasión naciente, y el pensamiento de Aurora se volvía al Chacho con toda la pureza de su alma y todo el poder de la imaginación.

La vieja, que veía levantarse en el Chacho el único poder capaz de contrarrestar la influencia de Quiroga, fomentaba aquella pasión de Aurora que podía ser salvadora si el Chacho llegaba a enamorarse de ella con la misma fuerza de pasión.

Como Chacho sabía dónde encontrar a la vieja, de cuando en cuando enviaba un soldado de su confianza a preguntar por la salud de ambas, atención que doña Rosario agradecía cumplidamente en nombre de ella y de su sobrina que le mandaba todo género de buenos recuerdos.

Así se mantenía aquella relación lejana y cariñosa, fomentada por aquella tía que, tratándose de amores, había contrariado siempre el corazón de Aurora, no hallando un hombre que la mereciera lo suficiente. Chacho era feliz con aquel amor lejano y tranquilo que halagaba todos sus sentimientos.

Quiroga, por su parte, aunque pensaba siempre en Aurora, tenía su imaginación distraída por mil impresiones diversas. Sus amores con Dominga Rivadavia, mujer espléndida y habilísima para engañar a los hombres, lo habían entusiasmado de una manera poderosa, reconcentrando en ella toda la pasión del feroz caudillo. Quiroga estaba marcado no solo por la hermosura magnífica de Dominga, sino por la posición brillante que en la corte de Rosas ocupaba entonces aquella mujer. Y ella, cuyo corazón de loba tenía su encanto en todo lo feroz y deforme, amaba a Quiroga y se sentía orgullosa con el amor del caudillo, cuyo prestigio estaba entonces en todo su apogeo. Quiroga iba a batallar donde lo mandaba Rosas, con un éxito asombroso, y volvía siempre al lado de Dominga, encontrando en su regazo y en su amor el mejor descanso a la fatiga y a la batalla.

Quiroga poco se ocupaba de mantener su influencia en el interior, porque para esto estaban Aldao en Mendoza, Chacho en La Rioja y los mismos Reinafé en Córdoba que le tenían un miedo tremendo. Con una sola palabra pasada a aquella especie de tenientes suyos, estaba seguro de que tendría inmediatamente reunido un ejército poderoso. Y Rosas contemplaba al caudillo llenándolo de honores y de oro, porque con él tenía segura la sumisión de las provincias del Norte.

Los enamorados de Dominga Rivadavia, que eran muchos, odiaban de muerte a Quiroga, pero quién se había de atrever a decir nada a Quiroga, cuando de mirarle la cara solamente, se echaban a temblar de espanto, porque cualquiera atrocidad que cometiera Quiroga quedaba impune y aprobada.

Quiroga marchó a dar la famosa batalla de La Tablada que aseguró decididamente el poder de Quiroga y de Rosas.

En aquella batalla, Chacho y Aldao acompañaban a Facundo con sus mejores tropas, llevando Chacho la terrible carga que dio el éxito de la batalla.

Chacho fue herido en el estómago de una puñalada que le corrió hasta el vientre echándole las tripas afuera. Como si se tratara de una herida de ninguna consecuencia mala, en medio del combate mismo, Chacho echó pie a tierra, se ató el vientre con el poncho echando adentro las tripas, y no se retiró de lo recio del combate hasta que la batalla hubo terminado con toda la felicidad para las armas de Quiroga.

Recién se supo que Chacho estaba herido de una manera grave. El mismo Quiroga quedó asombrado cuando vio la magnitud de la herida; parecía imposible que con ella el Chacho hubiera podido seguir combatiendo. Se le acomodó con mucho cuidado, a pesar de que él decía no ser nada aquello, atendiéndosele de una manera especial, haciendo su naturaleza vigorosa que aquello no tuviera más consecuencias que las que podía haber tenido un arañazo.

Algunos dispersos del principio de la batalla habían llevado la voz de que Quiroga había sido vencido, lo que produjo un alzamiento en Catamarca y Mendoza. En todas partes se festejaba la derrota del Tigre de los Llanos, con bailes y manifestaciones públicas de todo género.

Quiroga supo esto y marchó sobre Mendoza primero.

Imposible es pintar el terror de los que habían festejado el supuesto desastre de Facundo al verlo entrar vencedor, con su ejército formidable. Maldecían a los que habían traído la noticia y se entregaban a la mayor desesperación, temiendo la venganza que no tardó en llegar.

Mendoza fue entregada al saqueo de la soldadesca, que no respetó a las familias más nobles, donde se había bailado en honor de Lavalle. La carnicería en la ciudad fue enorme, pues Quiroga, que no hacía sino derramar sangre desde hacía un mes, empezó a lancear y fusilar a cuanta persona era acusada o meramente sospechada de haber festejado su supuesta derrota. Y dejó en Mendoza al fraile Aldao, con el encargo de seguir las persecuciones y las venganzas mientras él pasaba a Catamarca a hacer lo mismo.

Al solo anuncio de que llegaba Quiroga y de lo que había hecho en Mendoza, los más comprometidos en los festejos salieron de Catamarca a ocultarse en los departamentos de La Rioja, y tomando muchos el camino de Chile. No quedaron sino aquellos que no podían moverse o los que se creyeron muy seguros.

Quiroga entró a Catamarca con todo su ejército, empezando por poner a sus habitantes una fuerte contribución que debían pagar con la cabeza los que no pudieran hacerlo en dinero, según el bando que hizo conocer en toda la ciudad. Y la matanza y las persecuciones empezaron de una manera bárbara. Parece que Facundo, al pisar aquellas provincias, aspirara otra clase de aire, pues era en ellas donde desplegaba todo el vértigo de su ferocidad incomparable. El degüello se ejercía sin la menor distinción de personas, y no era extraño ver a Quiroga levantar en la punta de la lanza a aquel en cuya fisonomía creía haber visto una mirada de simple disgusto.

Fue entonces cuando debido a la casualidad y al terror de la muerte, conoció Quiroga el paradero de Aurora, de Aurora que recordaba con más pasión que nunca, desde que pisó aquellos parajes.

Había mandado degollar a un hombre, porque le habían dicho que éste festejó con una gran fiesta la noticia de su derrota, invitando a todo el mundo. Aquello era cierto y el individuo se veía perdido sin remedio. Y veía llegar su último momento con suprema desesperación, pues sus hijos quedarían entregados a purgar el delito de ser hijos de un enemigo de Quiroga, delito que traía aparejado un verdadero cúmulo de desventuras.

—Déjeme la vida —dijo a Quiroga—, y yo lo pongo en posesión de un secreto que usted pagaría a peso de oro.

—Te concedo la vida si el secreto vale la pena —dijo Quiroga—, pero anda pronto que mi tiempo es necesario para otras cosas.

—El precio de mi vida es la revelación del paradero de Aurora —dijo el hombre completamente seguro del éxito.

Quiroga sabía por Chacho que Aurora y su tía habían desaparecido de La Rioja sin que nadie supiera su paradero, y venía dispuesto a buscarlas a toda costa.

Así es que en cuanto oyó la propuesta la aceptó sobre tablas diciendo:

—Si me haces encontrar a Aurora, no solo te dejo la vida, sino que te hago feliz; ya sabes que la palabra de Quiroga es como palabra de rey. Pero cuidado de engañarme porque te haría hacer picadillo.

—Bueno, me basta con la palabra empeñada. Yo sé dónde está Aurora y dónde usted la debe encontrar buscándola aunque le digan que allí no está.

Y contó enseguida a Quiroga cómo las dos mujeres habían venido de La Rioja ocultamente y se habían metido en el convento, quedando allí Aurora solamente.

—Yo he sabido esto casualmente —dijo—, pero lo he sabido, que es lo que interesa; usted vaya allí a cosa hecha, y aunque le juren que Aurora Villafañe no está, mándela salir nomás que ella se encuentra en el convento.

Aquella noticia había producido en Quiroga una alegría inmensa. Cuando creía a Aurora perdida para siempre, venía a encontrarla donde menos se imaginaba. El deseo, al saber donde estaba, saltó a su cabeza como una llamarada, y decidió entonces hacer suya a la joven a toda costa e inmediatamente.

Quiroga estaba ferozmente ensoberbecido con la importancia fabulosa que le diera Rosas en sus últimos tiempos y con el importante rol que el miedo le había hecho desempeñar en la sociedad de Buenos Aires. Acostumbrado a conseguir en el acto cuanto deseaba, sin que se le hiciera la menor resistencia, encontró sumamente ridículo dejarse desdeñar y burlar por una niña, y formó la inquebrantable resolución de imponerse a ella por medio de la violencia si no podía conseguirlo de otra manera.

Así despachó al que le había hecho la infame delación, diciéndole:

—Si me has dicho la verdad, habrás conquistado mi reconocimiento; si no, puedes estar seguro que lo que voy a hacer contigo, ni se usa ni se conoce en el infierno mismo.

Pero el hombre estaba seguro de lo que decía, así es que la amenaza de Quiroga no le produjo la menor impresión, aunque para llenarlo de espanto bastaba solo la cara con que fue hecha.

—Puedes irte a tu casa, y no te muevas de allí hasta que yo no te mande avisar —le dijo—; hoy mismo sabrás mi resolución.

Quiroga se vistió entonces con todo el lujo guarango de entorchados y colgajos que tenía para las grandes solemnidades, mandó ensillar su gran caballo, y solo, porque así convenía a su plan, se dirigió al convento.

En cuanto doña Rosario supo que Quiroga estaba en Catamarca, había ganado el convento ella misma, calculando que podría ser hallada y descubrirse el paradero de Aurora. Pero por la misma razón la despidió la madre abadesa sin permitirle hablar con Aurora. La buena beata no sabía qué sucedía en Catamarca ni creía en la exagerada ferocidad de Quiroga.

—Vaya tranquila —le había dicho—, que su sobrina está segura en la casa de Dios, de donde todos los Quirogas del mundo no alcanzarían a sacarla.

La vieja Rosario se volvió a su casa entonces y ganó un sótano, de donde se decidió a no salir hasta que Quiroga no se fuera de Catamarca.

Allí se le había reunido Máxima, la hermana de Aurora, esposa del general Ocampo, que se ocultaba también, temiendo que Facundo hiciera con ella alguna iniquidad para averiguar el paradero de Aurora, a quien creían perfectamente segura en el convento.

Quiroga, vestido lujosamente, se dirigió al convento y habló con la madre abadesa, que sabedora fuera Quiroga, salió a recibirlo.

Los entorchados y aspecto de Facundo imponían un temor invencible, temor de que, como la generalidad, participó la beata desde el primer momento.

—Vengo a ver a Aurora Villafañe —dijo Quiroga afablemente después de saludar a la beata—. Tengo encargo de su familia, de la que formo parte yo mismo, y me retiro enseguida.

—No conozco ese nombre —dijo la beata, fingiendo la mayor indiferencia—, ni hay en el convento ninguna hermana que se llame así.

—Es una joven bella como un astro del cielo, que vino hace muy poco de La Rioja en compañía de una tía suya —dijo Quiroga creciendo su suavidad—, y entró aquí ocultamente; prevengo a usted que estoy en el secreto, porque soy su pariente y que traigo para ella un encargo de importancia.

Quiroga suponía que tal vez la joven se hubiera presentado con otro nombre en el convento y no quería ser áspero sin necesidad.

Un grito de la beata podía dar la señal de alarma, y tal vez en el convento hubiera escondites con los que él no pudiera dar. Resolvió, pues, tener paciencia hasta el último extremo y no hacer uso de su autoridad sino en un caso muy necesario.

—Usted debe estar mal informado —dijo entonces la beata—; yo no tengo conocimiento de lo que usted me dice, ni de las circunstancias que expone; la última monja que ha entrado aquí tiene más de dos años de profesada y no puede ser por consiguiente la que usted dice.

Quiroga empezaba a irritarse. ¡No era posible que el hombre que le dio el dato lo hubiera engañado! Entonces la vieja mentía y mentía a sabiendas.

—Mire, señora —dijo entonces, queriendo abreviar la entrevista—, es inútil pretender engañarme y más inútil resistir mi voluntad. Yo soy el general Quiroga y estoy acostumbrado a que se me obedezca sobre tablas, usted hace mal en negarse a mi pedido, porque me obligará a hablarle con la autoridad que tengo y a hacer respetar y obedecer lo que mando.

Una monja que no está habituada a ser hablada en ese tono, porque se cree superior a todo poder de la tierra, no podía admitir el tono con que hablaba Quiroga; así es que fingiendo mayor mansedumbre, le replicó:

—Hijo mío, usted tendrá que tener paciencia y contentarse con lo que le he dicho, porque ello es la pura verdad, verdad que usted no puede cambiar con toda la autoridad que tenga. Le suplico entonces que se retire, pues demasiado ha turbado ya la paz de la casa de Dios.

Aquella inesperada despedida, concluyó de irritar a Facundo y dar al diablo con todos sus planes.

—Mire, monja estúpida —gritó enfurecido—, ahora mismo va a traer a mi presencia a la persona que le he dicho, o entro yo a latigazos y no dejo ni beata ni monja viva.

—¡Ánimas del purgatorio! —gritó la madre abadesa detrás de la reja que le servía de escudo—. Este hombre está poseído del demonio. ¡Virgen madre de Dios, sálvalo de los infiernos!

—Del infierno donde yo las voy a echar a todas —rugió Quiroga— es de donde han de salvarte, imbécil de porquería. ¡Pronto a abrir la puerta y a hacerme formar en el patio a todas esas mojiganzas!

Pero la beata lejos de obedecer corrió el doble cerrojo y retrocedió llena de espanto.

Recién creyó que Quiroga fuera capaz de hacer cuanto le había contado doña Rosario. A pesar de todo la abadesa no se figuró que pudiera violentarle el convento, pensando que todo concluiría allí, y que Quiroga tendría que conformarse a lo resuelto.

Quiroga, decidido a sacar de allí a Aurora y castigar a las beatas, sacudió la enorme reja, pero vio que solo no podría nunca lograr su objeto. La puerta era fuerte y estaba bien asegurada. Lleno de ira y formando horribles planes de venganzas contra la abadesa y las monjas, se retiró del convento y fue a buscar un piquete de infantería para hacer echar la puerta abajo.

—Se han figurado esas porquerías que conmigo van a jugar —decía—; ahora verán quién es y lo que puede Quiroga.

La abadesa entretanto se había entrado al convento, haciéndose todo género de cruces, y pensando en no recibir más a Facundo si volvía a presentarse en el convento. Por no alarmarlas no había querido decir ni una palabra a las monjas y especialmente a Aurora, calculando que el anuncio de cualquier peligro hubiera sido sumirlas en la mayor confusión y espanto.

En el acto se supo en Catamarca que Quiroga había ido al convento y que la abadesa lo había rechazado negándose a sus pretensiones. Así es que cuando lo vieron salir a la calle con un piquete de infantería y en dirección al convento, ya se sospecharon lo que iba a suceder.

Al frente de aquellos desalmados que no tenían más ley ni Dios que la voluntad de Quiroga, éste se presentó en el convento, llamando con tal furia a la puerta, que la madre abadesa se presentó en el acto y alarmadísima.

—¿Quién llama de esa manera en la casa de Dios? —dijo—. ¿Quién turba así la paz de esta santa casa?

—El general Quiroga —respondió Facundo— que quiere que se le abra inmediatamente.

—Imposible es eso —respondió la madre—; esta casa no se abre a los hombres; retírese usted.

—¡Poco me importa! —gritó Quiroga—. ¡A ver! —añadió dirigiéndose al oficial del piquete—. Haga echar esa puerta abajo.

Los curiosos se habían aglomerado a distancia respetable, desde donde contemplaban aterrados aquella profanación. No se atrevían a acercarse o hacer el menor comentario, por temor de que Quiroga les hiciera dar una carga, de que era muy capaz.

Los soldados empezaron a echar la puerta abajo, con un estrépito espantoso, lo que produjo entre las monjas un terror indescriptible. No tenían idea de que aquello pudiera suceder y disparaban en todas direcciones sin saber dónde ocultarse.

—¡Por Dios! Deténgase usted —gritó la madre abadesa lívida y asombrada.

—Pues tráigame usted aquí a todas las monjas y hágamelas formar a cara pelada.

—¡Pero es imposible, señor, mientras estamos muertas para el mundo!

—Veremos si es o no es posible —exclamó Quiroga—. Echenme pronto esa puerta abajo.

Los infames siguieron en su obra, y poco después la puerta era forzada y abierta de par en par, entrando Quiroga seguido de los suyos, como si entraran a un cuartel.

Las monjas corrían en todas direcciones dando alaridos, como ratas en cuya cueva hubiera entrado un gato.

—Pronto —dijo Quiroga, tomando de un brazo a la madre abadesa—, hágame usted formar a esa chusma aquí, o las hago yo traer de las orejas que será mil veces peor.

La madre abadesa comprendió que resistirse era peor, porque ya veía que Quiroga era capaz de todo; así es que tocó la campana de reunión en el receptorio, llevando allí a Quiroga para evitar que los soldados presenciaran el escándalo y la profanación.

Quiroga entró arrastrando sus enormes espuelas y se paró delante de las monjas que temblaban del terror. El semblante del tremendo caudillo estaba verdaderamente feroz. La emoción era inmensa al pensar que iba a ver nuevamente a Aurora, y se estremecía visiblemente a impulsos de su pasión terriblemente exaltada.

Cuando la madre abadesa mandó a las monjas que se descubrieran el semblante, éstas vacilaron, pero como vieron que Quiroga estiraba las manos para descubrirlas él mismo, se apresuraron a mostrar el rostro. Allí había semblantes de una belleza conmovedora, enflaquecidos por el sufrimiento a que estaban sometidos.

Quiroga estaba deslumbrado, pues no tenía idea de cutis tan finísimos y de coloridos tan puros. Entre aquellas caras divinas había algunas de una fealdad suprema. Quiroga no volvía de su asombro y devoraba con una miraba ansiosa a aquellas mujeres bellísimas que no levantaban la mirada del suelo.

Y la madre abadesa, aterrada cada vez más, seguía en el semblante feroz de Facundo todas las impresiones que iba experimentando. Cuando la primera impresión de asombro hubo pasado, Facundo miró a la madre con extraña fijeza y le dijo:

—No está entre éstas la mujer que yo busco. Hágala usted venir, haga venir a todas las que faltan, o las hago buscar y traer de las orejas con los soldados. Pronto, que yo no tengo tiempo que perder.

La pobre mujer llamó a las demás monjas que faltaban, pero entre ellas no estaba Aurora, cuyo terror era inmenso. La madre abadesa la había llamado, pero la joven había contestado sencilla y débilmente:

—Prefiero morir.

Cuando Quiroga vio que entre las nuevas monjas que acudieron no venía Aurora, no se preocupó más de la madre y saliendo al patio dio un grito, al que acudieron en el acto el oficial y los soldados.

—A recorrer ahora mismo toda la casa —dijo Quiroga—; y toda mujer que encuentren se la echan al hombro y me la traen aquí.

—¡Un momento! —gritó la abadesa, que vio que los misterios del convento iban a ser del dominio público—. ¡Un momento, que la voy a hacer venir!

—¡Ah! —exclamó Quiroga sonriendo ferozmente—. Confiesas al fin que estaba aquí —soltando una estruendosa carcajada se cruzó de brazos en la actitud de esperar.

Poco después, gimiendo y sollozante, apareció Aurora a quien Quiroga reconoció en el acto por la majestad del andar.

—¡Mía! —gritó—. ¡Mía al fin! —y sé lanzó sobre ella con una avidez de tigre.

Al verlo Aurora, al sentir sobre ella la llamarada de aquellos ojos imponderables, soltó un gran grito y huyó al interior del convento.

Quiroga se lanzó tras ella como un loco. A su vista la pasión había despertado en todo su vigor, y el Tigre de los Llanos, enardecido, irritado, se había echado en persecución de su presa.

De cuarto en cuarto y de patio en patio, ambos volvieron al punto de partida, ocultando Aurora su cabeza enloquecida entre el seno de la madre abadesa, como si allí fuera a encontrar la defensa que contra Quiroga necesitaba. Y de allí la arrancó Facundo; tomó entre ambas manos la gentil cabeza, miró con ojos devorantes aquella belleza suprema y jadeante, y, enardecido, envolvió entre sus labios gruesos y groseros aquella boca de púrpura.

—¡Mía! —gritó—. ¡Mía para siempre! Ahora ni el infierno te arranca de mi lado.

Y la miraba y la besaba siempre con creciente ansiedad.

Aquella escena era repugnante; aquel tigre abatido sobre una gacela ofrecía un espectáculo bárbaro y conmovedor.

Y las monjas corridas de allí se perdieron en las inmensas piezas, no quedando en presencia de Quiroga más que la madre abadesa que, aturdida por lo que veía, no se había atrevido a moverse de allí.

Quiroga levantó en sus robustos brazos a Aurora y la sacó al patio, encaminándose adonde estaba su caballo con ánimo de montarla y huir con ella. Pero su pie rápido y firme fue detenido de pronto y una expresión de espanto asomó al semblante de Facundo. ¿Qué lo había detenido con la fuerza de un brazo humano? ¿Por qué se paraba y miraba con ojos espantados el rostro evangélico de la joven? Es que Quiroga había sentido una carcajada que heló la sangre en sus venas y había visto en la fisonomía extraviada de la joven esa expresión vaga y aterradora que oscurece el semblante de los locos.

Aurora acababa de perder la razón, porque su espíritu no había podido soportar aquel sacudimiento terrible. Su razón que había vacilado desde que vio a Quiroga, estalló en su cerebro cuando se vio en brazos del caudillo, besada por él y arrancada del seguro asilo. El horror más intenso se apoderó de ella, y el juicio escapó en aquella primera carcajada que sintió Quiroga.

Él la miró, vio aquellos ojos extraviados con la pupila terriblemente dilatada, contempló aquella boca estirada como por una sonrisa nerviosa, y por primera vez de su vida sintió que su espíritu se encogía de espanto.

Aurora no se defendía ya, lo miraba sin verlo y sonreía, sonreía siempre pero al mismo tiempo lloraba.

—Y, ¡oh que dulce es la muerte así! —exclamó—. Quiroga me ha mandado fusilar porque no lo quiero, y ésta es la única acción buena que cometía en su vida. Adiós, tía Rosario, ya me llevan, ya me llevan y siento las puntas de las lanzas que penetran en mi carne. ¡Ah, bendita sea la muerte que me arranca del lado de este bárbaro!

Y empezó a caminar hacia la calle, sin que Facundo se atreviera a detenerla.

Estaba allí parado, lívido y jadeante, como si sus piernas se hubieran enterrado en el suelo.

Aurora caminó hasta la calle, siempre hablando como con alguien que la fuese a matar y dobló a la izquierda sin que nadie se atreviera a detenerla. De pronto soltó un grito de dolor y se puso las manos sobre un costado, como si hubiera recibido allí alguna herida y echó a correr dando gritos que no parecían humanos.

La noche empezaba a caer, envolviéndolo todo con sus sombras vagas, cuando Quiroga montó a caballo y despidiendo maquinalmente al piquete que había llevado se dirigió a su casa.

Nadie intentó siquiera dirigirle la palabra, y siguió hasta su casa donde se metió como si no tuviera conciencia de lo que hacía. Era la primera vez que Quiroga experimentaba algo como un remordimiento.

Aurora vagó por las calles toda la noche, bajo el más terrible delirio de las persecuciones. Siempre gritaba que la mataban, dando voces de dolor como si realmente lo hicieran y bendiciendo aquella muerte que la libraba de Quiroga.

Toda Catamarca sabía lo sucedido la tarde anterior, y por lo mismo nadie se atrevía a recogerla ni a hablar siquiera con ella.

Tenían miedo de que Quiroga fuese a enojarse, y como Facundo cometía diariamente nuevas atrocidades, todos temblaban de que, por meterse con Aurora, hiciera con ellos una herejía.

Pero Quiroga, como si estuviera aturdido, se mostraba indiferente a todo y bebía de una manera bárbara como si esperara hallar en el alcohol un lenitivo a su sentimiento.

Tanto la tía Rosario como la señora de Ocampo en cuanto tuvieron noticia de lo que sucedía, se lanzaron a la calle en busca de la joven, a quien hallaron con las ropas hechas jirones y en un estado lamentable.

Aurora no las conoció, las trató de cómplices de Quiroga en la infamia de su muerte, y se negó a seguirlas porque dijo que ellas la iban a llevar a casa de Facundo.

Las dos mujeres no pudieron convencer a la pobre loca, teniendo que hacer uso de la fuerza para llevarla a su casa.

Quiroga, en la esperanza de que aquella locura pudiera ser pasajera, no se movía de Catamarca.

Pero la enfermedad de Aurora, en vez de disminuir aumentaba. Cuando no se hallaba bajo la acción del delirio de las persecuciones bajo el aspecto más violento, estaba sumida en una melancolía profunda, en que parecía una estatua, pues no hacía el menor movimiento que acusara la acción de la vida. Sin medios para combatir el terrible mal, ni aun para hacer la alimentación de aquella infeliz, se iba consumiendo poco a poco por la enfermedad y la falta absoluta de alimentos.

A los pocos días Aurora parecía un esqueleto cubierto apenas por un pellejo empañado y amarillento.

Máxima, que amaba con idolatría a su hermana, veía con desesperación creciente que aquella vida se iba consumiendo poco a poco amenazando extinguirse rápidamente.

Aquél era un espectáculo conmovedor, y las mujeres, dedicadas a una asistencia impotente, enflaquecían también, dejándose ganar ellas mismas por una desesperación creciente. Aurora cayó por fin en un ataque de melancolía profunda del que no volvió más.

Aquellos ojos tan llenos de luz y de vida, fijos e inmóviles, fueron perdiendo su brillo hasta que quedaron helados como todo su cuerpo. Y la vida de la carne se apagó como se había apagado un mes antes la vida de la inteligencia. Sobre aquella cara cadavérica, no quedaba ni un solo rastro de aquella belleza tan pura y tan magnífica.

Quiroga, al saber la muerte de Aurora, se retiró a La Rioja; no tenía ya nada que hacer ni que esperar en Catamarca.

La triste historia de Aurora había puesto sobre aviso a las niñas de aquellas inocentes sociedades, que temblaban de una visita de Quiroga como de la peor de las desventuras.

Máxima Ocampo no pudo resistir el dolor íntimo que le causó la muerte de su hermana y enloqueció también. Era su locura una locura mansa e inofensiva, que se distraía en el cúmulo de disparates diversos que hablaba sin cesar. Y vagaba las calles de Catamarca provocando la risa de todos, con sus locuras inocentes y ridículas.

Hace muy poco tiempo la veían todavía cruzar las calles de La Rioja, bajo la sátira de los jóvenes que provocaban con diversos dicharachos su palabra fácil y descalabrada.

Y hablaba horrores de Quiroga declarándose Chachina, que era como se llamaban las partidarias del general Peñaloza.

Doña Rosario se fue de Catamarca, olvidando la tradición lo que fue de ella, aunque hay quien asegura que pocos meses después la hizo lancear Quiroga.

Amor de Chacho

Después de aquella muerte, Quiroga volvió a Buenos Aires nuevamente, pues poco tenía que hacer por los Llanos. Con lo que había pasado en Mendoza y Catamarca estaba seguro de que nadie se atrevería a rebelarse contra él, ni aun habiendo sido verdaderamente derrotado, y no tenía nada que temer por ese lado. La vida de Buenos Aires lo atraía poderosamente con su vértigo y sus mujeres, y no quería salir de la capital.

Y Rosas, que desconfiaba de todos sus hombres, prefería tenerlo a su lado, halagando todas sus pasiones y todos sus vicios y aprobando las más bárbaras crueldades que cometía, porque según él era preciso proceder así para tener en un puño a aquellas provincias rebeldes y endiabladas.

El Chacho quedó en La Rioja ejerciendo el doble prestigio de Quiroga y el suyo propio.

El fraile Aldao dominaba siempre en Mendoza, por el sangriento sistema de Rosas y de Quiroga. Aquel fraile maldecido vivía en una perpetua orgía de vino y de sangre. Gobernar, para él, no era otra cosa que degollar unitarios, con el único fin de apoderarse de sus bienes y de sus mujeres. Y combatido por tal género de vicios, cometía iniquidades incalificables, ensangrentando la bella y culta provincia de Mendoza.

En aquellos tiempos de sangre y de barbarie desenfrenada, en que cada autoridad degollaba y robaba por su propia cuenta, un hombre como el Chacho era un verdadero fenómeno.

Honrado, exageradamente honrado y de una hidalguía de carácter extraña, se había hecho querer de todos, que lo miraban como la única salvación y garantía. Los paisanos lo miraban con verdadera idolatría y la gente decente lo rodeaba porque Chacho la recibía con agrado, tratando siempre de ilustrarse con la conversación de los hombres de inteligencia. Él respetaba las opiniones de todos, habiendo concluido en las provincias del Norte con el sistema odioso de las delaciones, implantado por la Federación.

Cuando alguien venía a avisarle que tal o cual persona estaba en correspondencia con los unitarios o era enemigo del gobierno, Chacho lo despedía cortésmente y enviaba a llamar al delatado para darle sus consejos, que generalmente se reducían a esto:

—Mientras no intente nada contra el gobierno, nada tengo que ver con el modo de pensar de cada uno, pero es bueno que se oculte porque lo mismo que me han avisado a mí pueden avisarle al general Quiroga, y ya saben cómo procede éste. No me comprometan entonces y permanezcan indiferentes a todo hasta que cambie el actual sistema de cosas.

Así los unitarios eran tan chachistas como los mismos federales y mantenían con Peñaloza un trato frecuente y una amistad leal.

Jamás se abrió su boca para mandar castigar una falta política, por grave que fuera.

Solo castigaba en sus tropas los robos y los atropellos, y esto de una manera leve, que les hacía sin embargo más impresión que los castigos brutales de Quiroga.

Es que Chacho era unitario por convicción y por instinto. Comprendía que el sistema que regía los destinos de los pueblos era infame, porque no existía más ley ni más derecho que la voluntad de Rosas y sus tenientes, que se hacían dueños de la vida y la fortuna de los que no pensaban como ellos.

Tenía verdadero desprecio por los hombres que mandaban y sentía un horror invencible hacia el fraile Aldao, a quien odiaba desde el fondo de su alma.

Detestaba la tiranía, y escuchando a los hombres de algún saber que lo rodeaban, había concluido por mirar como cosa santa y necesaria la caída de Rosas, pensando que el hombre que lo combatiera y lo venciera prestaría a la humanidad un servicio inmenso. Pero Chacho estaba estrechamente ligado a Quiroga por el cariño y la lealtad.

Era enemigo de su política y miraba con horror la conducta del caudillo, pero era su amigo, y mientras Quiroga viviera no había que contar con el apoyo de Chacho. Así como el Chacho sin ser federal servía a Rosas por Quiroga, sin averiguar por qué ni de qué manera lo servía, el mismo pueblo riojano, liberal por instinto y de corazón, servía a la misma causa sirviendo al prestigioso Chacho.

Y así como éste servía y obedecía ciegamente a Quiroga sin pedirle la causa ni la razón de sus actos, el pueblo seguía a Chacho sin preguntarle adónde lo llevaba ni por qué lo hacía pelear. Chacho los llamaba y ellos acudían, y peleaban porque peleaba el Chacho, sin darse cuenta de que defendían una causa buena o mala. Si Chacho los hubiera llevado a pelear contra Quiroga, hubieran peleado de la misma manera y con el mismo entusiasmo.

Es que Chacho tenía más prestigio que Quiroga mismo, a quien no amaban, pero que temían, y le temían más porque el Chacho hacía lo que él mandaba sin escrúpulo de ningún género.

Quiroga era cruel y bárbaro, y no podía inspirarles ningún cariño, pero por esta misma razón le temían y no se hubieran atrevido a desobedecer una orden de él emanada, aunque fuera el acto más feroz.

Y como detrás de Quiroga estaba el poder estupendo del tirano, no había más que mantenerse en el mismo estado mientras Chacho le permaneciese fiel.

Personas de verdadera importancia le propusieron más de una vez ponerlo al frente de un movimiento unitario, con los elementos que necesitara, pero Chacho los había atajado a mitad de la propuesta.

—Mientras Quiroga viva, es inútil hablarme en ese sentido —les había dicho—. Cuando falte el general yo me consideraré desligado de todo y los ayudaré con todo mi corazón. Pero por ahora guarden silencio y no me comprometan, porque si el general llega a saber todo esto hará con La Rioja lo que ya ha hecho con Catamarca y con Mendoza; y separado yo del mando, vendría alguien peor que Quiroga mismo a ensangrentar La Rioja, que es a este respecto la más feliz de todas las provincias.

Y comprendiendo toda la razón que tenía Chacho, los unitarios se ocultaban por temor a una delación y vivían felices hasta cierto punto, pues siquiera con Chacho tenían una garantía de su vida y sus intereses.

Quiroga no venía al interior sino cuando era necesario y a ponerse al frente de su ejército para exterminar a aquellos que se levantaran contra Rosas. De modo que las provincias, temiendo más la presencia de Quiroga que la peor de las desventuras, permanecían sumisas sin atreverse sus habitantes ni siquiera a pensar nada contra él.

Es que Facundo, que viajaba siempre con una fuerte escolta, prescindía de toda autoridad en absoluto. Castigaba los delitos o los que él tachaba de tales, pasando sobre todas las autoridades, sin que ninguna de ellas hiciera la menor tentativa de resistirse, ni resentirse siquiera.

Quiroga sabía que en Mendoza, en San Juan o en Catamarca se conspiraba contra Rosas, y sin más preámbulo mandaba directamente un piquete a traerle las personas sospechadas a quienes él debía castigar arbitrariamente.

Y no había gobierno que pusiera el menor obstáculo al desempeño de aquellas comisiones, porque detrás de aquel oficial estaba Quiroga con todo su poder estupendo.

Otras veces acudía él mismo, e instalándose en la Policía o casa de Gobierno, mandaba prender en sus casas a las personas delatadas y las hacía lancear en su presencia, ya en la Policía, ya en plena calle, pues para él todo era lo mismo.

Así a la voz de que venía Quiroga, los pueblos se echaban a temblar, pensando qué cabezas irían a ser cortadas.

El elemento unitario era poderoso en La Rioja, pero este elemento, como hemos dicho, seguía ciegamente a Chacho, de quien era fanático, y como éste obedecía a Quiroga, puede decirse que La Rioja, siendo enemiga de Rosas, era esencialmente federal.

Y como La Rioja, lo eran Santiago y Catamarca y hasta San Juan mismo, adonde llegaba la influencia y prestigio del Chacho. Quiroga se había impuesto de tal manera por su valor personal, que no necesitaba más escolta ni más garantía que las de su nombre mismo. Él tenía muchos enemigos que se vengarían de él en la primera oportunidad, porque había provocado muchas venganzas, pero lo sucedido al marido de Ángela era bastante para contenerlos.

Y Quiroga, cuyo valor era realmente asombroso, no se preocupaba jamás en llevar quien le guardara la espalda, seguro de que no habría quien se atreviese a asesinarlo.

Es que nadie se atrevería ni siquiera a caminar a su espalda, pues no era la primera vez que por esta sola causa Quiroga había tomado a un hombre y lo había hecho degollar. De modo que cuando Quiroga andaba de noche por la calle, ni a su espalda ni por la vereda de enfrente se veía una persona en un trayecto de más de cuatro cuadras.

Facundo no llevaba más armas que un puñal y una pistola de dos tiros, y con esto solo se consideraba tan seguro como al frente de un ejército. Basta que hubiera dado un grito en media calle, para que todos hubieran acudido a recibir sus órdenes, por bárbaras que fueran.

Esta es la causa por que nadie había atentado jamás contra la vida de Quiroga, aunque éste, por dondequiera que había pasado, había dejado tras de sí mil venganzas.

Quiroga estaba habituado a tratar a los gobernadores de provincia como a sus propios asistentes, y el que se hubiera rebelado contra este trato, no habría tardado mucho en arrepentirse.

Chacho era feliz; sin odio y sin rivalidades de ningún género que lo habían entristecido profundamente, pero no había tenido una sola palabra de reproche para Quiroga, que por otra parte estaba disculpado en cierto modo ante sus ojos.

«Es la fuerza de su pasión poderosa que lo ha arrastrado, pensaba, sin prever las consecuencias que podía tener su acción.»

Él la amaba poderosamente, y no hubiera sido capaz de intentar algo que pudiera causarle la muerte.

Y recordaba la belleza magnífica y radiante de Aurora, que no tenía para él igual sobre la tierra.

Ante aquellos ojos magníficos y radiantes, su corazón había empezado a despertar a la vida del amor, y no podía recordar sin amargura a aquella pobre niña cuya virtud y cuya pureza le habían llevado a la tumba.

Chacho estaba en todo el vigor de su juventud poderosa, con todas las pasiones de la edad, y en la posibilidad de obtenerlo todo por la posición en que se había colocado, se divertía de todos modos pero siempre que estas diversiones no perjudicaran a persona alguna. No había baile ni tertulia a que no concurriera, prefiriendo siempre las más humildes, adonde lo llevaban sus oficiales, que eran sus mejores amigos. Porque Chacho se retraía siempre de toda reunión donde tuviera que hacer cumplimientos, tal vez por cortedad natural de genio o por especulación.

Él hacía con sus inferiores una vida de verdadero compañerismo, fuera del servicio, donde declaraba él mismo que era igual a los demás. Y no era un acontecimiento verlo de visita en el rancho de un sargento o de un simple soldado, en la mayor alegría e igualdad.

Amante apasionado de la zamba y de la chacarera, no faltaba a ninguna reunión que oliera a baile. Muchas eran las muchachas que gustaban furiosamente del Chacho, enamoradas de sus prendas de corazón, pero él no pasaba nunca de cierto límite, dando siempre su eterna razón:

—Desde que no puedo contentar a todas yo no puedo preferir a una sin disgustar a las demás, no quiero tener historias con ninguna, y así quedan todas iguales y yo en paz con todas.

Y efectivamente, nadie le conocía ningún amor serio entre la sociedad que frecuentaba diariamente.

En La Rioja abundaban las mujeres bellas, exageradamente bellas, en los Llanos sobre todo; era imposible mostrarse indiferente a ellas, pero Chacho se manejaba y dominaba de manera que ninguna podía creerse preferida en perjuicio de las demás. Pero no faltaban maliciosos que aseguraban que aquella indiferencia era obligada, porque Chacho tenía por ahí un rompedero de cabeza. Sus frecuentes viajes a Huaja y su permanencia allí semanas enteras, corroboraban las versiones amorosas que con respecto a él se hacían.

Esta joven, con quien embromaban a Chacho, era una espléndida muchacha de Huaja, que se había enamorado de Chacho desde que vivía el cura Peñaloza, y era por respeto a éste que ambos habían ocultado el puro amor que sentían. Pobre y humilde aunque bellísima, Chacho había tenido miedo que su tío se opusiera a aquellos amores, y por esto los había disimulado de tal manera que nadie los sospechó jamás.

Pero una vez que hubo muerto Peñaloza y Chacho tuvo que salir de Huaja, juró a su Mercedes un amor eterno, promesa que vino a reiterar poco tiempo después.

Desde entonces y siempre que podía, Chacho venía a pasar una temporada, más o menos larga, al lado de Mercedes, que lo amaba con idolatría.

Ya no fue posible ocultar aquel secreto con el misterio de antes, y los amores de Mercedes con Chacho, después de hacerse públicos en Huaja, llegaron a revelarse en La Rioja misma, levantando una tormenta de bromazos que sin compasión le daban todos sus amigos.

Pero Chacho no confesaba por nada de este mundo sus amores con Mercedes, pretendiendo tenerlos siempre ocultos, lo que ya no era posible. Y no es que Chacho ocultara aquellos amores porque los considerara un delito, sino para evitar la lluvia de bromazos que le daban sus amigos y sobre todo sus amigas.

—Chacho se enamora en Huaja para tener quien le haga la famosa mazamorra, hace bien, así nunca le faltará su plato favorito —dicen unas, a lo que Chacho contesta:

—¡Caramba! Uno no puede tener una amiga sin que ya lo bauticen de amores; yo no tengo amores, soy libre como el aire y pienso serlo toda la vida.

Como siempre el Chacho no tenía reservado nada para sí; lo suyo era de todos, desde su dinero hasta su ropa misma.

El poder del Chacho era incalculable para él mismo, que como no hacía caso de su autoridad, no sabía él mismo todo lo que valía. Invitado a una fiesta, no dejaba de concurrir por más lejos que fuera, no por la fiesta misma sino por no desairar a quien lo había invitado. Allí bailaba siempre sin descanso alguno, y si la población de la fiesta quedaba distante de La Rioja, permanecía allí uno o dos días más en buena sociedad y armonía.

Aunque se bebiera por alto como ha sido siempre costumbre en las fiestas riojanas, no hubo ejemplo de que Chacho se excediera jamás en la bebida, como no se excedía en nada. Así vivía feliz, considerado de todos y sin haber levantado jamás en su contra una sola enemistad.

Los riojanos se sentían orgullosos de Chacho, que tarde o temprano había de regir sus destinos.

La federal costumbre, era embriagarse más mientras mayor era la autoridad que se representaba, como Quiroga, el fraile Aldao y Bustos en Córdoba.

Pero Chacho observaba una práctica inversa. Cuando quedaba representando el poder de Quiroga era cuando se divertía menos, puesto que tenía que velar por la seguridad de los demás.

Muchos amigos le decían que para no tener que volver con tanta frecuencia a Huaja, llevara sus amores a La Rioja y así evitaría que fuera a suceder un descalabro en su ausencia, pues los unitarios no descansaban un momento.

Chacho dejó entonces de ausentarse a Huaja, lo que desorientó a los que tanto lo embromaban con sus amores.

O Chacho no tenía tales amores, o su amante, comprendiendo la necesidad que retenía a Chacho, se conformaba con no verlo sino allá muy de tarde en tarde.

La Tablada

Al mencionarse el combate de Quiroga contra La Madrid en Tucumán, un error de imprenta nos hizo nombrar aquella batalla bajo el nombre de la Tablada en vez de la Ciudadela. Salvamos hoy el error, al ocuparnos de aquel espléndido hecho de armas del brillante y reposado general Paz.

Los unitarios se movían por todas partes y Lavalle, La Madrid y Paz, cada uno por su lado, operaban contra el poder de Rosas.

El general Paz, el primer táctico de su tiempo, había invadido a Córdoba, derrotando al general Bustos y apoderándose de la provincia que podría servir de centro al movimiento unitario del interior. El triunfo de Paz era una amenaza tremenda para la Federación, y Rosas, que comprendía esto, empezó a reunir todos sus elementos para enviarlos contra el prestigioso jefe unitario, el que más temor le inspiraba por el talento militar de este distinguido guerrero.

Don Estanislao López, el gran aliado en Santa Fe, había reunido todos sus grandes elementos y puéstose a la cabeza de su fuerte ejército para batir a Paz. Pero el poderoso caudillo santafecino no se atrevía a batirse con el general Paz, por miedo a un contraste y se contentaba con amenazarle con su presencia, moviéndose en retirada siempre que Paz avanzaba.

El plan de Paz era apoderarse de todo el interior, y con todos los elementos que allí pudiera reunir dar un golpe de muerte a la Federación.

Solo Quiroga podía salvarlo de aquella emergencia, solo Quiroga era capaz de combatir y vencer al general unitario, y a Quiroga apeló Rosas como su suprema salvación.

Al Tigre de los Llanos no le arredraba nada, tenía una fe profunda en su valor y su audacia, y una campaña contra Paz era para él lo mismo que una campaña contra cualquier otro; no dudaba un momento del éxito. Nunca había tenido un contraste y le parecía que su poder era invencible en el interior.

Rosas puso a sus órdenes cuantos elementos pudo reunir y lo envió a levantar un ejército tan numeroso como fuera posible para batir al general Paz.

—Dentro de un mes —dijo Facundo—, tiene V. E. en Buenos Aires orejas de Paz, que el tonto de Bustos no se ha atrevido a cortar. No se preocupe, pues, de Paz, que corre por mi cuenta, y atienda libremente a otra parte, pues en el interior no hay quien pueda con Facundo Quiroga.

Y Quiroga, con el propósito de volver a meterse en el bolsillo a las provincias rebeldes, marchó a La Rioja con todos los elementos que Rosas le había confiado.

La Rioja fue puesta en el acto en pie de guerra. A la voz de Quiroga y del Chacho todos habían acudido a las armas formando en el acto una división de dos mil hombres de caballería, de aquella caballería brava y cargadora que siempre le había dado el triunfo en los momentos más difíciles.

Avisado el fraile Aldao, reunía también sus elementos en Mendoza para concurrir al plan de Quiroga, puesto que el afianzamiento del poder de éste era el de su propio poder. Triunfante Paz, Mendoza no tardaría en caer, teniendo él que ponerse en salvo, si es que para ello le daban tiempo. La causa de Quiroga era la suya propia, y entonces era preciso reunir cuanto elemento tuviera para que el triunfo fuese así más completo.

Quiroga, al frente de su poderoso ejército de caballería en su mayor parte, aumentado con contingentes de Catamarca y Santiago, se puso en marcha sobre Córdoba sin la menor vacilación. Para él no había duda de que Paz sería vencido con la misma facilidad que los otros jefes unitarios.

Avisado de la proximidad de Quiroga, el intrépido y hábil general Paz salió a La Tablada a esperarlo, dejando en Córdoba organizadas las reservas de que podría necesitar en el caso de un contraste. Era prudente preverlo todo, y como el ejército que traía Quiroga era numeroso, no era imposible un contraste.

Paz no dudaba del éxito, sus tropas, aunque escasas, eran de primer orden, contando sobre todo con cuatro batallones aguerridos y habituados a triunfar, mientras Quiroga era un simple montonero, muy bravo, muy audaz, pero que no tenía la menor idea de la táctica y de todos los recursos que pueden sacarse de un ejército.

Así que Quiroga divisó el campamento de Paz, tendió su larga línea de batalla, dejando esta vez las reservas a las órdenes de Peñaloza, y marchando él al frente del ejército, cuya derecha había confiado al fraile Aldao, cuyo valor imponderable en el combate era para Facundo una garantía de éxito.

Las infanterías eran muy reducidas y malas, pues tanto él como Chacho no tenían ninguna confianza en esta arma.

Guerrilleros famosos ambos, la infantería no tenía aquella rapidez de movimiento tan necesaria a su manera de hacer la guerra, y la miraban más bien como un estorbo que como una ventaja.

Él llevaba también dos cañones, pero sus artilleros eran malos y poco prácticos, de modo que en realidad aquellas piezas no servían sino para embarazar sus movimientos.

Toda la fe de Quiroga estaba en la numerosa caballería y en la habilidad del Chacho para operar con ella.

Chacho, que todo lo preveía, había dado ya punto de reunión a los suyos para el caso de un contraste y desbande.

—Quince días después, a la noche —les había dicho—, los espero reunidos en la Costa del Medio.

Y seguro de que nadie faltaría a aquella cita, no se preocupó más que de la batalla que pocos momentos después iba a tener lugar. Paz dispuso sus fuerzas observando la más rigurosa táctica, y rompió sobre Quiroga el fuego de su artillería que empezó a hacerle serios destrozos.

Las infanterías, una vez que estuvieron a tiro, rompieron también un fuego nutridísimo que hizo vacilar la derecha de Aldao. El fuego empezó entonces a ser violento por una y otra parte, causando pérdidas sensibles en las filas de Quiroga, que empezaba a vacilar bajo aquel fuego violento.

—¡A apagar esas piezas! —gritó Quiroga, que veía que en la duración del fuego estaba el triunfo de Paz.

Y el fraile Aldao se lanzó a la carga con los regimientos a sus órdenes, mientras Quiroga atendía con toda atención el combate a la izquierda suya, derecha del general Paz.

A pesar de lo rápido y vigoroso de la carga, Aldao fue contenido por el fuego de la infantería y rechazado poco después con grandes pérdidas. Y la artillería con sus tiros más certeros, abría enormes claros en los batallones de Quiroga. Este estaba ya enfurecido; la batalla se prolongaba demasiado, y no se le escapaba la superioridad del enemigo en la calidad de sus tropas y las disposiciones de su jefe. Y deseando darle un golpe sensible, cargó él mismo a la bayoneta con todas sus infanterías.

El Chacho estaba violento, deseaba ardientemente tomar parte en la batalla, pero no se atrevía a moverse sin orden de Quiroga, puesto que a él se le había confiado la reserva en caso de un contraste que ya no podía tardar en pronunciarse.

Quiroga se metió hasta las piezas de Paz, golpeando con el poncho la cabeza de los artilleros, pero estaba de Dios que aquel día debía ser vencido. Después de tres o cuatro minutos de un combate tenaz y sangriento, Quiroga fue rechazado. El lugar del choque había quedado sembrado de cadáveres de una y otra parte, pero las infanterías de Quiroga no solo habían sido rechazadas sino deshechas.

Paz, con la serenidad que lo distinguía siempre en los momentos más duros, atendía a todos lados, demorándose allí donde su presencia era necesaria.

Enfurecido Quiroga y queriendo anonadar a fuerza de valor a las tropas de Paz, hizo cargar a Aldao nuevamente, poniéndose él mismo al frente de la carga. El choque fue tremendo. Entusiasmados con el valor comunicativo y ardoroso de Facundo, los regimientos se entreveraron y el combate a arma blanca tomó un aspecto de verdadera carnicería.

Paz, viendo que sus caballerías eran sofocadas por el número y la impetuosidad del enemigo, mandó allí un refuerzo, y Quiroga y Aldao fueron de nuevo rechazados con grandes pérdidas, retirándose sus tropas en completo desbande.

La batalla llegaba a su punto culminante, las tropas empezaban a fatigarse, y allí estaba Chacho con sus grandes masas de caballería fresca y deseosa de entrar en pelea.

Paz formó cuadros con su infantería, colocando dentro de ellas sus piezas de artillería, mientras con una buena carga de caballería concluía de derrotar el centro y la derecha de Quiroga. Este se vio perdido, y mandó Chacho cargar los cuadros con la mitad de la reserva.

Chacho, que hacía mucho tiempo esperaba aquella orden, se lanzó en una carga impetuosa sobre los cuadros de Paz. Y el primer cuadro fue hecho pedazos, aunque con terribles pérdidas por parte de Chacho. Entusiasta y ardiente, carga sobre el segundo, pero allí lo espera Paz con un regimiento de caballería. Extenuado y algo desorganizado en el primer encuentro, fue rechazado en el segundo de una manera violenta. Chacho no se desanima, se reorganiza y vuelve a cargar con más empuje y valor que nunca. Pero vuelve a ser rechazado con pérdidas enormes. Se combatía de una manera frenética y desesperada. Los cuadros son rotos por el Chacho, que se reorganiza y carga con más brío que nunca. Pero el valor formidable de aquellos hombres debía estrellarse ese día contra la estrategia notable del general Paz. El Chacho es decididamente rechazado, y Paz acude a su derecha donde combatía el mismo Quiroga, habiéndole causado numerosas bajas.

Las cargas de Quiroga eran imponentes, pues cuando se le creía rechazado se le veía cargar con más empeño que nunca y con tropas que, a pesar de haber combatido como habían combatido aquéllas, parecían tropas de refresco. Paz aglomeró allí todos sus elementos, hizo un esfuerzo y Quiroga fue rechazado con tremendas pérdidas.

Chacho se había retirado a media legua del campo de batalla, donde organizaba de nuevo sus regimientos para volver a la carga.

Los del fraile Aldao no podían reunirse, y una derrota completa era inevitable. La noche empezaba a caer, siendo muy difícil que los dispersos pudieran reunirse.

Quiroga se retiró adonde estaba el Chacho y resolvió esperar el día siguiente para empezar de nuevo con sus tropas más descansadas.

Quiroga estaba tremendo de ira y de bravura. Era la primera vez que sufría un contraste de aquella magnitud y quería a todo trance vencer a Paz, a pesar de su inferioridad saltante.

—Esperemos mañana —dijo—, reunamos esta noche los dispersos que pueda haber y mañana lucirá un nuevo Sol para las armas de Quiroga.

Y toda la noche la pasaron aquellos hombres de hierro en reunirse, juntar sus mejores armas y prepararse para el día siguiente.

El general Paz dormía sobre el campo de batalla: no había querido moverse de allí, comprendiendo que Quiroga volvería, porque su derrota no había destruido por completo sus elementos. Y lo esperaba completamente tranquilo y dispuestas sus tropas, de manera de poder rechazar ventajosamente cualquier sorpresa que era muy capaz de intentar Quiroga.

Las infanterías estaban con el cuadro formado, en cuyo centro estaban las piezas de artillería, y su caballería dormía con el caballo de la rienda.

Al amanecer del día siguiente, Quiroga se presentó a su frente tendido en batalla. No había podido reunir sus infanterías y éstas solo aparecían como unos cuantos pelotones, pero sus caballerías eran numerosas y marchaban con un aplomo que nadie hubiera sospechado en tropas que habían peleado todo el día anterior, y de qué manera.

Quiroga marchaba al centro, Chacho a la izquierda y Aldao a la derecha. Quiroga no había dejado reserva alguna, lo que probaba que venía dispuesto a combatir de una manera tremenda.

Paz empezó a hacer jugar su artillería abriendo las caras de los cuadros, con bastante buen éxito.

Quiroga mandó a Chacho que apagara los fuegos de artillería, y Chacho se vino a la carga como una tormenta. Los cuadros fueron cerrados de nuevo, y aquella infantería entusiasta y brava esperó aquella carga con increíble denuedo.

Paz tenía toda su atención en su frente, por donde venía Quiroga haciendo un nutrido fuego de fusilaría por pelotones que protegía Aldao con fuerzas de caballería.

El Chacho venía con un lazo en la mano, arma que traían también unos veinte jinetes que venían siguiéndolo en grupo aparte. Y ni el mismo Quiroga había podido explicarse en el primer momento el uso que Chacho iba a hacer de los lazos, suponiendo que serían para tomar a los jefes de la infantería.

Chacho se estrelló contra los cuadros, rompiendo los dos primeros con un brío insuperable. Y mientras sus soldados sableaban a los artilleros dentro de los cuadros mismos, se vio al Chacho revolear su lazo, enlazar una pieza y sacarla a la cincha de dentro del cuadro. La misma operación repetida por aquellos soldados que lo seguían con el lazo armado, dio por resultado la toma de dos cañones más, que fueron llevados al campo de Quiroga.

Este hecho notable entusiasmó a las tropas de tal modo que prorrumpieron en un inmenso viva al Chacho. Y sus soldados, ardorosos y alegres con aquel resultado, cargaron sobre el segundo cuadro, pero Chacho no estaba con ellos, porque había ido a llevar las piezas, y fueron rechazados de una manera sangrienta.

Como Chacho no solo había traído la pieza sino el armón a ésta prendido, Quiroga la empezó a hacer jugar sobre las infanterías de Paz. El combate se había hecho general, y Chacho, irritado con el primer rechazo, volvía a la carga nuevamente con increíble violencia.

Quiroga entretanto seguía haciendo un buen fuego de artillería e infantería, mientras espiaba un buen momento para hacer cargar al fraile Aldao.

Paz acude primero donde cargaba el Chacho, y éste es rechazado de una manera tremenda. No por esto se arredra el Chacho, y vuelve a cargar y carga doce veces consecutivas, haciendo verdaderos destrozos en las tropas de Paz, que lo rechazan otras tantas victoriosamente.

Deshecho el Chacho y extenuado, toca a Paz su turno de cargar, y hace cargar a una fuerte columna escalonada sobre las mismas piezas que le tomara el Chacho después del choque sangriento y terrible. La derrota empieza a iniciarse como el día anterior entre las filas de Quiroga; ya el fraile Aldao ha sido vencido y el Chacho no puede reorganizarse.

Paz carga a la bayoneta, y el centro de Quiroga es doblado y obligado a dar la espalda. Es preciso no perder tiempo, aprovechar la ventaja antes de que puedan reorganizarse, y Paz lanza entonces toda su caballería, que dobla por completo a las pocas tropas que permanecían firmes, La derrota es completa; los restos del ejército de Quiroga huyen y Paz los hace perseguir tenazmente, tomándole prisionera toda su infantería.

—¡A La Rioja! —dice Quiroga al Chacho y a Aldao—. ¡Pronto tendremos el desquite!

—¡A la Costa del Medio! —vuelve a gritar Chacho a los suyos; y todos se dispersaron huyendo de aquel enemigo que los persigue con una tenacidad tremenda.

Los tres caudillos se dirigieron a La Rioja, separándose al día siguiente en que Aldao toma el camino de Mendoza donde va a reunir nuevos elementos.

El general Paz, triunfante en Córdoba de aquella manera, queda dueño del Interior, pues su triunfo sobre Quiroga después de dos días de combate, da a su ejército una importancia tremenda.

¿Quién, vencido Quiroga, se le pondrá al frente? Solo el mismo Facundo, pero para esto tiene que formar y organizar un nuevo ejército.

Aquél ha sido un golpe terrible para Rosas, que se ve perdido en el Interior y cortada su comunicación con Quiroga.

Facundo estaba tremendo, de sus ojos salían relámpagos de inmensa ira, y su rostro feroz, lívido y desencajado, ofrecía un aspecto bien terrible.

—Todo perdido —decía a Chacho—, pero momentáneamente perdido, porque es preciso dar un golpe de muerte a Paz que estará envalentonado con su triunfo. No hay que perder tiempo, no hay que perder un minuto y organizarnos cuanto antes para darle el golpe de muerte.

—En la Costa del Medio encontraremos las tropas que se hayan salvado de la batalla, no lo dude general, porque allí les di cita. Pues con esa base y lo que reúna Aldao en Mendoza, habrá lo bastante para formar un ejército más poderoso que el que hemos perdido.

Ambos llegaron a La Rioja, nueve días después del desastre, con unos doscientos hombres que se les juntaron en el camino. Y en el acto Quiroga puso a toda la provincia en pie de guerra.

Como lo había asegurado Chacho, en la Costa del Medio lo esperaban formados más de cuatrocientos hombres, a los que se habían reunido ya otros tantos para esperar a Chacho.

Quiroga, bajo aquella base, pasó inmediatamente a Mendoza donde Aldao encontraba muchas dificultades para reunir gente. En Mendoza había muchos unitarios de influencia, que alentados por el triunfo de Paz no permitían a Aldao formar ejército, validos también del desprestigio en que había caído el fraile a causa de la derrota. Y como le faltaba el apoyo de Quiroga, vencido y extenuado como él, en Mendoza se le hacía una fuerte oposición, que le había impedido formar un ejército de más de doscientos hombres.

Ellos esperaban de un momento a otro auxilios de Paz, y no temían ya la preponderancia del fraile, que creían perdida para siempre. Pero a la noticia de que Quiroga se aproximaba con un ejército de más de mil hombres, las cosas cambiaron de aspecto, y los que más lo habían hostilizado ocultamente, empezaron a ayudarlo entonces.

Quiroga sacó de Mendoza cuantos elementos pudo en hombres y recursos, y se puso en marcha al frente de tropas numerosas, después de hacerles esta terrible prevención:

—Yo le voy a mostrar a Paz quién es Quiroga. ¡Ay de aquel que me hostilice de cualquier manera! ¡Pobre de aquel que haya desconocido mi autoridad!

Y como no era difícil que Quiroga triunfara al fin de Paz, sus enemigos quedaron en Mendoza aterrados y esperando ansiosos el resultado de la nueva batalla.

Con aquel ejército fuerte y numeroso, Quiroga marchó a San Luis, engrasándolo con cuanto elemento pudo juntar al paso de las poblaciones.

Y al frente de un ejército bastante respetable, volvió sobre Córdoba donde permanecía Paz con su ejército hecho y envalentonado por el triunfo de La Tablada.

Quiroga no vacila, se cree seguro del triunfo y cae sobre Córdoba creyendo que nadie lo esperaba. Pero Paz, eminentemente previsor, que calculaba no tardara en volver Quiroga, lo esperaba en Oncativo, decidido a escarmentarlo por segunda vez de una manera más dura. Y es allí donde se encuentran por tercera vez el hábil táctico y el prestigioso y valiente caudillo.

Ya Paz conocía la manera de combatir de Quiroga, ventaja inmensa, pues podía prever aquellos golpes de audacia que tan buen resultado le habían dado siempre.

Sus tropas tenían confianza en su jefe y en el triunfo, pero temblaban a la idea de que podían ser cargadas por el Chacho. No olvidaban aquellas cargas violentas y continuadas, que sembraban la muerte y el espanto allí donde arremetían.

La batalla empezó bajo un violento fuego de artillería e infantería que principió a causar grandes bajas en el ejército de Quiroga, cuyas dos piecitas no podían hacer mayor estrago. Y el Tigre de los Llanos se multiplicaba en todos los puntos de peligro, tomando aquellas disposiciones que le aconsejaba el peligro del momento.

Paz cargó a la bayoneta sobre el centro de Quiroga, y éste mandó a Chacho que con cuatro regimientos fuera al encuentro de aquella carga. Las infanterías de Paz tuvieron que formar cuadro sobre la marcha, y allí soportaron la carga más violenta de la batalla. Puede decirse que aquel fue el punto de la batalla.

Paz mandó nuevas fuerzas en protección de aquella infantería que sableaba Chacho, y allí también acudió el fraile Aldao en apoyo de Chacho. Paz aglomera allí sus cuerpos, pues comprende que allí está el éxito de la batalla, y Quiroga que cree lo mismo que Paz tal vez, acude también allí y carga de una manera tremenda.

Quiroga dirige el combate y toma también parte en él con un encarnizamiento de fiera.

Chacho y Aldao combaten cada cual por su lado, pero el fuego de las tropas de Paz es inaguantable, y Aldao es el primero que se retira para rehacerse. Esta al menos es su intención, pero Paz que está en todo, desprende sobre él dos regimientos que no lo dejan reorganizarse y que le desbandan su fuerza, poniéndolo en serio peligro de caer prisionero.

Quiroga mira con desesperación el desbande de Aldao y se retira también para proteger cualquier movimiento de reorganización.

Y aquellos dispersos empiezan a volver al lado de Quiroga, para reorganizarse y seguir peleando. La resistencia de aquellos hombres es asombrosa.

Chacho queda allí peleando él mismo como un león y volviendo a cargar cada vez que es rechazado. Es su voz la que sostiene el brío de aquellos soldados rendidos por la fatiga y extenuados por los rechazos.

Paz aglomera sus fuerzas sobre Quiroga para no dejarlo rehacer y terminar su derrota.

Quiroga combate de una manera imponente, ha recibido dos grandes contusiones, pero poco supone esto para una naturaleza como la suya, y el combate sigue en aquella parte entre un círculo de cadáveres.

Paz insiste, manda un nuevo refuerzo, y Quiroga es deshecho por completo. Facundo enfurecido comprende, sin embargo, que se ha perdido todo y que apenas le quedan fuerzas para retirarse de aquel campo de muerte, y acude allí donde combate Chacho con un grupo de trescientos soldados apenas.

Chacho se defiende de una manera heroica sin ceder un palmo de terreno y sin saber cuál es el estado de la batalla en los otros puntos, cuando Quiroga se pone a su lado y manda la retirada de aquellos leones. Y los restos del Chacho se retiran con una bravura magnífica e imponente.

El enemigo queda triunfante de nuevo sobre el campo de batalla, pero en condiciones de postración que no le permitían perseguir a aquel grupo donde se retiran Chacho y Quiroga.

Facundo huye de aquel campo de vergüenza para él sin esperanza de un desquite, porque ha agotado sus elementos y comprometido su prestigio. No podía formar de nuevo un ejército que necesitaba para vencer a Paz, y resuelve venirse a Buenos Aires en busca de aquellos elementos. Vencer a Paz es el pensamiento único que llena la imaginación del Tigre de los Llanos, y es en Buenos Aires donde ha de hallar esos elementos. Y licenciando aquel pelotón de bravos se retira hacia Buenos Aires, acompañado del Chacho con una pequeña escolta.

El desquite del Tigre

El general Paz ha quedado apoderado de todo el Interior. Córdoba le pertenecía por completo, en San Luis contaba con el decidido apoyo del gobierno, en Mendoza tenía una división al mando del coronel Videla y en Tucumán todo era suyo, pues allí la reacción unitaria era siempre superior a las demás provincias. Y aunque Lavalle había sido vencido en los campos de Alvarez, la revolución estaba triunfante en el Interior.

Solo el general López tenía en Santa Fe un fuerte ejército, pero no se atrevía a buscar abiertamente a Paz y darle una batalla, contentándose con amenazarlo por medio de marchas simuladas.

La situación de Rosas era apurada, con el Interior perdido a causa de la derrota de Quiroga, temía que fuese vencido también López y que viniera a golpearle a las puertas de Buenos Aires mismo.

Fue en esta situación terrible de su espíritu cuando recibió la visita de los dos grandes caudillos del Interior, y fue en las primeras palabras de Quiroga cuando comprendió que aquello no era tan desesperado como creyó al principio y que aún podía cambiarse todo con un éxito feliz.

—He sido vencido por falta de elementos —decía Quiroga—, pero el vencedor queda postrado por mis golpes y no está en situación de moverse por ahora de una manera ofensiva. A pesar de todo, el Interior me pertenece y se moverá como un solo hombre al llamado de mi voz. La Rioja, Catamarca, Santiago, San Luis y Mendoza son míos, no lo dude un momento, V. E. Y San Juan, como Tucumán mismo, en cuanto me sientan se entregarán, porque me temen y no querrán exponerse a mi castigo. Yo no necesito más que una fuerza relativamente pequeña para entrar en Córdoba y sorprenderla, mientras Paz, que no me espera en manera alguna, está distraído por el ejército del general López. Una vez que yo me apodere de Córdoba, puede decirse que todo el Interior es mío otra vez.

Y Chacho apoyaba cuanto decía Quiroga, asegurando que el éxito de una nueva campaña dependía solo de los elementos de hombres y de armas que se llevaran de Buenos Aires.

Quiroga estaba tan interesado como Rosas mismo en el éxito de aquella nueva campaña, porque recuperaba su poder perdido y el prestigio que las derrotas sufridas le habían hecho perder.

Rosas dio a Quiroga cuatrocientos hombres y algunos jefes con un buen contingente de armas y municiones para atender las primeras necesidades de la gente que movilizara a su paso.

—Dentro de muy poco tendrá usted noticias mías —dijo Quiroga— y noticias satisfactorias, más satisfactorias de cuanto usted puede imaginarse. Todo el Interior es mío en cuanto sientan que yo me aproximo con tropas; se pronunciarán por mí y vendrán a engrosar mis filas.

Rosas, convencido del prestigio de Quiroga, escribió a López que protegiera su movimiento en cuanto pudiera necesitar, y Facundo emprendió así su nueva campaña, no dudando un momento del éxito más brillante.

Las tropas de Quiroga eran en su mayor parte de infantería, pues la caballería la formaría en Córdoba, y en cuanto a artillería pensaba servirse de la que arrebatara a Paz en Córdoba. Llegado a Santa Fe se puso en habla con el general López, quien lo proveyó de 200 jinetes, que era todo cuanto Quiroga decía necesitar. Con este ejército, las armas que le diera Rosas y las que pudo sacar a López, abrió decididamente su campaña, marchando hacia Río Cuarto.

—Llame usted la atención de Paz, y lo demás corre por mi cuenta —dijo al caudillo santafecino.

En Río Cuarto había un destacamento de Paz, mandado por el coronel Chavarría, y aquel destacamento era el primer objeto de Quiroga, pues allí el éxito era fácil y podría apoderarse de un buen número de armas, engrosando su ejército con buenas fuerzas de caballería.

El general Paz, amenazado por el general López, con su ejército respetable, y no figurándose que Quiroga pudiera marchar sobre Río Cuarto, tenía toda su atención en el ejército de Santa Fe, esperando de un momento a otro la oportunidad de dar una batalla.

Chavarría no podía tampoco imaginarse la proximidad de Quiroga, y no temiendo nada por el lado de Tucumán o de Mendoza, permanecía tranquilo esperando órdenes del general Paz.

Quiroga se aproximó como el tigre, marchando cautelosamente y protegido por los montes, esperando la noche para caer sobre el jefe unitario. Y en las primeras horas de una noche clara y hermosa, mandó al Chacho caer sobre el coronel Chavarría, mientras él seguía lentamente para protegerlo en caso de un rechazo.

Chavarría sintió la aproximación del Chacho, pero no tomó ninguna medida de precaución, contentándose con mandar reconocer aquella fuerza. Y el pelotón que mandó a hacer el reconocimiento, no volvió más, porque fue tomado por Chacho sin disparar un tiro.

Fue éste quien llegó al mismo cuartel de Chavarría y cayó sobre él de una manera tremenda.

Sorprendido éste, apenas tuvo tiempo de salvarse con algunos oficiales huyendo hacia Córdoba, mientras sus tropas, después de una resistencia débil, se entregaban a discreción a los gritos de viva el general Quiroga, aunque había atacado Chacho. Si Quiroga estaba allí era inútil resistirse y peligroso provocar las iras del caudillo riojano que, obligado a pelear, no les daría cuartel, pasándolos a cuchillo como era su práctica.

Entregándose así sin combatir no irritaban al caudillo, engrosaban sus filas y salvaban de este modo la vida.

Cuando llegó Quiroga todo estaba concluido, el Chacho era dueño de Río Cuarto, y había engrosado su vanguardia con 300 hombres de infantería y caballería y un buen repuesto de armas. Los gritos de viva Quiroga resonaban por todas partes y la población aterrada porque ya sabía lo que quería decir la presencia de Quiroga, repetía los vivas para que Quiroga no tuviera el menor pretexto de venganza para degollar y matar.

El éxito no podía ser más satisfactorio, y Quiroga contento y sonriente distribuyó aquellas fuerzas entre las suyas, sacó de Río Cuarto todos los elementos bélicos que contenía, y siempre llevando a Chacho de vanguardia se dirigió rápidamente a San Luis.

Su éxito estaba en la rapidez de la acción, pues una vez apoderado de San Luis y Mendoza, ni Paz ni nadie podría con los elementos que iba a reunir.

Aquélla era la base de sus operaciones, pues dominadas aquellas dos provincias, el resto del Norte quedaba dominado de hecho, con solo la noticia de que él se hallaba al frente de un fuerte ejército.

Quiroga, sentido en San Luis, encuentra una resistencia formidable. El gobierno se prepara a la lucha con buenos elementos, y a su encuentro sale el intrépido y valeroso coronel Pringles al frente de un cuerpo de ejército.

Quiroga ya no le da tiempo de tomar la menor disposición, y siempre con la teoría de que en la rapidez de la acción está el triunfo, hace cargar a Pringles con el Chacho mientras él tiende su ejército en buena línea de batalla.

La carga es como todas las que lleva el Chacho, arrolla lo que tiene a su frente y sablea a las infanterías sorprendidas.

El coronel Pringles combate con todo el ardor de que es susceptible, no ceden sus tropas un átomo de terreno, pero una bala lo baja del caballo, y el sable de los soldados rinde la vida de aquel soldado brillante y valeroso.

Muerto Pringles, las tropas se desorganizan, no resisten ya con la misma bravura y concluyen por ceder el campo a Chacho, que las persigue y sablea sin descansar.

En la ciudad el gobierno hace todavía una resistencia desesperada, pero todo es inútil. Quiroga entra triunfante a San Luis, a sangre y fuego, toma cuantos prisioneros puede y se apodera ante todo de los depósitos de armas y municiones.

Resistir es una locura, y todo se somete al feroz caudillo para hacer cesar de este modo la matanza y las persecuciones.

Quiroga encarcela a las autoridades que han encabezado la resistencia, o las hace lancear según su capricho, saca de San Luis quinientos soldados y dejando allí autoridades completamente suyas, se dirige a Mendoza forzando su marcha todo cuanto le es posible. Mendoza tiembla a la aproximación, pues ya conoce de cerca al tremendo Tigre de los Llanos y sabe que resistirle es para provocar su más sangrienta venganza.

A la aproximación de Quiroga, el fraile Aldao, que montonerea por los alrededores, se acerca también y engrosa sus filas con unos cien bandidos que lo acompañan.

Mendoza, ante la aproximación de semejante gente, con un ejército poderoso quiere capitular. Pero el coronel Videla, que está allí con fuerzas del general Paz, anima a la población y se prepara a dar una batalla, saliendo al efecto hasta el Rodeo de Chacón. Allí tiende una línea de batalla, confiado en sus bravas infanterías y dos piezas de a diez y seis regularmente servidas.

Quiroga tiende la suya y se prepara al combate, no dudando un momento del éxito. Sus masas de caballería eran ya enormes y la infantería enemiga no lo arredra.

Cargado por las caballerías forma sus cuadros y hace jugar con bastante eficacia sus piezas, y la batalla empieza de una manera encarnizada y sangrienta.

Chacho ha roto dos cuadros, haciendo prodigios de valor, mientras Quiroga carga en persona sobre el piquete de artillería y se apodera inmediatamente de las piezas.

Quiroga necesita concluir pronto, pues cree que Paz puede marchar sobre él, y quiere esperarlo con entera comodidad. Aún tiene que someter a Tucumán, y el tiempo le urge. Entonces hace cargar violentamente a toda su caballería, y el coronel Videla es vencido y deshecho.

Sus tropas huyen despavoridas, mientras los infantes que no pueden huir se entregan a discreción pidiendo la vida. Videla ha huido con los suyos que lo han envuelto en la disparada, lo que irrita a Quiroga, que hubiera deseado degollarlo. Y enfurecido por esto, se desquita haciendo lancear y degollar a cuanto oficial le cae a las manos.

Mendoza ha caído nuevamente bajo el poder de Quiroga y del terrible fraile Aldao. Y el Tigre de los Llanos se encuentra al frente del ejército más numeroso que ha mandado hasta entonces.

Paz había salido de Córdoba con su ejército para batir a López, y habiéndose separado momentáneamente de su ejército para inspeccionar personalmente la posición de López, fue hecho prisionero por una partida del ejército de Santa Fe.

En nuestra obra Historia de Rosas nos hemos ya ocupado detenidamente de este hecho de armas y los acontecimientos a que dio lugar en Buenos Aires la prisión del general Paz.

Quiroga marchó sobre Tucumán inmediatamente, pues allí había un ejército compuesto de restos del general Paz y elementos que allí había aglomerado La Madrid.

Quiroga arrolla cuanto se le pone por delante, se bate en Tucumán, y vencedor, sin que haya nadie capaz de resistir el empuje de su ejército, se apodera de la ciudad y hace allí mil horrores, ensangrentando de una manera feroz la poética provincia.

Quiroga no da cuartel a nadie, mata y roba de una manera espantosa, y sus tropas puestas a saco no dejan nada en pie ni respetan nada.

Concluida esa obra de sangre, Quiroga regresa a La Rioja acompañado del coronel Bargas, que lleva como segundo jefe de vanguardia.

Asegurado su poder en todo el Norte y libre de enemigos, licencia las tropas que no cree necesitar, mandando a Aldao un refuerzo respetable para que se sostuviera a pesar de todo, dando tiempo de acudir él mismo en cualquier contratiempo.

Aldao, fuerte como nunca, y enfurecido por la oposición que le habían hecho los unitarios y las derrotas sufridas, empieza a perseguir de una manera sangrienta a los que son sus enemigos o a los que cree que lo son, su primera medida es tirar aquellos dos decretos por los que mandaba que ningún unitario podría hacer negocios por más de un peso boliviano, ni tener bien alguno de fortuna. Los bandidos que formaban su círculo disponían a su antojo de la fortuna pública y privada, y el puñal es erigido en sistema de gobierno porque no hay otra manera de tratar a los salvajes unitarios. Las niñas más distinguidas son perseguidas a muerte por el fraile, que venga sus desdenes en la vida de los padres y los hermanos.

Y Mendoza se convierte en un abismo donde solo imperan los vicios y la crápula del fraile. Las cárceles se llenan ya solamente de unitarios que no han de huir de ellas sino para ser degollados. También son conocidas y encerradas allí las vírgenes que han de ser arrastradas a la orgía perpetua en que vive Aldao.

Y Quiroga que sabe todo esto ríe de una manera desenfrenada, lamentando no tener un fraile Aldao para colocar en cada provincia.

—No hay peligro de que en Mendoza se levante nadie contra el gobierno constituido: el fraile Aldao sabe muy bien el género de rosarios que deben rezarse para que la gente se porte como debe. Él entiende la Biblia, el fraile Aldao, y sabe aplicar los remedios en la misma matadura. El día que yo tenga un fraile así para cada provincia, la República tendrá la paz de los cielos.

Y el Tigre reía ferozmente de su propio epigrama.

Por el lado de Santa Fe, el general López se había apoderado de todo, limpiando aquello de unitarios o cosa que se le pareciera.

No había pues temor de nuevos convulsionamientos y podía hacer un viajecito a Buenos Aires para gozar de los placeres que en la ciudad abundaban y del amor de Dominga Rivadavia, que dominaba el corazón del Tigre.

Chacho quedó de nuevo en La Rioja, acompañado del coronel Bargas, para garantir por ese lado el poder inconmovible de Quiroga, y éste se vino a Buenos Aires a descansar las fatigas de su última y estupenda campaña.

López en Santa Fe, Reinafé en Córdoba y el Chacho en La Rioja con la espalda guardada por Aldao en Mendoza, el poder de Rosas se hizo inconmovible en el interior.

El Chacho unitario

Facundo Quiroga se hallaba en Buenos Aires entregado a todos los placeres que puede proporcionar la fortuna inmensa y el poder de que disponía.

Chacho, sin embargo, estaba horrorizado con las atrocidades que se cometían en Mendoza y en Tucumán y en toda la República. Aquello era cruel e inicuo y un hombre de corazón como él no podía estar conforme con aquellos crímenes que se sucedían unos a otros con aterradora frecuencia.

—Esto no es posible que continúe —decía Chacho—; el corazón se subleva de espanto y de indignación justa.

Y La Rioja era el amparo de todos los perseguidos en las provincias vecinas. Los gobernadores se quejaban a Rosas de que el Chacho alentaba a sus enemigos, y éste interrogaba a Quiroga.

—El Chacho es tan mío —contestaba el Tigre— como pueden serlo suyos Antonino Reyes o cualquiera de sus servidores más abyectos. Pero el Chacho es bueno por naturaleza, tiene un corazón sensible y no le gusta hacer mal. Y esto mismo es bueno, porque el que no me siga por mí mismo, aun siendo mi peor enemigo, me seguirá por el Chacho, y así lo domino todo.

Así lo que el Chacho hacía quedaba bien hecho a pesar de las intrigas de Aldao y demás mazorqueros que tenían envidia y temor de Peñaloza. Y los que emigraban de Mendoza, de Tucumán y de Córdoba mismo acudían a La Rioja, donde encontraban en el Chacho un amparo seguro para sus vidas y para sus intereses.

«¡Peñaloza nos pierde, escribía a Quiroga el fraile desconfiado; el día que haya un movimiento unitario, La Rioja va a ser un hervidero.»

«Déjenlo al Chacho y no se metan con él, contestaba Facundo; cada uno cuide lo suyo y no se fije en lo que pasa en La Rioja y haga el Chacho.»

Y éste, que conocía todas estas intrigas, estaba más agradecido y ligado al general, por lo que los unitarios habían perdido toda esperanza de que el Chacho los acompañara en un movimiento contra Rosas.

Las hazañas de Chacho en las batallas de La Tablada y Oncativo, eran referidas por todos y en todas partes, con una admiración fabulosa. Aquellos cañones sacados a lazo de entre los cuadros de infantería, aquellas cargas estupendas y terribles que no había poder capaz de resistir, referidas por los mismos soldados que las presenciaron habían dado al Chacho una nombradía inmensa. Y los riojanos, entusiasmados con su noble caudillo, le daban tanta importancia que sostenían que si Quiroga valía algo y había podido tanto era porque el Chacho le ayudaba de toda manera.

—El día que le falte el Chacho —decían—, caerá para no volver a levantarse más. Y si al Chacho se le pone voltearlo, lo volteará en el acto porque vale más que él y puede más que él.

Pero cuando algo de esto le insinuaban, el Chacho sonreía y respondía firmemente:

—Mientras viva el general, es inútil pensar en que yo pueda separarme de él; en cuanto a combatirlo es un desatino que solo un loco puede pensar.

Así, los más empeñados en atraer a Chacho a la causa unitaria resolvieron esperar los acontecimientos que tal vez lo empujaran al Chacho a sus filas.

El gobierno de La Rioja marchaba sin el menor tropiezo, porque Chacho no se mezclaba jamás en las cosas de la autoridad, mientras no fueran actos capaces de alterar el estado de cosas dejado por Quiroga.

En aquellos tiempos empezaron a sentirse en Salta complicaciones que amenazaron trastornar completamente el estado de las cosas federales, complicaciones que amenazaron tomar un carácter serio.

Chacho se puso sobre aviso en el acto y mandó un chasque a Aldao para que estuviera prevenido.

Los movimientos de Salta repercutieron en Tucumán; aquellas dos provincias coligadas empezaron a organizar un movimiento serio contra el sostén federal, que bien podía traer serias complicaciones si no se cortaba a tiempo.

Rosas resolvió entonces mandar a Quiroga como simple interventor primero, pero entendiendo que si como interventor no podía conseguir nada, los pacificaría por medio de las armas y a todo rigor.

Quiroga partió disgustado de Buenos Aires, pues la vida aquí tenía para él un encanto indecible.

Acompañado del general Ortiz como secretario y de una corta comitiva, se puso en viaje con el ánimo de terminar cuanto antes su comisión y regresar enseguida.

La mediación de Quiroga hizo su efecto en las provincias convulsionadas, que no quisieron exponerse a que el Tigre de los Llanos les cayera con el ejército de Aldao o Chacho.

Se sometieron a lo que él les decía, y resolvieron esperar un momento más oportuno para dar el golpe.

Satisfecho de su desempeño, Quiroga regresó a Buenos Aires después de haber conferenciado con el Chacho en Catamarca, para encargarle que mantuviera el orden a toda costa, que él no tardaría en volver por La Rioja.

Fue entonces cuando, a su paso por Córdoba, en Barranca Yaco, tuvo lugar el asesinato de Quiroga, asesinato que pagaron con su cabeza los hermanos Reinafé y Santos Pérez.

De este crimen ruidoso que conmovió a la Federación del Interior, nos hemos ocupado con la mayor minuciosidad en nuestra historia de Rosas, por lo que creemos inútil volverlo a referir aquí.

La muerte de Quiroga hizo un efecto tremendo en las provincias del Norte.

El fraile Aldao tembló porque faltaba su principal apoyo, y las demás autoridades dejadas por Quiroga trataron de ponerse al habla, pues era indudable que con la muerte del gran caudillo tan temido se alzarían los unitarios de todas partes.

Salta y Tucumán no esperaron más y se pronunciaron en contra de Rosas, no tardando Catamarca en seguir el mismo camino.

Chacho estaba completamente desligado de la Federación; la muerte de Quiroga le devolvió la completa libertad de espíritu y el derecho de plegarse a la causa que mejor le pareciera.

La Rioja, como era natural nidada de unitarios a quienes había amparado Chacho, se pronunció también, levantando pendón de guerra contra Rosas.

El pueblo era unitario, pero antes que unitario era chachista, y esperaba que el Chacho se pronunciara de uno u otro modo para seguirlo. Si el Chacho siguiera la revolución, el pueblo lo acompañaría sin faltar uno solo, pero si el Chacho seguía, como hasta entonces, afiliado a los federales, el pueblo se inclinaría con él de aquel lado.

La situación de La Rioja era tremenda, y los que manejaban el movimiento, formando entre ellos el mismo general Brizuela, fueron a verlo, haciéndole presente que ya Quiroga había muerto y que nada lo ligaba ya con Rosas.

El fraile Aldao, por su parte, había enviado también comisiones al Chacho, haciéndole presente que era necesario reunirse y juntar los elementos de todos para defenderse de la liga unitaria que no podría tardar en pronunciarse.

Chacho recibió fríamente a esas comisiones, contestando a Aldao que él sabía bien lo que debería hacer, contestación que dio gran aliento a los unitarios, que contaron ya al Chacho entre sus filas.

El fraile Aldao desconfiaba del Chacho, había desconfiado siempre, y aquella contestación lo puso en alarma. Y se puso en pie de guerra para estar pronto a cualquier acometida.

Los unitarios trabajaban incansablemente, y lejos de ocultarse del Chacho lo consultaban tomándole su opinión sobre la conveniencia de un pronunciamiento.

—Yo creo que no es necesario, puesto que aquí se vive independiente de Rosas, puede decirse, y para nada se meten con nosotros. Un pronunciamiento nos traería la guerra inmediata, y quién sabe si la podremos resistir.

—La resistiremos y venceremos —decíale el general Brizuela—; el pronunciamiento es necesario, pues es preciso ayudar a las provincias hermanas que están en la misma situación; dejarlas colgadas es una cobardía que La Rioja no puede cometer, porque sus antecedentes no le permiten obrar con egoísmo.

—Pues si usted lo cree así, que se pronuncie La Rioja, pero esperemos siquiera que lo hagan los demás.

Después de una conversación semejante y de un cambio de opiniones como aquél, no se podía dudar del Chacho, y Brizuela hizo pronunciar a La Rioja.

El pueblo acudió a Chacho para consultarlo, para que les dijera si estaba conforme con aquel movimiento, y como el Chacho les respondiera que aquélla era la buena causa, y que lo tendrían a su lado, La Rioja se pronunció en masa, con su gobernador Brizuela a la cabeza.

—Es preciso caer sobre Mendoza inmediatamente —se había dicho el Chacho— y dar un golpe de muerte a Aldao; es la manera de que el pronunciamiento tenga éxito, porque si el fraile levanta ejército, va a darnos mucho trabajo.

—No nos conviene la iniciativa —respondía Brizuela—; es preciso que ellos la tomen mientras nosotros nos ajustamos y nos preparamos con todo nuestro poder.

—La iniciativa y la rapidez de la acción dan toda la ventaja y dan el triunfo —contesta Chacho—; es lo que siempre ha hecho salir airoso en sus empresas a Quiroga, que profesaba esta gran teoría. Al enemigo es preciso golpearlo antes de que se mueva y sin darle tiempo a organizar sus elementos; obrando así no se puede jamás ser vencido.

—Es que nosotros no podemos apresurarnos porque nuestros elementos no lo permiten; en nuestro caso debemos esperar y buscar la incorporación de todos los que perseguimos el mismo fin.

Chacho no se altera, no sale de su fría calma, y acepta el plan de Brizuela, aunque él no veía triunfo posible sino operando sobre Mendoza y anonadando a Aldao.

Las demás provincias se pronunciaron como La Rioja, y nombran todas al general Brizuela como jefe supremo y general en jefe del ejército que formaban entre todas.

Brizuela pide entonces al Chacho el poderoso contingente de su persona, y el prestigioso caudillo no vacila y se pliega abiertamente a la revolución. Todos los elementos unitarios se mueven en el Interior, como un hombre solo. Tucumán, Salta, Santiago y Córdoba misma de quien se duda, se pronuncia al paso de La Madrid con quien Rosas creía contar.

Lavalle marchaba sobre Santa Fe, y se creía que ya los días de Rosas estaban contados. Solo le permanecía fiel el fraile Aldao, que con un fuerte ejército se dirigía a operar sobre La Rioja, arteria principal de aquel gran movimiento.

Rosas se asusta de aquel movimiento poderoso que le arrebata de un golpe todo el Interior, con excepción de Mendoza, y comprende que es preciso operar rápidamente para que los unitarios no se junten, y batirlos en detalle, a los del general Lavalle primero y a La Madrid enseguida.

Oribe, aquella especie de fiera tan feroz como Quiroga, aunque mucho menos bravo y hábil, es enviado enseguida con un poderoso ejército, sobre el general Lavalle, que es el que está más cerca.

Entre tanto el fraile Aldao y el general Benavídez, con fuerzas de San Juan, Mendoza y otras provincias, operan decididamente sobre Brizuela y el Chacho.

Chacho quería salir de La Rioja para buscar y batir la fuerza de Aldao, pero Brizuela se opone con razones poderosas y el Chacho cede aunque comprende que la inacción es la muerte.

Derrotado Lavalle en el Quebracho Herrado, conferencia con La Madrid en Tucumán, y pasa para La Rioja, centro de la resistencia.

Allí, el general Brizuela le da un cuerpo de ejército con buenos elementos, y él se queda en La Rioja, como siempre, con todo el torrente de la voluntad del Chacho, que persiste siempre en salir de La Rioja y operar activamente.

Lavalle, siempre animoso, siempre infatigable, se encuentra de nuevo con el general Oribe en Monte Grande, y después de un combate tremendo y sangriento, Lavalle es vencido de nuevo y se ve obligado a retirarse ya sin esperanza alguna de poder reaccionar. Y a su paso por la provincia de Jujuy fue asesinado de la manera casual que se conoce.

Oribe acude a todas partes, con un ejército respetable y envalentonado por sus muchos triunfos, y de victoria en victoria se va apoderando de todas las provincias, una a una, hasta que restablece en todas ellas el poder de Rosas.

Solo queda resistiendo La Rioja, con más bravura y entusiasmo que nunca, por lo mismo que ha visto el descalabro de las demás provincias. Y allí acometen Benavídez y Aldao, con sus fuerzas numerosas y ávidas de vencer para entrar al saqueo, premio con que Aldao compensaba siempre todos sus triunfos.

El ejército de Brizuela era fuerte y dueño de buenos elementos, porque allí habían acudido los derrotados de todas partes, pero Brizuela persistía en su error de no querer salir de la provincia de La Rioja. Y como Aldao y Benavídez invadían por todas partes, era preciso moverse activamente a todos los puntos y combatir todos los días, puede decirse.

De pronto todo el ejército de Aldao se presenta en Sañogasta, cometiendo excesos de toda clase y horrores de todo género.

El fraile Aldao, que no se cansa de ensangrentarse, cada día más cruel y más inhumano, despedaza y degüella a cuanto prisionero le traen sus tropas.

—Así escarmentarán los otros —dice—, sabiendo que éste es el fin que les espera, y no combatirán más contra de mí.

Pero los que ven que caer en manos de Aldao es ir a una muerte horrible, se preparan a defenderse de todos modos. Y así se ve que familias enteras, sin más armas muchas de ellas que los cuchillos de trabajo, pelean contra grupos numerosos de soldados hasta caer muertas. Ninguno quería entregarse vivo porque ya sabía lo que le esperaba, aunque le hicieran todo género de promesas.

Brizuela se movió sobre Sañogasta con un fuerte cuerpo de ejército y allí recibió Chacho un parlamento de Aldao en que le hacía proposiciones de paz.

—Dígale a Chacho que no le conviene pelear contra mí, que abandone la mala causa a que se ha plegado y se venga con todo su ejército a mí, que siempre hemos sido buenos aliados, y que los dos juntos podremos mantener la paz en todas partes, como lo hemos hecho siempre. Dígale que es inútil que combata porque no puede conmigo, que tengo que vencerlo por fuerza y que solo un loco como Brizuela se puede atrever a meterse conmigo.

Chacho recibió con su habitual bondad al oficial parlamentario y le contestó que no era a él a quien debía dirigirse sino al general Brizuela, jefe absoluto del ejército.

—El gobernador Aldao sabe que usted es la vida de este ejército, que lo seguirá a pesar del general Brizuela que nada vale.

Chacho por toda respuesta llevó al oficial ante Brizuela y le hizo repetir su misión.

—Si a mí me mandara decir eso el fraile malvado, yo sabría lo que habría de responder, pero no es a mí sino a usted a quien viene dirigido, y usted debe contestar.

—Es que yo no soy el jefe del ejército —responde noblemente el Chacho, y no puedo aceptar un mensaje de esta clase.

—No importa —insiste Brizuela—, usted le debe contestar.

—Pues bien —dice Chacho al oficial—, responda al gobernador Aldao que Chacho no es su igual para que le haga una proposición semejante; que alguna diferencia ha de haber entre el fraile Aldao y el coronel Peñaloza, y que en la hora que se presente la ocasión, que queda a ver si es superior a mí.

El fraile Aldao se enfureció ante la respuesta de Chacho y se preparó a combatir hasta vencerlo y anonadarle.

Ni en valor, ni en prestigio, ni como soldado, ni como simple combatiente, podía ponerse Aldao al lado de Chacho. Él lo sabía bien, pero sus elementos bélicos eran mejores y más poderosos que los de Brizuela y estaba persuadido de que esto bastaría para vencerlo. Y allí en la Cuesta del Sañogasta, tendió su inmensa línea de batalla.

Si el Chacho hubiera mandado en jefe, ya habría cargado sobre Aldao y lo hubiera echado por delante. Pero Chacho tenía que someterse a lo que dispusiera el general Brizuela, que ni conocía la manera de pelear de Aldao, ni era muy hábil como táctico. En cambio era inmensamente bravo y no se arredraba ante ningún peligro. No quería comprometer la causa que sostenía La Rioja, con un solo combate, y por esto más que por otra causa se había negado siempre a salir de La Rioja en busca de Aldao.

La batalla principió por encuentros de caballería que ningún resultado podían dar. Era una manera de iniciarla y nada más. Y el general Brizuela hizo romper el fuego de sus infanterías sobre el punto mismo donde se hallaba Aldao.

Este, que había aprendido a combatir al lado de Quiroga, no descansaba un momento, andando de un punto a otro y mandando una tras otra diversas cargas de caballería. Pero éstas se encontraban siempre con el Chacho que las daba vuelta a mitad de camino, llevándolas a sable y lanza hasta el punto de partida.

Varias veces Chacho había pedido permiso para cargar el centro de Aldao, pero Brizuela se lo había negado siempre, creyendo que aquello podía comprometer el éxito de la batalla.

Brizuela hizo cargar su infantería sobre la izquierda de Aldao, con un empuje violento. El fraile lo recibió con todo el fuego de la suya y el de dos piecitas de montaña.

Brizuela, que venía él mismo guiando la carga, recibió un balazo en el costado derecho que lo volteó del caballo.

Aldao no espera y se adelanta él mismo sobre la infantería, que se desorganiza al ver caer a su general y la obliga a dar la espalda después de un choque violento. Y Aldao regresa a su línea, pero llevando prisionero al moribundo general Brizuela.

Chacho, desde donde está, no ha podido apreciar bien lo que ha pasado, pero no ve al general Brizuela y pregunta por él a los jefes del batallón.

—El general ha sido muerto —responde uno—, y ésta es la causa de que hayan doblado a la infantería.

Chacho se toma la cabeza con ambas manos en un momento de desesperación y suelta una maldición terrible.

El fraile Aldao, quien aprovecha la confusión que ha producido en el enemigo la pérdida de su general, hace sobre sus filas un fuego formidable. Pero ahora tiene que habérselas con el Chacho, que por la muerte de Brizuela ha quedado como jefe del ejército, con aquel Chacho que, discípulo como él de Quiroga, es un rayo.

Chacho forma rápida su caballería y se viene sobre las infanterías de Aldao que lo esperan con sus cuadros hechos y dispuestos a rechazarlo. Pero Chacho carga, insiste, vuelve a cargar, y aquellas infanterías son despedazadas, sableadas y obligadas a huir de la línea.

El combate es general y recio: Chacho se retira pero para volver a cargar más impetuoso, más terrible que nunca, Aldao empieza a tener miedo, comprende que no puede luchar con el Chacho a pesar de tener fuerzas superiores y se prepara a ponerse en retirada sin dar tiempo a que lo concluyan.

El general Brizuela, cuya herida era terrible, ha muerto después que lo hicieron prisionero, quedando su cadáver sobre el campo de batalla, después de haber sido saqueado hasta en su más íntima pieza de ropa.

Aldao ve que no puede contra el Chacho, que si se detiene más pierde su ejército, e inicia entonces una retirada violenta.

Chacho se lanza sobre él y lo persigue con una tenacidad terrible sableándole la retaguardia y dispersando los elementos que no puede hacer prisioneros. Y Aldao huye, huye desesperado, tratando de salvar cuanto puede, y toma la dirección de Mendoza, tratando de buscar la incorporación de Benavídez, que no debe andar lejos. Reunidos los dos ejércitos, aunque el suyo no es más que restos desmoralizados, espera que podrá tomar un buen desquite.

Chacho, después de una persecución corta, pero eficaz, regresa al campo de batalla a recoger el cadáver de Brizuela. Así, vencido Aldao de una manera que lo imposibilita de volver a combatir, Chacho abandona Sañogasta y se retira a La Rioja, después de enviar sus rastreadores y baqueanos en todas direcciones, para que lo impongan no solo de la dirección que lleva Aldao, sino de la presencia de algún otro cuerpo de ejército que se deje sentir.

Muerto Brizuela, el Chacho ha quedado al frente de la resistencia en La Rioja, única provincia que se mantiene en lucha contra el poder de Rosas. Son muchos los caudillos que operan sobre él y teme tropezar con uno o con todos. Entonces ve que no le conviene por el momento salir de La Rioja, donde tiene todos sus elementos y donde podrá resistir con ventaja al enemigo más poderoso, porque conoce a fondo los elementos y recursos del país y porque en su modo de hacer la guerra ningún terreno le ofrece las ventajas que Catamarca y La Rioja. Y sus tropas, prevenidas en su sistema único de operar, ya saben que, una vez que el Chacho toque dispersión, deben dispersarse como derrotadas, para ir a unirse en un punto indicado de antemano.

El Chacho organiza un fuerte ejército, y seguro de que nadie ha de venir a incomodarlo en La Rioja, espera tranquilo el desarrollo de los acontecimientos que han de marcarle lo que debe de hacer.

Aldao y Benavídez vuelven a invadir el territorio de La Rioja, pero se encuentran con el Chacho que los acomete con divisiones ligeras y desaparece con ellas, creyendo que la gente se le huye dispersada. Y al día siguiente, cuando menos lo esperan, se les aparece de nuevo por retaguardia o por un flanco, para retirarse después que los ha puesto en conflicto y perdérseles como derrotado y deshecho. Y ellos avanzan, toman sus medidas de precaución, pero a medianoche, a la madrugada, a la siesta, cuando menos lo esperan, ya está encima el Chacho, para desaparecer después de haberles hecho un daño tremendo.

Aquella nueva manera de hacer la guerra los postra y no les deja esperanzas de ningún resultado favorable. ¿Qué pueden hacer contra un enemigo que no les deja un momento de reposo, que los obliga a estar siempre atentos y que desaparece cuando lo quieren obligar al combate?

Los recursos escasean, porque Chacho no les deja nada a mano, y apenas desprenden alguna partida para hacer víveres, es sorprendida por grupos del Chacho que la dispersan o la toman prisionera.

Benavídez y Aldao no pueden resistir más aquella manera de hacer la guerra y se retiran del territorio riojano de una manera violenta y peligrosa.

Mil partidas ligeras que siguen el rastro del ejército, no le dejan un solo momento de reposo. A cada momento se les aparecen por la espalda, por el frente o por los flancos, sableándolos, sembrando la confusión en las filas y matando o haciendo prisioneros a los que van quedando rezagados.

Aldao y Benavídez se desesperan, se lamentan de haber pisado territorio riojano y no ven el momento de llegar a San Juan o a Mendoza para verse libres de aquel enemigo formidable. Y dejan a Chacho dominando en La Rioja, convencidos de que no es posible hacer otra cosa.

Rosas ha puesto en campaña sus mejores elementos, porque comprende que es preciso concluir con el Chacho a toda costa. A la sombra de su poder y de su prestigio puede formarse algún ejército poderoso que vuelva a dominar en el Interior, y para evitarlo manda al general Pacheco en apoyo de Aldao y Benavídez. Pero la peor dificultad está en obligar a batirse a un hombre que, como el Chacho, parece decidido a no comprometerse en una batalla seria.

El mismo Oribe, jefe tenaz y activísimo, abre campaña contra el Chacho, pero se retira al fin, después de mil encuentros parciales en que sus tropas han sido sorprendidas y sableadas por un enemigo que apenas se ha dejado sentir de esta manera, cuando desaparece de nuevo para no dejar de sí el menor rastro. Porque las partidas del Chacho se dispersan en todas direcciones, en grupos de dos o tres soldados, haciendo naturalmente imposible toda persecución.

Y como ya tienen indicado de antemano su punto de reunión, adonde todos deben dirigirse por diversos rumbos, dos días después se hallan juntos en el punto indicado, esperando nuevas órdenes.

El Chacho no respira un momento; parece que aquel hombre es de hierro, no hay fatiga ni necesidad capaz de acobardarlo. No bien ha despachado por un lado una partida, ya está organizando la que ha de marchar por otro y pensando en la que organizará después.

Y aquel guerrero original es el ídolo de La Rioja, y la única esperanza que queda al extenuado partido unitario. Mientras él resista en La Rioja no se habrá perdido nada, pues queda una provincia para servir de base a la formación de un ejército poderoso.

Y Chacho es la esperanza de todos, lo único que aún da aliento para sufrir y esperar a las víctimas de la tiranía.

El general Oribe, como Aldao y como Benavídez, se retira también de La Rioja, después de haber tenido grandes pérdidas, y haber sufrido todo género de privaciones. Y la retirada de Oribe, el soldado más tenaz y sufrido, importa la sanción de este hecho desesperante para Rosas: de que con el Chacho no es posible luchar, y que es inútil invadir para obligarlo a una batalla, en territorio riojano.

Oribe se retira a Santa Fe, pero por San Juan y Mendoza quedan Aldao, Benavídez y el general Pacheco que con buenas y numerosas tropas esperan pacientemente la oportunidad de batir al Chacho.

Después de demostrarles todo su valor a fuerza de una constancia y actividad asombrosa, Chacho vuelve a retirarse a la ciudad de La Rioja, pero dejando la provincia llena de bomberos y rastreadores que deben avisarle inmediatamente que se sienta la aproximación de cualquier fuerza o simple grupo.

Chacho deja organizado este servicio más por hábito que por otra cosa, pues en La Rioja cada habitante es un bombero que llevará a la ciudad la menor noticia que pueda interesar a la defensa de la provincia. Todos tienen idolatría por el gran caudillo y sienten llenos de orgullo, que gracias a él La Rioja es el único punto de la República donde se resiste al poder de Rosas y donde van a estrellarse todos los esfuerzos del tirano.

Las tropas sufren necesidades de todo género, pero no desmayan un momento; mientras mayor es la miseria, mayor es el entusiasmo y mayor la decisión de resistir hasta el último aliento. Y aquellas tropas miserables y hambrientas muchas veces, no se atrevían a cometer el menor exceso ni la menor acción que pudiera disgustar al Chacho.

Los hombres ricos, los hacendados y negociantes contribuyen cada cual con lo que puede para aliviar la miseria de aquel ejército, pero si aquello sigue así, va a ser preciso o renunciar a toda resistencia o decidirse a salir de La Rioja y dar un golpe a Benavídez o a Aldao, arrebatándoles elementos de vida.

En esta situación penosa y tirante, La Madrid se deja sentir en Catamarca y reúne allí elementos relativamente fuertes.

El caudillo podrá entonces aconsejarse del ilustrado general, y le hace un chasque inmediatamente diciéndole que se le incorpore con los elementos que tenga.

Chacho no se atrevía por sí solo a tomar resoluciones que pudieran comprometer la fuerza y poder de La Rioja, porque era cobarde ante la responsabilidad que se echaba encima. Pero estando al lado de La Madrid sería otra cosa, él sería el brazo de aquel pensamiento audaz, y otro llevaría la responsabilidad. Siendo La Madrid su superior en jerarquía militar, él le debía obediencia, deseando verlo pronto a su lado para cambiar ideas y prestárselas.

La Madrid viene a La Rioja y queda asombrado de los elementos bélicos y la gente que tiene allí el Chacho.

—Con esto —dijo— puede darse vuelta a toda la República; es preciso salir a operar, amigo mío, y no tardaremos en alcanzar la más completa victoria. Unidos los dos y unidas nuestras fuerzas, con lo que podemos agregar en cada provincia donde entremos, me comprometo yo a ir hasta Buenos Aires.

—Cuidado, general, que el enemigo es poderoso —responde Chacho sonriendo—, y sus elementos son grandes; sus soldados están en la mayor abundancia y los jefes son los más prestigiosos de la Federación. Nosotros estamos mal de armas, mal de municiones y mal de recursos, por eso me he mantenido yo a la defensiva, no atreviéndome a salir.

—Es que es preciso salir para buscar esos mismos recursos que faltan y que pueden concluirse del todo —repuso el ardoroso La Madrid.

—Creo lo mismo, pero tenía miedo de comprometer en una batalla este último refugio del partido unitario. Benavídez y Aldao nada significan, pero detrás de ellos opera el general Pacheco, y éste tiene el ejército del general Oribe, que es el más terrible de todos. Batiéndolos en detalle yo no tengo la menor duda del éxito, pero si los hallamos juntos no vamos a poder con ellos, no por falta de bríos y de ánimo sino por falta de armas y municiones.

—Algo es preciso arriesgar —decía el animoso La Madrid— para conseguir los mismos elementos que nos faltan, y la inacción puede sernos tan perjudicial como la mayor derrota. Yo voy a salir de Catamarca con la gente que tengo, tratando de batirlos en detalle y de aumentar mi ejército lo más que pueda; ahora, si usted quiere acompañarme, no dudo del éxito, aun tropezando con el mismo general Pacheco que es quien mayores elementos tiene.

—Los elementos que yo tengo en La Rioja y mi persona misma, están al servicio de la causa unitaria; si usted cree que debemos tomar la ofensiva, tomémosla en buena hora, pero yo no soy más que un coronel, y usted entonces es quien debe tomar el mando absoluto del ejército.

La Madrid estrechó efusivamente la mano del noble Chacho y se dispuso a abrir campaña.

—Yo me vuelvo a Catamarca a prepararlo todo —dijo—, y allí lo espero; allí haremos la distribución del ejército y nos pondremos en marcha sobre tablas.

—Muy bien, general La Madrid; desde hoy yo no soy más que un subalterno suyo; puede darme sus órdenes con la mayor confianza de que ellas serán cumplidas al pie de la letra.

Chacho había llamado a La Madrid porque tenía en él mayor confianza y porque de todos los que había tratado hasta entonces, era el general en quien había visto mejores condiciones de tal. Bravo, inmensamente bravo en la pelea, tenía una audacia infinita y una actividad asombrosa. Como Quiroga, era sumamente impetuoso y tenaz, llevando la ventaja de ser un jefe aguerrido y conocedor de la táctica.

Por estas razones Chacho miraba con sumo agrado la incorporación de La Madrid y tenía fe en el éxito de una campaña seguida bajo su dirección. Y puso en pie a su ejército, proclamándolo y dándole cuenta de la campaña que iba a abrirse bajo la dirección del general La Madrid.

Todos escucharon con suma alegría aquella noticia, pues ya empezaban a fastidiarse de andar montonereando sin ningún resultado positivo.

—Si el Chacho está contento, nosotros estaremos contentos también —dijo el pueblo riojano.

Y ni uno solo faltó a la cita de la marcha.

Chacho marchaba sin grandes precauciones, pues sabía por todos sus baqueanos y rastreadores que no había fuerzas enemigas ni en territorio riojano ni en sus inmediaciones. Y siguió con el mayor orden y tranquilidad hasta Catamarca, donde lo esperaban el general La Madrid y el coronel Acha con todos sus elementos reunidos. La Madrid estaba sumamente contento.

Los elementos de Chacho eran buenos, sus tropas numerosas.

Él contaba con unos seiscientos hombres, y recibía la cooperación del coronel Acha y algunos otros jefes de mérito que se le habían reunido.

Chacho fue recibido con las mayores simpatías y demostraciones cariñosas por parte no solo de La Madrid y sus compañeros, sino de todo el pueblo catamarqueño.

—Estando con nosotros el Chacho, todo debe salir bien —decían.

Y se presentaban voluntarios, llevando sus armas y caballos para engrosar sus filas.

Y La Madrid, que veía este prestigio asombroso, no dudaba de que solamente al cruzar aquellos pueblos y departamentos, el ejército aumentaría en un veinte por ciento. Hizo un llamado al patriotismo, pidiendo una contribución de víveres, llamado al que respondieron todos, contribuyendo hasta con pequeños pedazos de charque que las familias quitaban a sus propias necesidades, para entregarlos a los bravos que iban a combatir por la libertad de toda la República entera.

Y en medio de un entusiasmo indescriptible, aquellos valientes se pusieron en marcha, buscando La Madrid el medio de tomar en detalle a sus enemigos.

Suprema desventura

El fraile Aldao y Benavídez veían en la situación de La Rioja una amenaza eternamente suspendida sobre ellos, amenaza que cada día se hacía más seria.

Los dispersos de todas las provincias y los que desertaban de sus filas, acudían a ampararse en el Chacho, cuyo prestigio, entonces, y cuyo poder aumentaba visiblemente de día en día. Y rodeaban a La Rioja esperando la salida del Chacho, que no se movía de aquel punto estratégico, pero que enviaba sobre ellos y por sorpresa grupos que les arrebataban las muladas o las reses que tenían para comer.

El general Pacheco, con fuerzas del ejército de Oribe, con buena artillería y mejor infantería, se había situado en Mendoza para estar pronto a acudir donde fuera necesario, mientras Aldao y Benavídez andaban cada cual por su lado con un buen cuerpo de ejército.

Esto lo sabía La Madrid por los baqueanos del Chacho y esto era lo que más lo halagaba, pues le ponía en condiciones de batir primero a uno, después a otro y caer enseguida sobre el general Pacheco, contra quien, habiendo triunfado de Aldao y Benavídez, podía ya comprometer un combate decisivo.

Consultado Chacho, encontró aquel plan magnífico y el mejor que podía adaptarse dadas las circunstancias especialísimas por que pasaban.

La Madrid había dividido su ejército en dos grandes cuerpos, uno que mandaba Chacho y otro cuyo mando se había reservado él. De cada uno de estos dos cuerpos había distraído una fuerza de caballería cuyo mando dio al coronel Acha, nombrado su jefe de vanguardia.

Y Acha se adelantó al ejército con el compromiso de no comprometer combate, y avisarles en el acto en que encontrara una fuerza, cualquiera fuese su número.

En San Juan creían poder hallar buenos elementos con que aumentar su poder, y allí dirigieron su marcha llenos de fe y esperanza. ¡Qué sorpresa agradable recibirían sus amigos de Buenos Aires y Montevideo al verlos triunfantes y apoderados nuevamente del Interior! Entonces quedarían en posición de llevar el ataque a López en sus dominios de Santa Fe, y caer sobre Buenos Aires mismo cuando menos lo esperaban.

La Madrid se sentía renacer ante este cúmulo de esperanzas y olvidaba todas sus fatigas y sufrimientos. Creía que todo había concluido y que una era de felicidad y de gloria le esperaba. Y llenos de esperanzas seguían la marcha, saludados por todas las poblaciones donde cruzaban. De todas partes salían a saludarlos llevándoles socorros con arreglo a las fuerzas de cada cual, y muchos acudían a presentarse voluntarios al Chacho, en cuya compañía querían seguir aquella campaña. Hasta entonces no habían tenido la menor noticia de fuerzas enemigas, por lo que creían que éstas tal vez se hubieran reconcentrado en algún punto o retirádose a Mendoza y San Juan.

—Sentiría que se hubieran juntado Aldao y Benavídez —decía La Madrid—, porque esto nos quitaría la oportunidad de batirlos en detalle; pero no importa, tenemos elementos para batirlos ventajosamente a los dos juntos.

—Y los batiremos —decía Chacho profundamente convencido—; yo conozco a Aldao, su modo de combatir y lo que de sí puede dar. Para deshacer al fraile no necesito yo sino cargarlo dos veces; por más ligados a él que estén sus soldados y sus jefes, ya saben cómo combato yo, porque han peleado al lado mío y me conocen de cerca.

El coronel Acha seguía siempre sus marchas a vanguardia, comunicándose diariamente con La Madrid y avisándole las novedades que hallaba por medio de chasques. Y La Madrid le recomendaba siempre que no avanzara mucho para poder estar siempre al habla en el día.

Acha, a pesar de sus precauciones, había sido sentido por Benavídez que, alentado por el corto número de las fuerzas de aquél, se emboscó en la Punta del Monte para esperarlo. Acha cayó en la emboscada de Benavídez, y apenas tuvo tiempo de disponer sus fuerzas en situación de combate, cuando fue reciamente cargado por todo el ejército. Eran tan pocas las fuerzas de Acha que Benavídez ni siquiera se preocupó de dejar reservas, y puso todas sus fuerzas en combate creyendo que de esta manera concluiría más pronto.

¡Qué podía resistirle Acha con semejante puñado! Acha los recibió con el fuego de sus tercerolas, fuego que los paró un poco, y enseguida los hizo cargar él con la mitad de su fuerza, empeñándose un recio combate de arma blanca.

Los de Benavídez, forzados en su mayor parte a seguirlo, carecían del brío y entusiasmo que tenían las tropas de Acha. Y peleaban flojamente a pesar del ánimo que los jefes querían infundirles.

Acha, que era un soldado valeroso e inteligente, vio desde el primer momento que peleaba con tropas inferiores, pero que solo la audacia podría salvarlo, pues aquéllas eran mucho más numerosas y mejor armadas.

Y mientras los que había mandado cargar combatían cada vez con mayor encarnizamiento, se corrió con el flanco derecho rápidamente y tomó a los regimientos de Benavídez por el derecho entrando en sus filas a sable y lanza. Y pasa por todo el largo de la línea como una tormenta de muerte y franquea enseguida por la derecha a las infanterías que toma en columna y que no resisten la impetuosidad de aquella carga.

Aquello no se puede llamar siquiera un combate. Es una pelea a arma blanca, donde el cuchillo ha de decidir la batalla, pues a esta arma han ido apelando poco a poco y a medida que se les han ido rompiendo las lanzas y los sables.

Todos pelean en grupos desiguales y en pelotones diseminados por todo. Allí no se sigue ninguna regla de combate: puede decirse que cada uno pelea por su cuenta y como mejor le parece. Y el combate sigue siempre con creciente encarnizamiento.

Un regimiento de Benavídez que ha sido reducido a la mitad por las bajas sufridas, da la espalda completamente acobardado. Y aquella media vuelta es la señal de alarma para los demás. Nada se comunica más rápidamente que el pánico en una tropa. Los cuerpos que ven huir este regimiento y que ven al enemigo no dar tregua, creen que la derrota se ha iniciado en las tropas de Benavídez y huyen también en mayor o menor confusión.

El general Benavídez se desespera. Con fuerzas para triunfar dos veces sobre Acha, se ve derrotado por él y hace todo esfuerzo para traer nuevamente al combate a sus soldados. Pero todo es inútil, y tiene que desistir de su empeño, que puede costarle un desbande completo, y se resigna a emprender una retirada forzada, aprovechando que Acha no queda en estado de perseguirlo.

Benavídez, avergonzado y pesaroso por aquella derrota inexplicable, se retira apresuradamente en dirección a San Juan, centro de sus elementos y recursos, buscando al mismo tiempo la incorporación del fraile Aldao, que no debe andar lejos.

«Esta debe haber sido la vanguardia del Chacho, piensa, lo que significa que debe haber salido al fin de La Rioja. Es preciso que nos unamos entonces para poder darle un golpe.»

Acha manda un parte a La Madrid avisándole del triunfo que acaba de obtener y diciéndole que sigue a Benavídez tan rápidamente como le es posible, para dispersar sus fuerzas y obligarlo a que abandone a San Juan.

La Madrid desprende entonces a Chacho con el cuerpo de ejército a sus órdenes, para que proteja al coronel Acha. A La Madrid se le ocurre que aquélla puede ser simplemente una falsa retirada para alejar más su vanguardia y llevarla hasta el ejército de Aldao, que no debe andar lejos.

—Usted apriete la marcha lo más que pueda —le decía el general—, que para no fraccionarnos yo lo sigo de cerca. Alcance a Acha y hágalo detener, si es que no lo han batido como me temo, esperando mi incorporación que no tardará mucho. Si tropiezan con fuerzas superiores, pueden batirse en retirada sin mucha precipitación, de manera que cuando menos lo piensen se estrellen conmigo y lleven una lección formidable.

El plan no puede ser mejor a los ojos del Chacho, que lo aplaude efusivamente y promete seguir las instrucciones recibidas con la mayor exactitud.

Acha no puede ir muy lejos, pero sin embargo el Chacho apura su marcha antes que pueda sucederle algo desagradable.

Aquél sin pensar que Benavídez y Aldao pueden encontrarse y unirse sigue marchando confiadamente, pues piensa que en cuanto alcance a Benavídez puede hacerlo pedazos y apoderarse de San Juan.

Entretanto el fraile Aldao, sabedor de lo que ha pasado por los dispersos que encuentra, se viene a marchas forzadas a encontrarse con Benavídez, no solo para ver si entre los dos pueden tomar a Acha sino para evitar ser batido él mismo por separado. Y apura tanto la marcha, que tres días después se incorpora con Benavídez cerca de Angaco.

Aldao sabe entonces que la fuerza que ha batido a su aliado es una que viene a órdenes del coronel Acha, y que no puede ser otra que la vanguardia de Chacho, único que puede andar por allí con ejércitos. Y resuelven ambos esperarlo allí, para batir y hacerlo prisionero.

—Acha vendrá triunfante y sin precauciones, puesto que lo cree deshecho, y entonces podremos tomarlo de sorpresa y destruirlo fácilmente, puesto que solo trae fuerzas de caballería.

Y lo esperan emboscados lo más posible para que cuando Acha los aperciba no pueda huir.

El coronel Acha, que teme que Benavídez se haya vuelto a organizar, marcha con sus precauciones bien tomadas para no ser sorprendido. Al llegar a Angaco siente al ejército de Benavídez, que está delante, y tiende el suyo en línea, como para repeler cualquier ataque que puedan traerle. E inmediatamente hace un chasque a La Madrid pidiéndole un refuerzo, porque calcula que las fuerzas que tiene al frente son más numerosas que las que ha batido en la Punta del Monte.

Benavídez y Aldao, que calculan que puede llegar a Acha algún refuerzo, deciden batirlo rápidamente para evitar que aquello suceda. Y desprenden sobre él una fuerte guerrilla de infantería, acompañada de caballería, que empieza a tirotearlo, mientras Aldao y Benavídez tienden una buena línea de batalla en previsión de cualquier contratiempo inesperado.

Acha responde al tiroteo con guerrilla de caballería ligera que trata de envolver a los infantes. El fuego rompe en toda la línea y Acha empieza a experimentar bajas de consideración. Seguir resistiendo el fuego a pie firme es un disparate, porque es hacer matar estérilmente a los soldados. Y Acha se decide a cargar, y carga con indecible denuedo allí donde cree que la línea está más débil, y hace prodigios de valor con aquel puñado de jinetes que cargan y se retiran y se corren por los flancos como si solo se tratase de un simulacro. Es que son soldados de Quiroga y del Chacho, acostumbrados a vencer todo género de dificultades.

A Acha bien se le ocurre que allí no tiene ninguna esperanza de triunfo, pero quiere resistir lo más que puede y retirarse cuando ya no pueda más, para dar tiempo al refuerzo que pueda mandarle La Madrid, que no debe venir lejos.

Efectivamente, Chacho, que viene a una jornada a retaguardia, ha recibido el chasque de Acha y se pone en marcha precipitada.

«Deben ser Benavídez y el fraile Aldao que se han reunido, piensa, y manda al mismo chasque que siga hasta encontrar a La Madrid y le dé cuenta de lo que sucede.»

Chacho siente el tiroteo de Angaco y apresura cada vez más su marcha, temeroso de no llegar a tiempo de salvar a Acha.

Benavídez rodeaba a este valiente jefe que hacía prodigios de bravura, cuando son cargados de una manera tremenda por dos regimientos que nadie sabe de dónde han salido. Aquellos soldados sablean cuanto hallan al frente y se revuelven en un vértigo terrible de matanza.

—¡Este es el Chacho! —gritan los soldados que lo han conocido en el modo de cargar, y se repliegan en desbande entre la línea de Aldao.

El Chacho no ha llegado todavía al campo de batalla y ya se ha sentido su influencia poderosa en la primera carga de sus soldados.

—¡El Chacho! ¡El Chacho! —repiten en todas las líneas de Aldao, y el fraile mismo no puede disimular la inmensa contrariedad que lo asalta.

Si Chacho trae fuerzas iguales siquiera, no hay esperanzas de triunfo; demasiado lo conocen y saben cómo combate y cómo carga.

Aquellos dos regimientos habían sido desprendidos por Peñaloza, calculando que el coronel Acha debía hallarse nuevamente apurado. De modo que cuando él llegó, el combate había sido restablecido, y aunque las tropas de Aldao no habían aún sufrido mucho, se habían recogido y no cargaban ya, para esperar el ataque que no podía tardar.

Efectivamente, pocos momentos después y mientras el infatigable Acha trataba de flanquear a Benavídez, apareció en el campo de Angaco Peñaloza, anunciado por los estruendosos vivas de su tropa, deseosas de entrar en pelea cuanto antes. Y apenas tomó colocación sobre el campo de batalla, rompió todos sus fuegos tomando por blanco el centro de Aldao. Otra vez vuelven a encontrarse frente a frente los dos discípulos de Quiroga, y otra vez tiene ocasión de mostrar su inmensa superioridad sobre el fraile.

—El triunfo es seguro —dice a Acha en cuanto puede hablarle—; una cosa es pelear y otra es decir misa; el fraile no quiere convencerse de esto, pero es preciso que se convenza por más que la cosa le haga cosquillas.

Y perfectamente seguro del éxito de la batalla, el Chacho está de buen humor y no trata de apurarse mucho. El fuego es recio y nutrido de ambas partes, y las bajas numerosas. Entonces resuelve apagar los fuegos del fraile, y pide al coronel Acha que lo cargue con dos o tres regimientos. Aquélla no es una orden, pero Acha la recibe como tal sin el menor orgullo y la ejecuta con asombrosa brillantez. Los soldados que lleva están habituados a que no se les resista, y cargan brillantemente destrozando cuanto hallan al alcance del sable. Aquí empiezan los apuros para las tropas federales, y Benavídez, que es el que más ha sufrido, intenta una retirada en orden para reorganizarse a retaguardia de Aldao. Pero el Chacho, que adivina el movimiento, lo carga en persona con tal vigor que entra entre sus filas de una manera terrible, y las deshace y lo aniquila en un momento.

La mitad de la batalla está ganada. Pero aún queda intacta una infantería de Aldao situada a la derecha, infantería que protege dos piezas y está sostenida a su vez por una división de caballería.

Aldao, tremendo, con los ojos inyectados de sangre, desesperado ante la derrota que adivina, se lanza él mismo con una carga vertiginosa y la estrella sobre la entusiasta y reducida infantería del Chacho. Allí se ensaña, allí ensangrenta su propio sable hasta los gavilanes y destroza las primeras hileras, cuando a su vez es cargado por Acha, que lo deshace, lo postra y lo obliga a retirarse en medio de la más terrible confusión.

Chacho lleva sus caballerías triunfantes hasta allí donde están las dos piecitas, y el combate se empeña tremendo por ambas partes.

Allí amontona Aldao todos sus elementos, quiere defender las piezas a toda costa, y se puede decir que en aquel solo punto se da la batalla. Aldao hace todo género de esfuerzos, se desespera, se bate él mismo, pero todo es inútil.

Chacho acude como una tormenta al punto que cree más fuerte, sablea las infanterías, y obliga a las caballerías a dar la espalda.

Ya para Aldao no hay que pensar ni siquiera en una retirada.

Es preciso salvarse, y salvarse a toda costa, pues si permanecen allí no tardarán en caer prisioneros. Ya se han desbandado la mayor parte, y Aldao, para huir del campo de batalla solo puede reunir unos trescientos hombres. Y, seguido de éstos y acompañado de Benavídez, huye para San Juan, abandonando los restos de aquel ejército que acaban de hacer despedazar. Y huyen desesperados, mientras los restos de aquel ejército, que no los ven huir, siguen batiéndose con verdadera heroicidad. Pero ya aquello no puede durar mucho. Chacho ha enviado un fuerte grupo en persecución de los que huyen, pero Aldao y los suyos huyen a caballo y las mulas del Chacho están postradas por la inmensa fatiga de aquella larga y seria batalla. Las tropas federales no resisten más y los que no huyen se entregan a discreción.

El triunfo ha sido brillante, pues en el campo de batalla quedan numerosos elementos de guerra que La Madrid aprovechará en el curso de su campaña. Armas, municiones, correajes, cabalgaduras y víveres mismos, todo ha quedado en poder del coronel Peñaloza, que establece allí mismo su campamento para esperar la incorporación del general La Madrid.

El jefe unitario da a aquel triunfo una importancia colosal. No solo se han destruido dos ejércitos fuertes, sino que se ha debilitado a Pacheco en Mendoza y se ha ganado la provincia de San Juan, tan rica en recursos. Se podía hacer efectiva su ocupación y dejar allí al coronel Acha, mientras ellos se dirigían a Mendoza a atacar al general Pacheco, que suponen encerrado allí. Y La Madrid hace recoger todo aquel armamento y munición, que tanta falta hacía a sus soldados. Y después de dar a su tropa el necesario descanso, da a Acha la tropa que ha de quedar con él, y la manda a San Juan a que ocupe la capital y se sostenga hasta su regreso; marcha a Mendoza a batir a Pacheco.

Este fue el resultado de Angaco y ésta la situación del partido unitario que bajo las órdenes de La Madrid se ponía en campaña.

Entretanto Pacheco tenía noticia de lo sucedido, por los dispersos de la batalla, como tiene noticia que la marcha del ejército victorioso era sobre Mendoza. Pero no tenía el menor cuidado, su ejército era fuerte y aguerrido, tenía buena artillería, bárbara artillería relativamente a La Madrid, e iba sin duda a ser atacado en su posición. Todas las ventajas quedaban así de su parte.

La Madrid no quería dar una batalla con Pacheco sin tener perfectamente organizado su ejército, operación que hizo en San Luis, marchando recién a los quince días hacia Mendoza. Pero no bien se puso en marcha cuando tuvo una noticia desagradable; el coronel Acha había sido sorprendido por fuerzas superiores y batido en toda regla. La Madrid desprende a Chacho en protección de Acha, pero era tarde, demasiado tarde. El coronel Acha no solo había sido sorprendido y derrotado completamente, sino que había sido tornado prisionero.

No había nada que hacer en San Juan, y el Chacho se retira para conferenciar con La Madrid, que opina que debe marcharse en el acto sobre Mendoza.

El general Pacheco, que conoce detalladamente todos los elementos que lleva y que sabe que es él infinitamente superior, ha salido de Mendoza con todo su ejército y espera a La Madrid en el Rodeo del Medio, a pocas leguas de la ciudad.

La Madrid sabe esto, y sin la menor vacilación se dirige a su encuentro.

Pacheco ha estudiado bien y conoce todas las ventajas que puede ofrecerle la posición que ha elegido: su artillería está bien situada y puede dominar con facilidad todo el campo del lado en que debe aparecer La Madrid. Este aparece, hace alto a una lejana distancia y tiende su línea con todo el cuidado y tino que le es posible desplegar, mientras Chacho se adelanta y hace un prolijo reconocimiento para conocer los recursos del enemigo y las fuerzas que van a combatir. La infantería, aunque escasa, no es mala, y lleva consigo bastante munición; la artillería es poca y mal servida, pero en cambio trae una caballería numerosa, magnífica y mandada por el mejor jefe de aquella arma. No vacila un minuto y cree que el triunfo será suyo, aunque tendrá que disputarlo reciamente.

Cuando Chacho regresa del reconocimiento, ya La Madrid ha tendido una buena línea de batalla, dando a los cuerpos la colocación más estratégica.

—El enemigo es fuerte, bastante fuerte —dice Chacho—, su infantería es numerosa y mucha su artillería, sin embargo yo creo que se puede dar la batalla con buen éxito.

—Vamos a darla entonces, coronel —responde La Madrid, con aquella bravura tan entusiasta que le era característica—; usted tiene fe en sus tropas y yo tengo en usted una fe profunda. En cuanto a la táctica, por lo menos ahí no más hemos de andar; sin ser pretencioso, no creo que Pacheco sea superior a mí como soldado.

Y avanza con su línea tendida, desplegando a su frente dos fuertes guerrillas y cubriendo sus flancos con la caballería mejor montada. Y cuando se encuentra a buen tiro hace alto y estudia prolijamente la situación del enemigo.

Las guerrillas empiezan a tirotearse, pudiendo notarse desde el principio que al frente de las de Pacheco viene el mismo fraile Aldao.

—¡Ah! ¡Fraile curtido! —exclama Chacho riendo alegremente—; éste no va a escarmentar ni aun después de estar en el hoyo.

Aquélla es una especie de introducción a la batalla, que solo sirve para mostrar a Pacheco todo lo que vale la caballería del Chacho, que carga a media rienda y se disemina por el campo como derrotada, para ir a formar de nuevo en el punto de partida.

Pacheco ha roto de pronto sobre La Madrid el fuego de su gruesa artillería con buen éxito desde el principio, abriendo claros respetables en sus columnas. La infantería, haciendo fuego sobre la marcha, ataca en dos buenas columnas, mientras la escasa artillería de La Madrid trata de ayudarla, convergiendo sus fuegos sobre el punto donde se dirigen.

Pero los artilleros enemigos han tomado de blanco aquellas dos columnas con tan buena suerte, que antes de llegar a la línea les han abierto inmensos claros. Llegan y chocan, chocan con imponderable bravura, pero han llegado algo desorganizados, y después de disputar el terreno con encarnizamiento, tienen que retroceder, protegidos por dos regimientos de caballería que impiden que los concluyan de deshacer.

El combate está empeñado en toda la línea de una manera sangrienta y decisiva por ambas partes. El centro y la izquierda de La Madrid, donde opera el Chacho, aún están bien, casi intactos puede decirse, pero su derecha flaquea, visiblemente. Hace un cuarto de hora que funciona sobre ella la artillería enemiga y el estrago causado ha sido mucho.

Chacho se acerca entonces a La Madrid que pone su atención a su derecha, y le pide permiso para irse hasta los cañones.

—Es preciso apagar los fuegos de aquellas piezas —le dice— porque son las que nos causan todo el daño, yo me voy sobre ellas con toda la caballería.

—No, por Dios —responde La Madrid—; que es comprometer la batalla si tiene un rechazo.

—A mi caballería no la ha rechazado nadie hasta ahora —responde el Chacho riendo—, hay que hacer callar aquellos cañones y para ello necesito toda mi caballería. Así podré dar una buena carga sucesiva y los cañones de Pacheco no tardarán en estar con nosotros.

—Es que un rechazo de toda la caballería sería la pérdida de la batalla —exclama La Madrid—; cargue con la mitad, coronel, que puede tener el mismo resultado, y así, si acaso es rechazado, aun se queda con qué combatir y dónde rehacerse.

—Cargando con toda mi gente, yo respondo del éxito —exclama contrariado—; con la mitad no puedo responder de nada porque de nada tengo entonces seguridad.

El fuego de artillería sigue haciendo estragos sensibles y el de infantería aumenta por momentos. Es necesario tomar una determinación rápida, y La Madrid pide nuevamente a Chacho que cargue con la mitad.

—Está bien —responde Chacho—, pero bajo su sola responsabilidad. Hay que hacer callar aquellos terneros —dice Chacho a los suyos—, y se lanza a la carga sobre los cañones de Pacheco.

El fuego de las infanterías que protegen las piezas se rompe nutridísimo sobre la caballería que carga, pero ésta no se conmueve y sigue avanzando sin que los que caen logren acobardarla. Y carga y se estrella contra las infanterías con un ímpetu magnífico y llega a enlazar una pieza que pretenden sacar a la cincha, pero los artilleros se apresuran a cortarle el lazo y recuperan el cañón que están próximos a perder.

Chacho echa entonces de menos el resto de su caballería; si lo tuviera a la mano para hacerlo entrar de refresco, el éxito era completo. Pero La Madrid lo ha hecho quedar y le ha hecho perder el triunfo. Y desesperado Chacho ve rechazadas sus fuerzas con las que viene nuevamente a la carga. Pero Pacheco, que sabe lo que vale Chacho, ha mandado allí dos regimientos de refuerzo, y Chacho es rechazado de nuevo con fuertes pérdidas. Y cuando se retira con algún desorden ve con pena profunda que la derecha de La Madrid ha sido deshecha y doblada. Chacho se precipita allí por su propia inspiración a restablecer el combate, pues La Madrid está a la izquierda sosteniendo dos cuadros reciamente cargados. Y el fuego es tan recio y nutrido por ambas partes que apenas puede oírse una voz de mando a dos pasos de distancia.

La mala estrella de La Madrid empieza a dejarse sentir sobre el campo de batalla. Hay una fatalidad que persigue siempre a este general tan denodado y bravo, y ésta no ha tardado en presentarse.

Chacho restablece el combate a pesar de llegar con sus fuerzas desorganizadas; rechaza al enemigo y da ánimo a sus tropas. Pero entonces es la izquierda la que flaquea sin que la presencia del mismo La Madrid logre restablecer el combate.

La artillería sigue haciendo un mal inmenso y Chacho manda decir al general que es preciso a toda costa apagar sus fuegos, que va a cargar de nuevo con toda la caballería.

La Madrid, que se acusa ingenuamente del descalabro sufrido por Peñaloza, lo autoriza a hacer lo que quiera, pero tarde, muy tarde desgraciadamente. Su centro ha sido deshecho y puede decirse que su izquierda será pronto derrotada.

Chacho, entre tanto, no desmaya y cree que todo puede restablecerse. Y soberbio y bravío lleva carga escalonada sobre aquella artillería maldecida. Esta, envalentonada por el primer rechazo no teme; las infanterías pretenden efectuar el rechazo con un fuego horrible, pero a pesar de todo, Chacho llega como una tormenta de muerte, y carga y sablea y rompe el cuadro que ha formado el batallón de la izquierda, enlazando dos piezas que arrastra con armones y todo.

En vano se mandan allí refuerzos, en vano acude el fraile Aldao en persona, Chacho es irrechazable; y sablea y carga denodadamente hasta echar por delante aquellas infanterías que tanto daño han hecho.

El triunfo ha sido brillante y provechoso en aquel punto, pero tarde, demasiado tarde.

Chacho se retira con las piezas trofeo de su victoria, que tanto sacrificio le cuestan, pero solo la derecha de La Madrid está en pie. La izquierda y el centro han sido vencidos, despedazados.

La Madrid ve llegar sonriendo con infinita amargura a aquel denodado compañero a quien estrecha la mano efusivamente.

—Es tarde —le dice tristemente— y yo tengo la culpa; me parece que aquí todo está perdido.

Pacheco opina lo mismo y lanza fuertes columnas de ataque sobre aquel punto único en que se combate.

—Resistir es sacrificar inútilmente a estos valientes —dice el general—; vamos a retirarnos, coronel, ya que así lo quiere la desgracia por que pasan las armas unitarias.

—No sin haber escarmentado al fraile —dice Chacho, y al mismo tiempo sale al encuentro de Aldao que cargaba en aquel momento con una fuerte columna.

El choque es violento y terrible, los de Aldao luchan con el valor que infunde el triunfo, pero Chacho sablea de tal manera, que pronto el enemigo le da la espalda y se pone en fuga acuchillado por aquella caballería imponderable.

La Madrid, a pesar de su situación angustiosa, no puede menos de asombrarse ante aquel rasgo de valor inmenso, último de la batalla, y recibe entre sus brazos a Chacho, que regresa sonriente diciéndole:

—Ahora estoy a sus órdenes, mi general.

Y aquellos leones se retiran de aquel inmenso campo de batalla donde han quedado sepultadas las más nobles y legítimas esperanzas del partido unitario. Solo han salvado quinientos hombres de la caballería riojana, que van tan frescos y animados que no parece que hubieran batallado de la manera en que lo han hecho.

La persecución se inicia cruel y tenaz por las tropas de Pacheco, que no se hartan nunca de matar. Pero Chacho va dispersando sus fuerzas sobre la marcha; huyendo a que no le maten un solo hombre más. Ya no conserva más que unos cincuenta hombres, que considera lo bastante para repeler el ataque de los que puedan alcanzarlo.

—Es un dolor —exclama Chacho— hemos perdido una batalla ganada y yo no me explico la causa.

—¡Es mi estrella —contesta el noble La Madrid—; no tengo ninguna fortuna en las armas! Esto por ahora no tiene remedio; ellos vendrán hasta La Rioja cuya causa tal vez yo haya venido a empeorar. Es mejor pasar hasta Chile donde tomaremos algún descanso mientras se presenta alguna nueva ocasión de movernos con algún éxito.

Chacho está impresionado hondamente con aquella derrota. Ve en ella su poder perdido, la ocupación de su provincia por un enemigo terrible, implacable, piensa en los horrores que irán a sufrir sus amigos y no halla consuelo. Él puede hacer la guerra de recursos, pero para ello tendría que abandonar la ciudad, que caería en poder de aquellos mismos bandidos que harían en ella mayores horrores para obligarlo a entregarse, y encuentra también que para causar menos mal es preciso emigrar y pasar a Chile.

El enemigo los persigue de cerca, de muy cerca, y no tardará en estar en La Rioja con todo su ejército. El suyo ha sido completamente desbandado; él está seguro de poder reunir nuevamente las fuerzas que han pertenecido a La Rioja. Pero recuerda también que el que no ha sido muerto ha sido herido o ha caído prisionero y que del elemento que se ha salvado pocos soldados se podrían sacar. No hay remedio, es preciso abandonar La Rioja, aunque sea momentáneamente, para que siquiera el enemigo no se ensañe con los vencidos.

Cuando en La Rioja se supo el terrible contraste que había sufrido el Chacho, la desesperación y el duelo popular fueron grandes. Y a nadie se le ocurrió hacer a Peñaloza el menor cargo.

—A causa del general La Madrid —decían— lo hemos perdido todo.

—Chacho no quiere convencerse de lo que vale —decían sus partidarios de posición—; se atiene a lo que aconsejan los tales generales, y nosotros pagamos las consecuencias. Mientras él mandó en jefe, todos fueron triunfos y glorias, en cuanto obedeció órdenes extrañas nos llevó a la trampa.

El incidente de la carga, que a juicio de todos había perdido la batalla, se conocía por la narración de los oficiales, y éstos hacían a La Madrid los cargos que el mismo Chacho no se había atrevido a hacerle.

Harta amargura tenía La Madrid con la derrota sufrida, para venir a aumentársela con recriminaciones que a nada conducían ya, puesto que nada podría remediarse con ellas.

Chacho licenció a aquellas últimas fuerzas que lo habían acompañado hasta La Rioja, aplazándolas para el día cercano de su reaparición.

—Porque yo me voy ahora a Chile —decía— a ver si reúno buenos elementos y entonces vendré a jugarlo todo al lado de ustedes.

Al saber que Chacho emigraba, los habitantes de La Rioja se entregaban a las más tocantes manifestaciones de desesperación.

—¿Qué va a ser de nosotros? ¿Qué va a ser de La Rioja si el Chacho nos deja?» —decían—. Nuestro martirio va a ser tremendo, pues ellos han de querer vengarse en nosotros del daño que les ha hecho el Chacho.

Y todos se empeñaban en que se quedara, ofreciéndole que La Rioja, sin faltar uno solo de sus hijos, combatiría con él hasta el último aliento.

—Sería no ya un sacrificio sino un martirio estéril —respondía Chacho—, porque no podemos resistir ni tenemos cómo resistir. Tendríamos que andar montonereando indefinidamente, y abandonando las poblaciones a la rapiña de Aldao, lo que sería mil veces peor. Yo me voy a Chile temporalmente, mientras reúno algunos elementos dispersos allí mismo; La Rioja, entretanto, se repone de este contraste y puede esperarme fuerte y bien preparada para una nueva campaña. Faltando yo, los enemigos no tendrán que temer nada, ni tendrán pretexto para llevar a cabo sus eternas persecuciones.

Era preciso conformarse pues con la emigración del Chacho, y todos se entregaron desde el primer momento a ocultar sus armas y a destruir las pruebas de que habían combatido a la tiranía de Rosas y a sus tenientes Aldao y Benavídez.

Chacho reunió los pocos recursos que tenía, pues todo lo había gastado en socorrer a sus tropas, y pasó inmediatamente a Huaja, a cumplir con los sentimientos de su corazón. Y acompañado del general La Madrid y algunos jefes que no quisieron quedarse, pasó a Chile donde no tendría nada que temer, aunque mucho que lamentar. Y mientras el general La Madrid pasaba a Valparaíso donde tenía relaciones y amigos de la República Argentina allí emigrados, el Chacho se quedó en un pueblito cercano, desde donde podría estar al corriente de lo que pasaba en La Rioja y adonde podía trasladarse en dos o tres días de buena marcha.

Humilde y sencillo, nada tenía que hacer en las grandes poblaciones, mientras que en el pueblito donde se había instalado podía entregarse a cualquier trabajo de campo el día que escasearan sus recursos. Conocido y respetado en aquellos pueblitos, que por su proximidad a La Rioja conocían de memoria la leyenda de sus hazañas, no carecía de nada y pasaba una vida tranquila, en cuanto era posible con el estado de su espíritu.

Chacho ausente, sin que nadie se atreviera a hacerle la menor oposición, la provincia de La Rioja fue ocupada por tropas del general Pacheco y por el terrible fraile Aldao, que implantó en ella inmediatamente el sangriento y odioso sistema federal. Las persecuciones y el saqueo empezaron desde el primer instante, pero como nadie se resistía y todos acataban con buen modo las disposiciones de Aldao, aunque no cesó el saqueo mientras hubo qué robar, cesaron las persecuciones y los degüellos. Todos acataban aquel poder y trataban de demostrar, por todos los medios posibles, que estaban contentos con el nuevo régimen de cosas y los nuevos y feroces caudillos implantados por Aldao, que al fin tendría que salir de La Rioja para trasladarse a Mendoza. Así La Rioja pagó con su sangre y su dinero la gloria de haber resistido, solo con su caudillo, al poder de Rosas imperante en todo el resto de la República.

Seguro ya de la situación de La Rioja y que nadie se atrevería a levantarse en ella, el fraile Aldao se retiró a Mendoza dejando allí sus tenientes de más confianza.

Anita

La emigración del Chacho vino a revelar un secreto que aquél había logrado siempre mantener en un misterio impenetrable. Este era la existencia de una hija, fruto de aquellos amores ocultos en Huaja con que sus amigos tanto lo habían embromado.

Anita, que así se llamaba, tenía ya doce años cuando Chacho emigró. Vigorosa y magnífica, como todas las mujeres de los Llanos, Anita era ya una joven perfectamente desarrollada y de una belleza soberbia. La bondad de su alma sencilla y buena, asomaba a sus ojos espléndidos, que brillaban como dos soles en aquel semblante bello. Con una esbeltez poco común y una gracia infinita que se desprendía de toda su persona, Anita tenía la doble atracción del cuerpo y del espíritu.

En Huaja todos sabían que era hija del Chacho, aunque éste desde un principio había rodeado su existencia del mayor misterio. Pero ¿cómo ocultarla en aquel pueblito donde todos conocían el acto más oculto de la vida? La misma madre, orgullosa y feliz con el amor de Chacho, lejos de ocultar a la bella niña, la presentaba como hija de Peñaloza, aunque aquella confesión importaba la de una falta que podía atraer sobre ella el desprecio de los demás.

Chacho tenía un cariño idólatra para aquella hija que había despertado en su corazón sensible sentimientos íntimos y arrobadores desconocidos para él. Él, que se había criado sin aquellos afectos íntimos de los padres y los hermanos, él, que no había podido jamás valorar el mundo de cariño que, como bálsamo eterno, encierra el corazón de la madre, él, en fin, huérfano de todo cariño que no fuera el de su tío, cariño respetuoso que no se prestaba a ciertas manifestaciones, reconcentró en su hija todo el amor de su corazón apasionado y vivió en sus ojos, infantiles y hermosos, aquella vida íntima del espíritu que todo lo embellece mostrándolo bajo un prisma de rara felicidad. Y aquellos días que se ausentaba de La Rioja para venir a Huaja, los pasaba entregado a contemplar a aquella criatura bella y prodigarle sus más ardientes caricias.

Y Anita, que leía en los ojos del padre todo el amor que para ella atesoraba, le pagaba su afecto con un cariño delirante.

En cuanto Chacho aparecía en Huaja, Anita se transformaba, su alegría era inmensa, manifestándose de todos modos a su padre feliz. Creciendo de esta manera, el amor del padre fue para Anita el resumen de toda felicidad sobre la tierra. Estando en Huaja no se le separaba un solo momento, y cuando se hallaba ausente, solo vivía pensando en él y en todo aquello que le era agradable para sorprender su vuelta.

Esta fue la causa de que Chacho no quisiera ir a Chile sin pasar por Huaja y dar a Anita su último beso y a la madre su abrazo más noble y cariñoso.

—Me voy tranquilo —le dijo—, porque veo que a tu lado Anita queda segura. Yo no puedo tardar, es un viaje a que me fuerzan los acontecimientos de mi última y desventurada campaña, pero que no ha de ser largo. Pronto volveré a tu lado, donde he sido tan feliz, tan fuertemente feliz.

—No dejes de pensar en mí, padre —dijo Anita—; mira que a tu vuelta yo te voy a conocer en los ojos que has olvidado a tu Anita, y entonces no te voy a querer más.

—¡Hija querida! —exclamó Chacho alzándola en sus robustos brazos—; para olvidarte sería preciso que la tierra hubiera cubierto mi cuerpo, yo no puedo dejar de pensar en ti, porque no sé cómo se piensa en otra cosa, y si algo apurará mi vuelta será el deseo de verte, puedes estar segura.

Anita besó la boca de su padre con toda la expresión de su cariño y secó sus lágrimas.

Chacho sintió en cambio las suyas que cruzaban sus pómulos y se perdían entre sus negras patillas.

—Adiós —dijo—, hasta muy pronto; desde hoy seré un cuerpo que marchará sin corazón y sin alma, porque quedan aquí con ustedes. Y salió de Huaja haciendo un violento esfuerzo, necesario para desprenderse de aquella casa, donde quedaban todos sus afectos sobre la tierra.

Y como lo había dicho, desde entonces no supo pensar en otra cosa que en su hija Anita.

Para una mujer ser linda era tan peligroso como para un hombre tener fortuna. Eran las dos cosas que más despertaban la codicia de aquellos verdaderos salteadores que nada respetaban.

La Rioja estaba hasta cierto punto habituada al régimen de los tiranuelos feroces, pero de una manera moderada hasta cierto punto, pues aunque

Quiroga había sido tremendamente cruel, tenía el contrapeso de Chacho que le impedía hacer ciertas iniquidades. Pero Aldao y comparsa no tenían freno alguno, habían entrado en La Rioja como a tierra conquistada, y como a tierra conquistada la trataban. Así es que las niñas se ocultaban de ellos, como los hombres les ocultaban su dinero y sus alhajas. Y ellos se daban maña para hallar ambas cosas cuando sus dueños menos se lo imaginaban. Así se habían apoderado de todo, dejando a sus víctimas en la mayor miseria y a las familias en la mayor desesperación por la falta de alguna hija querida.

Anita se iba salvando milagrosamente de caer en poder de Aldao, que era el gran campeador de fruta pintona, gracias al misterio en que vivía.

La pobre niña no se había atrevido ni siquiera a salir al patio de su casa, temiendo que la vieran, y sin más trámite vinieran a buscarla. Y los dos meses que Aldao ocupó La Rioja, no se movió de su cuarto para nada.

Como Huaja era una población pequeña y miserable, los federales no la habían ocupado, ni habían creído oportuno ir a buscar nada allá. Entretenido en la capital y en los departamentos más importantes, poco se había pre-ocupado del pueblo de la mazamorra. Fue solo cuando el tremendo fraile Aldao abandonó La Rioja que Anita salió de su cuarto y se animó a andar por toda la casa.

Pero en La Rioja habían salido de la llama del fraile Aldao para caer en las brasas del tuerto Bárcena, hombre terrible por su crueldad cobarde e insaciable.

El tuerto Bárcena, habiendo hecho de él un buen acopio, poco se preocu-paba del dinero, pero perseguía en cambio a las mujeres con una tenacidad incansable. A la vista de una mujer bonita su único ojo brillaba en la órbita de una manera repugnante, y su boca sonreía con la expresión de la crueldad próxima a satisfacerse. Repugnante en su expresión enamorada y tétrica, las mujeres huían de Bárcena como de un ser monstruoso, pero no tenían cómo defenderse de aquel ser horrible para quien el rapto de una joven era una cosa risueña y perfectamente natural.

Aldao era el amigo que le permitía hacer cuanto le daba la gana, tenía tropas a sus órdenes y una gran influencia sobre el corrompido fraile con quien compartía sus aventuras amorosas. ¿Qué defensa iba a tener el pueblo contra sus terribles avances? No había más remedio que acatar sus órdenes bestiales o resignarse a morir de una manera horrible.

Si Huaja había escapado a las pesquisas del fraile, porque éste demasiados entretenimientos tenía en La Rioja, no escapó a las pesquisas del tuerto Bárcena, que no dejaba por visitar ni la población más miserable. En todos los rincones había de brotar el rayo curioso de su ojo imponderable y todo lo había de revisar con una prolijidad diabólica.

El tuerto Bárcena se trasladó a Huaja por el doble motivo de ser el pueblo donde había nacido el Chacho, y porque le habían dicho que allí encontraría criaturas bellísimas. Como era su práctica, empezó a recorrer casa por casa, con diferentes pretextos para imponerse de lo que había en cada una de ellas y obrar después con arreglo a lo que había hallado. Sabiendo que un atropello cometido en una, alarmaría a las demás, se conducía con recato y decencia hasta conocerlas todas, y entonces daba sus golpes donde mejor le parecía y más aliciente había hallado.

Así conoció Bárcena a la divina Anita, encontrando en ella la niña más espléndida con que había tropezado jamás mortal. La sencillez suprema de aquella casa hizo pensar al tuerto que la conquista era fácil, y a ella se dedicó desde el primer momento con toda la tenacidad de que era susceptible. Aunque el tuerto era antipático sobre toda exageración, como las mujeres no lo conocían ni creían tener nada que temer de él, lo recibieron con buenos modos, obsequiándolo con mazamorra, única cosa que tenían.

Entregada La Rioja a los federales, aquél no podía ser sino uno de ellos, y no era entonces prudente tratarlo mal o demostrarle antipatía, pues sabiendo quiénes eran, podrían perseguirlas por el hecho solo de estar tan íntimamente ligadas a Chacho. Era preciso ocultar la clase de vínculos que con el Chacho tenían, pues ellos solos podían ser la causa de persecuciones bárbaras y arbitrarias. Así es que ocultaron al tuerto su nombre como quien oculta un crimen, asegurándole que eran de Catamarca, y que estaban en Huaja huyendo de los unitarios que dominaban con La Madrid.

Bárcena, que no tenía por qué desconfiar, creyó cuanto las mujeres le decían, ofreciéndoles toda su influencia y diciéndoles que era él la persona que más mandaba en La Rioja.

Con semejante declaración y oferta madre e hija fueron más atentas de lo que habían sido hasta entonces, pues quién sabe si alguna vez necesitaban de aquel hombre en beneficio del Chacho. Y le ofrecieron su casa para cuando pasara por allí y no tuviera dónde descansar.

—Nuestra miseria es grande, pero siempre habrá un bocado y una cama de más.

Aquella misma miseria podía servir de pretexto a Bárcena para sus primeras manifestaciones, y así las hizo desde aquel instante mismo.

—La miseria como todas las cosas —dijo—, tiene su término, todo es cuestión de suerte. Yo por ejemplo soy muy rico y no sé qué hacer con la plata porque para nada la necesito. Hoy bendigo mi riqueza, porque ella me permite hacer una buena acción: quiero remediar la situación de ustedes, que bien lo merecen, y por lo pronto ahí está lo que llevo encima.

Y sacando diez onzas de oro, las ofreció a Anita, creyendo que la vista del oro deslumbraría a la joven.

—¿Para qué queremos dinero? —respondió ésta, sintiendo subir al rostro toda su sangre—. Nada nos hace falta ni lo deseamos; somos felices así, que es cuanto se debe ambicionar y basta. Muchas gracias, señor.

Rechazado por la hija, Bárcena ofreció el dinero a la madre, pero ésta se negó igualmente a recibirlo. En el fulgor siniestro que alumbraba el ojo de Bárcena, comprendió todo lo infame que ocultaba aquella dádiva y la rechazó con una aspereza que no pudo evitar.

—El oro está aquí de más —dijo—, porque nada hay que comprar con él, guárdelo para quien le haga más falta.

Bárcena, algo picado por el inesperado rechazo de sus onzas, insistió, pero todo fue inútil, las mujeres no quisieron tomarlas, y él haciéndosele violento guardarlas nuevamente, las arrojó al patio exclamando:

—Pues que las tome quien las necesite que a mí ahora no me sirven sino de peso en el bolsillo.

Anita, que había heredado la soberbia instintiva del padre, salió ante aquel acto que sonó en su espíritu como una cachetada en la mejilla y suplicó al tuerto llevara el dinero, pero éste se rió con toda la insolencia de su cara cínica y desvergonzada.

—¿Y qué quieren que haga yo con esta porquería? —preguntó—. ¡Déjenla nomás ahí, que no vale la pena!

Aquello iba tomando un mal giro, que no convenía a las pobres mujeres. Pero, felizmente, ellas lo comprendieron así, y devorando sus lágrimas guardaron silencio sin insistir más en la cosa.

—Voy a quedarme unos días en la Costa Alta —dijo— porque debo establecer las autoridades que van a quedar. Ustedes me permitirán que acepte el hospedaje que me han ofrecido por los días que voy a estar aquí; yo soy buen soldado y a todo me avengo, así es que no las he de incomodar mucho, porque yo viajo con mis provisiones arregladas a toda necesidad.

Bárcena, sin esperar respuesta, se dio por instalado allí mandando desensillar su caballo. Por lo que pudiera suceder y como una buena precaución, el tuerto andaba siempre con ocho o diez soldados bien armados, que eran al tiempo los que le llevaban sus provisiones, y los que lo servían para reducir por la fuerza y castigar a los que se negaran a obedecerlo.

Los soldados desensillaron el caballo y bajaron la provisión de alimentos al cuarto que ocupaba Chacho, único disponible en la pobre casa. Las pobres mujeres temblaron ante una instalación tan peligrosa, pero ¿qué podían hacer? Contrariar a aquel hombre no serviría más que para irritarlo y que cometiera tal vez algún exceso. Lo mejor que podían hacer era guardar silencio y acatar su voluntad hasta donde les fuera posible.

Bárcena se instaló en la casa con el único propósito de seducir a Anita; la belleza de la joven le había hecho perder el estribo, y no veía el momento de salir con ella de aquel pueblito miserable. Lo más expeditivo, pensaba, sería montarla en ancas y llevársela sin consultar para nada su voluntad, pero era más agradable que ella viniera voluntariamente, resultado que obtendría con un poco de paciencia, según pensó. Y se decidió entonces a permanecer dos o tres días en Huaja, tiempo que creyó suficiente para obtener de Anita cuanto deseara.

En cuanto los amigos vieron instalarse a Bárcena en casa de Anita, no dudaron de que iría a suceder una desgracia, pues no teniendo nada que hacer en Huaja aquel hombre no podía estar allí con buenos fines.

El tuerto Bárcena, instalado en aquel cuarto que había tomado violentamente, puede decirse, se entregó por completo a la pasión que le había inspirado Anita y a estudiar el mejor medio para terminar pronto y satisfactoriamente su aventura.

«Es gente inocente y sin malicia, pensaba, que les haré creer cuanto quiera, y si no quieren será lo mismo, porque de todos modos tendrá la chica que venirse conmigo.»

Así discurría el tuerto, cuando vio a la cabecera de aquella pobre cama un sable de caballería, que debía llamar su atención por la calidad del arma y el paraje donde la hallaba. Y se puso a registrar toda la pieza, registro que le dio por resultado el encuentro de algunas ropas de hombre y varias prendas por las que podía comprender fácilmente que el dueño de todo aquello era un militar de graduación alta.

«¿Tendrán algún amante oculto?, pensó Bárcena, mirando celoso aquellas prendas. ¿Y quién puede ser este amante, dueño de un sable tan lujoso y de prendas tan ricas?»

Los celos ofuscaron al tuerto de tal manera que empezó a registrarlo todo, en la esperanza de hallar algún papel que lo pusiera en la posesión del secreto, pero no halló nada absolutamente. Allí no había otras cosas que las prendas militares que no revelaban otra cosa sino que allí vivía un militar de graduación. Instigado por la curiosidad y los celos, Bárcena salió como a recorrer el pueblo, para averiguar lo que probablemente las mujeres no habían de querer decirle.

Quién sabe si el militar no era algún jefe unitario de los vencidos en el Rodeo del Medio y oculto actualmente en la casa. Era preciso averiguarlo a toda costa, y Bárcena iba dispuesto a arrancar el secreto del primer individuo con quien tropezara. Pronto halló a un viejo que por el recelo con que lo miraba, supuso que conocería el secreto que tanto quería conocer.

—Oiga el viejo —le dijo groseramente como para intimidarlo desde el primer momento—, ¿quién es el militar que vive en aquella casa o que ha vivido allí hasta hace poco?

El buen viejo miró a Bárcena sorprendido por el acento brusco y áspero con que le había hablado.

—Yo no sé —dijo—, no sé lo que me pregunta.

—Yo te lo voy a hacer saber —agregó entonces el tuerto enfurecido—; o me dices qué militar ha vivido o vive en aquella casa, o te rompo yo el alma.

Y lo sacudió violentamente de un brazo mientras echaba mano a la espada.

Aterrado el pobre viejo con el ademán y el aspecto del tuerto:

—¡El Chacho! —gritó— ¡El Chacho! ¿Y quién más que el Chacho ha de vivir allí?

—¿El Chacho vive en esa casa? ¿Entonces aquellas mujeres son de su familia?

—¿Y cómo no? —siguió diciendo el viejo—, la más joven es su hija, la otra es una amiga suya y nada más.

—Su amante —gritó el tuerto—. ¡No había tenido mal gusto el bandido! ¿Y él dónde se encuentra ahora?

—En Chile, emigró a Chile cuando la entrada del gobernador Aldao, y desde entonces no se sabe nada de él.

—Cuidado con engañarme porque yo puedo hacerte degollar.

—¿Y por qué he de engañarlo? ¿Qué interés puedo yo tener en ello? He dicho lo que sabía y esto es todo.

Bárcena regresó a casa de las mujeres, resuelto a llevarse inmediatamente a la bella Anita.

El Chacho podía presentarse en el momento menos pensado y ponerlo en un serio conflicto, pues no tenía allí más que sus ocho soldados. Si el Chacho estaba por allí oculto el peligro era inminente, y si realmente había pasado a Chile podía venir a Huaja de sorpresa, como era su costumbre y tomarlo prisionero y hacerlo degollar.

Resuelto a llevarse consigo a Anita por las buenas o las malas, resolvió marchar en el acto.

Una infamia

El tuerto Bárcena se había apasionado de una manera tremenda. Él hubiera perdido un poco de tiempo en festejos para seducirla, porque lo enloquecía la idea de ser amado por Anita. Pero desde que supo que ésta era hija del Chacho resolvió llevársela, cualquiera que fuesen los medios que tuviese que emplear. Tenía miedo de que el Chacho fuera a aparecerse cuando menos se esperaba y no solo pusiese a salvo a su hija, sino que lo escabechase a él mismo. Así es que apenas regresó a casa de Anita, mandó a sus soldados que arreglaran todo y dijo a la joven que se preparase a marchar.

—¿Y por qué hemos de marchar, y adónde? —interrogó la madre, palideciendo—. No tenemos ni razón ni objeto para abandonar a Huaja.

—Al contrario —dijo el tuerto tratando de engañar a las mujeres para hacer más fácil la empresa—, se me acaba de decir que viene a Huaja una división del general Oribe, que establecerá aquí el campamento. Los peligros que ustedes van a correr son grandes, porque esa es mala gente, y yo, para pagarles con algo la hospitalidad que me han dado, quiero llevarlas a La Rioja, donde a mi lado nada tendrán que temer.

Sin poder explicar la causa, madre e hija tenían una desconfianza invencible de aquel hombre. No creían lo que les decía y un secreto instinto les anunciaba que siguiéndolo sufrirían una desgracia.

—¿Y por qué nos han de hacer mal? —preguntó la joven, que temblaba ante el aspecto formidable del tuerto—. ¿Por qué nos han de hacer mal, si nosotras no ofendemos a nadie?

—¿Por qué? —dijo el tuerto creyendo dar su golpe de gracia—. Porque ustedes son la mujer y la hija del Chacho, y para obligarlo a éste a presentarse, empezarán por llevárselas a ustedes.

Aquello fue como un rayo para las pobres mujeres, que veían descubierto su secreto. Todo lo que les había dicho el tuerto fue para ellas la revelación de lo que realmente pretendía éste: llevárselas con cualquier pretexto fuera de Huaja para hacer con ellas lo que le diera la gana.

—Nosotras no creemos que sea un delito ser la hija y la mujer del Chacho —dijo la última—, y no creo que por esto se nos deba hacer daño. No sé además si a Chacho le gustará que nos vayamos sin su permiso, así que no podemos movernos de aquí.

—Pero no sea terca, mujer —insistió el tuerto queriendo aún convencerla—. Sin el menor motivo de hacer daño a ustedes, las tomarán en prenda para obligar a Chacho a que se entregue, y una vez presas van a correr ustedes numerosos peligros. La misma belleza de Anita va a traer sobre ella una tormenta; el fraile Aldao se va a enamorar de ella y esto solo basta para que ustedes hagan lo que yo les digo.

Anita tembló toda y ocultó su rostro de ángel en el seno de la madre, como si estuviera delante de aquel peligro formidable. Y el ojo de Bárcena brilló de deseo, pensando que había triunfado en el ánimo de la joven.

—Dios me dará fuerza para defender a mi hija de cualquier peligro —dijo—, pero no nos podemos mover de aquí hasta la vuelta de Ángel, que tal vez sea en el momento menos pensado.

La mujer creía intimidar al tuerto con la amenaza de que Chacho podía volver de un momento a otro, y lo que hacía era afirmarlo más en su pensamiento maldito.

—Yo soy amigo de Peñaloza —dijo Bárcena tentando el último esfuerzo—, y les aseguro que no ha de tomar a mal que ustedes me hayan seguido, cuando conozca la causa.

Aquello podía muy bien ser cierto, pero las mujeres desconfiaron siempre y se negaron a seguirlo.

—Mientras Chacho no nos mande salir de Huaja, no nos movemos de aquí; le damos las gracias por su buena voluntad, pero no podemos hacer otra cosa.

En el terreno del convencimiento el tuerto estaba perdido sin remedio, pues no iba a poder convencer a las mujeres de que debían seguirlo.

—Es particular —dijo—, pero hay personas a quienes es necesario servirlas a la fuerza; son capaces de desconfiar de Dios padre. Hagan de cuenta que no les he dicho nada, pero no se quejen de lo que pueda sucederles.

Bárcena se retiró a prepararlo todo para la marcha inmediata; hizo ensillar a los soldados y arregló él mismo su propia montura, de manera que en ella pudiera ir Anita con bastante comodidad. En cuanto a la madre no pensaba en llevarla, pues aquélla no sería más que un estorbo a sus planes. Anita, sola, inocente y sin la menor malicia, concluiría por ceder, convencida de que era aquello lo que le convenía.

«Saldré inmediatamente de La Rioja, pensaba el tuerto, para estar bien libre de la presencia del Chacho, y descansaré en Mendoza. De allí paso al ejército de Oribe y sigo a Montevideo. Que vaya el Chacho a arrebatarme a su hija, que vaya nadie a privarme de un tesoro como éste.»

El tuerto se había enamorado perdidamente de Anita, por su belleza y por el candor juvenil que se desprendía de toda su persona. No era el deseo de poseerla, no era uno de tantos caprichos de su espíritu pervertido. Era una pasión incontrastable que se había apoderado de él y que lo hacía desear el cariño de Anita como el mayor bien de la tierra. Por eso había tratado de seducirla con engaños y frases galanas, antes de hacer uso de los medios violentos, que solo emplearía en último extremo. Así se veía el fenómeno de que Bárcena, acostumbrado a atropellarlo todo desde el primer momento, procedía para con Anita con una suavidad de la que sus soldados mismos estaban absortos.

—¿Qué tendrá el tuerto? —se preguntaban—. ¿Andará teniendo miedo de algo, o le tendrá miedo a la madre?

Y esperaban siempre el desenlace violento, que era por donde había de concluir aquella aventura.

Aquella misma noche, para que la cosa no fuera a levantar un escándalo en todo el pueblo, Bárcena se presentó en la pieza que ocupaban las dos mujeres, acompañado de tres soldados, que quedaron esperando a la puerta. Uno de ellos debía ayudarlo a sacar a Anita, y subirla a caballo. La misión de los otros dos era asegurar a la madre y obligarla a quedarse allí hasta que calculasen que él iba bien lejos.

Cuando el tuerto se presentó en la pieza, a pesar de ser muy tarde, las dos mujeres estaban vestidas, aunque recostadas; era la manera en que dormían desde que aquel hombre se alojó en su casa, pues siempre habían tenido miedo de un avance. No se atrevían a otra manera, pues la puerta de aquella pieza no tenía la menor seguridad. Así es que en cuanto se presentó el tuerto, ambas se pararon como movidas por un resorte, y se estrecharon la una contra la otra como si se tratara de protegerse contra un avance.

—¡Despiertas todavía! —dijo—. Mejor, porque así se perderá menos tiempo. Pronto, mis amigas —añadió—, es preciso que me sigan, porque en este momento viene entrando a la Costa Alta la fuerza de que les hablé, y no hay tiempo que perder. Nosotros saldremos por el lado opuesto y no seremos sentidos, yo lo tengo todo preparado con este fin y no hay que temer nada. Pueden tomar rápidamente lo que les interesa llevar consigo, pero sin perder tiempo, porque la cosa apura.

Anita creyó en aquel momento lo que decía el tuerto, y consultó a la madre con una mirada llena de ansiedad. El tuerto no les daba tiempo de reflexionar, les hablaba con increíble rapidez, intencionalmente, para que el apuro de salir les impidiera la reflexión. Pero aquella mujer, a pesar de la juventud, a pesar de vivir en un paraje tan aislado y sin trato con otras personas que las del pueblito mismo, tenía una rara penetración, una fuerza de carácter de primer orden y un espíritu desconfiado por naturaleza. Así, miró a Bárcena sin demostrarle el mínimo terror, y le dijo resueltamente:

—Yo no me muevo de esta casa sin que me lo diga o me lo mande decir el Chacho. Si el peligro de que usted me habla es real, tiempo tendremos de salvarnos, para lo cual le pido nos deje un par de caballos buenos.

—Es que una vez descubiertas sería inútil que huyeran, porque las seguirían y las tomarían en cualquier parte. No tengan desconfianza, mis amigas, yo las llevaré a Mendoza, y allí estarán libres de todo peligro.

—Es inútil que insista —añadió la mujer como si quisiera dar por terminada la entrevista—; es inútil que insista, pues yo no salgo de esta casa y mucho menos de Huaja, sin estar aquí Chacho.

—Bien —contestó el tuerto, tanteando su último argumento— si usted se empeña en correr el peligro que le anuncio, deje que se salve esa inocente niña, que usted no puede sumir, por un capricho, en una situación desesperante.

—¿Qué es lo que usted dice? —preguntó entonces la mujer cambiando de aspecto al conocer adonde iba el pensamiento de Bárcena—. ¿Yo separarme de mi hija? Entregársela a usted tan luego; usted no sabe lo que dice, amigo, es mejor que se vaya y nos deje tranquilas.

—¡Parece increíble que uno tenga que hacer a esta gente, por fuerza, cierto servicio! Y sin embargo, así nomás es. Vamos, mis amigas —agregó, ya cambiando de tono—; o ustedes vienen voluntariamente o yo las hago venir a la fuerza. Tengo tal interés en salvarlas, que lo haré, aun contra la voluntad de ustedes mismas.

—Este hombre está loco —dijo entonces la madre a la hija—. Ni por voluntad ni por fuerza saldremos de aquí, conque déjenos descansar en paz y retírese a hacer lo mismo. No crea que porque nos ve solas y débiles vamos a ceder al miedo; esta casa es la de Peñaloza, amigo, y aquí no se sabe lo que es miedo.

Y la mujer miraba al tuerto resueltamente, como si por medio de sus ojos quisiera convencerlo de la verdad que decía.

—Pues señor —terminó el tuerto como si hablara consigo mismo—, por más que me pese no tengo más remedio que emplear la fuerza, y como al fin y al cabo esto se ha de hacer no debe perderse un tiempo precioso puesto que esas fuerzas deben llegar de un momento a otro. ¡A ver, aquí! —gritó asomándose a la puerta; y los tres soldados que hacía rato esperaban aquella orden, entraron en el acto a la pieza.

Por el semblante de la hija cruzó como un relámpago una expresión de inmenso espanto, y gimió apretándose aún más contra la madre.

—Conforme a lo mandado —gritó Bárcena—, previniendo que al que no ande listo, lo dejo frito de un tiro.

La vista de los soldados fue para aquella infeliz una prueba de que todo había sido preparado de antemano, y que lo que el tuerto quería era llevarse a Anita. Entonces saltó como una leona, colocando a su hija entre ella y la pared, y miró valientemente a Bárcena.

—Nosotras no salimos de aquí sino muertas —le dijo—, hombre perverso.

—Qué me importa a mí de ti y de lo que puedes decir —contestó el tuerto que ya no trataba de disimular la cosa—. Lo que yo quiero es salvar a la niña aunque te lleve el diablo.

—Perderla bandido es lo que quieres, pero no lo has de lograr, porque has de ser tan cobarde como bandido y has de temer que pueda aparecerse el Chacho y ahorcarte antes que tengas tiempo para moverte.

Aquellas palabras no dejaron de hacer impresión en Bárcena que andaba siempre pensando en la aparición del Chacho; y miró a todos lados con cierto temor.

—Bueno, muchachos —dijo a los suyos—, cada uno a lo que se le ha mandado y basta ya de conversación que es tarde.

Todos avanzaron sobre las dos mujeres. Bárcena y el soldado que debía ayudarlo sobre la hija, y los otros dos sobre la madre. Esta, fuerte y valiente, con su valor y sus fuerzas multiplicadas por su amor de madre, empezó a luchar de una manera tremenda y desesperada.

Anita, aterrada y llorando amargamente, desfallecida por el espanto y el dolor, poca resistencia podía oponer a dos hombres fuertes y decididos a todo. Bárcena la tomó de los brazos mientras el soldado, rodeándole la cintura le daba un tirón violento que la hizo desprender de la madre.

Entre Bárcena y el soldado, aunque con alguna dificultad porque no querían hacerle daño alguno, la arrastraron a la puerta, en medio del llanto más desesperado. Cuando la madre vio que le habían arrancado a la hija y que se la llevaban sin remedio, reunió todas sus fuerzas en un movimiento supremo y saltó sobre Bárcena, pero no pudo avanzar ni un paso; los soldados que la sujetaban tenían los mú sculos de acero y la oprimían fuertemente; no en vano los había elegido el tuerto. Y éste seguía arrastrando a Anita en dirección a la puerta, y la pobre niña, desfallecida ya, no trataba de oponer la menor resistencia.

La pobre madre sintió pasar por su corazón algo como una ráfaga de muerte, se prendió al cuello de uno de los soldados, y en su inmensa desesperación le clavó los dedos. El soldado a su vez, con la rabia del dolor, cerró sus brazos y oprimió a la mujer de una manera terrible, para obligarla a soltar.

En aquel momento Anita, sacada de la pieza, lanzaba en el patio un grito de angustia.

Al sentirlo la madre, lejos de soltar al soldado y trastornada ya por el dolor y el espanto, bajó la cabeza y clavó los dientes en aquel cuello que oprimía hasta enterrar en él los dientes. El soldado lanzó un alarido de dolor, pues ella había retirado sus dientes con el bocado y sacando el cuchillo de la cintura, lo enterró en el costado de la mujer que vaciló y tuvo que apoyarse en la pared para no caer.

En aquel momento se siente un nuevo grito de Anita, y la madre a pesar de la horrible herida, a pesar de conservar clavado en ésta el puñal del soldado, encoge sus piernas y quiere saltar a la puerta; pero cae al suelo como herida por un rayo. El segundo soldado ha levantado su rebenque y lo ha dejado caer con todo el poder de su brazo sobre la cabeza de la desventurada madre.

Nada les había dicho Bárcena en favor de la mujer, les había ordenado contenerla a toda costa y de todos modos, y ellos habían cumplido la orden a su manera; ya no tendría el tuerto quien le estorbara.

Eran tales las heridas abiertas por los dientes en el cuello del soldado, que éste no tuvo tiempo ni ánimo para ayudar a su compañ ero en el saqueo de la casa, en aquellas cosas de algún valor mínimo que aparecían a la vista. El bueno cargó con cuanto pudo, y ayudando a su compañero salieron al patio, calculando que Bárcena no tardaría en ponerse en marcha.

Efectivamente, el tuerto se hallaba a caballo, teniendo perfectamente acomodada delante a la gentil Anita, insensible a lo que pasaba a su lado pues al sentir el grito de la madre, había perdido todo conocimiento.

Bárcena no esperaba sino la llegada de éstos para ponerse en marcha.

Al ver a uno de ellos ensangrentado de aquella manera y viendo que en la casa reinaba un silencio absoluto, preguntó lo que había sucedido.

—Ha sido preciso hacerla callar para siempre —dijo el herido mostrando el cuello mutilado—. No era una mujer sino una tigra, y en prueba de ello aquí está su primer dentellada.

—¿Quiere decir que la han muerto?

—Era preciso, señor, si no no la hubiéramos contenido; cuando sintió gritar a la muchacha se enfureció de tal modo que casi se me escapa, porque mi herida me dejó sin aliento cuando la recibí.

—Bueno, a caballo entonces, y ahora a cuerpearle al Chacho —dijo Bárcena poniéndose en marcha—, porque en cuanto sepa lo que hemos hecho no va a descansar hasta no dar con nosotros.

Y aquellos verdaderos forajidos se pusieron en marcha, llevándose a la pobre niña que no había podido darse cuenta de todo lo horrible de su suerte.

Los vecinos más próximos a la casa, sintieron todos los gritos y el sofocado rumor de la lucha y arrastrar de los cuerpos. Pero ninguno se atrevió a moverse, ni siquiera para curiosear lo que pasaba.

Se imaginaban que el tuerto estaría haciendo de las suyas, y como tenía consigo ocho soldados, nadie se quiso exponer a que le sucediera alguna desventura.

«¡Pobre Anita, pensaron, todas éstas han de ser operaciones del tuerto para rendirla; si desde que vino aquel hombre debían haber sacado de Huaja a la muchacha!»

Pero cómo sacarla, éste era el gran problema que no pudo nunca resolver la madre, aunque con harta frecuencia se le ocurrió. Y creyendo aquellos vecinos que con solo escuchar se exponían a que el tuerto hiciera con ellos una barbaridad, se taparon los oídos e hicieron lo posible por dormirse.

Fue recién al otro día cuando asomándose a la puerta les llamó la atención el silencio de aquella casa tan bulliciosa siempre por la presencia de los soldados. No se veía ninguno de éstos, ni se sentía el menor ruido que acusara la presencia de los caballos.

¿Se habían ido después de haber cometido el tuerto alguna iniquidad? Esto fue lo que todos pensaron desde el primer momento. Y pasaron disimuladamente por delante de la puerta en la esperanza de poder ver algo. Pero nada, absolutamente nada podía verse de la calle: la casa silenciosa parecía abandonada. Averiguaron más lejos, pero lo más que pudieron saber fue que la noche anterior habían sentido pasar un tropel de caballos, por cuyo ruido especial sabían que iban montados por soldados. Nada más podía averiguarse.

Durante aquel día nadie se atrevió a entrar a la casa; toda la población estaba llena de ansiedad por saber lo que allí había pasado, pero temían que volviera aquel tuerto feroz y les hiciera pagar cara su curiosidad. Fue recién al día siguiente cuando se atrevieron a entrar a la casa, creyendo que estaba abandonada porque el tuerto se había llevado las mujeres, siendo ésta la causa de aquel silencio. Grande y doloroso fue el estupor que se apoderó de todos al ver el cadáver de la madre de Anita, con el cráneo aplastado y el costado abierto por la terrible puñalada.

Anita no estaba en la casa, lo que probaba que la pobre madre había sido asesinada porque no se prestó a entregar a su hija. El sentimiento más profundo fue general en todos, pues a más del cariño que tenían por aquella familia, pensaban con terror en el dolor que experimentaría el Chacho cuando supiera lo que allí había sucedido. Todas las familias de Huaja se juntaron para velar y tributar los últimos cuidados a aquel pobre cadáver a quien dieron sepultura con todo cuidado. Era la sola manera de demostrar su cariño a Chacho que les quedaba, puesto que ni siquiera habían podido defender a la pobre madre en su trance más amargo.

La pobre casita deshabitada quedó abierta y sola. ¿Quién había de ser capaz en todo Huaja de entrar allí a tomar una hilacha?

Todo lo de valor que allí había, que eran las prendas del Chacho, habían sido robadas por los soldados de Bárcena que no dejaron sino aquello que por su peso y su tamaño no pudieron llevar. Lo que eran armas, prendas de plata y ropa, todo lo llevaron consigo, sin dejar siquiera las cobijas de la cama. ¡Oh!, cuando los federales saqueaban una casa lo hacían con todas las reglas del arte, destruyendo aquello que no podían llevar.

Pero allí no habían podido detenerse porque Bárcena se puso en fuga sobre tablas, y tuvieron entonces que contentarse con llevar lo más liviano solamente.

¿Y qué podía importar todo aquello a Chacho, cuando le llevaban a Anita, la prenda más querida de su corazón? Todo lo demás, fuera lo que fuera, ante esta pérdida no era digno de ocupar un momento la imaginación del noble Chacho.

Un martirio

Cuando la pobre niña volvió en sí y pudo darse cuenta de su situación terrible, estaba en La Rioja, donde se había detenido Bárcena el tiempo necesario para cambiar cabalgaduras y tomar un carrito que allí tenía.

Los amigos habían quedado deslumbrados ante la espléndida belleza de la joven, envidiando la suerte de ahorcado que tenía el tuerto.

Este no había querido decir quién era la joven, por temor que se la disputaran, contestando que era una parienta enferma que llevaba a Mendoza para hacerla ver por un curandero amigo. El tuerto se enamoraba cada vez más de la pobre niña y no deseaba sino llegar al término de su viaje para verla buena y feliz, porque se figuraba que, a pesar de todo lo sucedido, Anita se encontraría feliz con su amor inmenso.

El primer rostro con que tropezó la niña al darse cuenta de que no se hallaba en su casa, fue el rostro feroz del tuerto, iluminado por una expresión de innoble deseo.

—¿Dónde está mi madre? —preguntó—. Quiero ver a mi madre.

—Ella viene un poco más atrás —dijo el tuerto—; no tardará en alcanzarnos.

—¿Y adónde vamos? ¿Por qué hemos salido de casa y del pueblo?

—Hemos salido para evitar peligros serios y vamos adonde está Chacho.

—¿Vamos a ver a mi padre? —preguntó gozosa, y alumbró su rostro de ángel con una expresión de infinita alegría—. ¡Oh! ¡Qué felicidad! ¿Y mi madre por qué no se apura?

—No ha de tardar en alcanzarnos, entretanto puedes estar perfectamente tranquila, mi amor; mi amor inmenso vela por ti y nada puede sucederte. Yo te amo, Anita, con toda mi alma —decía el repugnante tuerto—, te amo inmensamente, y te haré tan feliz, tan sumamente feliz que las más dichosas han de envidiarte.

Anita escuchaba aquellas palabras sin poder darse de ellas exacta cuenta. Inocente y pura no podía alcanzar el sentimiento de aquellas palabras, suponiendo que aquel amor del tuerto era algo semejante al que le tenía el Chacho o los amigos de éste que la llenaban de caricias y le hacían oír siempre palabras de ternura.

Fue recién cuando Bárcena rodeó su cintura, y quiso estrecharla contra su pecho, fue recién cuando aquella boca impura selló su frente virginal, que

Anita palideció lentamente y rechazó aquella caricia sin saber ella misma por qué la rechazaba.

—Yo te amo —decía el tuerto—, yo te amo como nadie te ha amado sobre la tierra.

—Si usted me lleva donde está el Chacho, yo también siento que lo amaré mucho —decía la joven pensando en el padre y acariciando el placer de verse a su lado.

En la suprema inocencia de Anita, el tuerto maldito veía seguro su triunfo y apuraba la marcha todo lo posible para llegar a Mendoza donde se prometía llegar al colmo de su ambición. Y viajaban en el carrito tan cómodamente como era posible, olvidando Anita las penurias de aquel viaje por la ansiedad que tenía de ver a su padre.

Y el tuerto depravado seguía arrullando su oído con palabras amorosas, que la pobre niña escuchaba con cierto agrado sin poder alcanzar el fin infame que con ellas se proponía.

—¿Y mi madre? —preguntaba siempre—. ¿Por qué no nos alcanza mi madre?

—Tal vez se le hayan cansado las mulas —decía Bárcena—, o haya tenido algún otro inconveniente por el estilo, pero no puede tardar en alcanzarnos, quédate tranquila.

Y siempre halagada con esta idea y contenta ante el cúmulo de atenciones que le prodigaba Bárcena, la inocente Anita se mostraba alegre y feliz, puesto que de todos modos el fin de aquel viaje sería hallarse al lado del padre querido. Y sentía por el tuerto cierto cariño apacible y suave que aquél inspiraba con placer inmenso.

Cuando llegaron a Mendoza eran los mejores amigos de este mundo. El tuerto había explotado su inocencia con un talento infame, y la pobre niña iba sufriendo sin notarlo la horrible transición a que quería llevarla el tuerto.

—Es necesario que te ocultes porque aquí estamos rodeados de enemigos —le dijo el tuerto—; de esta manera yo podré ir tranquilo a donde nos debe esperar el Chacho para reunirse a nosotros.

Y la pobre niña feliz ante la noticia de la proximidad del padre, consintió en cuanto quiso el tuerto, quien de este modo logró ocultar su tesoro al fraile Aldao que era de quien temía una mala partida.

Bárcena estuvo ausente la mayor parte del día, no solo por algunas diligencias que tenía que hacer en Mendoza, cuanto por hacer creer a Anita que todo aquel tiempo lo había empleado en buscar a Chacho.

Cuando volvió y la joven le preguntó por el padre, llena de ansiedad, le dijo que el Chacho había salido de allí la noche anterior, dejándole dicho que más adelante los alcanzaría, pues había tenido que esconderse para evitar persecuciones que podían serle fatales.

—¿Y mi madre —preguntó Anita con cierta desconfianza—, por que no viene mi madre todavía?

—Es muy sencillo —respondió el tuerto, que para mentir se pintaba solo—; ella ha sabido que Chacho se hallaba aquí y ha venido a reunírsele cortando campo para hacer más corto el camino. Ellos nos esperan ya reunidos, y así, alcanzando a uno, los alcanzamos a los dos.

Y el tuerto Bárcena era un hombre feliz en todas sus aspiraciones; engañando a la niña la había seducido, le había halagado el gusto y el corazón y se había hecho querer como él mismo no lo había esperado.

Anita le pertenecía en cuerpo y alma, era para ella el hombre a quien más beneficios debía después de su padre y para quien no tenía sino motivos de profundo agradecimiento.

El tuerto no hacía más que espiar su pensamiento y complacerla en todo cuanto podía desear, prometiéndose la pobre niña hacerlo presente a su padre en cuanto lo viera, para que premiara tanto cariño y abnegación. Seguro del amor de Anita y felicitándose él mismo por el talento con que se había manejado, el tuerto emprendió viaje para reunirse al ejército de Oribe donde estaría a su comodidad y libre de toda zozobra.

Anita se iría acostumbrando a verlo a su lado y no pensar ya en el Chacho y en la madre, cuya ausencia disculparía siempre con alguna nueva mentira.

El tuerto Bárcena empezó su viaje con este programa de disculpa y haciendo creer a Anita que pronto, muy pronto encontrarían al Chacho que iba en la misma dirección.

Como desde Mendoza la niña no veía más que caras terribles y expresiones de bárbaros, siempre se ocultaba tras del tuerto, con cuya repugnante cara se había ya habituado. Y el tuerto se creía que estas eran manifestaciones de amor de la joven, que lo quería con locura.

El tuerto era siempre con ella cada vez más fino y atento, no dejándole carecer de nada y complaciéndola, en su menor deseo.

Y Anita lo quería realmente, se había habituado a él, no tenía malicia alguna del mundo y ni siquiera pensó que algún día podía romper los vínculos que la ligaban a aquel truhán.

Cuando Bárcena se incorporó a Oribe, después de dos meses, el tuerto dijo a Anita que se había perdido y había caído entre enemigos.

—Es preciso ocultar aquí quién eres y que ni siquiera nombres a Chacho, porque sabiendo que anda por aquí pueden salir a buscarlo, y si lo llegan a hallar lo asesinarán sin remedio.

—¿Quién diría que no volveré a ver a mi padre? —preguntó la joven con los ojos preñados de lágrimas.

—Momentáneamente no, pero pronto nos reuniremos a él para siempre.

La aparición de Anita fue en el campamento de Oribe la aparición de un meteoro. Nunca habían visto una criatura tan exageradamente bella, y no se explicaban cómo un tuerto tan feo podía haber hecho una conquista tan famosa. Y el tuerto vano, lleno de orgullo escuchaba las bromas de sus amigos, exclamando:

—¡Qué quieren ustedes! Cosas de la suerte y nada más.

Al principio Anita se retraía y se ocultaba de todos, porque tenía miedo, pues ya le había dicho Bárcena que todos aquellos eran bandidos de quienes debía desconfiar. Es que indigno del amor de la joven, temía que algún travieso se la arrebatara.

Los oficiales más calaveras se echaron tras de la averiguación del misterio, y no tardaron en descubrirlo con todos sus bárbaros detalles. Los mismos soldados que lo habían ayudado en la iniquidad, refirieron cómo había sido robada Anita y de qué modo la había engañado después el tuerto para que la joven lo siguiera sin violencia.

Un capitán Rivero, del batallón Rincón, que se había enamorado de la joven con toda su alma, y que había emprendido su conquista de una manera silenciosa y disimulada, fue quien, dueño una vez de aquel secreto, decidió usarlo en perjuicio del tuerto Bárcena y en beneficio propio.

Rivero era un joven fuertemente simpático, de un corazón noble y de un valor proverbial. De un genio vivo y jovial, no conocía imposible y bastaba que una cosa pareciera de insuperable dificultad, para que Rivero la emprendiera con todo ánimo y constancia hasta conseguirla. Habituado en su vida aventurera a las mujeres de campamento, la belleza delicada y candorosa de Anita había alumbrado en su espíritu, proponiéndose desde el principio no descansar hasta no haber conseguido su amor.

Ella había mirado siempre con sumo agrado al joven capitán, cuyo rostro franco y abierto le había llamado la atención. Ella, inocente y no creyendo hacer mal con ello, no había tratado nunca de disimular la alegría que la presencia del joven le causaba. Aprovechando las ausencias del tuerto y ayudado por su asistente, Rivero logró conversar con la joven, inspirándole desde el primer momento una confianza ilimitada. Y ella le refirió candorosamente cómo se encontraba allí y las esperanzas que tenía de ver pronto a sus queridos padres.

Rivero, por no hacer de golpe la revelación de un secreto que iba a causar a la niña una terrible impresión de dolor, le dijo que no fuese a decir que se habían visto y que en otras entrevistas él le revelaría de qué infamias se había valido Bárcena para arrancarla de su hogar.

El capitán y la joven siguieron viéndose cada vez que Bárcena salía, y él empezó lentamente a hacerle conocer toda la horrible verdad.

Si Rivero no hubiera tenido el tino de ir preparando el espíritu de la joven para recibir la tremenda noticia, indudablemente hubiera enloquecido.

Huérfana y a la merced del malvado que la había reducido a aquella situación ¿qué le quedaba en el mundo?

—No te aflijas —le dijo Rivero después de consolarla en lo que le fue posible—; todo tiene remedio y yo te restituiré al lado de tu padre, pero es preciso que disimules en lo posible, para que el tuerto no sospeche que estamos de acuerdo.

En posesión del terrible secreto, Anita empezó a sentir por Bárcena un odio invencible; a medida que éste se volvía más cariñoso, ella lo aborrecía más y no veía el momento de verse lejos de su alcance. En cambio, el capitán Rivero había herido delicadamente las cuerdas de aquel corazón purísimo y se había hecho amar de una manera poderosa, con el alma y con los sentidos.

—Ante todo, mi vida, es preciso que huyamos de aquí, donde el tuerto lo puede todo; yo prepararé todo de una manera segura y entonces podremos ser felices casándonos.

Y con toda la delicadeza posible, explicó a Anita la enorme diferencia que había entre su situación y la que podía crearse casándose con él.

Y Anita se resolvió a esperar el tiempo que fuera posible al logro de su anhelo, para huir del lado de aquel bandido. Toda su dicha la cifraba en ver a Rivero, aunque fuera un momento, y cambiar con él una palabra de amor.

Desconfiando como buen tuerto, Bárcena empezó a notar que Anita no era la misma, que ya no le preguntaba cuándo verían al Chacho y que se retraía a sus caricias. Muchas veces había creído ver en su mirada una expresión de amenaza que le revelaba un odio profundo; pero como nada le había dicho la joven, lo atribuyó a recelos de su excesivo cariño y no quiso dirigirle la menor pregunta hasta no tener mayor seguridad.

Bárcena empezó a sentir celos, celos profundos, celos terribles y espió a Anita con toda tenacidad, sin poder descubrir nada al principio. Siempre atento a lo que pasaba en su casa, no tardó en ver una noche a un oficial que saltaba las tapias del fondo y se perdía en la oscuridad de la noche. En vano buscó, en vano averiguó, no pudo saber quién era aquel oficial. Ciego de ira y con la calma perdida por los celos, Bárcena interrogó groseramente a Anita, pero ésta, aunque no supo disimular siquiera, se encerró en un mutismo perfecto. No hubo forma de arrancarle una palabra. Para el tuerto no hubo ya duda: Anita amaba a otro, y lo que era para él más desesperante, en su ausencia mantenía relaciones amorosas.

—Cuidado, cuidado Anita —le dijo de una manera amenazadora y levantando el puño—; mira que tú sabes de lo que soy capaz.

Sangre del Chacho al fin, Anita se sintió invadida de un valor desconocido bajo aquella amenaza, y miró a Bárcena como jamás lo había mirado.

—Sí, sé de lo que eres capaz —dijo—, sé de lo que eres capaz, porque ahora sé lo que ha sido de mi madre y lo que has hecho conmigo, pero asimismo no te temo porque yo no soy la niña inocente de aquellos días malditos en que te conocí.

—Pues me alegro que lo sepas —gritó el tuerto trastornado por los celos— porque lo que hice con tu madre lo haré contigo si te atreves a faltarme en lo más mínimo.

Y tomando a la joven por un brazo la sacudió de una manera violenta.

Anita no se sintió intimidada por esto, al contrario, ante aquel sacudón cobarde se irguió con toda su soberbia y lo rechazó fuertemente.

—¡Cobarde! —le gritó—. Si asesinaste a mi madre no me asesinarás a mí, porque no estamos en Huaja y aquí habrá quién me defienda.

—¿Quién era el oficial que estaba aquí y te ha llenado la cabeza de estupideces?

—Eso no lo sabrás hasta que él no te lo diga de la manera que lo mereces; lo que es de mi boca no lo sabrás nunca.

Enfurecido hasta el delirio, Bárcena saltó sobre Anita, y una lucha repugnante y desigual se entabló entre el asesino y la joven, que a medida que se defendía seguía pidiendo socorro con toda la fuerza que le daba la desesperación.

Una patrulla penetró en la casa y se dirigió hasta donde sonaban las voces. Era su patrulla que había enviado el capitán Rivero, en previsión de lo que pudiera suceder.

Ante la presencia de aquella gente, Bárcena se contuvo y soltó a Anita que fue a implorar el auxilio del oficial. En el primer momento el tuerto pensó que aquél sería quien le había arrebatado el amor de Anita, pero en la manera con que éste procedió comprendió que estaba engañado.

—Creí que algo sucedía —dijo el oficial—, pero como son cosas de familia me retiro.

—No se vaya usted, que este hombre me quiere matar —dijo la joven prendiéndose del oficial.

—Eso es una locura, y para probarlo, yo me retiro ahora mismo porque tengo que hablar al general —dijo el tuerto.

Y salió acompañando al oficial, después de ordenar al asistente cerrase la puerta y no permitiese entrar ni salir a nadie hasta su regreso.

La pobre Anita quedó en un estado miserable; su hermoso rostro estaba desfigurado por los golpes de puño, y en su cuello como en sus brazos mórbidos se veían las enormes manchas cárdenas que dejaron allí los dedos del tuerto cobarde. Y cuando vio salir al tuerto, recién sintió que su espíritu delicado desfallecía, y se puso a llorar amargamente.

Pero poco debía tardar en ser consolada. El asistente de Bárcena que pertenecía a Rivero en cuerpo y alma, apenas salió aquél, fue a darle aviso de que no se hallaba en casa y de todo lo que había sucedido. El capitán Rivero acudió inmediatamente, aprovechando la ausencia del tuerto y a pesar de todo lo que el soldado le había dicho, grande fue su espanto al contemplar el estado de Anita.

—¡Pobre alma mía! —dijo—. Yo te juro que cada uno de estos golpes los va a pagar de una manera tremenda, te lo juro por tu amor.

—¡Qué me importa mi venganza! —gimió la pobre joven—. Yo lo que quiero es huir del lado de este hombre, huir ahora mismo, porque tengo miedo; ese hombre me va a matar.

—Pues huyamos antes que vuelva —dijo Rivero—, porque si yo lo encuentro no voy a tener fuerzas para contenerme y lo voy a matar. Huyamos pronto y que ese infame no vuelva a verte más en la vida.

Y los dos jóvenes salieron de la casa, seguidos del asistente que no se atrevió a afrontar las iras del tuerto.

Rivero tomó caballos en su regimiento de caballería cuyo jefe lo quería con locura y estaba al tanto de sus amores, y esa misma noche huyó a Mercedes, ocultando a la joven en casa de unos parientes suyos, pues para evitar se le considerara como desertor, le era forzoso regresar a su batallón en el acto.

Así escapó la hija de Peñaloza al cautiverio horrible a que la había sometido el tuerto Bárcena. La desesperación de éste fue inmensa cuando a su vuelta halló la casa sola, regresando en el acto a casa del general a pedirle averiguara quién había sido el autor de aquel rapto.

El general Oribe, con esa insolencia de los tiranos, más tratándose de un amigo, prometió ocuparse de ello al día siguiente y castigar ejemplarmente a los autores de aquel rapto, no por servir al tuerto Bárcena, sino porque esto le proporcionaba el placer de castigar a alguien. Oribe mandó al día siguiente hacer un registro en todo el campamento y en todo el pueblo, pero Anita no apareció.

Él mismo Bárcena, relampagueando su ojo, enfurecido y soltando cada amenaza que de puro brutal hacía reír, acompañó a los oficiales encargados de la pesquisa, sin obtener mejor resultado.

Y el jefe de aquel regimiento que había protegido la fuga del capitán y que estaba en el secreto de la cosa, para mortificar más al tuerto que le era fuertemente antipático, le infundió una idea diabólica.

—Mi amigo —le dijo—, extraño que un hombre tan finamente astuto como usted no caiga en la cosa.

—¿Cómo que no caigo en la cosa? ¿Usted sabe dónde está Anita?

—Yo no sé dónde está, pero se me ocurre dónde puede estar, sin que esto importe una afirmación.

—¿Y dónde cree usted que pueda estar?

Hombre, la cosa es muy fácil; en el campamento no aparece, no aparece tampoco en el pueblo y no la pueden haber llevado tampoco fuera, porque se sabría. ¿Por qué no podría estar entonces en poder del general Oribe?

El tuerto pegó un brinco enorme, palideció intensamente y su ojo brilló de una manera siniestra. Y no se atrevió a decir una palabra, por no decir sin duda algo de terrible. Encontraba tan puesto en razón lo que acababa de oír, que fue para él como una revelación.

En efecto, si Anita no estuviera en poder de Oribe, ya habría aparecido por alguna parte.

Y desde aquel momento se puso a espiar la casa del general, porque aunque tenía sospechas vehementes no se atrevía a dirigirle el menor cargo sin una prueba plena.

Entretanto el capitán Rivero había regresado al campamento y confeccionaba, de acuerdo con su amigo el comandante, un plan que debía darle los mejores resultados.

Rivero era uno de los oficiales más estimados de Oribe, tanto por sus prendas personales como militares. Era un oficial vivo y experto, capaz de desempeñar la comisión más difícil y dotado de un valor de primer orden. Oribe lo ocupaba con frecuencia para sus comisiones más reservadas y tenía en él una confianza ilimitada.

El comandante se encargó de hacer saber al general que Bárcena sospechaba de él, de lo que Oribe no tuvo duda, pues Bárcena, cuando no se hallaba en su casa no salía de sus alrededores.

—¡Tuerto estúpido! —decía—. ¡Como si me fuera yo a ocupar en ocultarla tanto si tuviera a la muchacha!

Él se había irritado de tal modo contra Bárcena, que se le oyó decir que, aunque supiera ahora dónde estaba la muchacha, no se la haría entregar.

Este fue el momento que aprovechó Rivero para obtener lo que tanto ansiaba. Aprovechó la mañana, hora en que Oribe se hallaba siempre de buen humor, y fue a pedirle permiso para casarse.

—¿Pero hombre, qué, ya te han mordido en el corazón? ¿Quién diablo ha hecho esta hazaña?

—Una muchacha preciosa, mi general, que me quiere bien y de quien me he enamorado como un recluta.

—Pero esa muchacha se llamará de alguna manera, ¿de qué familia es?

—Yo no quisiera nombrarla, mi general, porque usted se va a enojar conmigo; cuando me case se la presentaré.

—¿Y por qué he de enojarme? No seas loco, quémala de una vez que ya me tienes saltando de curiosidad.

—¿Me promete, mi general, no enojarse?

—Te prometo no enojarme.

—¿Sea quien sea?

—Sea quien sea. ¿Qué puede importarme a mí si no tengo novia y no puedo temer un desbanque?

—Pero pudiera ser la de un amigo.

—No importa, quémala que ya estoy lleno de curiosidad.

—Pues, señor, la muchacha con quien voy a casarme es Anita Peñaloza, la misma que con tanto afán busca Bárcena.

—¡Ah bandido! ¿Conque tú eras el reo? A ver, cuéntame la cosa, pobre tuerto, ¡cómo se va a poner!

Y Oribe soltando una estruendosa carcajada volvió a pedir a Rivero le contara cómo había hecho aquella gauchada, anticipándole que no había de enojarse, pues al contrario se alegraba mucho de poder mortificar al tuerto, que andaba espiándole la casa al extremo de pasarse noches enteras rondando la cuadra.

Rivero refirió a Oribe quién era Anita y cómo la había sacado el tuerto de su pueblo después de haber asesinado a la madre. Y contó detalladamente cómo la tenía engañada, dándole la esperanza de ver a sus padres, y cómo la había atropellado cobardemente la noche que él la robó y la llevó a Mercedes.

—¿Pero habrá tuerto más bandido? —exclamaba Oribe verdaderamente asombrado—. Conque la muchacha que él buscaba era la hija del Chacho. ¡Ah! ¡Hijo de perra! ¡Y cómo había ocultado la cosa, cuando ella misma puede servirnos de rehén para reducir al Chacho! ¿Pero cómo fue que supiste todo esto y lograste pegársela al tuerto?

Rivero contó lleno de jovialidad cómo se había manejado para enamorar a la niña y las mil travesuras de que había tenido que echar mano para engañar al tuerto y alzarle la prenda.

—¡Qué tuerto tan bandido! Pues mira, lejos de enojarme, no solo te doy el permiso para casarte, sino te autorizo a traer aquí a tu mujer, para divertirnos ante la ira del tuerto. Pero cuidado, Rivero, mucho cuidado con el tuerto Bárcena, mira que tiene malas entrañas y es capaz de hacerte partir las espaldas si encuentra con quien.

—No tenga cuidado que yo tengo ojos en todas partes y no es un tuerto el que me va a pegar. Conque, con su permiso, mi general, que yo estoy ansiando hallarme en Mercedes para casarme cuanto antes. El tiempo de casarme solamente y estoy de regreso a recibir sus órdenes.

—Bueno, anda pronto, que si tú estás rabiando por casarte, yo estoy rabiando por ver la cara que pondrá el tuerto cuando te vea casado con la prenda de su corazón. Trae contigo tu certificado de casamiento para salir con él al encuentro de todo reclamo que pretenda hacer, ¿entiendes?

—¿Cómo, mi general? Yo le prometo que se va reír más de lo que se espera.

Y aquel mismo día el capitán Rivero se ausentó a Mercedes, donde contrajo matrimonio con la espléndida Anita Peñaloza, cuya presencia tenía trastornados a todos los mozos del pueblo. Rivero se quedó en Mercedes dos días, regresando al campamento con su mujer, y la partida de matrimonio que la acreditaba como tal.

Toda ponderación es poca para pintar el bochinche y algazara que se levantó en el campamento a la aparición de Rivero, acompañado de la mujer de Bárcena, como llamaban a Anita, con quien se había casado. La farra fue formidable, habiendo hasta décimas que en burla del tuerto se improvisaron y cantaron en la guitarra.

Cuando el tuerto supo que Anita estaba con Rivero y que éste decía haberse casado con ella, tuvo tal acceso de ira que permaneció más de diez minutos sin poder moverse del sitio donde recibió la noticia. Y tembloroso y relampagueando su ojo espantable, se hacía repetir la noticia, como si no la hubiera entendido bien. Y no queriendo creer lo que se le decía, se fue en el acto a casa del general Oribe para imponerlo de lo que pasaba, y pedirle que le hiciera entregar inmediatamente a aquella joven, que era la misma a quien él había hecho buscar días antes por todo el campamento y el pueblo.

El general Oribe tuvo que hacer un esfuerzo terrible para contener la risa; la cara descompuesta y el ademán enfurecido del tuerto le hacían como cosquillas.

Al ver éste la flema con que el general escuchaba su queja y su pedido, se irritaba, mucho más y a su vez temblaba haciendo más confusa la palabra, y su ademán era violento y airado.

—En toda demanda hay que oír las partes —dijo Oribe gozándose ante la desesperación del tuerto—; voy a mandarlos llamar a ambos para que den una explicación de su mala conducta.

Y mandó en el acto a un ayudante que ordenara al capitán Rivero que se presentara en el acto con esa joven que decía ser su mujer.

—Yo, por respeto a usted, no he ido yo mismo a hacerme justicia —gemía el tuerto—, pues no es para menos lo que me ha sucedido; pero prefiero que sea usted mismo, general, puesto que el tal Rivero ha ocultado en su poder una mujer que el general Oribe había dado orden de que se buscara en todo el campamento.

—Yo di el otro día permiso para casarse a un Rivero, pero ignoro si será el mismo, ni si se habrá casado; no me dijo tampoco con quién debía hacerlo.

Al oír esto, el tuerto se demudó más todavía y una expresión de muerte pasó por su único ojo. ¿Se habría casado Anita? Si tal cosa hubiera sucedido se proponía tomar una venganza tremenda.

Oribe contemplaba disimuladamente las diversas expresiones que iba tomando la fisonomía del tuerto y se gozaba interiormente en la desesperación acusada fuertemente por su ojo infernal.

Al cabo de una larga hora de espera, aparecieron el capitán Rivero con el semblante iluminado por su más franca alegría, y la gentil Anita radiante de hermosura, verdaderamente espléndida. El mismo Oribe, habituado a tratar a mujeres hermosísimas, no pudo menos de contener la respiración ante la belleza suprema de Anita, exclamando:

—¡Qué espléndida mujer! Esto sale del límite de lo humano para entrar en lo divino.

Y azorado miraba a la joven, sin atinar a levantar de ella los ojos.

El tuerto Bárcena, estremecido de amor, se lanzó sobre Anita; nunca la había visto tan bella.

Pero el capitán Rivero se le cruzó por delante, diciéndole sencillamente:

—Cuidado, que es mi mujer.

Ciego de furor, al extremo de no respetar la presencia de Oribe, el tuerto Bárcena levantó el puño para descargarlo sobre Rivero o sobre la joven, pero él se lo tomó violentamente y detuvo el golpe oprimiéndole el brazo como una tenaza.

—¡No es ésta la manera de proceder en mi presencia! —gritó entonces Oribe cada vez más gozoso—. ¿Qué es lo que reclama usted, Bárcena? —preguntó al tuerto.

—Esa joven ha sido robada de mi casa —vociferó éste— y pido que se me la entregue en el acto.

—¿Qué dices tú? —preguntó entonces el general a la joven, deslumbrado aún por su belleza.

—Yo digo —respondió la joven que estaba sin duda aleccionada por Rivero— que no he sido robada de la casa de ese hombre, de donde he salido voluntariamente; yo he sido robada de mi casa por ese hombre que, para lograr su objeto, hizo dar muerte a mi pobre madre; él no tiene sobre mí ningún derecho.

—Y el capitán Rivero, ¿qué dice de esto? —preguntó Oribe.

—Yo digo, mi general —replicó el joven— que esta mujer es mi esposa, y que yo no puedo haberla robado.

—Mienten, mienten —rugió el tuerto—, esa joven me pertenece, me la han robado y aleccionado en mi contra. General, haga usted que me la entreguen.

—He dicho que esta joven es mi esposa —volvió a repetir Rivero—; y por consiguiente no puede salir de mi lado.

—¡Miente! —gritó de nuevo Bárcena—; miente con toda su alma.

—¡El capitán Rivero no miente nunca! —gritó el joven palideciendo densamente—; en otro paraje, yo le haría tragar esa palabra como lo merece; aquí está el general presente y no puedo hacerlo, en cambio aquí está la prueba de lo que digo.

Y sacó del pecho un papel que pasó al general Oribe. Era su fe de casado extendida por el mismo cura y firmada por todas las personas que habían presenciado la ceremonia. Anita era la legítima esposa del capitán Rivero y nadie tenía derecho de reclamársela.

—Yo quisiera complacerlo, amigo Bárcena —decía Oribe al mismo tiempo que le mostraba el documento—, pero éste es un caso de todos los diablos. Indíqueme usted mismo cómo podemos proceder.

—Es muy sencillo —gritó el tuerto ya fuera de sí—: mis derechos son anteriores a esa fe de casado, esa mujer ha sido robada de mi casa y ante todo yo pido que se me la haga entregar.

—¿Y cuáles son sus derechos, señor Bárcena? —preguntó Rivero—. Esta niña estaba en su poder violentamente, usted la había robado a su familia; libre y sin el menor compromiso, ella ha salido de su encierro y se ha casado conmigo. Si ella fuera su esposa yo nada tendría que decir, pero no es así y por lo tanto no tiene usted ningún reclamo que hacer.

—¿Y tú que dices a todo esto? —preguntó Oribe a la joven.

—Yo no digo nada; lo que ha dicho mi marido es la verdad: ese hombre me robó de mi casa de una manera infame y haciendo matar a mi madre me ha tenido a su lado a la fuerza y ha llegado hasta pegarme de una manera infame. Y no quiero estar sino con mi marido, ese hombre no tiene ningún derecho sobre mí.

El tuerto Bárcena estaba tremendo, temblaba como un perlático y, con sus mandíbulas trémulas y caídas en una expresión de suprema angustia, parecía un condenado a muerte.

—Yo no puedo hacer nada —dijo Oribe—, nada absolutamente, desde que ellos son marido y mujer y no puedo separarlos.

—Cuando el general Oribe quiere hacer una cosa no pregunta si puede o no puede —balbuceó el tuerto—; pero si el general Oribe no quiere hacerme justicia, soy capaz de hacérmela yo por mi mano.

—La única persona que tiene derecho a pedir justicia soy yo, y sin embargo no la pido —dijo Anita—; soy feliz al lado de mi marido y esto me basta.

—Todo es falso —gritó por fin el tuerto no sabiendo qué decir—, todo es falso, falso cuanto han dicho y falso ese mismo documento que han mostrado.

Y acercándose donde estaba Anita pretendió otra vez tomarla de una mano para obligarla a seguirlo, pero otra vez se interpuso Rivero agarrándole el brazo y oprimiéndolo fuertemente.

Bárcena quiso levantar el puño, pero esta vez fue Oribe el que se interpuso, diciendo:

—Supongo que aquí no habrán venido a pelear, y espero que recuerden que algún respeto se me debe; no es en mi casa y en mi presencia el sitio más a propósito para hacer escándalos.

—Con su permiso, mi general, yo voy a retirarme —dijo Rivero—, si usted me lo permite.

—Está bien, retírese, pero tenga entendido, capitán, que yo no quiero escándalos en el campamento. Por ahora puede estar con su esposa, pero este asunto es preciso arreglarlo de alguna manera, aunque, según mi opinión, esto no tiene más arreglo que dejar las cosas como se hallan actualmente.

Rivero saludó militarmente a su general y salió acompañado de su esposa sin siquiera mirar al tuerto.

—Pero esto no puede ser, general —exclamó éste—; esto no puede ser, esa muchacha ha sido robada de mi casa.

—¿Pero qué quiere que yo le haga si se han casado? Descasarlos es imposible, y quitarle al marido la mujer no es posible tampoco.

—Todo es posible, queriéndolo usted.

—Convengo, pero ¿cómo quiere que yo obligue a una mujer a que viva con un hombre que ella no quiere? Esto no sería ni siquiera decoroso, y supongo que usted no querrá que yo haga cosas semejantes. Procediendo arbitrariamente yo podría separarlos hasta que se aclarara la cuestión, pero no puedo ni siquiera obligarle a ella a que vaya con usted.

El tuerto Bárcena era demasiado inteligente para comprender que el capitán Rivero se hallaba protegido por Oribe, y que ante esto, aquella cuestión estaba perdida para él.

Pero el tuerto no podía conformarse con la pérdida de Anita, que tanto trabajo le había costado traer consigo. Decidido a obrar por su cuenta, puesto que no le quedaba otro remedio, se fue a su casa a meditar lo que debía de hacer. Después de lo sucedido, el tuerto no podía permanecer en el campamento de Oribe, porque todos conocían su aventura y todos lo miraban de una manera burlona y conteniendo la risa. Porque el capitán Rivero hacía ostentación de la cosa, paseando por todas partes con su bella esposa. Todos sabían ya cómo había sido burlado Bárcena por el capitán, arrebatándole una joven de espléndida belleza, que había traído para sí de La Rioja.

Y desesperado y corrido, jurando vengarse de todos aunque tuviera que matar a la misma Anita, Bárcena pidió a Oribe pasaporte para Buenos Aires y se vino a tramar sus intrigas de una manera más descansada y con más libertad de espíritu. El mísero tuerto empezaba a pagar su infamia.

Libre de todo, el capitán Rivero se quedó en el campamento con su bella esposa, que era el asombro de cuantos la veían, porque cada día se ponía más hermosa, a medida que se iba desarrollando su cuerpo esbelto. Para el caso de marcha, Rivero ya le había preparado alojamiento en casa de sus parientes en Mercedes, donde podría dejarla con perfecta seguridad. Y era feliz, todo lo que puede serlo el marido de una preciosa joven, de quien se siente amado apasionadamente.

Pero Anita no era la misma, no podía ser la misma; la mano maldecida del tuerto le había hecho perder aquella delicadeza arrobadora que forma el encanto de una mujer; y la facilidad con que había abandonado el hogar del tuerto para pasar al de Rivero, le había hecho perder lo poco que le quedaba. La vida del campamento había concluido por familiarizarla con el lenguaje tremendo de los cuarteles hasta habituar su oído virgen a las expresiones más groseras. Ella amaba inmensamente a su esposo, pero no creía faltar a éste en lo más mínimo escuchando ajenos galanteos y recibiendo alguna caricia traviesa. Es que Anita no solo no había recibido ninguna educación moral, sino que cuando más la había necesitado era cuando la había robado el tuerto Bárcena, esmerándose en hacerle perder sus sentimientos naturales, única manera susceptible de hacerle conseguir el cariño o la indiferencia de la joven.

Y así se explica que ella hubiera aceptado las caricias del tuerto como una cosa natural e inocente.

Pobre joven, sin darse cuenta de ello, había sido lanzada en la pendiente del vicio, con violencia terrible. Solo podría salvarla la compañía de un hombre culto y de espíritu delicadísimo, y el capitán Rivero, aunque era noble y de sentimientos naturalmente buenos, era un espíritu tosco y educado en los cuarteles.

La hora de marchar llegó por fin, y el capitán Rivero tuvo que llevar a su esposa a Mercedes, porque no podía exponerla a las fatigas de las marchas continuas, ni a los peligros de los combates frecuentes. Su servicio estaba además en la vanguardia, y de ningún modo podría estar un momento a su lado.

La joven se separó de Rivero con la mayor naturalidad, porque estaba ya habituada desde niña a separarse de personas tan queridas como su padre.

—No tardes —fue lo único que le dijo—, y si el ejército demora mucho, pide una licencia aunque no sea más que del tiempo necesario para estrecharme la mano.

—No temas, nuestras campañas son penosas pero no largas, piensa en mí, que el momento que menos lo esperes me tendrás a tu lado.

Así se separaron aquellos dos jóvenes que se habían unido en matrimonio cuando menos lo esperaron y merced a una sucesión de casualidades.

Dolor supremo

El Chacho no podía tardar en saber lo que había sucedido en La Rioja; era cuestión de que pudiera disponer de un hombre para mandarlo a Huaja a informarse de su familia.

Muchos unitarios asilados en Chile, al saber el paraje donde se hallaba Chacho, se le habían reunido, incitándolo a abrir una nueva campaña.

Por su prestigio asombroso y por su manera especial de hacer la guerra, Chacho les merecía más confianza que La Madrid mismo, a quien los últimos contrastes habían abatido mucho.

—No es el tiempo —respondía Chacho tranquilamente—; no es el tiempo de abrir una campaña, ni tenemos para ella los elementos necesarios. Recuerden que en cada provincia hay un ejército poderoso, y que será necesario combatir diariamente sin la menor esperanza de éxito.

—Algunos elementos podemos sacar de aquí —le decían—; a su presencia se levantará La Rioja como un solo hombre y podrá dominar a las provincias vecinas.

Pero Chacho sostenía siempre que aún no era tiempo y que para abrir una campaña con éxito era necesario tener antes reunidos no solo elementos buenos, sino enviar a La Rioja un par de baqueanos a llevar avisos a ciertos amigos prestigiosos, para que estuvieran prevenidos y lo esperaran reunidos.

Los unitarios, interesados en la invasión del Chacho, buscaron en Chile dos hombres como éste necesitaba para mandar sus avisos y que se los trajeran, para abrir una nueva cruzada.

—Según las noticias que reciba —dijo— podemos proceder. ¡Quién sabe qué habrán hecho por allí aquellos bárbaros y quién sabe por dónde andarán nuestros amigos!

Chacho esperaba la vuelta de sus chasques, no por las noticias que de la situación de La Rioja podía recibir, sino por las que debían traerle de su hija querida a quien no veía hacía ya seis meses. Solo el deseo de ver aquellos seres queridos era lo bastante para decidirlo a abrir una campaña. Su pensamiento estaba constantemente en Huaja al lado de aquellas que tanto amaba y en quienes había refundido todo un mundo. Y pensaba en el semblante bello y purísimo de Anita, como se piensa en el cielo, en la promesa de otra vida mejor.

¡Cuántos proyectos de felicidad suprema hacía al pensar en la casita de Huaja! Y en su deseo de tenerlas a su lado había decidido hacerlas llevar allí en caso de que una nueva campaña fuera imposible. Es que Chacho no tenía ninguna ambición de marido ni de poder; si había combatido constantemente, había sido solo por la felicidad de la patria y sin consultar para nada las conveniencias personales que el triunfo pudiera darle.

Su persona era lo último que ocupaba su pensamiento, siéndole indiferentes por completo la vida de emigración o la vida tranquila y apacible del hogar. La sola diferencia sensible para él era que de un modo estaba al lado de Anita y del otro no la veía.

Porque aquella hija había llegado a ser verdaderamente el mundo del Chacho.

Los chasques del Chacho fueron a La Rioja a pasar la palabra a los amigos y hacerles la consulta sobre la invasión. La voz circuló bien pronto y todos contestaron sin vacilar que en cuanto se mostrara en cualquier punto de la provincia, tendría un ejército.

En Huaja se recibió aquella noticia con indecible júbilo, pues la vuelta del Chacho importaba la redención de La Rioja. Pero era preciso disimular la alegría que les produjera aquella noticia, pues era forzoso reservarla con el mayor tino para que la autoridad no pudiera apercibirse de lo que pasaba y tomara medidas tendientes a impedir la invasión.

Reflexionando que lo mejor sería ir a hablar con el Chacho para imponerlo del estado del país y de las cosas, se decidió que un amigo suyo y vecinos fuesen a verlo para darle las explicaciones necesarias y traerle las instrucciones que le enviase el querido caudillo. Este amigo se puso en camino llevando aquella misión importante y el doloroso encargo de poner en su conocimiento lo que había hecho Bárcena con su familia.

Aquélla era una noticia tremenda para el Chacho que era preciso darla con mucha cautela y muy poco a poco, para que pudiera resistirla aquel espíritu eminentemente delicado y afectuoso.

El amigo éste había decidido hablar antes con las personas que rodeaban al Chacho, para que éstas lo ayudaran a dar aquella noticia formidable, pues él no se sentía con fuerzas suficientes para hacerlo.

Grande, inmenso fue el placer que experimentó Chacho al ver una cara amiga que venía de la patria querida. En su entusiasmo lo abrazaba y lo miraba de todas maneras, haciéndose la ilusión de que se hallaba en La Rioja, en Huaja, al lado de los suyos y cerca de su Anita adorada. Y empezó a dirigirle un torrente de preguntas sobre todas las cosas y las personas. Y sin esperar una respuesta sola, le iba preguntando por éste y por aquél y por todos a la vez.

Y el amigo le refería cuánto habían padecido y cuánto habían sido perseguidos por la autoridad federal, que todo lo había saqueado y destruido de la manera más salvaje. Y como en los ojos de Chacho viera brillar una lágrima que había arrancado el sentimiento patricio, trataba de consolarlo en lo posible, diciéndole que Huaja era el pueblo que menos había sufrido, porque siendo el más pobre de todos, nadie había fijado allí su atención.

El momento crítico se acercaba y el amigo temblaba ya por temor de que las preguntas de Chacho fueran a dirigirse a su familia y a su hija.

Sabiendo que habían vuelto los chasques de La Rioja y que había venido una persona de allí a hablar con el Chacho, los que lo invitaban a hacer una nueva invasión a La Rioja, se apresuraron a venir a rodearlo para darle más ánimo según las noticias que les comunicasen.

El amigo del Chacho sintió que se le levantaba un enorme peso de encima, pues no sería ya él quien diera la tremenda noticia; y mientras el Chacho cambiaba ideas con unos, él refirió a los otros la infamia del tuerto Bárcena, añadiendo que nadie sabía lo que había sido de Anita.

Aquella noticia, lamentando como era natural el efecto doloroso que iría a producir en el espíritu del Chacho, fue escuchada con cierta satisfacción por aquellos hombres que no pensaban en otra cosa que en la revolución unitaria, porque ella sola bastaría para que el Chacho se decidiese a invadir. El sentimiento de la venganza sería la primera manifestación de su alma, y sin mirar para atrás se lanzaría a la revolución. Esta fue el arma que decidieron usar en caso de que vacilara aún.

Y Chacho vacilaba porque veía que el poder de Rosas estaba fuerte y no tenía elementos no ya para triunfar sino que ni siquiera para resistirlo.

—¿De qué nos sirve triunfar en La Rioja si en Catamarca y en Santiago tenemos ejércitos con los que no es posible luchar? Tendríamos que andar huyendo montonereando, lo que traería perjuicios de suma consideración sin la menor ventaja.

—No puede haber mayor perjuicio que el martirio horrible que sufre La Rioja —le decían—; sus habitantes son tratados como enemigos a muerte y los negocios saqueados, como las haciendas y como todo lo que representa algún valor, por ínfimo que sea.

—Más perseguidos serían si los vieran alzarse con las armas en la mano, porque entonces la persecución sería contra las familias, contra los hijos, contra las mujeres, contra las madres y hermanos.

—¿Y no lo es ahora mismo? ¿No se llevan como esclavas a las más hermosas damas, a las niñas que por su belleza interesan al corazón de todos? La Rioja sufre horriblemente, Chacho; es preciso libertarla de los bárbaros que la oprimen a costa de cualquier sacrificio; lo que le ha sucedido a usted puede sucederle a todos, y yo sé que es una cosa bien triste.

—¿Qué es lo que me ha sucedido a mí? ¿Tener que emigrar y abandonarlo todo? Eso no es nada, amigo, ya cambiarán los tiempos y todo quedará en el mismo estado de antes.

—No es eso, amigo mío, veo que usted no sabe lo que ha sucedido en su casa, y ocultárselo más es un crimen; es preciso que usted lo sepa para que tome sus medidas, y no sufra después una sorpresa que le cause alguna enfermedad seria.

—¿Y qué es lo que ha sucedido en mi casa? —preguntó Chacho palideciendo a pesar de su calma habitual y de su temperamento valiente.

—Lo que ha sucedido es que su casa ha sido saqueada por una partida que mandaba un tuerto Bárcena, muy conocido, que ha hecho en ella horrores de todo género.

Chacho se demudó completamente, sus labios temblaron en un movimiento convulsivo, sus ojos se dilataron de una manera horrible y preguntó sombríamente:

—¿Y Anita? ¿Qué es de mi hija? ¿Por qué no me la han traído? —y se dirigía con una ansiedad suprema a la persona que había venido de La Rioja.

—Su hija no ha venido, mi coronel, porque no está en Huaja hace mucho tiempo; la llevó con él ese tuerto Bárcena a quien el diablo se ha de llevar algún día.

—¿No está en Huaja? ¿Pues dónde está Anita? ¿Dónde la han llevado? Vamos, mi amigo, yo quiero saber en sus menores detalles lo que ha sucedido, yo quiero saber todo, porque la incertidumbre va a hacerme un daño terrible.

Chacho estaba completamente transfigurado, la ansiedad ahogaba en su garganta la palabra y el asombro había dilatado fuertemente sus pupilas. En su boca había algo como la expresión de una amenaza terrible, y sus puños se cerraban de una manera nerviosa. Indudablemente aquel corazón bueno pasaba por una angustia suprema, por una agonía inmensa.

—No me oculten nada —dijo— quiero saberlo todo.

Y con un espanto indecible recordó los amores de Quiroga con Aurora Villafañe a quien él mismo había sacado de sobre los cañones donde la tenía amarrada. ¿Había sucedido lo mismo con Anita? ¿La habrían sometido a todo género de torturas para vencer su resistencia?

—¡Oh! —exclamó—. ¡Lo que yo me figuro es mil veces peor que la realidad más espantosa, porque conozco la maldad tremenda de aquellos bárbaros! No me oculten nada, absolutamente nada, que todavía hay lugar en mi alma para cualquier desventura.

Y sonrió, pero con aquella sonrisa de los mártires que esgrimen la conformidad más estoica como última arma de defensa, porque solo piensan en Dios sabiendo que en la tierra nada tienen ya que esperar.

Y todos lo miraban asombrados, conociendo cuánta era su grandeza de alma y cuánto el valor de aquel espíritu inquebrantable.

Aquel amigo riojano, que había tenido hasta entonces miedo de relatar a Chacho lo sucedido, empezó a hacerle la historia de aquellos tristes sucesos, refiriendo cómo Bárcena, desde el primer momento, se había apoderado de su casa, enamorando a la inocente y gentil Anita.

—¿Y la madre y los amigos qué hacían? —preguntó Chacho con una calma terrible.

—Esperaban los sucesos que no podían tardar, porque nada más podían hacer. Otra cosa habría sido irritar a Bárcena, que habría procedido con más violencia ayudado de los soldados que no lo abandonaban un solo instante. El momento terrible llegó por fin: una noche, mientras Huaja dormía tranquilamente, el tuerto Bárcena dio cima a su horrible plan. Al día siguiente todos los habitantes se vieron sorprendidos al levantarse y encontrar que ni Bárcena ni sus soldados estaban en Huaja. Nos asomamos a la casa —concluyó sordamente— y nos convencimos de que el tuerto Bárcena había abandonado el pueblo en compañía de sus soldados.

—Y Anita, ¿qué fue de Anita? —preguntó Chacho con una serenidad imponente.

—A Anita la había llevado consigo, pues no aparecía en ninguna parte.

—¿Y la madre?

—La madre era lo único que quedaba en la casa pero fría y silenciosa, tendida sobre un charco de sangre y sin átomo de vida. No pudiendo arrancarle la hija de otra manera, sin duda, la habían muerto a golpes y puñaladas.

Chacho se levantó de golpe, trémulo y lívido, pero sin hacer la menor manifestación de ira; tembló todo como bajo la acción de un hilo eléctrico y miró una a una a las personas que lo rodeaban. La única manifestación exterior de su dolor era una lágrima que había cruzado su semblante lívido y se había detenido sobre su negra barba.

—¿Quiere decir que me han arrebatado cuanto tenía —exclamó con la voz perfectamente segura—, llevando a la hija y asesinando a la madre? Está bueno, por el momento nada puedo remediar, pero trataré de hallar a Anita, que es lo único que me queda que hacer.

Aquella calma aparente, hija de una resolución inalterable, era mil veces más imponente que la más violenta manifestación de ira.

—Yo estoy todavía exento de una acción mala, nunca di motivo para que tuvieran que vengarse en los míos de la menor ofensa, pues siempre traté de hacer todo el bien posible. Sin embargo, ellos me hieren en la parte más dolorosa. Está bueno, ya nos veremos frente a frente algún día, y entonces veremos si se puede ser impunemente cobarde.

Y como si quisiera huir a aquel dolor que le roía el corazón, empezó a hablar de otras cosas y sobre todo de los elementos con que se contaba para hacer el movimiento proyectado.

—En La Rioja todo está pronto, y todos esperan tan solo el sonido de su palabra para lanzarse al combate. Las fuerzas que hay en la ciudad no resistirán un ataque llevado por el Chacho, siendo muy fácil que se entreguen sin combatir.

—¿Y con qué elementos se puede pasar desde aquí para llevar siquiera con qué resistir un ataque, y con qué vencer una resistencia?

—Por el momento no disponemos más que de cincuenta hombres bien armados, pero que guiados por el coronel Peñaloza pueden dar el mismo resultado que quinientos.

Chacho sonrió con profunda amargura ante aquel cumplimiento replicando:

—Está bien, traigan esos cincuenta hombres y en el acto me pongo en campaña. En caso que no puedan venir, será lo mismo, porque marcharé solo y algunos amigos se me han de reunir en el camino.

Aquel fue un día de júbilo para los unitarios que empujaban a Chacho a la revuelta. Herido en lo más sensible de su espíritu, Chacho se lanzaba al combate con el deseo y la voluntad de anonadar a los que lo habían ofendido. Podían estar entonces seguros de que Chacho triunfaría no solo en La Rioja sino en el resto de las provincias con los elementos que de aquélla sacase.

Los amigos se dispusieron en el acto a reunir los elementos dispersos en la frontera chilena, mientras la persona que había venido de La Rioja emprendía su viaje de regreso para prevenir que estuvieran preparados a la llegada del Chacho, que no debía tardar. Y en vez de esperar cada cual en su casa, con sus armas listas y sus caballos preparados, empezaron a salir al campo, de uno a uno y por diferentes rumbos, para esperarlo reunidos del lado de la cordillera.

En el departamento de la Costa Alta, la primera noche que se tuvo noticia de la aproximación del Chacho no quedó ni un hombre: todos salieron al campo y formaron el regimiento sin faltar uno solo, para esperar dignamente a su antiguo capitán.

Chacho, entretanto, organizaba aquellos pocos hombres que le iban remitiendo los amigos, hasta formar un pelotón de cincuenta y cinco hombres, de los cuales una docena tenía armas de fuego, y de éstos solo la mitad tenía munición escasa. Lo demás era gente de lanza y sable, pero que valía tanto como el soldado mejor armado para el género de campaña que iba a emprender Peñaloza.

Cuando estos miserables elementos estuvieron prontos, el Chacho decidió ponerse en marcha, asegurando a los que se quedaban que muy pronto podrían volver a La Rioja, en la seguridad de que nadie los molestaría.

—Yo no puedo prometerles que los llevo a la gloria o al triunfo —les dijo—, porque en nuestro camino podremos encontrar el desastre y acaso la muerte. Vamos a hacer una campaña penosa y ruda, y por el momento no somos nada más que los presentes. En cambio les prometo llevarlos al combate y hacer todo esfuerzo para conquistar con ustedes todo lo perdido. Si caemos, caeremos como buenos y como patriotas, mostrando a los demás que a la patria se le debe todo y que para combatir por la libertad de los pueblos, no se debe mirar nunca el número de los combatientes.

Aquellos pocos hombres llenos de entusiasmo dieron un viva estruendoso al Chacho y se pusieron en marcha alegremente, diciendo que muy pronto estarían descansando en sus hogares.

Chacho pasó la cordillera por los desfiladeros de Vinchina, habiendo aumentado sus tropas hasta el número de 62 hombres con los que pisó territorio riojano, los desfiladeros de Vinchina, en medio de un entusiasmo indescriptible.

Las poblaciones por donde iba pasando se iban pronunciando como un hombre solo. Y aquel ejército de dos o tres cientos bravos que se habían reunido a esperarlo por propia inspiración, le salió al encuentro cuando menos lo esperaba, sofocándolos con sus manifestaciones más cariñosas.

Cuando el gobierno tuvo conocimiento de que Chacho había invadido, ya éste tenía consigo más de ochocientos hombres de caballería, número suficiente para lanzarse sobre la capital.

Chacho no quiso ir allí sin pasar por Huaja. Allí se detuvo un momento, pasó por su casa donde había dejado todo su mundo y no pudo contener sus lágrimas al verla sola y abandonada, en ruinas casi, por la destrucción del tiempo. Allí miró el paraje donde había caído su buena compañera, el lecho donde había descansado su hija inocente la última vez que la vio, y salió jurando vengar a la una y salvar a la otra a costa de todos los sacrificios posibles. En el corazón del Chacho tenía lugar una tempestad verdadera; el dolor más íntimo se mezclaba a la ira más justa y el más profundo sentimiento de venganza.

Así salió Chacho de Huaja al frente de un ejército entusiasta y bravo, en dirección a la capital de La Rioja.

El gobierno, que había reunido elementos para salir a repeler la invasión de Chacho, se encontró con que no tenía bastantes para sostenerse en la misma ciudad contra el pueblo que se había alzado en masa.

Al saber que Chacho había invadido la provincia al frente de un ejército, el pueblo se había levantado en la calle vivando al prestigioso caudillo y amenazando de muerte a las autoridades federales. La gente más distinguida se ponía al frente de los grupos de pueblo, haciendo comprender al gobierno que debía perder toda esperanza y entregarse a la revolución.

El gobernador, que se vio perdido, aprovechó el descuido de la primera noche y se ausentó con unos pocos leales para el lado de Catamarca, donde había un ejército relativamente poderoso con el cual podría volver a La Rioja a recuperar su autoridad.

Cuando el Chacho llegó a La Rioja tomando mil precauciones para el caso de ser atacado, se encontró con que el pueblo se había apoderado de la ciudad en su nombre y lo esperaba ebrio de júbilo haciéndole toda clase de manifestaciones.

Así, sin derramar una sola gota de sangre, se apoderó de toda la provincia, con los buenos elementos de armas y municiones que allí haban aglomerado los federales.

Caudillo y padre

Una vez en La Rioja y dueño de todo, rodeado de los hombres de más valor y de la juventud ardiente y entusiasta, Chacho les dejó por completo la organización de gobierno, y él se entregó por completo a buscar a su hija con todo el cariño y anhelo de que era susceptible, pero bien pronto y con desesperación, se convenció de que Anita no estaba en toda la provincia de La Rioja.

Bárcena no se había demorado en La Rioja, y según le dijeron había pasado a Mendoza inmediatamente que consumó el asesinato de la madre y el robo de la hija.

—Yo la encontraré —dijo Chacho—, yo la encontraré mientras esté en tierra argentina, y aun cuando esté en otra parte, yo he de hacer tanto que he de encontrarla también, aunque sea necesario hacer un milagro.

Y convencido de que lo haría como lo había dicho, quedó perfectamente tranquilo, y entregado a la organización del ejército con que había de empezar sus operaciones. Con los elementos que allí encontró había lo suficiente para armar unos mil hombres, que era por el momento cuanto se necesitaba.

En Catamarca había como unos tres mil hombres, otro tanto había en Tucumán y en San Juan y Mendoza, donde se hallaban Benavídez y Aldao, que era donde estaba el ejército más terrible. Sin embargo, con aquel plantel de mil hombres, Chacho estaba animado a abrir la campaña, pues decía que de Catamarca, Santiago y Tucumán, sacaría elementos mayores de los que necesitaba. Los que habían influido en que Chacho abriera aquella campaña no querían que empezase sus operaciones con tan poca fuerza, pero Chacho sonreía alegremente, convenciéndolos de que tenía más de la que necesitaba.

—Para la guerra de sorpresas y de movimientos rapidísimos que yo hago —decía— no es necesario más de lo que tengo: un ejército más numeroso me serviría de estorbo y no me permitiría andar con la rapidez que necesito. Así como yo les dejo a ustedes obrar en completa libertad en cuanto a la organización del gobierno y cosas que no entiendo, es preciso que ustedes se fíen de mí en aquello que es de mi exclusivo resorte y que yo entiendo mejor que nadie.

Y ante la seguridad con que hablaba, no tenían más remedio que guardar silencio y dejarlo obrar.

El gobernador de La Rioja en fuga había impuesto a sus vecinos de lo que pasaba, y éstos se preparaban a la lucha de una manera formidable. Tenían terror al Chacho, por la influencia que él representaba en todas las provincias y por lo que valía este gran caudillo al frente de sus tropas, por escasas que éstas fueran. Sabían ya por experiencia que los pueblos se levantaban en masa al paso del Chacho, y que una vez éste en campaña, tendría un ejército más poderoso que los de todos ellos reunidos. Y aunque confiaban ellos en el poderoso apoyo que podrían prestarles Aldao y Benavídez, temían a Peñaloza, porque era más influyente y más soldado que todos ellos.

Chacho a su vez tenía un profundo desprecio por todos los caudillos que se levantaban en las provincias vecinas.

El único hombre que le merecía respeto y consideración era el general Benavídez, hombre de carácter y leales procederes. El general Benavídez no se ensañaba jamás con el enemigo vencido, ni perseguía a sus enemigos con el encarnizamiento y el odio de los otros jefes de la Federación. Y esta simpatía y este respeto habían crecido por un rasgo de carácter que sedujo a Peñaloza.

En uno de los tantos combates, cuando Chacho andaba con La Madrid, un oficial a quien aquél estimaba mucho había caído prisionero entre las tropas de Benavídez. En el acto que lo vieron caer herido, un grupo de soldados se precipitó sobre él, cuchillo en mano, para degollarlo.

Aquel oficial peleó como un héroe mientras tuvo fuerzas, pero los enemigos eran numerosos, su fatiga inmensa y pronto fue vencido y desarmado. En momentos que lo tomaban de los cabellos para degollarlo, apareció el general Benavídez que recorría el campo con un par de escuadrones.

—¿Qué hacen con ese hombre? —preguntó.

—Lo vamos a degollar —dijo el que lo tenía del pelo— porque es un pillo que nos ha muerto dos soldados.

—¿De qué fuerza es usted? —preguntó entonces el general, haciendo retirar a los soldados que querían degollarlo.

—Soy de las fuerzas del Chacho —respondió el joven con infinita fiereza—, de los que mueren sin pedir gracia.

—Ese oficial está bajo mi amparo —dijo entonces el general Benavídez—. ¡Ay del que le toque un cabello! El Chacho es un jefe bueno y humano, que no se ha manchado nunca con un acto de crueldad, y sus oficiales, lejos de merecer la muerte por el hecho de serlo, son dignos del mayor respeto y consideración.

Aquel oficial que había salvado de una manera tan milagrosa, volvió al lado de su familia por consentimiento del mismo Benavídez y en la primera oportunidad refirió al Chacho lo que le había pasado.

—El general Benavídez es un hombre —respondió Peñaloza— a quien yo estimo en lo que vale. Quiera Dios que tenga ocasión de probárselo.

Así fue cómo empezó el respeto de aquellos dos hombres que más tarde habían de ligarse por una de aquellas amistades leales e inquebrantables.

Chacho preparó con las mejores armas que halló en La Rioja una columna ligera como de mil hombres, con los que debía abrir sus operaciones y se puso en marcha sobre tablas en dirección a Catamarca.

Si antes había luchado por la libertad de su provincia y por la noble causa unitaria, ahora lo impulsaba un sentimiento más íntimo que le daba unas fuerzas que jamás había notado en él. Era el sentimiento del dolor por la muerte de su compañera y la desaparición de su hija, mezclado a un sentimiento de odio profundo por el malvado autor de aquellas dos desgracias y el deseo de vengarse de él castigándolo de una manera tremenda. Y él, que nunca había conocido una pasión mezquina, él que nunca había deseado el menor mal, sentía su corazón lleno de odio y de venganza. Todo lo que pertenecía a la Federación lo miraba con el mismo rencor, y los que en sus filas formaban, eran para él no solo ya enemigos suyos, sino enemigos de todo el género humano, y como a tales pensaba tratarlos.

—Yo comprendo —decía— que se venguen de mí, que me hagan todo el daño posible y que me charqueen vivo el día que lleguen a agarrarme porque yo los he vencido y por mí han perdido todo su poder muchas veces. Pero ellas, qué mal les han hecho para que mataran a una y se llevaran a la otra para infamarla y hundirla en la desesperación y la vergüenza. ¿Es delito quererme? ¿Es delito tener mi sangre? ¿Soy yo algún bandido cuya raza ofende a la humanidad? Ese es un crimen inútil y cobarde, y los que cometiéndolo me han destrozado el corazón, sufrirán el castigo que han merecido el día que caigan en mis manos. Ellos merecerían que yo me vengara de la misma manera en sus mujeres y en sus hijas, pero mi espíritu no es el de un bandido, y nunca podré hacerlo. ¡Ay del tuerto Bárcena el día que se me ponga al alcance de mi lanza! ¡No he de quedar satisfecho hasta que no entierre la moharra en su corazón!

Y al pensar en esto, Chacho sentía no tener las entrañas de Quiroga, para proceder como hubiera procedido aquél. Se sentía sin fuerzas para ser tan cruel como deseaba, y ésta era su mayor desesperación.

Chacho se puso en marcha después de haber dado a su gente un punto de reunión para el caso en que por fatalidad, que no esperaba, tuviera que dispersarlos. Y lleno de fe en el éxito de su empresa, cruzó a la provincia de Catamarca, sublevando contra el poder de Rosas, todos los pueblos por donde pasaba.

Las fuerzas del gobierno se habían reconcentrado en número de 2000 hombres, en Coneta, punto estratégico, para moverse sobre el Chacho en cuanto supieran con exactitud el paraje donde se encontraba. Aunque no sabían fijamente el número de las tropas con que había invadido el Chacho, sabían que sus elementos en armas eran escasos y que no podría presentar un ejército capaz de competir con ellos.

El Chacho traía consigo cuatro de los mejores rastreadores de los Llanos, a quienes dio la comisión de rastrear el ejército de Catamarca, y traerle la noticia tan pronto como llegaran a descubrirlo.

Los rastreadores se internaron en territorio catamarqueño, no tardando en hallar el rastro de las tropas acampadas en Coneta, conociendo con esa seguridad pasmosa del rastreador riojano, el número de soldados que allí había, y el número de las cabalgaduras que llevaban y regresando con la noticia exacta adonde estaba el Chacho.

—Es preciso sorprender esas tropas —dijo Peñaloza—, para tomarlas sin que se escape uno, y poder aprovechar no solo sus armas sino sus muladas, que buena falta han de hacernos.

Y emprendió su marcha sobre Coneta, con las mayores precauciones para no ser sentido y poder sorprenderlos como deseaba.

Estos no solo no esperaban a Chacho sino que ni se imaginaban que aquél pudiera haberlos sentido marchar sobre ellos.

Chacho forzó sus marchas, hasta que se puso a una jornada de camino. Allí acampó, hizo montar sus tropas en los caballos y mulas de refuerzo, y a la caída de la noche se puso en marcha lentamente para no llegar a Coneta antes del amanecer y para conservar frescas sus cabalgaduras.

Y la marcha fue tan bien calculada que cuando empezaba a amanecer, el ejército de Chacho se hallaba sobre el enemigo. Este lo sintió y montó a caballo, pero no tuvo tiempo de formar.

La confusión de la sorpresa había sido grande y los soldados se habían mezclado en los cuerpos, aterrados, y sin atender a nada.

Chacho no esperó más, escalonó sus regimientos y cargó con una impetuosidad tremenda, irresistible. Aquel enemigo ni siquiera trató de defenderse, ni aun de entrar en formación, y huyó despavorido en todas direcciones bajo el sable de las fuerzas del Chacho.

Algunos cuerpos más bravos o menos sorprendidos que los otros, quisieron contener a aquel enemigo entusiasta, pero la débil resistencia que pudieron oponer les costó más cara, porque fueron sableados con terrible encono.

Irritado como estaba el Chacho, miraba impasible aquella carnicería, sin decir una palabra.

Era la primera vez que no contenía a sus soldados en medio de la matanza. Más de cuatrocientos hombres se habían plegado desde el primer momento, siendo éstos los que más enconados se mostraban en aquella sangrienta escena.

Eran chachistas que servían en el ejército del gobierno violentamente, y para evitar que los persiguieran y los mataran como enemigos. Estos soldados desde el principio y aprovechando la confusión de la sorpresa, se habían pasado a los gritos entusiastas de ¡viva el Chacho! y se pasaron a los escuadrones que trajeron la primera carga.

En menos de veinte minutos el enemigo se había dispersado dejando en el campo gran cantidad de muertos y heridos y abandonadas sus armas y cabalgaduras, pues los más habían huido a pie internándose en el monte y sin armas para andar con más soltura.

El triunfo no podía ser más brillante ni el resultado más espléndido, pues con él conseguía Peñaloza lo que más falta hacía a sus soldados: armas y caballos.

Sin querer perder tiempo y para aprovechar la confusión, la desmoralización que aquella derrota debía haber causado en el gobierno, Chacho armó precipitadamente el resto de su gente y se puso en marcha hacia la misma capital.

Cuando el Chacho llegó ya se conocía allí su triunfo y la confusión era enorme. Teniendo en Catamarca tanto partido como en La Rioja misma, el gobierno no podía juntar gente alguna, pues toda la disponible salía al encuentro de Chacho, pidiéndole ser admitida en sus filas.

Chacho juntó así dos batallones de infantería y se asomó en la ciudad, en condiciones de poder resistir ventajosamente cualquier ataque que se le trajera. Así podía dedicarse exclusivamente a buscar a Anita, que era la gran preocupación que dominaba a su espíritu. Y recibía felicitaciones y visitas de todas partes, como si no se diera cuenta de lo que decían, porque estaba completamente dominado por el recuerdo de su hija querida. Y la buscó en toda la ciudad, casa por casa, sin respetar siquiera los conventos, donde entró por medio de súplicas, pues no quería hacer uso de la violencia. Pero como en La Rioja, su hija no estaba en Catamarca; allí no había llegado el tuerto Bárcena y hasta se ignoraba el triste suceso.

—¡Yo la encontraré! —exclamaba Chacho tristemente—, yo la encontraré, como encontraré también a ese tuerto miserable. Yo nunca he sido cruel, pero creo que si llego a tomar a ese hombre, voy a serlo por primera vez en mi vida.

Y muchos que se hallaban en su misma situación, lo incitaban a la venganza, consolando su dolor con la referencia del propio.

Convencido de que Anita no estaba en Catamarca, el Chacho decidió seguir su campaña con toda rapidez para que fuese más eficaz. Le había entrado una inmensa ambición de pelear sin descanso y exterminar cuanto ejército se le pusiese por delante.

«Con alguno ha de venir el tuerto Bárcena, pensaba, y entonces le cobraré una a una las amarguras que me ha hecho pasar.»

En el Habra, según las noticias de sus rastreadores, se hallaba el coronel Pintos con una fuerza respetable de caballería e infantería, y a Habra se dirigió sin vacilar un momento. Aunque hubiera tropezado con un ejército de cinco mil hombres, le hubiera presentado batalla con la misma decisión y la misma seguridad de triunfar.

El coronel Yanzón, que se había plegado en Catamarca, marchaba al frente de una división, como vanguardia del Chacho. Era éste un militar distinguido, de buena reputación y de valor inestimable, amigo leal de Peñaloza desde su infancia y separados solo por la enemistad que Yanzón tenía a Quiroga.

El Chacho y el coronel Yanzón se encontraron en Catamarca y se unieron pidiendo éste un puesto en el ejército y señalándole aquél la vanguardia para que la mandara desde ese momento.

En marcha hacia el Habra supo Chacho que en las Callesitas, departamento de Piedra Blanca, había una división de más de mil hombres, decidiendo entonces contramarchar hasta ese punto.

—Es mejor destruirlos en detalle —dijo Yanzón—, y antes que se reúnan y presenten un fuerte ejército, de esta manera conseguiremos el mismo resultado final sin cansar nuestras tropas.

La fuerza que estaba en las Callesitas, de infantería y caballería, esperaba en aquel punto la incorporación del coronel Pintos, pero perfectamente prevenida a un avance, pues temían una sorpresa de Chacho.

La infantería no abandonaba un momento su formación de cuadros y la caballería estaba constantemente con el caballo ensillado y de la rienda. Chacho no era de fiarse y seguramente iba a caer sobre ellos en el momento menos pensado.

Chacho creía sorprenderlos, pero a su llegada los encontró perfectamente formados en actitud de combate. Las infanterías formaban buenos cuadros en el centro, protegidos por dos largas alas de caballería en actitud de cargar.

Chacho no vacila un segundo, escalona cuatro regimientos y dejando a Yanzón al frente del ejército formado en batalla, se lanza en una carga tremenda. Los cuadros de infantería hacen un fuego diabólico y las caballerías se desprenden a su encuentro, pero son doblados en aquella carga vertiginosa que va a estrellarse contra los cuadros.

Allí el combate se hace imponente y al arma blanca. Las infanterías resisten, pero aquella carga sucesiva es bárbara; los regimientos empiezan a romper los cuadros y se meten por fin entre su centro, sableándolos con un empuje incontrastable.

Ya las tropas no resisten porque temen las cargue aquella brillante reserva que no espera más que una orden, y empiezan a arrojar sus armas y a huir espantados. Los infantes no pueden huir y son hechos prisioneros en medio de una verdadera matanza que Chacho no trata de evitar. Es preciso que paguen la muerte de su compañera y el martirio de Anita, porque ellos también han formado parte del ejército del general Pacheco, y quién sabe si no ayudaron también al tuerto Bárcena en sus horrores.

Pero el corazón de Chacho, a pesar de la ira que lo domina, no puede resistir mucho aquel espectáculo terrible y empieza a contener a los soldados que están dominados por el vértigo del exterminio. Y mientras los soldados de caballería huyen en todas direcciones porque nadie los persigue ya, él se ocupa de hacer recoger los heridos que están diseminados por todas partes y que se ven protegidos y atendidos en el momento que creían los irían a degollar.

Chacho los hace acomodar lo más prolijamente que le es posible, y con los mismos prisioneros que ha tomado los deja en el cuerpo de guardia con más de doscientos hombres que pueden conducirlos cómodamente hasta la primera población. Y emprende él su marcha hacia el Habra, donde espera que el combate será más reñido, porque el coronel Pintos es un jefe bravo y se encuentra al frente de tropas buenas y numerosas. Su ejército va lleno de entusiasmo y de esperanzas, envalentonado con los triunfos tan fácilmente alcanzados. Los soldados identificándose a su gran caudillo no desean sino enemigos con quienes combatir y a quienes vencer.

Chacho no se equivoca; en Habra la batalla va a ser más dura y disputada.

Las fuerzas de Pintos son elegidas, y Pintos mismo es el mejor jefe con que allí cuentan los federales.

Chacho llega por fin al Habra y a la vista del ejército de Pintos se acuerda de Quiroga y dispone sus fuerzas en dos grandes fracciones, una de caballería solamente con la que ha de estar atento a todas partes para acudir adonde sea más necesario, y otra de las dos armas que tiende en batalla dando su mando a Yanzón.

En cuanto se aproximó Chacho, Pintos hizo romper sobre él el fuego de dos piecitas de artillería colocadas a la izquierda de su línea, causándole daño.

Chacho desprende dos guerrillas de infantería acompañadas de pelotones de caballería y espera tranquilo el aspecto general de la batalla. Los dos ejércitos desean venirse a las manos, así es que el combate no tarda mucho en empeñarse en toda la línea.

Las infanterías avanzan, se hacen un fuego terrible y vuelven a ocupar sus respectivas posiciones para rehacerse al abrigo de la caballería. Las municiones son escasas y se agotan pronto, razón por la cual el Chacho indica a Yanzón la conveniencia de cargar a la bayoneta, carga que lleva impetuosamente el mismo coronel Yanzón.

Pintos se prepara al choque, y mientras atiende al punto sobre que éstas cargaron, Chacho aprovecha su distracción y se lanza con un regimiento sobre las piezas. Los artilleros y los infantes que las protegen son sableados sobre las piezas que hace enlazar Peñaloza y huir con ellas antes que Pintos se dé cuenta de lo que ha sucedido a su izquierda.

La infantería de Yanzón es recibida bravamente y en cuadro, el choque es bárbaro y sangriento; el ala derecha de Pintos protege entonces su centro y Yanzón es rechazado con grandes pérdidas.

Chacho, que no ha dejado de observar un momento las alternativas del combate, cree que ha llegado el momento, y carga con su reserva con toda la violencia que le fue posible. Y cae allí como una tormenta de muerte, dando orden de avanzar al resto del ejército.

La batalla se ha empeñado de una manera decisiva; el que flaquee allí será vencido. Las infanterías de Yanzón, reanimadas con la protección del Chacho, vuelven a la carga y hacen prodigios de valor.

Pintos comprende que en éste no está el éxito de la batalla y aglomera allí todos sus elementos. Pero todo esfuerzo es inútil, las cargas sucesivas del Chacho no pueden resistirse mucho tiempo. Pintos se centuplica en el combate, atendiendo todos los puntos, pero el Chacho le ha roto ya dos cuadros a filo de sable y se le ha entrado lanceando de una manera terrible. Pintos, sin embargo, no cede, hace esfuerzos supremos, y aunque comprende que será vencido dentro de breves momentos, no quiere abandonar el combate en su punto más recio.

Chacho se retira, vuelve, redobla la impetuosidad de las cargas, y la derrota por fin se pronuncia en las filas de Pintos, que se ve rodeado por todas partes por tropas que parecen refrescarse en la misma fatiga del combate. Y perdidas ya todas sus esperanzas ante la realidad desastrosa, se retira del campo de batalla acompasado de un grupo de jinetes bastante numeroso.

Chacho impide que se le persiga, temiendo que si los alcanzan los soldados vayan a ultimarlos, y se preocupa solo de los heridos con el mismo objeto.

—¡Que no se mate un solo herido! ¡Que no se mate un solo herido! —grita, recorriendo el campo por todos los puntos donde ve aglomeración de grupos.

Y antes que llegue la noche, la calma se ha restablecido por completo, pues los mismos prisioneros que al principio temían ser muertos, se han convencido ya que sus vidas serán respetadas por aquel enemigo magnánimo y generoso.

La campaña en Catamarca queda concluida, no hay un solo enemigo, y los pocos que han huido se habrían dirigido al lado de Tucumán, donde los federales aglomeran fuertes elementos.

Chacho dio en el mismo campo de batalla un largo descanso a sus tropas, fatigadas de una campaña tan ruda como rápida. Era preciso recuperar por medio del descanso las fuerzas perdidas, porque aquéllos no eran más que los preliminares de una gran campaña. Aún le quedaba mucho que andar y combatir con fuerzas que cada vez serían más poderosas en número y elementos.

Nobleza riojana

Las noticias de los triunfos del Chacho habían llegado hasta Rosas, alarmando a la Federación, porque el caudillo riojano no tardaría en apoderarse de todas las provincias del Norte. Obligarlo a una batalla decisiva no era posible, pues ya se sabía que Chacho no aceptaría si no estaba seguro de triunfar, y seguiría en su sistema de montoneras dando golpes de mano allí donde más débiles los notara.

El fraile Aldao no se atrevía a salir de Mendoza, a provocar un encuentro con Chacho y prefería quedarse en Mendoza donde creía que no intentaría un ataque.

Rosas mandó que aglomeraran en San Juan todos los elementos de que pudiera disponerse, porque allí estaba el general Benavídez, hombre de toda confianza a quien escribió que tratase con el Chacho para que se sometiera, bajo cualquier condición que fuese, porque aquella guerra podía ser muy larga y obligarlos a distraer por allí un fuerte ejército que tanta falta hacía en otras partes.

Benavídez, así que recibió la comunicación de Rosas, envió una persona de su confianza para que hiciera a Chacho proposiciones de paz, garantiéndole en su nombre que sería respetada la vida de todos aquellos que habían tomado parte en la última campaña.

La conferencia tuvo lugar en Catamarca, pero sin ningún resultado en el sentido que se buscaba.

Chacho escuchó al comisionado, manifestando el mayor aprecio por la persona del general Benavídez, pero muy poco por la causa que defendía. Enseguida refirió al comisionado para que lo repitiera al general lo que con su familia había hecho el tuerto Bárcena, añadiendo:

—Yo no puedo escuchar ninguna proposición de paz, mientras mi hija no me sea devuelta. Dígale al general que la haga venir a San Juan en completa libertad y entonces, recién entonces, escucharé proposiciones de arreglo.

La respuesta fue a Rosas, y éste ordenó que se buscara en todas partes a la hija de Peñaloza y se le remitiera bajo segura custodia.

Entretanto Chacho preparaba sus elementos para caer sobre Tucumán, donde estaba el general Gutiérrez con un fuerte ejército.

Allí los elementos bélicos eran más poderosos, pues como se había combatido siempre con denuedo, el parque de artillería había quedado bien provisto tanto en arma como en municiones. La artillería era mucha y buena, y la infantería de Gutiérrez aguerrida y brava.

Pero Chacho se atenía a sus grandes masas de caballería que le merecían una confianza ciega. La caballería para él era la base de toda operación de guerra, y no daba a los cañones la menor importancia, porque decía que teniéndolos el enemigo los tendría él mismo, sin más trabajo que irlos a enlazar de entre las tropas.

El Chacho emprendió su marcha hacia la provincia de Tucumán, con un ejército de tres mil hombres bien armados, y casi todos de caballería. Chacho sentía alejarse de Catamarca y La Rioja, centro de todos sus recursos, pero estaba convencido que era preciso moverse porque allí no habían de irlo a buscar.

El general Gutiérrez, que tenía bomberos en todas direcciones, supo inmediatamente que Chacho se le venía encima, y salió a esperarlo a los Manantiales, punto estratégico donde podría jugar su artillería con gran ventaja y comodidad.

Fue, pues, en Manantiales donde se encontraron los dos ejércitos, el de Gutiérrez compuesto de fuerzas de las tres armas, y el de Chacho, de caballería casi en su totalidad, pues no llevaba más que trescientos infantes.

Excusemos describir esta batalla en todos sus incidentes, la más grande que había dado hasta entonces el coronel Peñaloza.

Como la ventaja del enemigo estaba en sus armas de fuego, Chacho, antes de tender su línea, decidió que se atacara a Gutiérrez por dos frentes con una sucesión de cargas violentas. Así inutilizaría las armas de fuego y lo obligaría a pelear al arma blanca y cuerpo a cuerpo, género de batalla en que se consideraba infinitamente superior.

Gutiérrez esperaba tranquilamente que Chacho tomara posiciones para romper sus fuegos, siendo grande su sorpresa al ver cargar sobre él decididamente aquella enorme masa de caballería. No tuvo más que el tiempo necesario para formar sus cuadros cuando llegaron los primeros regimientos golpeándose la boca y revolcando los sables. Detrás de aquellos regimientos cargaron otros y otros, de tal manera y con tal ímpetu que pronto rompieron la línea, pasaron del otro lado y la tomaron por retaguardia.

La confusión fue grande; no habituados de aquella manera los soldados del general Gutiérrez, y cargados con aquel ímpetu, empezaron a perder terreno, las infanterías se envolvieron perdiendo todo orden de formación y negándose a obedecer la voz de los oficiales.

Chacho comprendió que aquél era el gran momento y lanzó los últimos quinientos hombres.

El ejército de Gutiérrez, completamente dominado, se pronunció entonces en la más vergonzosa derrota. Los artilleros abandonaron las piezas, los infantes arrojaron las armas y todos empezaron a huir bajo el sable de las tropas de Chacho, que no les daban un momento de tregua.

El general Gutiérrez, arrojando aquellas prendas de uniforme que podían hacerlo conocer del enemigo, se confundió entre un grupo compacto de caballería, tomando la dirección de Mendoza.

El triunfo de los Manantiales no podía haber sido más completo. El coronel Yanzón se había apoderado de la artillería enemiga, y aglomeraba allí todos los fusiles que estaban diseminados en el campo de batalla. En oposición con la teoría del Chacho, que sostenía que para triunfar no se precisaba más que buena caballería, recogía aquellas armas para formar batallones de infantería, que era su arma. Sintió de pronto un nutrido fuego a su espalda y dio vuelta rápidamente para ver lo que sucedía. Era un joven jefe enemigo, que se defendía de una manera heroica, con un pelotón de infantería sin querer rendirse. Yanzón acude allí y ofrece al joven la vida bajo su palabra de honor, si se entrega y deja de resistir inútilmente. El joven sonríe, y dirige sus fuegos hacia los infantes que rodean a Yanzón.

—Es inútil resistir —le grita el bravo coronel—, ríndase usted joven, se lo propongo con todos los honores de la guerra.

—¡Yo no me rindo! A tomarme si son capaces —grita éste, y manda seguir el fuego.

Yanzón lo carga, el grupo de caballería avanza, y pronto el joven se ve rodeado de cadáveres. Pero no por esto desmaya, y con ocho o diez leones que le quedan sigue haciendo fuego, dispuesto a resistir mientras tenga vida. Los soldados del Chacho, diseminados en todas direcciones, acuden a aquel único punto donde se combate, y el joven por fin es bajado de un lanzazo del soberbio caballo que monta.

En aquel momento llega también Chacho, atraído por aquellas únicas detonaciones que suenan en el campo de batalla. Los soldados se han precipitado sobre el jefe caído, que como última defensa ha abandonado su espada sacando un par de pistolas.

—¡Alto! —grita Chacho—. ¡Nadie lo toque!

Los soldados retroceden ante la voz de Chacho, pero el joven vuelve a sonreír y repite a los dos o tres hombres que le quedan la voz de ¡fuego! Cree sin duda que lo quieren tomar vivo para lancearlo y se decide a defenderse hasta la muerte. Pero los soldados han concluido ya la munición y no pueden hacer más fuego.

Chacho, rápido como un relámpago, arroja su poncho a la cara del joven jefe, y se precipita sobre él, mientras manda que tomen a los soldados.

Oprimido entre los brazos vigorosos del Chacho, y herido, aquel joven no puede resistir más, y es desarmado y aprisionado.

Ya no queda más que hacer allí, y Chacho se dirige a la ciudad de Tucumán, con sus prisioneros, y nadie trata de hacerle resistencia, temiendo exasperarle, pues todos creen que va a entrar a sangre y fuego. En cuanto Chacho pisa la ciudad, su primera medida es poner en libertad a los prisioneros, para que puedan ir a sus hogares y calmar la agitación de sus familias.

—¿Quién es usted? —pregunta a aquel joven jefe que ha hecho su prisionero—. Se lo pregunto para mandarlo a su casa en caso que usted viva aquí o llevarlo conmigo adonde yo me aloje.

—Sé que en cuanto sepa quién soy yo me va a mandar lancear, pero poco me importa puesto que tarde o temprano lo han de saber. Yo soy el mayor Gordillo, yerno del general Benavídez, gobernador de San Juan.

—Pues lejos de ser éste un motivo para que se le mate —respondió sonriendo Chacho—, es un motivo más para mi consideración. El general Benavídez es un jefe que respeto y estimo, y no desearé jamás que tenga la menor cosa que reprocharme.

Con gran sorpresa del mayor Gordillo, desde aquel momento el Chacho lo llenó de consideraciones de todo género. El joven vivía en Tucumán con su esposa, la hija de Benavídez, hermosa niña con quien se había casado dos años antes y de quien tenía un hijito de pocos meses. Chacho hizo conducir al joven a su casa, hasta que estuviera mejor, le dijo, en cuyo caso lo remitiría a San Juan para su mejor asistencia.

Chacho se había alojado en el domicilio del general Gutiérrez, que no tenía familia, y allí habían acudido las personas más respetables de Tucumán a pedir garantías, pues temían que la ciudad fuera saqueada por aquel ejército acampado en sus alrededores.

—Mis soldados son soldados de orden —respondía Peñaloza—, aunque como una injuria nos llaman montoneros. Nadie tiene que abrigar el menor recelo, y pueden dormir más tranquilos que antes.

A pesar de estas seguridades las familias temían y se encerraban en sus casas, pero pronto se convencieron que no debían temer nada; a pesar de estar en los suburbios, los soldados no se atrevían a entrar en la ciudad.

Chacho, como siempre, no se metió para nada en el establecimiento de las nuevas autoridades, exigiendo tan solo que éstas fueran unitarias.

El nuevo jefe político, por persecuciones anteriores, era enemigo personal e irreconciliable del mayor Gordillo. Así es que en cuanto se vio con poder bastante, lo mandó arrancar de su casa, sin respetar su estado y lo encerró en un calabozo, notificándole que iba a tener el gusto de hacerlo fusilar.

La hija de Benavídez, aterrada ante el crimen que se proyectaba y por consejo de algunos amigos de Gordillo, fue a ver al Chacho y le refirió lo que pasaba.

—Lo odian a muerte —decía—, y lo van a asesinar si usted no lo impide.

—Yo protejo las autoridades que Tucumán se ha dado —dijo Peñaloza— con tal que ellas sean unitarias, pero esto no quiere decir que deba proteger a los asesinos que se apoderan del gobierno y de la policía por unitarias que sean. Para que usted esté más tranquila puede quedarse aquí, que voy a hacer traer a su marido inmediatamente.

La joven fue en busca de su pequeño hijito, instalándose desde entonces y sin el menor recelo en el alojamiento de Chacho.

Este, profundamente dolorido y disgustado con lo sucedido, mandó venir al jefe de policía, trayendo consigo al mayor Gordillo.

—Es un bandido —dijo aquel hombre feroz—, yerno del tiranuelo de San Juan, que nada respeta.

—Yo no quiero conocer su opinión —replicó Chacho severamente—, sino prevenirle lo siguiente: que la policía no puede ser elemento de venganzas personales y que si yo llego a saber algo parecido, tengo el sentimiento de anunciarle que será preciso que renuncie.

—Cuando imperaba la Federación él persiguió a mi familia con feroz encarnizamiento y ahora es preciso vengarse.

—Nadie se vengará de nadie, mientras yo esté en Tucumán, y el mayor Gordillo queda aquí en mi casa, que bien puede ser la de un enemigo pero jamás la de un bandido.

Dos días después y encontrándose repuesto de su dolorosa herida, el joven se ponía en marcha para San Juan, acompañado de su esposa y de su hijito, y doscientos hombres de la escolta de Chacho que la formaban milicias de la Costa Alta.

—Yo no sé cómo pagar a usted todos los beneficios recibidos —dijo el joven al despedirse—, pero en todas las situaciones de la vida tendrá usted en mí un hermano.

—Nada me deben —respondió Peñaloza—; lo que he hecho por usted ha sido un homenaje rendido al valor heroico, lo poco que haya podido hacer por ella, lo hago en honor del general Benavídez y en muestra del respeto que le tengo. Nada tendrán que temer en el camino de fuerzas mías —concluyó—. Ahora buen viaje y hasta muy pronto, pues creo que no tardaré en hallarme como enemigo frente al general Benavídez. ¡Qué le hemos de hacer! Hubiera deseado estar siempre unido a él, pero marchamos por distinto rumbo y hacia distinto fin, él sirviendo el poder de Rosas y yo combatiéndolo. Pero dígamele que no importa, que vencido o vencedor seré para él siempre el mismo.

El mayor Gordillo emprendió su viaje a San Juan llevando a su esposa y su hijo en una especie de coche que les proporcionó Chacho.

El oficial que mandaba aquella escolta y que tenía orden de acompañarlos hasta la misma ciudad de San Juan, los trataba con el mayor respeto pidiendo y recibiendo sus órdenes como hubiera pedido y recibido las de Chacho mismo. Al salir de Tucumán y pedir sus órdenes, el oficial había preguntado a Chacho lo que debía hacer si llegando a la ciudad de San Juan quisieran hacerlo prisionero.

—Usted se resistirá y, en caso preciso, combatirá hasta donde sea posible. El general Benavídez hará respetar, estoy seguro, a los que han ido escoltando a su hija, pero en caso contrario ya lo sabe usted, combatirá hasta donde alcancen sus fuerzas. El mayor y su señora le merecerán tanto respeto como yo mismo, y de su vida hasta San Juan, usted es el único responsable ante mí.

Y las fuerzas del general Benavídez mismo no hubieran cumplido su misión con tanto esmero y tanto cuidado. En el coche donde iba la joven, el Chacho había hecho poner todo género de provisiones, de manera que nada pudiera faltarles, y éste fue un cuidado más que los jóvenes tuvieron que agradecer al caudillo riojano.

Gordillo estaba asombrado de la hidalguía de Chacho, a quien siempre había oído tratar como un gaucho bárbaro y cruel. Lo mismo había presenciado cómo trataba a los prisioneros de la guerra, poniéndolos en libertad una vez desarmados, y cómo hacía respetar los intereses y personas de los pueblos donde entraba. Y esto era para él tanto más asombroso cuanto estaba habituado a ver cómo se conducían los federales en iguales condiciones.

En cuanto pisaron territorio de San Juan, fuerzas de Benavídez avanzaron la escolta de Gordillo queriendo hacerla prisionera a todo trance. Y para evitar un combate fue necesario que el joven mayor se mostrara y ordenase en nombre de su suegro que aquellas fuerzas se retiraran.

Grave y decidido a pelear contra un ejército, aquel bravo oficial intimó más de una vez a los sanjuaninos que le franquearan el paso, preparándose a cargarlos, pero la voz del mayor Gordillo le contuvo, haciéndole permanecer tranquilo.

«A la vuelta será otra cosa, pensaba el joven, y veremos quién se atreverá a cerrarnos el paso.»

El mayor Gordillo envió a su suegro un chasque para prevenirle que llegaba, lo que sorprendió a Benavídez, pues le habían asegurado que su yerno había muerto en Manantiales y que su hija se hallaba en poder del enemigo. Y él mismo se adelantó con una escolta al encuentro de su hija querida. El oficial de la escolta se adelantó a reconocerlo, y cuando supo quién era, le hizo entrega formal de las personas que escoltaba.

—El coronel Peñaloza me ordenó no regresar hasta no haberlos entregado a V. E. mismo; cumplida aquí esa orden V. E. me permitirá que regrese.

—Un momento —repuso el general— que quiero darles algunos pliegos para el coronel.

El oficial se retiró entonces, y Benavídez se avanzó hasta el carricoche donde venían los suyos. Su yerno no había descendido a su encuentro porque el viaje había hecho algún daño en su herida y no se encontraba bien.

Cuando Benavídez supo todo lo que en beneficio de ellos había hecho el Chacho, no demostró ninguna extrañeza.

—Yo sé quién es Chacho —dijo—, conozco toda la nobleza de sus sentimientos y nada de esto me sorprende. Quiera Dios que algún día pueda retribuirle lo que por ustedes ha hecho.

Todos regresaron a San Juan, narrando Gordillo a su suegro todos los incidentes de la batalla, la manera formidable cómo había combatido Chacho y su conducta magnánima con los prisioneros de guerra.

Fue entonces cuando el general Benavídez escribió una larga carta a Chacho, invitándole que se retirase a La Rioja e hiciera tratados que siempre serían ventajosos para él. Él le garantizó que su hija sería remitida sana y salva a La Rioja misma, bajo su responsabilidad. Y le rogaba tuviera en cuenta su pedido, aunque más no fuera para evitarle el disgusto de tener que pelear contra él, que había recibido orden de salir en su busca con un ejército, pero que demoraría su cumplimiento hasta recibir su respuesta. Y concluía dándole las gracias por lo que había hecho en obsequio de sus hijos y asegurándole que siempre podría contar con su amistad personal, leal y sin límites.

Y la escolta se puso en marcha, conduciendo aquellos pliegos y un salvoconducto para que nadie la detuviera en el camino.

Lo que era Peñaloza

Cuando Peñaloza recibió las cartas de Benavídez, sintió en el alma no poderlo complacer; él combatía por una causa que no podía abandonar, y siendo su objeto libertar todo el Norte del azote de la tiranía, no podía hacer concesiones hasta no ver implantado en todas ellas el gobierno unitario.

Y siguió sus preparativos para seguir la campaña que había iniciado con aquella serie de triunfos. Y decidió, lejos de retirarse a La Rioja, esperar en Tucumán la remisión de su hija o al ejército que viniera a combatirlo.

Rosas había sabido el paradero de la hija de Chacho y ordenado al general Oribe que la remitiera a San Juan para que fuese entregada al general Benavídez, quien debía mandarla entregar a Peñaloza.

Oribe no tenía más remedio que cumplir aquella orden de Rosas, y así lo hizo saber al capitán Rivero que quedó aterrado al conocerla.

Cuando la joven conoció de lo que se trataba, se sintió verdaderamente feliz; al fin iba a ver a su padre, por quien tenía verdadera locura. El cariño de Rivero no era bastante para retenerla, aunque el joven la amaba con idolatría.

—Esta separación de todos modos es momentánea —le decía—, porque lo que yo quiero lo querrá mi padre, y cuando sepa todo lo que has hecho por mí, te amará como el mejor de sus hijos.

—¡Pero yo no puedo ir allí sin desertar de mi causa!

—Irás cuantas veces quieras sin desertarla, puesto que allí serás respetado y podrás volver aquí en cuanto lo desees.

—¿Y cómo vuelvo aquí después de estar con el enemigo? Mi situación se hace violenta, Ana, terriblemente violenta, pues sé que si te separas de mí no volveremos a vernos. Dicen que te llevan al lado de tu padre, Ana, pero yo te voy a decir una cosa tremenda: el padre a cuyo lado te llevan es el tuerto Bárcena, que tiene influencias en Buenos Aires y habrá conseguido de Rosas tu entrega. Aquí se hacen monstruosidades terribles, Ana mía, y por no meter bulla y que tú vayas voluntariamente, te hacen creer la historia de que vas al lado de tu padre, cuando en realidad quien te espera es el tuerto Bárcena, que viendo su causa perdida ante el general Oribe ha ido a entenderse con Rosas.

Aquélla fue para Anita una revelación que la dejó aterrada. Las sospechas de Rivero eran exactísimas para ella y ajustadas a la más rigurosa lógica.

¿De dónde nacía en Rosas ese empeño de complacer a su padre? Y oprimiendo a su esposo entre sus brazos, como si se sintiera arrancada de ellos, le dijo toda trémula:

—No me separo de tu lado por nada de este mundo.

—Y harás bien —respondió Rivero cubriéndola con sus caricias más apasionadas—. La enemistad de Bárcena tiene el peligro de que Rosas lo proteja. ¡Sabe Dios si con la promesa de tu misma hermosura no ha seducido el tuerto al tirano!

—¡Oh, no había caído yo en esto! —exclamaba Anita llorando—. ¡E iba a ir como una inocente hacia la lazada que me tendían! Me salvas de un peligro, y éste es un nuevo motivo que tengo para amarte.

Y desde aquel momento se borró del semblante de Anita toda la alegría que lo había alumbrado a la idea de ver a su padre.

Al día siguiente le mandó preguntar Oribe si estaba pronta para el viaje, y ella contestó que enseguida iría Rivero a hablar con él.

El capitán, confiado en el cariño que le tenía el general, fue a verlo en efecto, rogándole que lo salvara de tan violenta situación.

—Es que es una orden terminante del general Rosas, orden que no se puede desobedecer ni demorar en su cumplimiento.

—Pero es que Anita no quiere ir, mi general, y me parece que no puede obligársele a hacer lo que no quiere.

Con el general Rosas no es posible discutir órdenes, amigo mío, no hay más remedio que cumplir lo que de él emana, y ésta es terminante porque se refiere a un plan político de contentar al Chacho.

—Es que aquí no hay más Chacho que el tuerto Bárcena, mi general —dijo el joven capitán, repitiendo a Oribe lo que había dicho a Anita.

—Todo es posible, capitán, pero no tengo más remedio que obedecer. Lo más que podía hacer en su obsequio sería demorar su cumplimiento, pero una vez que se me reiterara, no habría más remedio que cumplirla.

—¿Y si ella no quisiera ir? ¿Si se resistiera de todos modos?

—Sería inútil porque la orden de Rosas no consulta para nada su voluntad; es terminante y precisa, y lo peor de todo es que nada puedo hacer en su obsequio.

Rivero se retiró de allí positivamente desesperado. Para él era indudable que se trataba de una infamia del tuerto Bárcena, y el dolor y la vergüenza que sentía empezaban a alterar su razón. Desesperado y sintiendo decaer su ánimo por primera vez en su vida, se retiró a su alojamiento.

Allí lo esperaba Anita presa de la mayor agitación. Al verlo llegar en aquel estado no pudo reprimir las lágrimas y se puso a llorar amargamente. La palidez y el asombro de Rivero eran prueba indudable para ella de que nada había podido conseguir.

—Quieren arrancarte de mi lado a toda costa —le dijo—; ya ves que aquí hay un interés mayor que el de complacer a tu padre.

—Sí, pero no quiero ir y no iré —gimió ella—. Podrán llevarme pero será cuando me hayan quitado la vida.

—Hay otra cosa antes —contestó el joven—, y es que para arrancarte de mi lado tendrán antes que arrancarme la vida, no lo dudes.

Rivero sentía una angustia suprema; amaba a Anita con verdadera pasión, y aquella separación violenta era la peor desventura que podía sucederle. Y estaba decidido no solo a resistir a la orden, sino al mismo general Oribe si éste venía a cumplirla por la fuerza. Aquella misma noche recibió Oribe pliegos de Buenos Aires, y entre ellos uno en que Rosas le ordenaba que si no se había cumplido la orden referente a la hija de Peñaloza, le diera cumplimiento en el acto de recibir aquélla.

Oribe, profundamente disgustado por aquello, pues tenía verdadero cariño por Rivero, lo mandó llamar para prevenirle lo que sucedía.

—Es preciso tener el ánimo fuerte, ¡qué diablo! y no afligirse por una contrariedad.

—Piense, general, que es mi mujer —contestó Rivero—, y que no es cierto que la mandan al lado de su padre. Es para mí cuestión de honor y de corazón. ¿Qué haría usted en mi lugar? Yo se lo estoy conociendo en la cara y le aseguro que es lo mismo que yo haré, no lo dude, mi general.

—Es preciso tener conformidad, amigo mío; yo voy a darle un pasaporte para Buenos Aires y una carta para el general Rosas; tal vez así logre arreglarlo todo, aunque me parece difícil, pues realmente se trata de complacer al Chacho.

Rivero se retiró a su alojamiento, cargó su pistola de dos tiros y se preparó a recibir como él creía que debía hacerlo a la comisión que viniera a buscar a su esposa.

Al saber ésta que nada había conseguido Rivero, porque nada podía hacer Oribe, se entregó al llanto más desconsolador.

—No te aflijas que no te han de llevar de mi lado —le dijo—; ten confianza en mí y en la fuerza que me darás tú misma, yo te aseguro que no te han de sacar de mi lado.

Oribe envió a un jefe para que condujera hasta allí a la esposa de Rivero.

—Diga a éste en mi nombre —ordenó— que no haga resistencia, que le encontraremos remedio, que por el momento tenga conformidad.

—¿Y si a pesar de esto el capitán Rivero hiciera resistencia?

—Entonces no habrá más remedio que usar de la fuerza. Usted me la trae entonces, cuidando de que no se le haga el menor daño.

El jefe salió a cumplir la orden, acompañado de cuatro soldados, por el caso probable que tuviera que emplear la fuerza. Y conociendo al capitán Rivero, se trasladó a su alojamiento en la seguridad de que iba a tener que usar la mayor violencia, porque Rivero no le entregaría a su consorte.

Así fue en efecto, a pesar de todas las reflexiones que se le hicieron, a pesar de invocar la orden terminante del general Oribe. Rivero declaró que no entregaba a su esposa, puesto que ella misma se resistía a obedecer. Fatigado de tanta reflexión inútil y después de haber agotado los escasos recursos de su lógica, le declaró que, en ese caso, tenía orden del general Oribe de llevarla a la fuerza.

—El primero que le ponga una mano encima será el primero a quien le volaré los sesos.

El mayor, que se había ido irritando gradualmente, quiso contener a Rivero mientras intimaba a los soldados que con toda suavidad tomaran a la joven.

Pero el capitán se sacudió violentamente, tomó de un brazo a la joven que se guarecía a su espalda y antes que pudiera ver lo que iba a hacer, descargó uno de los tiros de su pistola en la cabeza del primer soldado que llegó hasta ella.

Anita estaba embargada por el más tremendo espanto, al extremo de que no se daba ya cuenta de lo que allí sucedía.

Los soldados, que vieron que se resistía de aquella manera a una orden del general Oribe echaron manos a sus armas y avanzaron resueltamente hasta Rivero, mientras el mayor trataba de acercarse a la joven.

Un segundo pistoletazo de Rivero fue seguido de una caída de otro soldado, empezando enseguida un combate terrible. Rivero sin armas de fuego ya, había tirado de su espada y había caído como un rayo sobre el mayor, que había tomado ya de un brazo a Anita y trataba de atraerla a sí.

Este, puesto en el caso de defenderse, tiró también de la suya, teniendo apenas tiempo para parar los primeros golpes que le dirigiera aquel ágil y terrible adversario.

—¡A mí! —gritó el mayor.

Y los soldados cargaron sobre Rivero, abandonando a Anita que había caído desmayada.

Rivero combatía como un león contra el mayor, que era un enemigo terrible, pero su espada quedó entregada a los soldados, que aprovecharon rápidamente el descuido.

Para ellos aquel oficial debía haber caído en desgracia de Oribe, según la escena que presenciaban, y ninguna consideración debían tenerle, desde que él tampoco las tenía al mayor que obraba por orden del general. Y los dos le acometieron a puñaladas por la espalda.

Rivero lanzó un rugido, un verdadero rugido y cayó. Y arrastrándose hasta donde Anita seguía desmayada, dijo al mayor que contemplaba absorto aquel fatal resultado:

—Muero con el consuelo de saber que este asesinato no ha de quedar impune. Cuando él vea mi espalda partida a puñaladas sabrá castigar el más cobarde de los asesinatos.

Y reposando su cabeza lívida sobre el seno de su amada, expiró murmurando palabras de amor.

Al contacto de aquel cuerpo y al sonido de aquellas palabras Anita volvió en sí, pero fue para caer en un sopor más terrible aún.

El mayor quedó mustio y pensativo; las últimas palabras del capitán le habían hecho una impresión tremenda, pues comprendía que se había dejado arrastrar por la ira y se había cometido un crimen. Pero ya no tenía remedio lo hecho y era preciso conformarse con lo que viniera detrás.

Hizo acomodar en unas mantas el cuerpo inanimado de la joven y la condujo a casa de Oribe.

Cuando éste vio el estado de Anita y la sangre que empapaba su cuerpo, lanzó un terno formidable y preguntó qué significaba aquello.

—No se alarme, general —respondió el mayor atemorizado—, no se le ha tocado ni un pelo; está desmayada solamente.

—Y esa sangre, ¿qué significa esa sangre? —gritó Oribe echando mano a la espada.

—Es sangre de dos soldados que nos ha muerto el capitán; no quería entregar a la joven, y cuando se acercaron a tomarla, mató con los dos tiros de su pistola a los dos soldados que llegaron primero.

—¿Y el capitán Rivero cedió al fin a mis órdenes?

Oribe estaba lívido de coraje, tenía la mirada dilatada poderosamente y miraba con una fijeza aterradora.

—Muertos los dos soldados —continuó el mayor Gondra—, Rivero sacó su espada y cayó sobre mí que pretendía apoderarme de su esposa; en ese momento y mientras yo me defendía, los dos soldados lo acometieron por la espalda y sin que yo pudiera evitarlo, porque toda mi atención era poca para defenderme, lo hirieron con los cuchillos.

—¿Y lo han muerto? ¿Dónde está el capitán Rivero?

El mayor empezaba a confundirse y a comprender que había hecho una barbaridad que iba a costarle cara.

—¿Qué han hecho del capitán Rivero? —volvió a preguntar Oribe hiriendo el suelo con el pie.

—El capitán Rivero, señor, no ha muerto, pero como le he dicho antes ha sido herido de gravedad por los soldados que lo vieron cargar sobre mí.

—Nosotros no tenemos la culpa —se apresuraron a decir los soldados para disculparse, pues el aspecto de Oribe era tremendo—; como nosotros vimos que había muerto dos compañeros y que el mayor peleaba, creímos cumplir con nuestro deber y lo matamos para que él no matara al mayor.

—¡Ah! bandidos —gritó Oribe golpeando con su espada al mayor y soldados indistintamente—. ¡Han muerto, han asesinado al capitán Rivero! Ahora yo los voy hacer degollar para que aprendan a cometer iniquidades.

Y seguía descargando golpes de plano y de hacha, como caía, sobre soldados y mayor.

A las voces del general y ruido de los golpes, acudieron en tropel los jefes y oficiales de servicio en su alojamiento, apoderándose de aquellos tres hombres antes de averiguar lo que pasaba.

—¡Esos miserables! ¡Esos bandidos! —gritó Oribe fuera de sí—. ¡Que los lleven al cuerpo de guardia para hacerlos degollar! ¡Yo voy a enseñarles cómo se asesina al mejor de mis oficiales!

En el acto fue ejecutada aquella orden, sin saberse aún de lo que se trataba, pero presumiendo que debía ser algo muy grave, cuando el general se hallaba tan furioso.

Este, mientras se llevaban a los soldados y al mayor, hizo llamar a un médico y se trasladó con él al domicilio del capitán Rivero, para hacer por salvarlo todo lo humanamente posible. Pero no había salvación posible, puesto que se trataba de un cadáver y no de un herido.

—Ha sido muerto por la espalda —dijo el cirujano después de examinar ligeramente el cadáver—; no tiene ningún rasguño de frente, y cuidado que parece que se ha defendido reciamente.

—¡Sí, lo han de haber asesinado de miedo! —dijo Oribe—. Porque sabían que era bravo con las armas.

Pero he de hacer con ellos tal ejemplo, que en su cabeza han de escarmentar cuantos cobardes haya en el ejército.

El capitán Rivero fue velado militarmente toda aquella noche, y al otro día conducido a la ciudad de Mercedes donde se le dio sepultura con todos los honores de su rango.

Anita fue confiada al médico de Oribe con todo género de recomendaciones, porque según este mismo su estado era sumamente grave. Este estado, atribuido por el médico a las impresiones sufridas, podía traer alguna grave complicación que era preciso evitar por medio de los mayores cuidados.

Oribe mandó que se cumpliera la orden dada contra los matadores de Rivero, y pasó una nota a Rosas manifestándole cuánto le costaba la devolución de la famosa hija del Chacho.

La pobre joven, sufriendo inmensamente, fue remitida a San Juan para que el general Benavídez la hiciera llegar hasta el Chacho.

Rosas exigía en cambio de aquella hija, que el Chacho entregara la persona del coronel Baltar, que se había plegado a él en Tucumán, para fusilarlo, pudiendo retirarse a La Rioja enseguida, en la seguridad de que Rosas no le molestaría para nada.

Solo la seguridad de que al fin iba a hallarse al lado de su padre, podía mitigar en algo el dolor que le hacía experimentar la pérdida de su marido y el horror de haber sentido sobre su propio pecho el calor de aquella sangre generosa derramada en su presencia. Así es que cuando en San Juan le anunció el general Benavídez que la iba a mandar adonde estaba Chacho, olvidó por un momento todas sus desventuras, experimentando el placer más grande de su vida.

Benavídez remitió a la joven acompañada de una buena escolta, y escribió a Chacho una larga carta en que le daba sus mejores consejos y le pedía en nombre de Rosas la remisión del coronel Baltar, traidor a la Federación, a cuyo precio podía dominar a La Rioja tranquilo e independiente y sin que el poder federal le hiciera la menor oposición. «Y es preciso aceptar esto, concluía aquella carta afectuosa, pues de otro modo el general Rosas va a aglomerar allí todos sus elementos de guerra, y al fin y al cabo tendrá que sucumbir.»

Al recibir a su hija en el momento que nadie la esperaba, fue tal su sorpresa, que quedó un largo rato sin poder darse cuenta de lo que pasaba.

Y la joven lo estrechaba en sus brazos, lo llenaba de caricias y lo cubría de besos, sin que él embargado por la alegría pudiese pronunciar la menor palabra ni hacer el menor ademán. Su corazón había sido sacudido de una manera violenta y el estupor más profundo se había dibujado en su fisonomía bondadosa y expresiva. Y ella lo acariciaba, lloraba, le recordaba sus días felices, y preguntaba si ya no la quería ya que no le contestaba una sola palabra.

Por fin Peñaloza fue dándose cuenta de todo, tomó entre sus manos la cabeza de su bellísima hija que miró con pasión, y un caudal de lágrimas, como una lluvia, envolvió aquel semblante juvenil. Peñaloza, aquel carácter firme, aquel corazón valiente y rudo, lloraba también, lloraba a la par de su hija, para desahogar su corazón, oprimido desde que vio en su presencia a la joven.

—¡Qué feliz sería yo, padre mío, si de mi felicidad pudiera participar el hombre que me arrancó de la infamia uniéndose a mí!

—¿Y por qué no te acompaña? —preguntó Peñaloza con extrañeza—. ¿Por qué no te acompaña al lado de tu padre?

—Porque él creía que me arrancaban de su lado para entregarme al tuerto Bárcena, el asesino de mi madre, y me defendió hasta caer sobre mí acribillado a puñaladas.

Y sollozando y trémula refería a su padre cómo el placer de verse reunidos, por una falsa creencia, había costado la vida de su marido y salvador.

—El pobre creía que todo no era más que un pretexto y que lejos de traerme a tu lado me llevarían al de mis verdugos, y como allí se vive entre bandidos, padre mío, el pobre combatió como un león contra los que fueron a buscarme, hasta que cayó acribillado de heridas. ¡Y yo sentí sobre mi seno correr su sangre tibia! ¡Oh, mi padre, nunca podré olvidar aquel momento tremendo!

—Llora, llora, mi hija —decía Chacho oprimiéndola contra el noble pecho—. Llora, que el llanto es el mayor consuelo, como es el que da Dios a sus criaturas desventuradas. Las lágrimas aliviarán tu pena, y como yo recuerdo por tranquilo cariño a tu buena madre, así recordarás al compañero que has perdido de una manera tan dolorosa.

Todo aquel día y aquella noche los pasó la joven refiriendo todas sus angustias, sus dolores, y el Chacho escuchábala arrobado en la contemplación de su espléndida hermosura.

Fue necesario que le avisaran que la comisión que había acompañado a su hija esperaba, para retirarse, la respuesta del pliego que había traído, para que recordara que había recibido uno y que debía leerlo para poder dar una respuesta.

Cuando Chacho supo lo que de él se exigía, tuvo un momento de profundo disgusto.

—El general Benavídez me cree capaz de cometer una infamia —exclamó—, y porque lo cree me lo propone. Lo siento mucho y siento más todavía que sea el general Benavídez quien me lo dice, porque a él no puedo dar la contestación que se merece.

Y envió a llamar al coronel Baltar, su amigo, a quien hizo leer aquella nota, pidiéndole su opinión no solo sobre lo que debía de hacer sino sobre la manera más comedida de reprochar al general Benavídez el hecho de haberle propuesto semejante infamia.

El coronel Baltar leyó la nota y preguntó tranquilamente lo que pensaba hacer.

—Lo mismo que usted haría en mi lugar y lo mismo que haría todo hombre de corazón.

—Tal vez usted haga mal —replicó Baltar—, y las consecuencias de sus negativas sean fatales a la causa que defendemos. Usted debe remitirme nomás y asegurar de este modo la paz con Rosas y su dominio en La Rioja. De otro modo mandarán aquí un fuerte ejército, y sabe Dios cómo nos va.

—¡Extraño mucho que mi amigo el coronel Baltar me aconseje una infamia que no cometería yo aunque se hundiera La Rioja y la República entera! ¡Mándeme una persona que sepa escribir, para contestar al general Benavídez y despachar esa comisión!

El gran espíritu

Baltar envió a Chacho un ayudante que podía servirle de secretario, y éste escribió, bajo el dictado de Peñaloza, la respuesta que daba a la carta de Benavídez. Agradecía profundamente todas las consideraciones de él recibidas y aseguraba que nunca olvidaría que le era deudor de la inmensa felicidad de tener su hija a su lado. «Le estoy profundamente obligado y espero con ansiedad el momento en que pueda demostrarle toda la gratitud que por usted guardo.» En cuanto a la proposición de entregar al coronel Baltar en cambio de que se le dejase tranquilo en La Rioja, le respondía terminantemente que no podía aceptarla. «Y siento en el alma que esta proposición sea hecha por usted, añadía, porque ella me prueba que usted me cree capaz de una acción mala, y por consiguiente, no me conoce todavía. El coronel Baltar es mi amigo y forma parte de mi ejército, honrando sus filas con su persona, y mientras ésta sea su voluntad, no se separará de mí un momento. Sentiré en el alma encontrarme en un campo de batalla con el general Benavídez, pero si el destino así lo quiere, sufriré resignadamente esta nueva amargura como he sufrido tantas otras.»

Y Chacho remitió esta nota con la comisión que había acompañado a su hija, la que fue tratada con todo género de consideraciones el tiempo que permaneció en su campamento.

El oficial que la mandaba, como todos los que se acercaban a Chacho, estaba asombrado de la hidalguía y bondad del caudillo. Acostumbrado al rigor y la barbarie de los jefes federales, el Chacho crecía ante ellos de una manera fabulosa, y su asombro era profundo.

Allí en Tucumán, donde no imperaba más que su voluntad, los mismos enemigos, que lo habían combatido, gozaban de tanta tranquilidad y libertad como sus propios partidarios. El ser enemigo era motivo suficiente y razón bastante para que prohibiera que se les persiguiese bajo las más severas penas.

—Nosotros somos los salvadores de los pueblos y no sus verdugos —les decía—, y es preciso convencer de esta verdad con nuestra conducta a aquellos que no tienen motivos de conocernos.

Y atendía con benevolencia extrema toda queja traída por un enemigo.

Así los más encarnizados de éstos, se convertían bien pronto en sus partidarios más entusiastas, puesto que con el Chacho tenían mayores garantías que con sus mismos jefes.

El comercio y los negociantes, por pequeños que fueran, se habían hecho chachistas de alma, pues desde que éste se apoderara de Tucumán no habían tenido que lamentar el menor incidente, mientras que bajo el gobierno federal tenían que vender al crédito a cuanto oficialillo lo pedía, por temor a una persecución, y ya se sabía que estos créditos no los cobrarían nunca.

Chacho envió su hija a La Rioja, recomendándola a sus amigos, y quedó en Tucumán concluyendo de organizar su ejército para esperar los acontecimientos, consultando con Yanzón y Baltar el punto a que debían dirigirse primero.

No queriendo ser el agresor de Benavídez, no pensó para nada en San Juan, resolviéndose a marchar sobre Mendoza y librarla del oprobio y la vergüenza en que la tenía sumida el fraile Aldao.

Pero era otro el giro que iban a tomar los acontecimientos y otros los resultados que debía obtener Peñaloza.

Benavídez se preparaba a ponerse en campaña contra Chacho, a quien era preciso contener en su camino de triunfos o resignarse a dejarlo dominar en todo el Interior, lo que no era posible.

Rosas se había irritado al conocer la contestación dada por el Chacho con respecto a la entrega de Baltar, recomendando a Benavídez que hiciera lo posible por vencerlo y destrozarlo de una manera definitiva, puesto que para ello tenía elementos de sobra.

El general Benavídez, reforzado con el fraile Aldao, se puso en marcha sobre Tucumán.

Su artillería era de primer orden y la infantería inmensa y bien armada, lo que debía darle superioridad sobre Peñaloza, que no se preocupaba sino de tener buena caballería, no dándole importancia a las otras armas. Su infantería era escasa, pues no tenía más que los batallones que habían organizado a gran prisa los coroneles Baltar y Yanzón. Una sola pieza componía su artillería, pieza que poco podía servirle, porque la munición era escasa y mala.

Sin embargo con aquel ejército engreído y bravo, el Chacho estaba dispuesto a combatir con el mismo infierno. Lo único que lo preocupaba algo eran los conocimientos militares del general Benavídez, a quien él reputaba el mejor jefe de la Federación.

El general Benavídez sabía que el único medio de vencer a Chacho era darle una batalla seria, donde tuviera que entrar en lucha con todos sus elementos, pues conocía todos los recursos del caudillo a quien no impresionaban en manera alguna los pequeños contrastes. Y se había preparado a una gran batalla, echando mano de todos sus recursos, llevando a más de su ejército los contingentes forzados y voluntarios de Mendoza y Santiago.

Chacho no se descuidaba; en todas las direcciones y a larga distancia había apostado destacamentos de baqueanos bien montados, que destinaba a que le avisaran de cualquier movimiento de fuerzas que sintieran. Así es que en cuanto Benavídez se movió de San Juan Chacho lo supo con el detalle de las tropas que traía.

Según aquellos datos, que reputaba exactísimos, las fuerzas de Benavídez eran muy superiores, pero Chacho creía también que una batalla dura aseguraría su dominio en todo el Interior, pues dueño de San Juan y de Mendoza, solo un ejército que fuera de Buenos Aires podría darle trabajo.

Yanzón creía que no debía aceptarse una batalla definitiva cuyo resultado podría ser fatal, pero Chacho y Baltar tenían confianza, asegurando que aún les quedarían recursos de que echar mano.

Pero asimismo Chacho quería salir de Tucumán y retirarse a La Rioja o Catamarca, donde conocía el terreno palmo a palmo, y donde en un caso imprevisto dispersaría su ejército como lo había hecho otras veces para volverlo a reunir en un momento dado. Y le hacían presente que aquella contramarcha iba a fatigar sus caballadas, dando así un resultado negativo.

—Aquí no tengo la mitad de la confianza que tendría allí, pero no me encierro en mis ideas, yo lo siento, pero combatiremos aquí ya que ello es preciso. Una retirada huyendo al combate es peligrosa, y ya que en los Manantiales hemos sido felices una vez, esperaremos allí a Benavídez y allí lo venceremos si Dios nos protege.

Decidido a dar allí una batalla decisiva, Chacho salió con su ejército a los Manantiales, disponiéndolo todo de manera de no ser sorprendido.

Benavídez venía sobre Tucumán, pero a jornadas cortas y marchas lentas, calculando no fatigar a sus tropas y conservar en buen estado sus caballos y mulas. Sabía que el Chacho no huiría la batalla y no tenía entonces objeto alguno en apresurar sus marchas ni impacientarse.

Estando cerca de Tucumán, envió en parlamento a Chacho a su mismo yerno, encargado de tentar un arreglo que evitara la batalla. No se le pedía sino que entregara al coronel Baltar y se retirara a La Rioja licenciando su ejército, y que, como se le había prometido antes, no sería allí molestado. Desde que él no tenía la menor ambición de mando, debía aceptar aquellas proposiciones, más, desde que ellas iban a evitar el derramamiento de mucha sangre.

El joven fue recibido por Peñaloza con la misma cordialidad de siempre y tratado como un viejo y buen amigo. Pero no pudo convencer al Chacho de que debía aceptar su propuesta, aunque el no derramamiento de sangre influía poderosamente en el espíritu de Peñaloza.

—Eliminemos lo referente al coronel Baltar —decía— y tal vez entremos en un arreglo, pero ésta es una condición que ni siquiera debo discutirla, aunque supiera que iba a ser vencido y hecho prisionero yo mismo.

Baltar, que presenciaba la conferencia, apoyó los argumentos del parlamentario, diciendo que era justísimo que él se sacrificara para evitar una batalla sangrienta, y que en vista de esto estaba dispuesto a pasar en el acto al campamento del general Benavídez.

—Si usted me vuelve a hablar una sola palabra en ese sentido —repuso entonces Chacho poniéndose serio— solo logrará hacerme perder la estimación que le tengo. Mi última palabra en ese sentido está pronunciada: el coronel Baltar está bien donde está y se queda. Si el general Benavídez cree que con una batalla puede apoderarse de su persona, las armas decidirán.

El joven se despidió de Peñaloza, reiterándole su amistad y su estima en su nombre y el del general.

—Su negativa, lejos de disminuir, aumenta el aprecio que le tenemos; sabíamos que ésta sería su respuesta, pero teníamos el deber de insistir en esta proposición hasta el último momento, antes de dar una batalla que será dura y sangrienta.

—Tanto el general Benavídez como usted, joven —terminó Chacho acompañándolo hasta fuera del campamento—, pueden contar con todo mi respeto, en el triunfo como en la derrota.

Y apenas aquél se hubo retirado se tomaron las últimas disposiciones para la batalla que no debía tardar en principiarse.

Efectivamente, dos horas después sonaba el primer cañonazo disparado por la artillería de Benavídez sobre el centro del Chacho, cañonazo que fue seguido del más nutrido fuego de artillería.

La batalla principiaba y principiaba de una manera tremenda. Chacho había proclamado a sus tropas, por vez primera, de una manera elocuente y sencilla.

—Amigos queridos —les había dicho—, solo el valor puede darnos el triunfo en esta jornada, porque el enemigo es muy superior en número y en armas. Vamos a pelear mucho, pero tengo seguridad en el triunfo, porque yo no sé que entre las filas de mis soldados haya un solo cobarde. Mañana a estas horas estaremos festejando una nueva victoria.

El fuego de la artillería era bárbaro y bien dirigido, y como el Chacho no tenía cañones con que apagarlo, resolvió cargar allí como siempre, arrebatar los cañones y dispersar los artilleros. Y se lanzó en una carga vertiginosa con toda su ala izquierda sobre la derecha enemiga.

Baltar atendiendo el centro y Yanzón la derecha, hacían prodigios para contener y rechazar las cargas que traía la numerosa infantería de Benavídez, que cargaba impetuosamente fiada en su gran superioridad.

Chacho fue sobre los cañones con increíble violencia, deshaciendo las compañías y enlazando una pieza. Pero Benavídez, que conocía su táctica, había apoyado la artillería con su mejor infantería, que había formado cuadros en la proximidad del Chacho. Este rompió un cuadro, hizo prodigios de valor, sembró el terror entre los artilleros pero al fin tuvo que retirarse en algún desorden y sin la pieza que había enlazado. Porque el enemigo reforzaba decididamente aquel punto, comprendiendo que si Chacho llegaba a entrar en los cuadros, el éxito de la batalla sería muy dudoso.

Chacho se retiró dejando muchos cadáveres, pero habiendo causado destrozos incalculables y habiendo logrado su principal objeto: apagar los fuegos de aquella artillería destructora. Su derecha flaqueaba algo, pero el centro se hallaba entero y bien defendido. Pero el enemigo no daba un momento de tregua, era numeroso y podía distraer fuertes columnas atendiendo a todos los puntos.

Chacho acudió a su derecha, rechazó al enemigo que la hacía flaquear, restableció el combate, y volvió a cargar con una fuerte columna.

Benavídez, que no desatendía un segundo al Chacho, corría fuertes refuerzos al punto donde éste se dirigía, de modo que cuando Chacho llegó se encontró esperado por fuerzas numerosas y bien dispuestas. Y sin embargo cargó, cargó con un denuedo asombroso y una violencia terrible. Y chocó, y combatió y se rodeó de cadáveres en un momento, pero sin conseguir un resultado positivo. Mientras más tiempo demoraba, mayor era el número de enemigos que llegaban, y menos posible se hacía el triunfo. Y antes de sufrir un rechazo que intimidara a sus soldados, se retiró dejando, como la vez anterior, muchos heridos y muertos. La derecha había vuelto a flaquear iniciándose en ella la derrota, mientras el centro luchaba con ventaja siempre y de una manera lúcida.

Chacho, con aquella tranquilidad que no lo abandonaba un minuto, aunque empezaba a temer una derrota, organizó nuevamente sus caballerías y se retiró a cargar con mayores bríos el centro de Benavídez, donde luchaba la mejor infantería, que formó cuadros apresuradamente así que lo vio venir.

Esta vez Peñaloza fue más feliz que las anteriores, volviendo a abrigar buenas esperanzas. Los cuadros resistieron heroicamente una y hasta tres cargas sucesivas, pero al fin tuvieron que ceder hechos pedazos. Las cargas se habían hecho un pelotón, otros huían bajo el sable exterminador de la caballería del Chacho, que no reposaba un momento.

Benavídez mandó allí dos refuerzos poderosos, siquiera para que aquella matanza horrible no siguiera adelante. Pero ya Chacho, logrado su objeto, se retiraba llevando a cincha dos cañones que había enlazado. Si hubiera tenido artilleros, habría podido usar ventajosamente aquellas dos piezas para luchar con más ventaja. Pero así como él había deshecho y sableado el centro enemigo, Benavídez había aglomerado sobre Baltar tales refuerzos y tales columnas, que el centro y la derecha del Chacho habían sido a su vez despedazados y vencidos de una manera terminante.

La batalla estaba perdida, irremediablemente perdida. Chacho podría aún hacer mucho daño al enemigo cargándolo y doblándolo en algunas partes; pero la batalla estaba terminada como resultado final y sin la menor compostura para él. Más de quinientos cadáveres estaban diseminados en aquel vasto campo, y por todas partes se escuchaba el lastimero gemido de los heridos, heridos de arma blanca en su mayor parte.

—Es preciso retirarnos para no hacer matar estos restos de bravos —dijo Chacho a Baltar y Yanzón—; pero es preciso retirarnos de una manera digna, por entre el enemigo en nuestra última carga.

Yanzón y Baltar sonrieron al contemplar tanto valor y tanta grandeza de alma. Era el Chacho el jefe más extraordinario de que tuvieron memoria.

Empezaba recién a caer la noche cuando Peñaloza reunió el resto de sus fuerzas para dar aquella última carga. Escalonó aquellos pocos y heroicos escuadrones, y seguido de Yanzón y Baltar, cargó al centro enemigo, donde estaba Benavídez, absorto en presencia de aquel último movimiento que no comprendía y que lo hacía pensar que Chacho estaba decidido a combatir hasta cargar él solo cuando no le quedaran más soldados. Chacho cargó a sable y lanza, chocó con el grueso de las columnas y pasó al otro lado, siguiendo adelante a todo lo que daban los caballos.

Asombrado de tanto valor y creyendo que Chacho tomaba distancia para cargar con retaguardia, el general Benavídez hizo cambiar de frente unos batallones para esperar aquella carga; pero esperaron inútilmente. Chacho siguió marchando sin siquiera mirar para atrás.

Benavídez comprendió entonces el objeto de aquella última carga y de que modo valeroso emprendía Chacho su retirada, pero era ya demasiado tarde, y pensar en perseguirlo habría sido un disparate porque la noche se venía encima y, dada la postración de las tropas, hubiera sido casi imposible darle alcance.

Era aquella una retirada digna del Chacho y de las tropas que habían combatido aquel día. Con un enemigo tan hidalgo y tan valiente no era posible proceder de una manera federal, y Benavídez mandó recoger todos los heridos, enviándolos a Tucumán para que los atendieran como merecían.

Algunos grupos que no habían podido seguir al Chacho en su última carga se habían dispersado en diversas direcciones pero buscando decididamente su incorporación. No querían abandonar a su caudillo en su peor momento, pues durante el camino podía muy bien necesitar de la ayuda de sus leales.

—Los que pertenezcan a Tucumán o a los pueblos del tránsito —dijo Chacho— pueden irse quedando. Ahora se ha perdido todo, pero no está lejano el día en que volvamos por un desquite más feliz.

Ninguno, sin embargo, quiso quedarse. Todos siguieron a Chacho, deseando combatir con él hasta la última desventura.

Aquella pequeña columna, pequeñísima en relación a las fuerzas que Chacho había tenido a sus órdenes aquella mañana, siguió en dirección a Catamarca. El coronel Yanzón mandaba a vanguardia con un pelotón de veinte soldados y un oficial. Chacho y Baltar venían más lejos y con toda lentitud, porque era necesario conservar aquellos pocos caballos hasta el fin de la jornada.

Al pasar por el departamento de Santa María, Yanzón fue atacado reciamente por una fuerza muy numerosa, al mando de un mayor Gutiérrez, catamarqueño y antiguo oficial del fraile Aldao.

El mayor Gutiérrez andaba por aquellos departamentos cometiendo todo género de abusos y bandidajes, saqueando los negocios y a las personas que llegaba a encontrar en el camino. Al encontrarse con el coronel Yanzón mandó reconocerlo, y al saber quién era y que pertenecía al Chacho, le cargó de una manera decisiva, fiando en la gran superioridad numérica de su gente.

Yanzón no podía huir el combate, porque se exponía a ser perseguido y alcanzado. Envió un soldado que contramarchase a imponer a Chacho de lo que pasaba, e hizo alto para esperar la acometida.

Gutiérrez y los suyos cargaron, y el combate se trabó cuerpo a cuerpo y de una manera encarnizada, Eran cinco contra uno, y no había duda respecto al éxito. Yanzón, creyendo que si mataba a Gutiérrez huirían los gauchos, salió a su encuentro y descargó sobre él sus pistolas con tan buen éxito, que el mayor rodó con la cabeza despedazada. Los gauchos, lejos de intimidarse por esto, cargaron sobre Yanzón, aislándolo de su gente y acosándolo de tal manera, que por más esfuerzo que hizo no pudo defenderse por mucho tiempo, siendo apuñaleado de una manera terrible. Los soldados de Yanzón no se acobardan, saben que Chacho no ha de tardar en venir y luchan de una manera heroica y desesperada.

Por ambas partes ha habido muertos y heridos en bastante número, relativamente a los que combaten. Pero más han sufrido los asaltantes, que han perdido más de quince hombres.

Al saber lo que pasa, Chacho fuerza su marcha cuanto le es posible y se desprende de la columna seguido de veinte o veinticinco hombres. Ama a Yanzón como a un hermano, y quiere protegerlo a toda costa porque conoce su arrojo y teme una desgracia.

Cuando Chacho llega, todavía luchan los gauchos para avasallar a los soldados. Es que éstos llevan unos cargueros que los bandidos creen pueden ser plata y quieren apoderarse de ellos a toda costa. Chacho cae sobre ellos como una tormenta; quieren huir aterrados, pero son hechos prisioneros después de matarles un buen número.

Grande fue el dolor de Peñaloza al ver el cadáver del coronel Yanzón. Y lo alzó en sus robustos brazos como si pretendiera reanimarlo al calor de su mirada. Pero su valiente y leal amigo no era más que un cadáver rígido e imposible de volver a la vida.

Chacho tuvo que hacer un esfuerzo violentísimo para contenerse y no mandar lancear aquellos bribones. Allí estaban todos prisioneros, y los suyos no esperaban más que una orden para tomarlos a lanzazos o a puñaladas.

—No quiero que se les haga el menor daño —gritó el Chacho, temiendo que los suyos fueran a cometer alguna maldad— son mis prisioneros y yo sé el castigo que he de imponerles.

El coronel Baltar llegó más tarde, participando del dolor que experimentaba Chacho por la muerte del valeroso compañero; acamparon todos allí hasta el siguiente día. Recién entonces, y cuando el espíritu pudo desprenderse de la primera impresión dolorosa, se ocupó de lo que era necesario hacer para prestar al amigo el último servicio, y castigar también a sus asesinos, que estaban temblando, que Peñaloza les hiciera aplicar el castigo a que se habían hecho acreedores.

Chacho los hizo acercar hasta el cadáver de Yanzón, haciéndoles comprender todo lo monstruoso e inútil de aquel crimen.

—Sin motivo ninguno y sin ningún objeto, ustedes han asesinado a un hombre valiente y noble que estaba consagrado a la causa de ustedes mismos como a la de todos los pueblos. Son, pues, ustedes unos miserables que no tienen ningún perdón y que merecerían un castigo eficaz y que por lo menos estuviera en relación con el crimen cometido.

Y los gauchos miraban el cadáver y el rostro de Peñaloza y temblaban ante el castigo a recibir y que suponían ser lanceada en regla, según práctica de todo jefe.

Chacho hizo cargar el cadáver de Yanzón, con religioso respeto por sus mismos asesinos, obligándolos a romper a pie la marcha, marcha bien triste por cierto, a la cabeza de la columna.

—Nos llevan sin duda hasta el lugar del suplicio —pensaron aquellos y echaron a andar con su fúnebre carga, arrepentidos aunque tarde de aquel inútil crimen, y lamentando haber caído en desgracia del Chacho.

Pero ya no tenían más remedio que soportar las consecuencias. El Chacho emprendió su marcha hacia el departamento de Belén, obligando a los asesinos a marchar por los caminos más escabrosos y difíciles, las quince leguas más o menos que lo separaban de un punto a otro.

El cadáver fue llevado hasta la Capilla de Gualfin, donde Chacho los obligó a cavar con sus cuchillos la fosa que había de encerrar para siempre los queridos restos. Y los asesinos cavaban lenta y penosamente, suponiendo que después de aquella operación les haría cavar otra más grande para sepultarlos a ellos mismos. Pero bien lejos de esto estaba el pensamiento del noble Chacho.

Así que Yanzón estuvo colocado en el foso, lo hizo cubrir de tierra, colocar encima una cruz improvisada y mandó a los asesinos se arrodillaran y pronunciaran en voz alta la última oración.

—Ahora —les dijo— quedan ustedes en completa libertad; seguro que el remordimiento de este crimen inútil ha de perseguirlos hasta la hora de la muerte. Yo tengo la memoria larga para las fisonomías, y la de ustedes no se me despintará nunca. El castigo que les doy será de que nunca puedan formar en las filas del Chacho, a quien han ofendido de una manera mortal.

Y los echó de su presencia sin permitirles que llevaran ni armas ni cabalgaduras.

Este fue todo el castigo y el más duro que podían haberles aplicado a juzgar por la impresión que les hizo.

Cuando Peñaloza se puso en marcha del departamento de Belén, dos de ellos, alegando que no habían tomado parte en la muerte del coronel Yanzón, mandaron empeñarse con él para seguir con el pequeño ejército, pero Chacho se mantuvo inflexible y los hizo echar. Agobiado por el dolor que le había causado la muerte del coronel Yanzón, Chacho siguió en marcha hacia La Rioja, y pasando por el departamento de Famatina se dirigió a los Llanos.

Allí pensaba formar un nuevo ejército con que poder montonerear y repeler así cualquier invasión que trajera el enemigo a su provincia.

Pero sus elementos eran tan escasos ya, que le dejaban muy poca esperanza en caso de ser atacado por un ejército numeroso. Gran parte de los dispersos de Manantiales empezaban a llegar a La Rioja y a buscar su incorporación, con un cariño particular. Y con una firmeza suprema y un ánimo asombroso, Chacho empezó la reorganización de su nuevo ejército, en los Llanos de La Rioja, creyendo que tendría tiempo de ponerlo en buen pie antes que el enemigo se presentara allí.

Benavídez, que había recibido reiteradas y terminantes órdenes de Rosas de deshacer a Chacho y tomarlo vivo o muerto, lo mismo que al coronel Baltar, se puso en marcha en cuanto hubo descansado un poco la tropa. Suponía que Chacho se había dirigido a La Rioja a tentar una resistencia imposible, y por lentamente que marchara calculaba llegar antes que aquél hubiera podido organizar la menor resistencia.

Su ejército había sufrido de una manera terrible en la batalla de Manantiales, pero el de Peñaloza había sufrido más, y entonces siempre quedaba en las mismas condiciones de superioridad. Y el general Benavídez lamentaba profundamente tener que perseguir a aquel hombre a quien estimaba cada vez más, por los infinitos rasgos de carácter que desplegaba día a día.

Su conducta en aquella última batalla había sido magnífica y su bravura insuperable, no teniendo Benavídez ni idea de que se pudiera combatir con tal denuedo y brillo. Y para compensar en algo la hidalguía desplegada por el Chacho en sus triunfos, llevaba consigo todos los prisioneros que en clase de oficiales y jefes había hecho, para restituirlos a la libertad así que se internara en la provincia de La Rioja.

Pues era una vergüenza que, mientras Chacho trataba con la mayor bondad a los prisioneros que hacía, se enviaran los suyos a Buenos Aires a sufrir las herejías de Santos Lugares, o se sometieran a los mayores tormentos como hacía el fraile Aldao.

Cuando Benavídez llegó a La Rioja, dio libertad a sus prisioneros mandando decir al Chacho con uno de ellos que le enviara un oficial para que acompañara un parlamento que no quería mandar solo, porque sabía que toda La Rioja era enemiga suya.

En cuanto Chacho recibió el recado, mandó en el acto al campamento de Benavídez una comisión para que sirviera de garantía al parlamentario que no era otro que el yerno del general.

Benavídez mandaba decir a Chacho que renunciara a toda resistencia, porque sería inútil, y que él venía dispuesto a retirarse sin causar el menor daño, siempre que le hiciera entrega de la persona del coronel Baltar.

Chacho sonrió con pena al escuchar aquella proposición tantas veces por él rechazada, y contestó con una negativa terminante.

—Diga usted al general —repuso—, que aun sin elementos de gran resistencia, lo espero tranquilo, pero que el coronel Baltar no le será entregado bajo ningún pretexto ni condición.

El jefe parlamentario, como la vez primera, agotó su dialéctica con un cúmulo de observaciones, mostrándole todas las ventajas que traería a La Rioja la entrega de Baltar, pero Chacho le rogó que no insistiera y que se fijase en que aquella proposición envolvía una sangrienta injuria, pues lo suponía capaz de cometer una villanía incalificable. Y mandó nuevamente la comisión con orden de acompañar al parlamentario hasta el campamento enemigo, haciéndoles entender que aquella persona era tan sagrada para ellos como él mismo.

Benavídez recibió con disgusto la respuesta que lo obligaba a un nuevo combate, experimentando al mismo tiempo el mayor agrado, porque Peñaloza no descendía un átomo ante el justo aprecio que le profesaba. En cuanto el parlamentario se hubo alejado de su campamento, Chacho llamó a Baltar y le manifestó que era necesario que en el acto emprendiera su marcha hacia Chile, donde estaría libre de todo peligro.

—Todo el empeño de esta gente —dijo— es llevarse a usted; yo no tengo elementos de gran resistencia y es seguro que en una nueva batalla seré vencido. Es preciso entonces que usted se salve con tiempo, para evitar que en la derrota pueda ser hecho prisionero.

Baltar no quiso separarse de su lado, diciendo que quería acompañarlo hasta su último contraste, pero Chacho no solo insistió, sino que le dijo que si se quedaba, él mismo se iría a Chile abandonando su ejército lo que le haría cometer una acción cobarde. Con profundo disgusto, el coronel Baltar tuvo que hacer lo que Chacho le decía y separársele emigrando a Chile.

—Nunca me olvidaré que le debo más que la vida —le dijo abrazándolo—; ya sabe que no soy un ingrato y que puede disponer de mí sin la menor reserva. Dios es testigo de que me separo de usted violentamente y por no ocasionarle mayores trastornos. Gracias, entonces, y hasta pronto.

Y acompañado de una comisión bastante fuerte para salvar de un mal encuentro, Baltar tomó la dirección de Chile, donde quedaría en completa seguridad. Chacho siguió apresuradamente organizando su ejército, aunque comprendía que era demasiado tarde y que el enemigo no le dejaría tiempo. En todo previsor, y queriendo evitar el estéril sacrificio de sus soldados, formó su ejército, y compañía por compañía fue personalmente dando la siguiente orden:

—Es posible que no podamos luchar con el enemigo que se nos viene encima; si yo veo que todos los esfuerzos son inútiles, no quiero que nadie se sacrifique por una causa perdida. En ese caso yo haré que mi trompa toque retirada, lo que será repetido por todos los trompas y que significará que el ejército debe desbandarse para evitar toda persecución, escondiéndose cada cual como mejor pueda hasta que brillen mejores días para nuestras armas. Desde el toque de retirada no quiero que uno solo permanezca en el campo de batalla.

Después de dada esta orden Chacho envió otra comisión para que acompañase a su hija Anita hasta Jacha, donde estaría más segura por ser allí desconocida, y esperó tranquilamente la aproximación de Benavídez.

Todo el ejército que había podido reunir era de 800 hombres de caballería con buenos sables y lanzas, pero sin armas de fuego. El general Benavídez, sacando el cuerpo a las poblaciones para evitar que sus soldados hicieran en ella el menor daño, se dirigió a los Llanos buscando a Chacho cuyo campamento conocía ya el mayor Gordillo, que había ido de parlamentario.

Benavídez sabía que Chacho no se movería de allí, conocía ya el número de fuerzas que lo acompañaba y creía inútil entonces apresurar sus marchas, lo que le hubiera sido molesto dado el número crecido de sus tropas y el gran convoy que llevaban. Chacho no perdía su tiempo y aprovechando la tardanza de Benavídez, seguía reclutando gente que llegaba de todas partes y aumentando con ella su ejército. Benavídez llegó por fin a los Llanos, y desde que lo avistó, tuvo que hacer alto, formar su ejército apresuradamente, porque se vio en serios apuros.

Chacho había fraccionado su ejército en diez fuertes guerrillas que lo cargaron por todas partes, causando gran confusión en sus filas y arrebatando a lazo algunos prisioneros, entre ellos el mayor Gordillo, yerno de Benavídez. Aquellos grupos se cruzaban, se replegaban, se dispersaban y volvían a cargar con un empuje violentísimo. Era ésta una nueva táctica de Chacho para hacer inútil la artillería enemiga, evitar en todo lo posible el fuego de infantería y obligar al enemigo a pelear al arma blanca. La confusión en las filas de Benavídez era grande, porque a pesar de la superioridad inmensa de sus fuerzas, las infanterías con aquella infernal sucesión de cargas no podían desplegar sus compañías ni tomar una formación regular.

La caballería cargaba con denuedo, pero entonces los grupos del Chacho se desbandaban y se reunían de nuevo para cargar a otra parte. Y Chacho se multiplicaba de una manera fantástica, pues se le veía al frente de todos los grupos, cargando en todos los puntos y desapareciendo en el acto cuando se le buscaba.

Benavídez estaba asombrado de tan pasmosa actividad y de aquella táctica endiablada con la que no contó nunca.

Con aquella manera de combatir Chacho le había causado grandes destrozos y numerosas bajas, mientras que él no había sufrido nada relativamente. Y los batallones de infantería seguían luchando por desplegar, sin poder conseguirlo. Si Chacho hubiera tenido una reserva mediana, una regular infantería con que evitar que el enemigo pudiera reaccionar más tarde, el triunfo hubiera sido suyo indudablemente. Pero no contaba con más fuerzas que las que componían aquellos grupos endiablados, y éstos al fin tenían que postrarse por el mismo movimiento continuo a que estaban obligados y porque al fin y al cabo no eran hombres de hierro.

Chacho lamentaba profundamente no tener siquiera unos quinientos hombres más de caballería con que reemplazar a aquellos, pues según el destrozo causado a los enemigos hubiera sido el triunfo más completo.

A la hora de aquel combate titánico puede decirse que las fuerzas del Chacho estaban postradas; ya los golpes de sable no producían heridas de consideración, y Benavídez multiplicándose a su vez en todas partes, empezaba a infundir a sus tropas el ánimo que habían perdido. Las infanterías diezmadas por aquellas cargas, pudieron al fin desplegar y rompieron un fuego nutrido sobre los grupos, pero fuego que no podía hacer mucho daño, porque los grupos se diseminaban sin presentar blanco alguno.

Chacho, que había causado al enemigo el mayor daño sin sacrificios por su parte, en cuanto que aquel reaccionaba y entraba en la lucha tomando la ofensiva, hizo tocar retirada como había convenido; los demás trompas repitieron el toque, y aquel ejército que tan rudamente había combatido más de una hora, se diseminó como una nube. Solo Chacho abandonó a Ilisca, donde había tenido lugar la batalla, acompañado de un grupo de doscientos hombres, donde iba el mayor Gordillo y algunos prisioneros más.

Los demás, siguiendo sus órdenes de último momento, se habían dispersado en tan pequeños grupos que hicieron imposible toda persecución.

El enemigo, por otra parte, no quedaba en condiciones de perseguir, por lo que había sufrido en la batalla.

Chacho trajo cerca de sí a los prisioneros hasta Huaja, donde hizo alto para licenciar la tropa que hasta allí le había acompañado. Fue entonces cuando llamó al mayor Gordillo y demás oficiales que lo acompañaban, significándoles que estaban en completa libertad.

—Ustedes son dueños de La Rioja —les dijo—, es inútil entonces que yo me le ofrezca; sin embargo quiero ponerlos a cubierto de cualquier venganza personal o atropello de grupos aislados. Aquí quedan en mi casa, que es la de ustedes, y perfectamente salvaguardados hasta que el general Benavídez los mande buscar o quieran ustedes incorporársele sin peligro.

Y llamando al más prestigioso de sus oficiales, lo instaló allí diciéndole:

—Las personas que aquí quedan son dignas de mi mayor consideración; usted me responde de ellas en cualquier momento, bajo la inteligencia de que deben ser atendidas y respetadas como si fuera yo mismo. Cualquier cosa que necesite el mayor Gordillo, aun la remisión de chasques a campo enemigo, proporciónensela en el acto. Pronto nos volveremos a ver, amigos míos, y entonces les significaré todo mi agradecimiento.

Chacho puso a la disposición de sus prisioneros cuanto tenía en la casa, en aquella casa de su buen tío para que dispusieran como cosa propia, y enseguida montó a caballo solo y se dirigió a Chile, diciendo a Gordillo antes de irse:

—Lo único que le pido es que ruegue al general en mi nombre que considere a los riojanos y los proteja de las persecuciones políticas. Él es un hombre noble y un hombre de honor; me voy tranquilo, entonces, en la seguridad de que no se ejercerá ninguna venganza.

—¡Vaya tranquilo, coronel! —repuso el joven—; ya sabe usted quién es el general Benavídez. Dígame ahora y antes de partir ¿qué ha sido del coronel Baltar que no lo veo a su lado? ¿Ha caído en el combate o ha sido hecho prisionero?

—Ni una cosa ni otra; sospechando que perdería esta última batalla, lo mandé a Chile antes de darla para evitar una desgracia, por el empeño que ustedes tenían en tomarlo, Es inútil, pues, que lo busquen en tierra argentina, él está salvo; adiós y hasta muy pronto.

Y clavando las espuelas a su famoso mulo marchero, bien pronto se perdió de vista.

Chacho, abatido por los últimos sucesos, aunque algo consolado al pensar que siquiera esta vez el vencedor era el general Benavídez, hombre humano y recto, regresó a Chile por Vinchina y se internó hacia el paraje donde había estado la última vez.

Solo y desterrado, Chacho lamentaba las desgracias de la patria y las suyas propias, aterrándose ante el porvenir lleno de nubes que se le presentaba. Y por el momento no podía hacer nada, ni siquiera pensar en un nuevo pronunciamiento, pues La Rioja como las demás provincias vecinas, quedaba postrada.

El general Benavídez supo por el chasque de su yerno lo que había sido de los prisioneros y que Chacho se había internado solo en Chile. Como no había visto huir con Peñaloza al coronel Baltar, lo buscó entre los muertos del campo de batalla y entre los pocos prisioneros que había hecho, y no hallándolo se dirigió a Huaja con una pequeña columna en busca de sus prisioneros, la mayor parte de los cuales eran oficiales que pertenecían a las principales familias de San Juan.

Todos ellos no hallaban palabras suficientemente expresivas para ponderar la manera como habían sido tratados por Peñaloza.

Benavídez dejó en la Costa Alta las mismas autoridades que existían, puso en libertad a los pocos prisioneros que tenía y pasó a la ciudad de La Rioja a tranquilizar al vecindario, sin permitir a los suyos que cometieran el menor avance.

La Rioja fue tratada con la misma consideración con que Chacho había tratado a Tucumán, al extremo de que Benavídez ni siquiera cambió el gobierno. Nada tenía que hacer allí, así es que después de acomodar a sus heridos de la mejor manera que le fue posible, emprendió su marcha de regreso a San Juan, dejando restablecido en todas partes el poder de Rosas y seguro de que por mucho tiempo nada tendría que hacer.

En previsión de cualquier movimiento subversivo, recogió todas las armas que fue encontrando, haciendo imposible toda tentativa contra el orden de cosas que dejaba.

Y Benavídez se retiró tranquilo, sin pensar que cada uno de los soldados que dispersó después de la batalla, se había ocultado con todas sus armas y pequeños pertrechos de guerra.

Y desde San Juan, envió a Rosas sus comunicaciones dando cuenta del resultado final de su campaña, y haciendo rigurosa justicia, al valor y suspicacia desplegados por Chacho en la última batalla ganada por él, pero a costa de grandes sacrificios.

Los dos amigos

Chacho no podía conformarse con su destino en Chile, por la clase de penurias que éste representaba para él y para La Rioja, que había quedado pobre y miserable. Continuamente recibía chasques de sus amigos, que le pintaban la situación más desesperante y le pedían tentara algo para librarlos de aquella situación precaria. Solo en un gran caudillo espera La Rioja la cesación de este estado de cosas insostenible. Y le repetían que no olvidara que La Rioja, sin más armas que sus manos mismas y los garrotes de sus algarrobos, estaba dispuesta a seguirlo adonde los llevara.

Y Chacho con una pena profunda les mandaba responder que tuvieran paciencia como la tenía él mismo, que no se quería mover sino por cosa segura, que tuvieran confianza en él y esperaran.

Por otra parte, su situación misma era tremenda; tenía que trabajar en las haciendas vecinas como el último peón, para ganar un miserable jornal cuya mayor parte atesoraba para mandarlo a su hija que, aunque la atendieran sus amigos y relaciones, tendría que participar de la miseria general.

Chacho deseaba ardientemente traerla consigo, tenerla a su lado y consolarse siquiera con sus caricias, pero no se atrevía a exponerla a los peligros y miserias de una emigración ¿Y si el trabajo le faltaba? ¿Y si llegaba un día en que no tuviera qué darle de comer? Chacho temblaba ante estas ideas y se resolvía a su sufrir, su soledad y su miseria esperando mejores tiempos.

Por lo pronto, en La Rioja no podía temer persecución alguna. El fraile Aldao no se movía de Mendoza, de Benavídez nada tenían que temer y ningún otro caudillo federal aparecía por las inmediaciones.

Se podía esperar tranquilamente e ir juntando elementos poco a poco, hasta que llegara el momento oportuno de hacer algún movimiento provechoso.

Él tenía la seguridad de dominar La Rioja y aun Catamarca misma, en cuanto se presentara. ¿Pero de qué le servía todo esto, si en el acto que llegara Benavídez o cualquier otro ejército, tendría que dispersarse y hacer la guerra de recursos, sin resultado positivo? Era mil veces preferible estar a la expectativa y moverse en momento oportuno.

Chacho trabajaba de luz a luz en las haciendas chilenas para ganar unos miserables dos reales bolivianos, y esos los días que tenía trabajo, que los que no, tenía que consumir de lo ganado los anteriores. Y para tener que mandar a su hija, Chacho vivía con una economía exagerada, puede decirse que no comía sino lo estrictamente necesario para vivir. Pero aquel género de vida no podía prolongarse mucho; su salud se iba quebrantando poco a poco y una melancolía profunda empezaba a apoderarse de él.

«Para vivir de esta manera, pensaba, es preferible concluir de una vez de una manera o de otra.»

Y fue entonces cuando meditó el más atrevido y peligroso de los planes.

Benavídez era un hombre recto y humano, que nada de común tenía con los bandidos de la Federación que dominaban en las otras provincias. De esto tenía suficientes pruebas en la conducta observada por este jefe después de sus triunfos. Benavídez le era deudor de muchos servicios personales, que un hombre de su carácter no podía olvidar, pues estos servicios importaban la vida de su yerno salvada dos veces y la de su hija misma. No había en San Juan, como en parte alguna, motivo de odio contra él, pues él nunca había hecho mal a nadie, ni permitido que nadie lo hiciera a su sombra. ¿Por qué entonces no podría irse a San Juan e invocar la protección de Benavídez? Él no intentaba nada contra San Juan, como no había intentado contra ninguna provincia; su causa había sido santa, porque él había luchado por la libertad de las provincias del Norte. No tenía más delito que no haber querido entregar al coronel Baltar, pero esto no era más que un acto de desobediencia hacia Rosas, que en nada perjudicaba sus relaciones con Benavídez.

Peñaloza pensó en lo que él haría si Benavídez viniera a pedirle igual servicio, y juzgando las acciones de aquél por las suyas propias, decidió irse a San Juan y poner en práctica su idea. De todos modos y en último caso no arriesgaba más que su vida, y su vida en las condiciones que la llevaba, no valía la pena de la menor defensa.

Chacho maduró y meditó bien este plan atrevido, y resolvió realizarlo en el acto. Y montando en su mulo marchero, que a costa de enormes privaciones había logrado tener consigo, pasó a La Rioja y se dirigió a Jacha a reunirse con su hija.

Chacho se había hecho afeitar todo, para poder atravesar La Rioja sin ser conocido, porque temía que si lo conocían se levantaran en armas todos los pueblos y lo obligaran a abrir una nueva y desastrosa campaña. Caminando disfrazado y de noche, lograría pasar a San Juan sin que nadie lo supiera y ver allí lo que podría esperar en beneficio de su provincia.

Chacho no llevaba más armas que su pistola, y ésta la tenía destinada a hacerse volar los sesos en caso de que Benavídez no lo atendiera y quisiera hacerlo su prisionero para remitirlo a Buenos Aires.

De este modo quedaba arreglado y escapaba él a la vida de miserable destierro que se veía obligado a llevar.

Chacho se detuvo en Jacha con gran sorpresa de su hija que no lo conoció en el primer momento, y contra todo lo que pensaba, conocido por otros, se corrió la voz en todo el pueblo que acudió en el acto a saludarlo.

Chacho tuvo que suplicar que terminaran aquellas manifestaciones, diciendo que solo había venido de Chile a visitar a su hija, apreciar la situación de La Rioja y regresar a Chile para tomar la determinación que les conviniera.

Y fue en vista de estas razones que el pueblo dominó su entusiasmo para no turbar la acción de su caudillo.

—Cuando sea el momento oportuno de moverse, vendré a avisárselo yo mismo, pero ahora la menor imprudencia puede causar daño, porque una vez sentido tendré que modificar todo mi plan.

Y así Peñaloza pudo pasar una semana en Jacha, sin que su presencia causara el menor trastorno. Fueron ocho días de suprema felicidad para aquel hombre tan digno de una vida feliz, y que no hacía otra cosa que experimentar y sufrir resignadamente las mayores desventuras, todo en beneficio de la patria y de la libertad.

—Yo me vuelvo a Chile, hija mía —dijo a ésta entregándole el poco de dinero que para ella había atesorado—. Voy de nuevo a tentar la suerte, a ver si soy más feliz; y pronto, muy pronto nos reuniremos para no separarnos más.

Anita lloró, suplicó a su padre que la llevara consigo, pero tuvo que ceder al fin ante las razones poderosas que éste le expuso.

—Yendo a mi lado me quitarás toda la libertad de acción —le dijo—, y yo necesito moverme mucho, moverme sin descanso y luchar contra todos los elementos que voy a encontrar a mi frente. Ten paciencia, hija mía, que ya nos queda lo menos que sufrir.

Y aunque Chacho amaba a su hija entrañablemente y sentía inmensamente aquella separación tal vez eterna, estaba decidido a llevar más que nunca a cabo su atrevido plan, pues cada vez se convencía más de que era necesario terminar con aquella situación tremenda.

Chacho salió de Jacha una noche, diciendo a su hija que iba a apurar los elementos que tenía en Chile para volver en son de guerra, pero el camino que tomó fue el de Catamarca para de allí pasar inmediatamente a San Juan. De todos modos si Benavídez no se portaba como él creía, aun tenía en su cintura el último recurso de hacerse volar los sesos.

A pesar de lo conocido que era, nadie sospechó que aquel individuo lampiño con trazas de roto chileno fuera el prestigioso y valiente caudillo riojano. Lo miraban pasar con la mayor indiferencia. Para evitar de todos modos que lo reconocieran, Chacho marchaba de noche solamente, y a la madrugada, cuando andaba por entre el monte. Y solo comía algarrobos o alguno que otro pedazo de charque que le daban en alguna población aislada, únicas a las que se atrevía a llegar.

Y sufriendo todo género de privaciones llegó por fin a la provincia de San Juan, después de quince días de marcha continua y sin reposo. Aquí era preciso mayor número de precauciones, pues se hallaba entre enemigos que podían tomarlo si lo conocían y llevarlo a presencia del gobernador, haciéndole perder así todo el efecto del golpe que proyectaba. Siempre fingiéndose el arriero llegó a la ciudad de San Juan muy de madrugada, y se hospedó en una casita de las orillas. Y como en San Juan era menos conocido, no le fue tan difícil guardar el incógnito hasta la noche.

En la casa donde se hospedó manifestó que se hallaba muy enfermo, que iba pasando para Mendoza y que le permitieran dormir un poco para reponerse.

Hospitalarios y generosos como lo son todos los sanjuaninos, los habitantes de aquella casita obsequiaron a Chacho con arreglo a sus escasos medios. Le dieron masas, un buen vaso de anisado que Peñaloza apenas probó porque no sabía beber, y pusieron a su disposición la mejor cama de la casa.

Y él, que no tenía por qué temer nada pues su conciencia se hallaba perfectamente tranquila, se acostó y durmió un sueño reparador de seis horas por lo menos. Y al despertarse, se entregó a las últimas reflexiones de su situación peligrosa.

¿Respondería Benavídez a la idea que tenía formada de él? Aún tenía tiempo de retroceder y de volver a afrontar todos los peligros del largo viaje.

Pero no era hombre de titubear mucho, y resuelto a hacer lo que había pensado, se levantó y se preparó para ir a casa de Benavídez lo más tarde que fuera posible, por temor de que lo conocieran algunos de los ayudantes o jefes que lo rodearían.

No era su intento guardar el incógnito una vez en casa del general, pero no quería ser reconocido porque tenía el más vivo interés en ser él quien se descubriera, para tener su primera impresión en la misma fisonomía del general.

Para entretener mejor el tiempo y ver si podía permanecer allí hasta la noche, empezó a hacer algunas interesantes narraciones militares de sucesos que suponía pasados en Santa Fe, con lo que los dueños de casa estaban entretenidísimos.

Chacho narraba con una verdad latente, y los que le escuchaban, sobre todo las mujeres, hubieran deseado estar toda la tarde y toda la noche oyéndolo hablar.

Y lo invitaron a comer un puchero que a Peñaloza le pareció algo de celestial. Hacía quince días por lo menos que solo comía algarrobo, masas y charque, de modo que un bocado de comida caliente era para él algo sublime. Así comió y charló largamente, hasta que llegó la oración, hora en que empezó a hacer sus preparativos de marcha, preparativos que consistían solamente en arreglar su mulo, única cosa que poseía, pues el mismo apero que llevaba no hubiera valido la pena de disputarlo a nadie.

Mucho sintió aquella buena gente la marcha de un viajero tan entretenido, haciendo lo posible por retenerlo hasta el siguiente día. Pero tales necesidades les pintó éste, que no insistieron más y lo dejaron ir, bajo la promesa de que a su regreso volvería a visitarlos. Le ofrecieron acompañarlo, pero como Chacho les dijese conocer perfectamente el camino, no insistieron más tampoco y lo dejaron marchar.

Peñaloza entró al pueblo, pero no sabía dónde quedaba la casa del general, contratiempo que lo molestó mucho, pues lo forzaba a preguntar por ella.

Dio vuelta pacientemente hasta que encontró un individuo de facha bastante infeliz como para que no fijase su atención en la pregunta que le dirigía, y a éste pidió las señas de la casa que buscaba, señas que obtuvo sin la menor dificultad. Y allí se encaminó resueltamente.

En casa de Benavídez había ese movimiento que es natural en casa de los personajes, aun de los de la más infeliz aldea. Se notaba la presencia de las visitas y podía constatarse aquella alegría franca e íntima que proporciona el bienestar.

Chacho preguntó por el general al soldado estacionado en la puerta, quien al ver la facha del solicitante le dijo que estaba ocupado.

Esta fue una dificultad con la que el Chacho no contaba. ¿Cómo anunciarse de manera que Benavídez lo recibiera sin saber quién era? Y como su vacilación podía despertar una sospecha en el soldado, le dijo prontamente:

—Dígale que soy un chasque que acaba de llegar de La Rioja y que desea hablarle sin pérdida de tiempo.

Chacho fue introducido en el acto a presencia del general, que se hallaba con algunas personas de su amistad, y preguntado qué traía para él, repuso con la mayor serenidad:

—Traigo comunicaciones verbales para V. E., pero se me ha ordenado que las transmita a solas y en la mayor reserva.

Para Benavídez era indudable que algo de grave pasaba en La Rioja, tal vez una nueva invasión del Chacho, así es que en el acto hizo pasar al titulado chasque a una pieza reservada.

Benavídez, que era un hombre sumamente precavido, a pesar del apuro que tenía en conocer aquella comunicación, guardó cierta distancia con aquel hombre, recelando que tal vez se tramaba algo contra él.

—Pronto —dijo—, comuníqueme usted lo que trae, que tal vez sea de la mayor urgencia.

Y como Chacho vacilara un momento no sabiendo cómo empezar, el recelo de Benavídez se acentuó más, y se aproximó a la puerta en previsión de cualquier avance. Y no es que Benavídez tuviera miedo, pues era hombre de afrontar situaciones más difíciles, sino que no tenía armas consigo y conceptuaba un disparate descabellado ponerse a la merced de un asesino.

Chacho leyó en sus ojos lo que pasaba en su espíritu, y se apresuró a tranquilizarlo para evitar que fuese a llamar gente.

—No se alarme, mi general —dijo sonriendo—, por más mala que le parezca mi facha, soy hombre de tal confianza que el coronel Peñaloza me envía con comunicaciones verbales para V. E.; me retiraré si quiere, pero no se alarme ni llame, que lo que yo voy a decir solo V. E. debe escucharlo, así por lo menos me lo dijo con estas palabras: «En cuanto sepa el general que soy yo quien te manda, tendrá confianza».

Las palabras del chasque y la sonrisa plácida con que las acompañó tranquilizaron completamente a Benavídez, que tomó asiento haciendo sentar también al titulado chasque.

Y lo miraba fijamente como si quisiera conocerlo, pues aquella fisonomía, bella, en su expresión franca y cariñosa, le parecía una fisonomía familiar a él.

—Yo lo he visto a usted otras veces —dijo—; no recuerdo cómo ni dónde, pero su cara me es muy conocida.

—Puede ser, señor. Muchas veces nos hemos hallado uno con el otro, pero como ha sido peleando, creí que usted no se hubiera fijado en mí.

—Es raro, porque hasta el mismo sonido de la voz me es familiar; no debe ser ésta la primera vez que la oigo.

—No es extraño; yo en la batalla grito mucho y es fácil que usted haya oído mi voz de mando.

—¿Era usted oficial de Peñaloza acaso?

—No señor, era jefe de su caballería.

—Es extraño —exclamó Benavídez, mirando a Chacho cada vez con más fijeza—; o yo lo conozco o usted es muy parecido a alguien que yo conozco. ¿Sería usted acaso hermano o pariente del coronel Peñaloza?

—No, señor —respondió Chacho sonriendo siempre—, el coronel Peñaloza soy yo mismo, que vengo a visitar y a ponerme al amparo de mi amigo el general Benavídez.

Este no pudo dominar su gran sorpresa, y se puso de pie rápidamente acercándose a Chacho.

—¿Qué, duda de lo que le digo? —preguntó éste poniéndose también de pie—. ¿No me reconoce aún?

—Ahora no, ahora no —exclamó el general tendiéndole los brazos—. Ahora lo reconozco, ¿pero qué misterio envuelve esta aparición y este disfraz?

—No quería que me conocieran para que no se levantaran más leales a mi paso, ni quería tampoco que tuviera usted noticias de mi presencia por otro que por yo mismo. Vengo a entregármele sin condiciones, porque conozco su corazón y su carácter y estoy aburrido de la vida que llevo y de este eterno luchar y batallar sin resultado alguno, puesto que vencemos hoy para ser derrotados mañana y volver a empezar pasado. Esta lucha sangrienta va a concluir con la ruina de nuestras provincias, y esto es lo que yo quiero evitar. Por esto me he resuelto a venir a entregarme a usted sin condiciones, a ver si termina esta lucha eterna. Si usted me ampara y me protege, me felicitaré de no haberme equivocado; si me remite a Rosas en Buenos Aires, habré concluido de todos modos, puesto que me matarán y el resultado será el mismo.

Benavídez, sin poder dominar su emoción, abrazó de nuevo a Peñaloza y, después de agradecerle la opinión que de él se había formado, le dijo que él sería para Peñaloza lo que Peñaloza había sido para el coronel Baltar.

—Desde este momento usted tiene en mí un hermano, más aún, un amigo firme con el que puede contar sin la menor reserva. Mi honor responde de su vida, coronel Peñaloza, se lo juro por la de aquella hija querida que usted salvó. Al recibirlo de esta manera, no hago sino retribuir de una manera harta mezquina todo lo que le debo... Quiera Dios que se presente una ocasión de demostrarle cuánto le aprecio y cuánto respeto sus prendas de carácter.

Y aquellos dos hombres igualmente nobles, igualmente bravos y decididos, conmovidos hasta las lágrimas, se unieron en un fuerte y estrecho abrazo.

—Mi familia desde este momento es la suya, como mi casa lo es también sin reserva. Vamos adentro porque nadie pueda ignorar que usted está conmigo; quiero lucir mi amistad y la prueba de confianza que usted me ha dado.

Y después de mandar a sus caballerizas el mulo de Chacho, llevó a éste a su salón donde se hallaban reunidos su familia y amigos, esperando llenos de curiosidad las noticias que había llevado aquel chasque.

—Amigos míos —dijo Benavídez dejando asomar a sus ojos y temblar en su palabra el inmenso placer que experimentaba—, tengo el honor y el placer de presentarles a mi amigo leal y noble, el coronel Peñaloza. Él viene a vivir algún tiempo entre nosotros, como prenda de paz y de amistad.

Aquella presentación cayó como una verdadera bomba entre las personas a quienes fue hecha, acercándose todos a Chacho para felicitarlo y estrecharle la mano.

Chacho era conocido en San Juan por las muchas anécdotas militares que de él se referían, entre otras la salvación del mayor Gordillo y de su esposa.

De modo que, sin conocerlo personalmente, todos lo apreciaban, deseando que terminara cuanto antes una guerra tan triste entre provincias hermanas y vecinas.

Chacho fue obsequiado con verdadero cariño corriéndose la voz entre todas las relaciones de Benavídez que bien pronto llenaron sus salones y aun sus patios.

Y en el acto se improvisó un baile que duró toda la noche, entre la mayor animación, teniendo que ceder Chacho al compromiso de bailar una zamba agitada con la esposa del general.

Peñaloza fue durante toda la noche el objeto de todas las felicitaciones y halagos, ponderando su noble resolución de poner término a la sangrienta guerra entre provincias hermanas, de una manera tan terminante.

Ya Chacho no sabía cómo responder a tantos cumplidos y demostraciones de aprecio, alegando que él no tenía ningún mérito para que se le tratara de aquella manera, pues no había hecho otra cosa que seguir los impulsos de su corazón.

Concluido el baile, Benavídez lo llevó a la pieza que le había hecho preparar, para que se entregara al descanso que tanto necesitaría. Allí se había colocado todo aquello que podía hacerle falta al hombre más exigente.

—Le suplico como la mayor prueba de amistad que pueda darme —le dijo al dejarlo en su pieza—, que no carezca de nada, que disponga como lo hacía en su propia casa sin la menor reserva; es la mejor prueba de cariño que puede darme.

Chacho estaba sorprendido con tanta demostración de cariño y tanto obsequio. Benavídez se portaba con más generosidad de lo que había esperado y lo trataba como a un amigo querido.

—Gracias, no encuentro términos que expresen la gratitud que por usted guardo, general —dijo Chacho—; cuente conmigo de todos modos sin la menor reserva, para todo lo que no sea combatir la causa unitaria.

Benavídez se retiró para tomar algunas medidas referentes a su huésped, mientras éste se entregaba al reposo. Por fin iba a dormir con un descanso completo; harto lo necesitaba.

Los dos aliados

La noticia de la llegada de Chacho había corrido por San Juan con celeridad increíble, y el pueblo acudía a casa del gobernador con el deseo de conocer al caudillo generoso, como todos lo llamaban.

Los soldados de Benavídez, a su regreso de su última campaña, referían cómo combatía aquel hombre extraordinario y cómo trataba a los vencidos y prisioneros, y todos deseaban conocer al protagonista de aquellas interesantes leyendas. Y al saber que estaba en San Juan y que era amigo de Benavídez, acudían presurosos de todas partes, aguzados por la mayor curiosidad.

Para festejar aquel acontecimiento feliz, el gobierno había dispuesto toda clase de fiestas, a las que debía concurrir Chacho para hacerlo conocer, y que oyeran de sus propios labios que en él ya no tendrían un enemigo sino un aliado.

Peñaloza, humilde y sencillo, se hacía la mayor violencia para concurrir a aquellos festejos, pero no tenía más remedio que complacer al general y halagar al pueblo que tantas pruebas de simpatía le daba. Y asistía con la misma resignación a cuanto baile, jarana o comilona se daba en su obsequio. Y comía, se entretenía y bailaba, no como un placer muchas veces, sino como quien se resigna a una cosa sin consultar la suma de desagrado que pueda causarle. Porque su espíritu no estaba aún para fiestas; ignoraba cómo apreciarían lo que había hecho sus amigos políticos y la situación de su hija lo preocupaba inmensamente.

—Me parece que usted no está contento, que algo le falta —decía Benavídez cuando le sorprendía alguna manifestación de tristeza.

—Es que la felicidad del presente no ha podido aún borrar las angustias del pasado —respondía sonriendo—; necesito tranquilizar a mi provincia respecto a su porvenir, y tranquilizarme yo mismo respecto a mi hija que ha quedado en La Rioja sin más recursos que los miserables que yo le dejé antes de venirme.

—Eso podrá hacerlo usted dentro de poco, cuando estos pueblos se hayan convencido de que entre nosotros no puede haber motivo de guerra y, por consiguiente, entre ellos tampoco. Yo le daré recursos para que mande a su hija, con la noticia de donde se halla y cómo se halla usted, de esta manera podrán esperar con tranquilidad a que usted regrese a darles informes verbales.

Peñaloza aceptó con la mayor franqueza el ofrecimiento de Benavídez, y aquel mismo día envió un chasque a Jacha con dinero para su hija y con un recado a sus amigos diciéndoles que había asegurado la paz con el general Benavídez, que él se hallaba en San Juan y que pronto iría él mismo a darles cuenta de la nueva y risueña situación que se había producido.

Y como aquella había sido realmente la causa de su malestar, desde que salió el chasque para La Rioja, empezó a manifestarse más alegre y más expansivo en las fiestas a que asistía. Su prestigio y valor por una parte y su físico agradable por otra, le habían granjeado la simpatía de las mujeres. Su conducta seria y su comportación intachable en su vida privada, le habían abierto la puerta de todas las familias, que lo recibían con el mayor agrado, demostrándole toda la simpatía que por él tenían.

Siempre ha sido obsequiosa y hospitalaria la sociedad de San Juan. Allí el hombre de buena conducta y antecedentes encuentra abiertas todas las puertas y la más franca hospitalidad en todas las casas. Porque ésta es la índole de aquella sociedad cuyo adelanto y cultura son hoy extraordinarios. Distinguidísimas en su trato y cultas hasta la exageración, las damas sanjuaninas se captan desde el primer momento la simpatía del viajero, que no sabe qué ha de admirar primero, si el adelanto de su sociedad intachable o la sencillez generosa y leal de sus familias.

Así Chacho se encontraba en un centro sumamente agradable, y lamentaba haber tenido que luchar con un pueblo que tantas pruebas de cariño le daba. Pero felizmente y gracias al hombre noble que los dirige, les decía, San Juan tiene hoy en Peñaloza su mejor amigo, como lo tendrán más tarde en el pueblo riojano cuando éste oiga de mi boca todo lo que les debo.

Y jovial y alegre, era la primera pierna en todos los bailes y el invitado que más se disputaban las familias.

Ningún bailarín de zambas había sentado pronto una reputación de maestro en este baile tan pintoresco y sensual.

Los jóvenes trataban de imitar la gracia infinita de sus movimientos y el lenguaje especial de su cuerpo, decimos, pues bailando la zamba agitada, hacía hablar desde sus ojos hasta el pañuelo que agitaba en su mano derecha. Y las niñas deseaban acompañarlo, porque el Chacho no solo tenía el talento de lucir él, sino de hacer lucir a su pareja misma.

Chacho era mirado como un miembro de la sociedad sanjuanina y como uno de sus mejores miembros.

Los calaveras, que los hay en San Juan, como en todas partes del mundo, creyendo halagar los gustos de Chacho, lo habían llevado a las jugadas y reuniones del mundo alegre.

Como soldado, creían que Chacho amaría el juego y las mujeres de vida alegre, gustos que engendra fácilmente la vida monótona de campamento. Pero se encontraron con que Chacho no sabía jugar ni se encontraba bien entre mujeres corrompidas.

Por ceder a los ruegos de aquellos jóvenes fue las primeras veces, pero después se negó a acompañarlos. No se encontraba en su elemento ni en sus medios de agrado.

Trataron de hacerlo beber, creyendo que fuera éste su vicio favorito, pero se encontraron con que Chacho no bebía sino con una moderación exagerada. Y se convencieron con asombro de que el coronel Peñaloza era un hombre que no conocía vicio y cuyo espíritu delicado no habían podido torcer quince años de vida militar y de privaciones.

La noticia de esta moralidad perfecta cundió por todas partes, y fue esto precisamente lo que franqueó la amistad de las principales familias, que lo trataban con una franqueza y con una confianza extremas, confianza de la que Chacho no abusó jamás manteniéndose siempre en su justo límite.

Y cuando el general Benavídez le preguntaba si estaba contento, le replicaba que era aquella la época más feliz y tranquila de su vida.

—Si yo fuera a consultar solo mi conveniencia propia —decía—, no me movería jamás de San Juan. Pero mi pobre Rioja me necesita, y no es justo que yo la olvide por mi felicidad personal.

—¿Está usted contento, entonces? Me alegro que lleve de aquí tan buen recuerdo y que este recuerdo lo haga volver siempre de cuando en cuando.

—Ya le he dicho, general: solo el cariño de mi Rioja puede arrancarme de San Juan, que es para mí otra Rioja, aunque lo confieso humildemente, más culta, más bella y más adelantada. Aquí me han tratado como a un viejo y querido amigo, y Chacho es más agradecido que un perro, nunca olvidaré lo que debo a San Juan y a su valiente caudillo, y espero ansioso el momento de podérselo demostrar.

Si Chacho estaba satisfecho, igualmente satisfecho estaba Benavídez, que sabía apreciar en lo que valía la amistad leal del Chacho a quien, estaba seguro, no habría fuerza capaz de enemistarlo con él. Dos meses solo hacía que estaba en San Juan, y era considerado como uno de los mejores miembros de su sociedad. Las familias no podían tratarlo con más cariño ni abrumarlo con más obsequio. Pero aquella vida apacible y feliz no podía durar mucho, porque aquella alianza de los caudillos más poderosos del Interior no podía convenir a los intereses de la Federación.

Rosas tuvo conocimiento de que Chacho se hallaba en San Juan en poder del general Benavídez y mandó ordenar a éste que lo remitiera a Buenos Aires sin pérdida de tiempo, haciéndole responsable de cualquier demora o desobediencia que pudiera dar por resultado la fuga de Peñaloza.

«Es preciso concluir de una vez con los miserables enemigos de la Federación, decía aquella nota terrible, y hacer con ellos un escarmiento ejemplar. Así V. E. remitirá al Chacho bajo la más segura custodia, y haciendo entender al oficial que venga al frente de ella que él me será responsable con su propia cabeza de la persona del caudillo riojano.»

Benavídez quedó aterrado ante semejante nota, porque ella importaba para él una ruptura con el gobierno de Rosas, pero no por esto vaciló un momento, resuelto a desobedecer y no entregar la persona de Peñaloza. Sin embargo, antes quiso tentar todos los medios a su alcance para arreglar aquella cuestión apurada que lo colocaba en una situación terrible. Y escribió una larga nota a Rosas, haciéndole presente que el coronel Peñaloza se hallaba sometido y que no había nada que temer de él, que él respondía que la paz no sería alterada y que Peñaloza no abriría nuevas campañas.

«Es más conveniente dejarlo en completa libertad, decía, porque él mismo es el más interesado y comprometido en mantener la paz a todo trance. Así es preciso conservarlo como un aliado, pues si se le remite preso a Buenos Aires, tal vez esto puede ser causa de que se alcen sus parciales y nos obliguen a nuevas campañas y nuevas batallas.»

Tal vez en vista de todas estas conveniencias, pensaba Benavídez, no insistirá Rosas, y se pueda conjurar esta situación difícil.

Rosas leyó aquella comunicación y se irritó de una manera horrible, porque sospechó que bien podía tratarse de una alianza entre Peñaloza y Benavídez para preponderar en el Interior. Y pensando que Chacho en su poder sería una prenda para que La Rioja no se alzase, volvió a pedir su entrega a Benavídez, pero de una manera más terminante.

Rosas enviaba con la nota la comisión que había de recibir a Peñaloza para conducirlo a Buenos Aires. De esta manera Benavídez no podía demorar su entrega y vendría con mayor seguridad. Ya no era posible tentar medios de arreglos sino entregar al Chacho o romper terminantemente con Rosas. Y Benavídez no vaciló un momento y despachó a la comisión con este mensaje verbal:

«Diga usted al general Rosas que el coronel Peñaloza es mi prisionero, mi amigo y mi aliado; que está bajo mi techo, al amparo de mi honor militar y bajo la fe sagrada de mi palabra; que entonces no puedo entregarlo como lo haría con cualquier otro prisionero de guerra pero que al mismo tiempo le respondo de su persona como de mí mismo, que no intentará nada contra los intereses de la Federación.»

Aquello era romper abierta y terminantemente con Rosas, que por aquella contestación miraría a Benavídez como a un enemigo, pero éste no podía proceder de otra manera.

Cuando Chacho supo lo que sucedía, noble y abnegadamente, dijo a Benavídez que lo entregara nomás, que aquella negativa podía causarle un disgusto de gran consideración.

—Yo mismo iré a presentarme a Buenos Aires, y usted quedará así bien parado.

Benavídez miró a Chacho fijamente y le dijo:

—¿Qué hizo usted cuando ofreciéndole mayores ventajas se le pidió la entrega del coronel Baltar? ¿Qué hizo usted y qué me contestó la primera vez que le hice tal propuesta? ¿Por qué quiere ahora que yo sea menos que usted?

Chacho sonrió y tendió sus brazos al general Benavídez; estaba vencido. Lo que Benavídez hacía con él era lo mismo que él había hecho con el coronel Baltar, con la diferencia de que Benavídez estaba en mejores condiciones para resistir y lo tenía de aliado.

—Esto va a costarle un serio disgusto, general —dijo—, y es un motivo más de agradecimiento para mí, que tanto le debo.

—Ante todo primero está mi honor empeñado —dijo el general a su vez—, además de no haber tal necesidad de remitir a usted a Buenos Aires. Si se enoja Rosas, que se enoje, pues lo que es por la fuerza no lo llevarán a usted de aquí.

Rosas, a juzgar por la nueva comisión que envió a Benavídez, estaba terriblemente irritado. Le mandaba intimar por última vez que le entregara la persona del coronel Peñaloza, previniéndolo que si no lo hacía así, lo tendría como a un rebelde y lo trataría como tal.

Pero eran aquellas amenazas perdidas, porque el general Benavídez era demasiado altivo para ceder ante estas amenazas, y sabía que aliado con el Chacho, Rosas no podría con él.

Así es que recibió la comisión de la manera más burlona, contestando a Rosas que tuviera presente que él no era un don Eusebio, ni un Antonio Reyes, para que le tratase como de patrón a sirviente; que ya le había dado buenamente las razones por que no remitía al coronel Peñaloza, cuando pidió su remisión en términos aceptables, pero que, ante semejante intimación, solo podía y debía contestar secamente que no quería.

El oficial y la comisión se retiraron, y Benavídez conferenció ese día larga y amistosamente con el Chacho.

—Antes que Rosas se anime a venir sobre nosotros —dijo— ha de pasar mucho tiempo, porque la empresa no es tan sencilla. Sin embargo, bueno es que usted se retire a La Rioja y apronte con toda tranquilidad los elementos que crea necesitar para hacer frente a cualquier emergencia.

—Yo no tengo más que alzar la voz en La Rioja, general, para levantar a todos sus hombres: Catamarca y Santiago estarán conmigo, y será cuestión de una ligera sacudida a sus gobernadores. Si para defenderme de usted puse en pie un ejército numeroso, para defenderlo levantaré uno diez veces mayor. Yo no soy simplemente un aliado, general, soy un subalterno a quien puede ordenar con entera confianza y sin miramiento alguno. Aprecio en lo que vale lo que le debo, y sabré responder como debo en el terreno de los hechos.

—Usted no me debe nada, amigo mío, yo le era deudor de servicios preciosos que trato de retribuir como puedo, reconociendo esta superioridad: que usted obró espontáneamente y noblemente y yo obro por reconocimiento. Váyase, pues, tranquilo a La Rioja y aliste sus elementos, yo voy a estar en observación de Mendoza, para caerle al fraile Aldao en cuanto intente moverse.

—Déjelo al fraile por mi cuenta, general, que yo entiendo su manera de rezar, y tengo una larga cuenta con él; en cuanto quiera moverse, me lo hace saber y yo me encargo de ponerlo en el camino de la penitencia. En Mendoza tengo yo más prestigio que él mismo, y basta que yo me acerque a la ciudad para que me rodeen los mejores elementos y los caudillos más importantes. Con toda esta suma de poder y el armamento que usted tiene, general, no podrá jamás Rosas con nosotros. Yo me encargaría de despedazar sus ejércitos en las marchas, mientras usted lo barría en campo raso.

Benavídez sonrió al recordar la manera como Chacho había combatido en Ilisca, y repuso:

—Yo sé prácticamente cómo usted combate, mi amigo, y como lo único que puede faltarle es el armamento, yo le daré por el momento una parte, y le remitiré enseguida todo el que pueda conseguir.

—Y yo deseo que Rosas lo obligue cuanto antes a ponerse en campaña, para que vea la importancia del amigo que pierde y se convenza de que el Interior es para él cuestión perdida.

Rosas tuvo que tragar aquella soberbia respuesta de Benavídez, pues no podía distraer un solo hombre para enviar a San Juan un nuevo ejército a luchar con los más importantes y temidos caudillos del Norte. Por todos lados se sentía amenazado de una manera tremenda, los unitarios se decidían a una lucha titánica, y todo le era poco entonces para aglomerar en los alrededores de Buenos Aires. Enviado un ejército a las provincias se debilitaría en Buenos Aires, exponiéndose a un fracaso.

Chacho y Benavídez tenían por delante mucho tiempo para organizarse y preparar un ejército respetable. Chacho regresó a La Rioja contento y feliz, pues había asegurado a su provincia una situación magnífica y conseguido la alianza del jefe más importante de Rosas. ¿Qué podía temer ya respecto a Rosas? Nada, absolutamente nada. Él tenía en un puño la situación de La

Rioja, Catamarca, Santiago y San Luis, mientras Benavídez le respondía de San Juan, Mendoza y Tucumán. Podía pues presentarse la situación más difícil, en la seguridad de que sería repelido ventajosamente.

Peñaloza se fue a su provincia, llevando buenos elementos en armas y municiones y una buena escolta para evitar cualquier tentativa en el camino.

Imposible es pintar el inmenso júbilo con que el caudillo riojano fue recibido en su provincia. Sus amigos y partidarios idólatras, que lo habían creído perdido para siempre, salieron a recibirlo al saber su llegada con vivas estruendosos y muestras del mayor regocijo. Les parecía un sueño verlo salvo, y más todavía, verlo llegar con armas y en disposición de entrar en campaña nuevamente. Y cuando supieron que el general Benavídez estaba con ellos, que era amigo del Chacho y que de él no tendrían que temer nada, el regocijo no conoció límites. ¿Quién les metería diente ahora? ¿Quién vendría a invadir La Rioja sin que lo atajara el gobernador de San Juan con su inmenso ejército?

Antes de armar un hombre, antes de dar sus órdenes para que la provincia se pusiera de pie, Peñaloza se ocupó de su hija, y mandó una comisión a Jacha para que la trajeran a La Rioja.

Anita se había convertido en una necesidad de su corazón y no podía estar sin ella. Harto hemos estado separados, decía, y harto hemos de tener que separarnos aun para que no desee no perder un minuto de tenerla a mi lado. Y preparó a Anita un cuarto con todas las comodidades y regalos imaginables para que olvidara pronto las miserias por que había pasado.

Anita era una mujer de exuberante belleza; su fisonomía había perdido ya esa expresión de candor que formaba antes su mayor encanto; pero su belleza se había completado, había concluido de desarrollarse en la transición de la niña a la mujer, y sus formas mismas habían ganado en esbeltez y suavidad.

Muchos se habían enamorado de Anita al extremo de olvidar su pasado triste, y se hubieran casado con ella deslumbrados por su hermosura, pero Anita sin rechazar del todo a sus pretendientes, iba aplazando el desenlace de sus pretensiones hasta que viniera su padre para consultarlo sobre la persona a quien debería dar preferencia. Aunque había querido mucho al capitán Rivero, la situación terrible por que había pasado, había muerto en ella aquella delicadeza de espíritu que forma el mayor encanto en la mujer. Así es que, aunque había sentido profundamente su muerte, pronto se había conformado con ella, y sin olvidarlo precisamente, miraba con la mayor naturalidad la transición de su estado y el hecho de casarse nuevamente.

Es que Anita no había amado verdaderamente, y su espíritu no había pasado nunca por la impresión del amor primero, de ese amor espontáneo e incontrastable que la mujer no olvida nunca porque en su mismo recuerdo está siempre su mayor encanto.

Y ella recordaba con su cariño tranquilo y dulce al capitán Rivero, pero sin que este recuerdo pudiera influir para nada en sus sentimientos de mujer, porque lo recordaba como a un amigo, como a un hermano que se quiere, cuyo recuerdo nada influye en los demás cariños del corazón. Y decidida a casarse nuevamente, solo esperaba a Chacho para que la aconsejara en la elección, lo que prueba que Anita no amaba a ninguno de sus pretendientes, y solo se casaba por tener marido y nada más. La sola afección que Anita conservaba en toda su pureza y su intensidad, era su cariño por el padre, que la amaba, ya sabemos de qué manera.

Al verse nuevamente al lado de su hija, Chacho se consideró feliz, más, estando su espíritu tranquilo por la paz de La Rioja y su alianza con el general Benavídez. Y después de tenerla a su lado fue cuando pensó en la organización del ejército que debía tener dispuesto en todo momento. Y como no necesitaba tenerlo a su lado, ni todo reunido para estar seguro de él en el momento preciso, repartió las armas a los soldados que habían de quedar con él, previniendo a los demás que estuvieran prontos para acudir a su primer llamado, que sería cuando le trajeran más armas que repartir.

En Catamarca la situación era de los federales, pero éstos, temiendo irritar a un pueblo del que no estaban seguros y provocar algún movimiento revolucionario, no cometían grandes violencias, aunque llevaban una persecución tenaz contra aquellos unitarios más conocidos, y sobre todo contra aquellos que tenían intereses que embargar.

Así es que, para mayor tranquilidad, Chacho decidió cambiar la situación de aquella provincia, lo que logró hacer con solo presentarse allí, seguido de doscientos hombres. Las autoridades se entregaron sin vacilar, porque ya sabían que contra Chacho toda resistencia era inútil, y al fin, aquél no era un enemigo que venía a ejercer venganzas y persecuciones, ni permitir que a su sombra nadie las ejerciera.

Seguro ya de que la situación de Catamarca no la cambiaría nadie, repuestas sus antiguas autoridades que respondían a él en todo sentido, volvió a La Rioja para entregarse al descanso, mientras llegaba el momento de la lucha.

A su amparo empezaron a regresar sus amigos, emigrados en Chile, y la situación de aquella provincia, en general, empezó a prosperar poco a poco y a desaparecer esa miseria espantosa en que estaban las poblaciones más desamparadas. Chacho no tenía ya que moverse de La Rioja, hasta que Benavídez no le pasara la voz de alarma.

Lo único que se hacía necesario era liberar a Mendoza de la influencia maldecida y sangrienta del fraile Aldao, pero para emprender esta cruzada santa, Chacho necesitaba juntar todos los elementos y consultar el punto con Benavídez, pues no quería causarle el menor disgusto porque, si bien es cierto que había cambiado con Rosas notas violentas por la entrega de su persona, no había quebrado por esto con la Federación a que pertenecía. Y considerando Chacho que no era noble ni leal valerse de los elementos que su amigo le entregaba para darle un disgusto, aplazó su campaña sobre Mendoza hasta ver cómo se presentaban los sucesos.

Por orden de Rosas el fraile Aldao podía muy bien operar contra Benavídez, y entonces quedaba éste de hecho separado de la Federación y en condiciones de abrir contra ella una campaña seria y provechosa.

Al poco tiempo de estar en La Rioja, el general Benavídez envió a Chacho una fuerte remesa de armas, con las que éste pudo organizar un buen cuerpo de ejército, que licenció en el acto, permitiendo a cada soldado llevarse sus armas a su casa. Tenía la plena seguridad de que a su llamado no faltaría uno solo, y no había razón entonces para mortificarlos con un acuartelamiento inútil.

Dispuesto así a sostenerse a la expectativa, se entregó al descanso y a esperar los sucesos que de todos modos no habían de tardar en producirse.

Y al lado de su hija querida, el hombre se consideró feliz en toda la extensión de la palabra.

El amor de Chacho

Peñaloza no se sentía satisfecho plenamente con el amor de Anita, que si llenaba por completo su aspiración de padre, no llenaba de la misma manera las afecciones de su corazón esencialmente amante y apasionado.

Chacho necesitaba un amor más íntimo que sirviera de consuelo a las desventuras de su vida, tan llena de sinsabores. Él necesitaba un corazón donde volcar sus penas, donde hallar consuelo a sus amarguras y con quien compartir todas sus impresiones. Necesitaba ese afecto leal y abnegado que solo puede darle la esposa y que es la vida del espíritu.

Chacho contempló el vacío que había a su alrededor, pensó que este vacío aumentaría el día que se casara Anita, y pensó que era necesario buscarse una compañera que lo comprendiese y que fuera digna de toda la ternura que encerraba su corazón.

Ya hemos dicho que en La Rioja las mujeres hermosas, las mujeres bellas, se encuentran en todas partes con rara profusión. No era pues una belleza lo que buscaba Chacho, sino una mujer buena y de espíritu que no se arredrase ante la miseria ni ante la situación más penosa. Por eso es que, al pensar en darse una compañera, se retiró de la sociedad acomodada y rica y llevó su atención sobre aquellas familias humildes a quienes no podría asustar la situación más desesperante de la vida, porque habían pasado ya por todas las necesidades.

Y aunque las principales familias se disputaban el placer de tener siempre a su lado al querido caudillo, éste encontraba siempre disculpas aceptables para huir de ellas, ausentándose con frecuencia y con diferentes pretextos a los departamentos cercanos, con preferencia a la Costa Alta, donde había una muchacha que llenaba por completo su ojo y sus ambiciones.

Victoria, que así se llamaba ella, era una muchacha lindísima, de formas magníficas, de una esbeltez encantadora, y de alma de un raro temple.

Victoria en las diversas situaciones por que había pasado La Rioja fue objeto de infinitas persecuciones por parte de los muchos que vieron en ella una belleza arrebatadora. Pero ella los había desdeñado a todos teniendo en sí toda la fuerza de corazón necesaria para repeler cualquier violencia.

Una tarde que un oficial fue a sacarla de su casa violentamente, porque se hallaba perdidamente enamorado, Victoria tomó un fusil de su hermano ausente, que cargó y manejó con tal precisión, que el oficial creyó más prudente retirarse y no insistir más en una conquista que lo recibía de una manera tan militar y amenazadora.

Así había logrado Victoria hacerse respetar de todos y ponerse a cubierto de cualquier avance. Y se habían habituado de tal manera a respetar a Victoria y a mirarla como un imposible, que cuando alguno llegaba con pretensiones amorosas, los vecinos se reían alegremente y prevenían al amante que no se tomara tanto trabajo para pelarse la frente.

Victoria era una muchacha sumamente vigorosa y varonil, reía siempre de los peligros que solían pintarle los que habían pretendido intimarla.

Alta y nerviosa, vestida siempre con una sencillez encantadora, parecía increíble que en aquella naturaleza que parecía tan delicada, hubiera tanto carácter y tanta fibra.

Lo que era en La Rioja, no había quien perdiera su tiempo en un empeño amoroso con la Victoria, como la llamaban, y los que venían de las provincias vecinas ya sabían que todo empeño era inútil.

—Es una victoria —decían riendo—, que no la consiguen ni con el ejército más poderoso.

Para que un hombre la redujera a sus pretensiones hubiera sido necesario luchar con ella como se lucha con el hombre más denodado; y en un caso apurado, como ya había sucedido, era muy capaz de tomar un garrote de algarrobo y sacar con él peinando al pretencioso más decidido.

¿Era aversión lo que Victoria tenía por los hombres o era que no había encontrado todavía al hombre que había de llevar su corazón?

La primera vez que Chacho vio a la hermosa llanista, se sintió impresionado por aquella belleza tan acentuada y tan vigorosa; pero, como siempre, no lo dio a entender tratando de borrar de su espíritu toda impresión que pudiera haberle causado.

Y al poco tiempo sintió la necesidad de volver a ver a la joven, y fue nuevamente a los Llanos, tratando de encontrarse con ella de una manera casual, pues no quería dejar traslucir el verdadero interés que allí lo llevaba.

Algunos maliciosos, que pretendían ver interés amoroso en la mirada del Chacho, sintieron íntimamente que éste fuera a enamorarse y a sufrir un chasco doloroso. Así es que como quien no quiere la cosa, le refirieron lo que era Victoria y lo inútil que era requerirla de amores.

Esta dificultad picó el amor propio del Chacho que se propuso entonces emprender la conquista de la joven, pero de una manera tan disimulada que nadie pudiera apercibirse de un fracaso, si es que sucedía.

Victoria, cuando se había encontrado con el Chacho, le había tratado con el mismo comedimiento que a los demás y también con la misma indiferencia, lo que hacía sonreír a los más maliciosos. Y cuando alguno le daba alguna broma con Peñaloza, respondía:

—Ha de ser un pillo como todos, porque todos los hombres son iguales, y el día que me diga media palabra de amores será peor para él porque entonces habrá perdido la buena amistad que le profeso.

Chacho veía aquella buena amistad y nunca había querido forzarla con palabras, aunque con sus ojos expresivos decía al corazón de Victoria más de lo que hubiera podido decirle en un discurso.

Victoria comprendía este lenguaje poderoso y disimulaba fingiendo no comprenderlo, o no lo comprendía en realidad. El hecho es que no se veía en ella la menor acción que pudiera acusar una preferencia por Chacho.

El caudillo hubiera sido un partido soberbio para la muchacha más exigente, pero Victoria era una joven excepcional, muy capaz de no haber mirado más a aquél si le hubiera venido a cantar amores. Chacho empezó a venir con tanta frecuencia, que nadie tuvo duda del interés que lo traía a pesar de su empeño en disimularlo. Se veía claramente que Chacho estaba enamorado de Victoria, al extremo que empezaron a dar a ésta bromas de todo género y de lo más picantes.

—Pues si él está enamorado —respondía ella cuando la apuraban mucho—, tiene el buen talento de no decirlo, porque a la primera palabra que suelte, le suelto yo un desencanto que lo dejo seco.

Sin embargo de esto, había quien aseguraba que Victoria no era indiferente a Chacho y que en cuanto éste le hiciera el menor envite lo había de querer con resto.

Esto lo conocían, decían, en la alegría inmensa que demostraba Victoria cada vez que venía Chacho, y en la seriedad y recogimiento en que se sumía cada vez que el caudillo se ausentaba. Y cuando alguno le daba con éste alguna broma demasiado picante, se enojaba y concluía por amenazarlo.

—Esta vez la Victoria es del Chacho —decían haciendo juegos de palabras.

A lo que ella respondió un día:

—Pues para que me dejen en paz y vean que son todos unos tontos, la primera vez que venga a casa lo despido pidiéndole que no vuelva más.

—A que no —dijeron todos.

—A que sí —dijo ella.

Y todos esperaron aquella vuelta, en la duda de si Victoria cumpliría o no su amenaza.

Pero Chacho se ausentó a su última y desgraciada campaña, dejando sus amores para una ocasión más favorable. Durante este tiempo Victoria tuvo en su mirada una tristeza que no podía disimular.

No iba a ninguna parte, no hablaba con nadie ni salía en sus matinales paseos a caballo, como tenía por costumbre. Ya no era posible dudar de que Victoria se había enamorado del Chacho de una manera poderosa al extremo de que ya ella misma no hacía el menor esfuerzo por disimular, aunque no lo confesaba. Y este amor se vio claramente cuando Chacho volvió a La Rioja y dio su primer paseo por la Costa Alta.

Victoria ni siquiera trató de ocultar la inmensa alegría que le causó la presencia de Peñaloza, a quien recibió con cariño delirante.

—¿No ves cómo te has enamorado? —le dijeron—. ¿No ves cómo amas a Chacho? ¡Si alguna vez te había de llegar tu San Martín!

Victoria se ponía colorada como un granate y confesaba amar a Chacho, pero simplemente como un hermano y participando del cariño que todos le tenían.

Chacho vio con delicia el amor que le tenía Victoria, aspiró con un placer inmenso la atmósfera purísima y perfumada que se desprendía de su hermosura poderosa, y entrecerró los ojos en un éxtasis de pasión, pero no dijo nada.

Abrió los ojos y bañó a Victoria con toda la luz poderosa de aquellos ojos tan expresivos.

Sin embargo el momento había llegado, Victoria era la mujer nacida para él, y Chacho resolvió hablarle al alma, buscando la solución que formaba ya su aspiración suprema.

Y entre el silencio de la noche perfumada, arrullados por la brisa perfumada y tibia, bajo aquellos enormes naranjos vestidos con el blanco de sus azahares, y muriendo en un desmayo la voluntad suprema, Chacho pronunció al oído de Victoria la primer palabra de amor. Y ambos temblaron como temblaban las hojas al soplo de las brisas embalsamadas, y sus espíritus se abrieron a sus caricias como se abrían las flores bajo el hálito tibio de la noche, que cubrió con sus alas negras aquel cuadro de pasión suprema. Y las manos nerviosas del guerrero, habituadas tan solo a acariciar la lanza y la espada, se hundieron con delicia sublime, entre la noche de aquellos cabellos de seda.

Y Chacho escuchaba arrobado el paso de aquella respiración jadeante y temblorosa, como al sonido de las brisas y a cuyo calor su espíritu se dilataba como al contacto de una vida sobrehumana. Y ella reclinaba su cabeza espléndida sobre el pecho generoso del guerrero, como un astro desprendido que buscara su punto de reposo. Chacho tomó la cabeza de Victoria, la miró a la luz mansa y tranquila de la Luna que pasaba por el claro de los follajes, y hundió su mirada entre aquellos dos ojos de terciopelo, humedecidos por el rocío del amor.

Y quedaron así silenciosos y trémulos como los mismos azahares bajo la caricia de la noche y enviándose el perfume de su aliento. El gran problema se había resuelto y al día siguiente toda Rioja supo que Chacho se casaba.

¡Oh! ¡Las noches de La Rioja! El que no haya pasado una bajo la luz de aquella Luna arrobadora, entre el perfume embriagador de las flores y sintiendo el beso supremo de aquellas brisas tibias, no puede comprender toda la voluptuosidad que encierra la naturaleza.

Los pastos tiemblan como personas, las plantas viven de una manera humana y poderosa, y la brisa parece la circulación de aquella sangre que vivifica desde el átomo del polvo hasta el tronco vigoroso del árbol secular.

Allí se comprende cuán pequeña es la vida humana y cuán grandiosa es la vida suprema de la naturaleza, allí donde los trópicos parecen tener a la madre tierra en eterno estado de gestación. La misma voz humana suena de un modo imponente y la palabra del hombre parece la de un gigante, repetida por el eco en los inmensos montes.

Bajo la palabra mansa y apasionada de Peñaloza, el espíritu de Victoria despertó a la vida del amor, con una impetuosidad imponderable. Amó a Chacho sobre todas las cosas de la tierra y vio con delicia que el amor de la mujer encerraba otro cariño más íntimo y poderoso que el cariño a los padres y a los hermanos.

Acarició con delicia las últimas palabras de Peñaloza que aún sentía sonar en su oído y lloró por primera vez en su vida, pero de una manera dulce, encontrando en aquel llanto un consuelo desconocido.

Chacho no huyó ya al encuentro de Victoria, se alojó en su casa y recibió el cumplimiento franco y verdadero de los amigos que iban a felicitarlo.

—Lleva usted la muchacha más digna y más pura —le decían— y de cuyo corazón nadie hasta ahora había logrado triunfar.

Solamente el Chacho era capaz de una hazaña semejante, pues nadie creyó que Victoria fuese susceptible a la palabra amor.

Chacho pasaba allí una vida verdaderamente encantada, sobre todo para él que había vivido siempre de la fatiga ruda y en el mayor aislamiento de afecciones. Su hija misma, que era lo único que le quedaba en el mundo, había vivido tan separado de él, que concluyó por perder toda esperanza de volverla a ver.

Así es que al lado de Victoria se había visto renacer, y no se cansaba un momento de tener estrechadas entre las suyas aquellas manos suaves y pequeñas, ni de oír la palabra enamorada de la joven, traducida en un suspiro donde iba envuelto todo un idilio de amor.

Y allí acudían todos los amigos y conocidos que llenaban la casa, improvisando todo género de fiestas y diversiones.

El bombo y el triángulo, instrumentos que formaban allí la música de los bailes, no reposaban un momento, y a la zamba seguía la chacarera y a la chacarera la zamba que se bailaba día y noche, sin reposo de un segundo, pues siempre había parejas que reemplazasen a las que no podían más tenerse en pie.

—¿Qué tal? —preguntaban a Victoria los más bromistas—. ¿Por qué no saca a Chacho a garrotazos y lo corre de aquí como a los demás?

—¿Acaso Chacho es un roñoso como ustedes? —preguntaba ella con aire zumbón—; él es un hombre capaz de interesar a una mujer y de enamorarla en toda regla, pero ustedes... ¡Vamos, hombre! ¡Ni que una hubiera perdido el juicio!

Y la broma seguía con gran alegría de Chacho que sentía su espíritu poderosamente halagado. Y el aguardiente de uva corría con tal profusión, que con excepción de Chacho, todos se sintieron con las piernas flojas. Y al verlo tan sereno y tan fresco, cada cual se le acercaba con su correspondiente copa pretendiendo hacerlo beber, pero él mojaba en todas los labios para no hacer un desaire, pero sin que todas aquellas mojadas juntas importaran un par de tragos.

—¡Que beba el Chacho! ¡Es preciso que alguna vez se encandile! —gritaban los más pesados, pero Chacho sonreía y seguía mojando los labios en las copas, sin querer tomar un trago más de lo que ya había bebido.

El día de la partida llegó por fin, pues Peñaloza tenía que volver a la ciudad para estar a la expectativa de los sucesos. No quería que algún enviado de Benavídez fuera a desencontrarse con él perdiendo un tiempo que muy bien podía ser precioso.

—Me voy por dos razones —dijo a Victoria—, dando como primera la que hemos mencionado. La segunda —añadió— es más íntima y agradable; me voy a arreglar mis cosas para que nos casemos, pues si es que nos hemos de casar, cuanto más pronto será mejor. Dentro de quince días vendré a buscarte y nos iremos juntos para no volver a separarnos, salvo en el caso de que alguna nueva guerra me obligue salir de La Rioja.

—Eso sí que no —dijo Victoria—; si nos casamos ha de ser para no separarnos en la vida, ni en el caso de una nueva campaña, porque entonces yo marcharé contigo, estando siempre a tu lado.

Chacho sonrió ante aquella exageración de cariño y se preparó a partir.

—Ya sabes que no te espero más que quince días; si para entonces no has venido, iré yo a buscarte a la ciudad. Y esto no te lo digo para apresurar tu viaje, sino por el contrario, para que no te apures en caso que tengas que hacer. Conque, asimismo, ¡quién sabe si resistiré los quince días de ausencia! ¡Si me parece que ya somos marido y mujer y no debemos separarnos!

—No tengas cuidado, en quince días tengo el tiempo de sobra para lo que tengo que hacer, y como mi mayor felicidad es estar a tu lado, ¡no demoraré un solo instante, no tengas cuidado!

Chacho partió por fin de la Costa Alta, y Victoria se encerró en su casa sin querer salir de allí para nada. Ya no paseaba por la mañana como antes, ni se sentía cantar de noche al suave y melancólico acompañamiento de la guitarra. Estaba llena de la imagen y del recuerdo del Chacho y absorbida por el pensamiento de su «casorio». Y contaba las horas y los días que veía pasar con una lentitud desesperante.

Ya no se esquivaba como antes de los jóvenes del pueblo, que habían seguido yendo a su casa, habituados a reunirse allí noche a noche. Su casamiento era cosa tan natural, y tan sabida, que ya ninguno la embromaba con aquel suceso. Después de los primeros ocho días, ya el plazo se le hacía tan largo, que empezó a hacer sus preparativos de viaje, dando por hecho que Peñaloza no vendría entre los quince días fijados.

Y el corazón de Victoria no se equivocaba; Chacho había recibido nuevas comunicaciones de Benavídez, ¡adjuntándoles más armas! y había tenido que irse a Catamarca a hablar con los caudillos de aquella provincia. Creyendo regresar dentro de los quince días ofrecidos, no había mandado ningún aviso a Victoria, para que no extrañara su demora; pero Chacho se demoró en Catamarca más de lo que creía, y los quince días lo tomaron en aquella provincia. Salió inmediatamente, forzando la marcha cuanto le fue posible, pero en vano marchó día y noche; cuando llegó a La Rioja hacía ya dieciocho días que se había separado de Victoria.

Chacho se dirigió a casa de su hija, pues pensaba seguir viaje hacia la Costa Alta, pero no fue Anita quien salió a recibirlo, sino la misma Victoria, más bella que nunca y más cariñosa y amable que el día que la dejó.

—¿Qué quieres hacerle? —dijo—. Ya no puedo vivir lejos de ti, y antes que se cumplieran los quince días me he venido a buscarte, pero me encontré con que te hallabas en Catamarca, y aquí me quedé a esperar tu vuelta que no podía demorar mucho, según tu promesa.

—Y a los quince días hubiera estado en al Costa Alta, pero tuve que hacer algo con que no contaba y me demoré tres días más.

—Bueno, no importa, puesto que ya no tienes el trabajo de ir hasta la Costa Alta a buscarme, ya me tienes aquí para siempre, porque no tengo por que moverme desde que nos vamos a casar.

Victoria había venido a quedarse; en efecto ella se manejaba como una persona dueña de sus acciones, sin que su familia le hubiera hecho nunca la menor observación, porque ya sabían que a Victoria nadie se atrevía a faltarle el respeto. Así es que la vieron salir para la ciudad sin hacerle indicación alguna y como la cosa más natural de este mundo. Solo le recomendaron que les avisase el día del casamiento para asistir a la fiesta y tomar un jarro de vino a su salud.

Ella se vino sin más compañía que la de un marucho que cuidaba los cargueros, y encontrando en casa de Chacho todo preparado allí, se instaló definitivamente, como dueña de casa y dispuesta a no moverse más de allí. Así cuando Chacho llegó, puede decirse que se halló con su mujer en su casa sin tener él que tomarse el menor trabajo.

Anita, que sabía ya que Chacho se casaba, la recibió alegremente, con muestras del mayor cariño, atendiéndola en todo con solicitud paternal. Y unidas ambas por el amor del Chacho, aunque de distinto género, hicieron desde el primer momento una amistad tan franca y cariñosa, que les parecía haberse tratado toda la vida.

Chacho, lleno de un placer inmenso, estrechó contra su pecho aquellas dos espléndidas cabezas que formaban el encanto de su vida.

Victoria era una belleza más vigorosa y acentuada que la de Anita, que era más delicada y suave en sus facciones puras. Porque en Victoria había algo de varonil que quitaba a su rostro parte del encanto que debía tener, dada la belleza del conjunto.

—Es preciso entonces casarse cuanto antes para que la gente no murmure —dijo Chacho—, y para aprovechar la tranquilidad que puedo perder de un momento a otro. De todos modos desde que es una cosa que se ha de hacer, no hay que dilatarla un momento, que sabe Dios lo que sucederá mañana.

La casa de Chacho, como siempre que éste llegaba, se había llenado de amigos que eran testigos, llenos de júbilo, de la inmensa felicidad de Peñaloza, felicidad que se le subía al semblante, manifestándose hasta en el más ligero ademán. Y como Chacho hablaba delante de todos sin hacer misterio de nada, todos se ofrecieron con la mayor voluntad de este mundo a hacerle las diligencias necesarias para la celebración del matrimonio.

—Usted está cansado de su viaje y no puede andar en esas cosas, que ni tampoco entiende —decían los amigos—; nosotros arreglaremos todo, y así usted no tendrá más que ir a casarse.

Y sin siquiera esperar su respuesta salieron a arreglarlo todo.

El cura quería poner sus resistencias para efectuar el casamiento sobre tablas, porque tenía que publicar amonestaciones y confesorios, etc. Por lo menos era necesario comprar las dispensas de todo aquello y así se abreviaría mucho el tiempo.

¿Pero cómo se hacía esperar al gran caudillo riojano por tanta formalidad, que en aquel caso nada significaba?

Se trataba de dos personas enteramente libres, que se querían casar sobre tablas y no había más que ir a echarles la bendición. Pero el cura alegaba que era preciso guardar los ritos de la iglesia, y que por lo menos, si estaban muy apurados era preciso que le compraran las dispensas.

Pero aunque era Chacho quien se casaba, los tiempos no estaban para andar haciendo gastos. La dominación federal los había puesto a saco, y precisamente Peñaloza era el individuo más pobre de La Rioja.

Como por un capricho o una avaricia del cura no se había de contrariar al Chacho, le hicieron presente a lo que se exponía, y que tuviera cuidado porque aquello podía costarle caro.

—Lo que se puede vender se puede dar, o fiar por lo menos. Dé o fíe a Peñaloza las dispensas que se necesitan porque peor será que lo tenga que casar de balde y mediante alguna mala reprimenda; no olvide que quien necesita este servicio es el Chacho, que no tiene nada que no sea de todo el mundo, incluso su vida misma que la ha jugado a cada momento por la felicidad de La Rioja.

El cura vio que no le convenía resistirse a aquel pedido que le hacía lo más selecto del vecindario en favor del hombre más querido y respetado de todo el Norte de la República, y cedió al fin en casarlos aquella misma noche.

—Pero ya saben —dijo— que cuando puedan es preciso que me compensen todo lo que he hecho, porque al fin éstos son mis únicos recursos de vida, y si hiciera lo mismo con todo el mundo no tendría ni con que decir una misa.

Y todos prometieron compensarle su trabajo más adelante, aunque Chacho, en cuanto tuviera, podía estar seguro que le haría algún buen regalo.

Consolado con todas esas promesas, el cura hasta se mudó la camisa para concurrir a aquella solemnidad, porque el casamiento de Chacho era un acontecimiento mayor aún que si se casara el gobernador.

La voz de que Chacho se casaba aquella misma noche empezó a circular y la gente a acudir de todas partes, al extremo de que a la tarde todas las cuadras de los alrededores estaban llenas de gente que venían no solo a acompañar a su caudillo sino a conocer a la coronela, de cuya gran hermosura ya tenían noticia. Y el deseo era tal y tales los gritos que, de cuando en cuando, Chacho tenía que salir a la puerta a mostrar al pueblo a su futura consorte, que era saludada por un estruendo de vivas y una algazara de que no había memoria en toda La Rioja.

Victoria, radiante de belleza y alegría, no sabía lo que pasaba, y ante aquella idolatría popular por el que iba a ser su marido, se sentía ahogar por la emoción más íntima y pura.

Los que tenían vino y aguardiente, cosas ambas abundantes por allí, le habían remitido a Chacho para que obsequiara a sus amigos, invitando éste a todo el que quería entrar a beber.

El sonido del bombo y del triángulo se escuchaba por todas partes, acompañado del chocar de las manos y los bravos de la multitud. Eran las chacareras y las zambas con que el buen pueblo festejaba espontáneamente a su gran caudillo.

La noche se presentó espléndida, iluminada por una Luna llena que envolvía en su luz pálida y lánguida aquella multitud entusiasta y alegre.

Cuando llegaron el cura y los amigos, venían sofocados y jadeantes. Para llegar a casa del Chacho, apartando los grupos, habían necesitado más de dos horas. Y eso, porque los grupos, sabiendo quiénes eran y a lo que iban aquellos, hacían todo género de esfuerzos para dejarles el paso libre por entre aquella multitud compacta que llenaba las calles.

Con gran sorpresa del cura, así que hubo terminado la ceremonia del casamiento, Chacho sacó tres onzas de oro, y se las puso en la mano.

Aquellas valían veinte veces más que la suma que podía haber cobrado por todas las dispensas y concesiones. Era el último dinero que tenía Peñaloza y que había querido gastar de aquella manera en nombre de su amigo Benavídez, que era quien se lo había dado.

Y como era completamente imposible dar un paso por entre aquella multitud que cada vez se hacía más compacta, el mismo cura tuvo que quedarse a formar parte de la fiesta.

Chacho estaba dominado por la felicidad que experimentaba y miraba absorto la belleza de Victoria que le parecía aumentada por momentos.

Y como el estruendo de la calle aumentase de una manera infernal, pidiendo saludar a los recién casados, éstos tuvieron que salir a la puerta a recibir los alegres y cariñosos vivas de aquel pueblo tan leal y tan valiente. Y para compensar en algo tanta prueba de cariño, Chacho dejó un momento a Victoria en los patios de la casa, convertidos en salón de verano y salió a mezclarse al regocijo popular, acercándose a todos los grupos y a todos los fogones improvisados en plena calle.

Entonces el entusiasmo de aquel pueblo degeneró en una especie de vértigo de alegría. Los bombos y triángulos sonaron a un tiempo todos y el clamoreo y los gritos se hicieron verdaderamente imponentes.

Cuando Victoria supo lo que pasaba, salió también a la calle, pero no la dejaron dar un paso, porque la llevaron en andas y en triunfo hasta donde estaba Peñaloza.

Y aquel acto de sencillez acabó de enloquecer al pueblo que vio en Victoria la digna compañera de su caudillo, tan buena y digna como él sin el menor inconveniente para mezclarse con el pueblo pobre y humilde. Y hombres y mujeres la rodearon con un sentimiento de veneración y de cariño llevado a su último límite.

Chacho, acompañado de Victoria, no quiso retirarse hasta no haber recorrido grupo por grupo y fogón por fogón, agradeciéndoles aquella prueba de cariño que nunca se borraría de su corazón. El pueblo no reconocía límites en su entusiasmo, y gritaba y bailaba y bebía, en una especie de vértigo interminable. Cuando Chacho volvió a la casa, no se podía dar allí materialmente un paso, tal era la aglomeración de gente.

Y aquel entusiasmo y aquella alegría, sin decaer un segundo, duraron toda aquella noche y todo el día siguiente en que recién empezaron a llegar los que venían de más lejos y no habían tenido el tiempo material de venir. Y aquellos retardados vinieron a renovar la fiesta que parecía no terminar nunca.

Solo el cansancio y la necesidad del sueño pudo terminar una fiesta tan alegre y espontánea. Los grupos fueron disipándose poco a poco y dejando libres las calles, haciendo poco después lo mismo los amigos de confianza que los habían acompañado hasta aquel último momento. Aquella gente no había dormido en dos días y dos noches, que había pasado de baile y jarana sin descansar un solo momento.

Victoria y Anita, que no estaban acostumbradas a farras semejantes, no sentían la menor fatiga; hubieran sido capaces de pasar otros dos días de la misma manera. Y aquello puede decirse que duró una quincena, porque concluida la fiesta en casa de Peñaloza, empezó en la de las familias amigas y más pudientes, que dieron también bailes en celebración de aquel casamiento feliz. Victoria era feliz, todo lo feliz que puede ser una mujer ambiciosa. Se veía amada apasionadamente por un joven lleno de méritos, respetado y festejado por todos, con la más bella posición en todo el Interior y que la había preferido sobre mujeres de saltante mérito. Y extasiada en el Chacho pasaba su vida contemplándolo y acariciándolo con toda la vehemencia de su alma.

Su amistad con Anita se había hecho fraternal e íntima. Ambas amaban hasta el delirio a aquel hombre, aunque de distinta manera, y por consiguiente sin que una sombra de celos pudiera enturbiar aquella amistad sin reserva de ningún género.

Así el casamiento de Peñaloza vino a ser el acontecimiento más ruidoso que se tenía memoria en La Rioja, y la fiesta más alegre y popular que se había celebrado, fiesta en que había tomado parte desde el más copetudo hasta el más humilde y miserable.

Y era tal el cariño que había por Peñaloza, que hasta de los departamentos más lejanos vinieron para Victoria regalos que aunque pobres y humildes los más, demostraban cuánto quería a su marido el pueblo riojano, que lo acompañaba con su sentimiento y cooperación, desde el mayor peligro hasta su alegría más íntima y personal.

Chacho en su matrimonio empezó a saborear una felicidad desconocida para él, cuya vida había sido siempre un tejido de desventuras y fatigas, sin que su corazón hubiera logrado jamás una temporada de reposo plácido. Y bendijo el momento en que había hallado a su paso aquella mujer que parecía nacida para él, para comprenderlo y elevar su espíritu hasta Dios mismo.

Una leona

Peñaloza había olvidado sus preparativos de combate, ocupado solo en cultivar el amor de su mujer y ver abrir su espíritu como flores, bajo el sonido de su palabra tierna y apasionada.

Tenía en pie de guerra y prontos para cualquier momento de conflicto unos quinientos hombres, y esto para él era más de lo que necesitaba.

En vano sus parciales y caudillos unitarios lo acosaban para que se pusiera en campaña y cambiase toda la situación del Norte, cayendo sobre la misma Córdoba; él se resistía de una manera terminante.

—Soy amigo de Benavídez —decía—, soy su mejor amigo puesto que le debo la vida y la felicidad que hoy mismo me la hace querida, y jamás faltaré a mi palabra y a mi lealtad. Lejos de hacer un movimiento para cambiar la situación que él ha establecido, estoy dispuesto a ayudarlo con todos los elementos de que dispongo, y aun con mi sangre misma.

No había, pues, medio de reducir a Chacho, y comprendiéndolo así los que querían empujarlo a una nueva campaña, se resolvieron a esperar los acontecimientos que suponían no podían tardar.

Benavídez no había roto con la Federación, de la que era su columna más fuerte en el Interior, porque él era federal por convicción.

Había resistido la entrega del Chacho con toda energía y lo hubiera resistido hasta combatir con Rosas. Pero no por esto se había separado de la política del tirano cuyas órdenes estaba dispuesto a acatar en todo sentido.

«Yo no le entrego al Chacho porque no debo, le había escrito, pero en cambio yo me hago responsable de que el Chacho no se moverá de La Rioja sino en su propia defensa.»

Esto, lejos de hacer mal, importaba un bien para el gobierno de la Federación, porque el no moverse Chacho importaba la inacción de una provincia tan brava y belicosa como La Rioja.

Rosas encontró razón a lo que le decía Benavídez; vio que no le convenía romper con él y reanudó sus buenas relaciones con el general, bajo la inteligencia de que él respondía de Chacho.

Así estaba seguro que Benavídez no permitiría a Chacho el menor movimiento. Pero al mismo tiempo escribió al fraile Aldao que tuviera toda su atención puesta en La Rioja, y que en cuanto tuviera seguridades de éxito le cayera encima y tratara a toda costa de hacerlo prisionero.

Y con aquel objeto había mandado al fraile buena cantidad de armas, sin contar con que Benavídez se las mandaba a Chacho en tanta cantidad como podía necesitarlas el caudillo riojano.

Así pasaron ocho meses de eterna delicia para Peñaloza, en que estuvo exclusivamente contraído a la vida apacible del hogar sin sospechar que el maldito fraile espiaba el momento oportuno para invadir a La Rioja.

Victoria no se separaba un solo momento del Chacho; ella lo acompañaba en sus excursiones y paseos a los departamentos donde iba a revistar a sus guardias nacionales y atender a sus más apremiantes necesidades. Aunque no en mucha abundancia, Chacho siempre tenía dinero que le mandaba Benavídez como los amigos pudientes. Y este dinero lo empleaba después de cubiertas las necesidades de su familia, en socorrer las de sus capitanes y soldados más pobres y de menos recursos.

Las guerras y las desgracias habían destruido las pequeñas haciendas de los que no contaban con otra cosa para vivir y que, por consiguiente, habían quedado en un estado de verdadera miseria. Y Victoria acompañaba a Peñaloza en sus repartos de socorros, haciendo ella la mayor parte por propia mano. Así se hacía tan conocida y prestigiosa como el mismo Chacho.

Y los milicos, que lo eran todos los riojanos, la saludaban bajo el nombre de la coronela unos, la Chacha otros, y la Victoria en toda la Costa Alta y los Llanos donde era más conocida. Infatigable para la marcha y tan práctica en los caminos como el mejor baqueano, en aquellos ocho meses no se separó del Chacho un solo momento.

Muchas veces éste quería hacerla quedar en la casa porque le parecía la fatiga demasiado ruda, pero ella se resistía enérgicamente.

—¿Para qué soy tu mujer? —le decía—. ¿Quién te cuidaría y te atendería en el caso que llegaras a enfermarte lejos de aquí? La mujer no debe separarse del marido, y yo quiero ser tu compañera eterna. No insistas más porque voy a creer que no me quieres y que deseas verte libre de mí para tunear libremente.

Chacho daba un beso a Victoria que le demostraba que solo una razón de cariño le hacía hablar así.

—Es preciso que te vayas acostumbrando a verme ir solo, porque puede venir alguna campaña de un momento a otro, y entonces la separación te sería más sensible porque sería la primera y la más peligrosa.

—¿Y quién te ha contado que una campaña había de separarnos? ¿Te figuras acaso que no soy capaz de hacerla a tu lado? Que se te quite eso de la cabeza, mi querido, porque no lo verás nunca. Si marchas a campaña, he de marchar yo a tu lado para atenderte en cualquier desgracia, y veremos a ver si tienes ayudante mejor que yo.

—Es que no hay que pensar solo en la campaña —respondía Chacho lleno de angustia porque Victoria era muy capaz de hacer lo que había dicho—, es preciso contar con que toda campaña termina con una batalla, y yo no estoy loco para consentir que te expongas a semejantes peligros.

—Tan loco estás que crees poder impedirlo. ¿Cómo te figuras que yo me voy a estar tranquila en parte alguna, cuando sé que tú corres un peligro de muerte? ¡Pues sería curioso! Es preciso que te desengañes, que en ningún caso me he de separar de ti, y basta. No disputemos ahora sobre cosas que no suceden; cuando llegue el caso de una campaña y de una batalla, entonces veremos lo que se hace en la seguridad de que no has de lograr verme separada de ti en ningún caso, y mucho menos habiendo peligro de la vida para ti.

Chacho se mortificaba profundamente porque sabía que Victoria haría al pie de la letra lo que acababa de decir, porque tenía bastante corazón para arrostrar todos los peligros de la batalla más reñida y sangrienta.

Y en medio de su angustia sentía orgullo de su mujer, deseando que nunca llegara el día en que tuviera que poner su valor a prueba. Porque aparte del peligro que podía correr, ella se convertía en un inmenso estorbo dado el caso de una campaña, pues él mismo huiría el combate, por la vida de su mujer que jamás pondría en peligro.

Cómo había él de estar en la batalla con toda su serenidad y libertad de acción si tendría que estar atendiendo el punto donde se hallara su mujer y tal vez sin poder moverse de allí por temor que ella se viniera detrás.

Todas estas reflexiones hacía Chacho a Anita y a Victoria para que la primera influyera sobre la segunda, pero eran inútiles.

—Y no quiero engañarte —le decía ella—, ni hacerte consentir en lo que no había de cumplirte. Es preciso que te acostumbres a la idea de verme en campaña a tu lado, sin que esto te importe un estorbo en la batalla. Al contrario, los soldados al verme entre ellos pelearán con más bríos, con más entusiasmo, y no tendrías que disputar el triunfo mucho tiempo.

—Pero es preciso que consideres que yo no soy de hierro y que te amo con toda mi alma. Estaría siempre pensando en el peligro que corres, en que podrían matarte y hacerte prisionera, y no acertaría a dar una disposición o una orden que valiera un medio. Me volvería cobarde, Victoria, me volvería cobarde y al primer signo de que pudiera perder la batalla, sería el primero en disparar por salvarte. Y ya calcularás que yo no podría sobrevivir a un suceso semejante, y una vez que estuviera fuera de todo peligro me haría saltar los sesos.

—No seas loco —contestaba Victoria abrazándolo estrechamente—; lo mismo que te pasa a ti me pasaría a mí. Cómo quieres que yo estuviera tranquila y pudiera vivir contenta, sabiendo que tú andas en peligro de muerte. Yo te garanto que me enfermaría, y el caso sería lo mismo porque estaría pensando en mí y en la posibilidad de que a tu vuelta me hallaras muerta de pena y de tristeza. El marido y la mujer deben correr juntos la caravana de la vida, y yo estoy decidida a no separarme nunca de ti, mucho menos cuando estés en peligro.

Chacho veía con desesperación que aquello no tenía más que un remedio, remedio que solo el tiempo podía dar y que por el momento no había más que conformarse con la voluntad de Victoria.

—El día que Victoria tenga un hijo —decía a Anita— no pensará de la misma manera, y si piensa se encontrará con un imposible, con algo superior a toda su voluntad y que sin decirle una palabra la retendrá a su lado a pesar de todos los peligros que yo pueda correr. Yo sé lo que son las madres y lo que es el cariño de los hijos. Victoria no se atrevería a dejar el suyo, y mucho menos a exponerlo a todos los rigores y peligros de una campaña. Y tendrá que dejarme ir solo por más grande que sea el deseo de acompañarme. El primer rival del hombre, Anita, es su primer hijo. Él viene a robarle la mitad del cariño de su mujer, y toda la plácida tranquilidad de su vida junto con su aparición terminan en el matrimonio todos los placeres que el cariño engendra. Tu mujer no te pertenece ya, y solo te dedica los momentos rápidos y contados que aquél le deja libres. Tus caricias, aquellas conversaciones íntimas y profundas a la luz de la Luna, el reposo en la hora de la mesa, el paseo en compaña de tu amante esposa, todo concluye con su primer llanto que es lo que en adelante gobernará el corazón de tu consorte. Entre tu súplica más íntima y el llanto más inmotivado, la mujer no reflexiona un momento, y sin contestarte siquiera, volará a la cuna del pequeñito. Porque él te ha arrebatado su cariño, y entre la súplica del marido y el llanto del hijo, la mujer se evapora y solo queda la madre, la madre que no piensa, que no medita, y que ha consagrado al hijo toda su vida y toda su sangre, sin reflexionar para nada en el sacrificio que éste pueda importar para ella. Por eso te digo que el primer enemigo del hombre es su primer hijo, que viene al mundo quitándole de un solo golpe todo el cariño de su mujer. Ya ves entonces que tengo razón para asegurar que, en cuanto Victoria sea madre, olvidará todo lo que dice ahora, y por más que me quiera, me dejará marchar solo al peligro, porque no podrá abandonar a su hijo ni lo querrá llevar consigo, aunque fuera yo mismo quien se lo pidiera. Por eso la dejo y espero aquel remedio que solo el tiempo podrá darme.

Pero el tiempo pasaba y la naturaleza no enviaba a Chacho aquel remedio, que tanto esperaba y en el que cifraba su tranquilidad futura bajo este punto de vista.

Anita, por su parte, y al ver la desesperación de su padre, trabajaba en el espíritu de Victoria para que ésta lo dejara ir solo a sus excursiones militares.

—Ya puedes calcular lo que yo quiero a mi padre —le decía—, y sin embargo lo dejo, no porque no tenga deseos de acompañarlo, sino porque comprendo lo que esto lo mortificaría.

—Pues yo pienso de otra manera —respondía Victoria—, porque sé todo el bien que mi compañía le reportaría, empezando porque estando yo a su lado no se expondrá tanto, ni hará las locuras que todos cuentan.

Y Anita concluía por renunciar a convencer a su madrastra porque con ella no había convencimiento posible. Felizmente el tiempo pasaba sin que ningún acontecimiento viniera a turbar la tranquilidad de aquel hogar feliz, y según iban las cosas, sin que nada amenazara la paz de La Rioja.

El fraile Aldao acechaba siempre, pero no se atrevía a moverse, sospechando por lo que había pasado que no tenía que contar con la cooperación del general Benavídez, que se interpondría siempre entre él y Chacho. El fraile estaba en todo el apogeo de su poder, disponiendo de todo en Mendoza, y su influencia en Santiago del Estero era sumamente eficaz.

Además del que él tenía ya, Rosas le había enviado buen armamento, de modo que Aldao podía poner con comodidad un par de mil hombres sobre las armas. Y tenía sus bomberos sobre la frontera de La Rioja, espiando siempre el momento oportuno de caerles encima, de manera que nadie lo sintiera. Y así, antes que Benavídez quisiera mezclarse, ya habría él dado su gran golpe, apoderándose de La Rioja y de la persona del Chacho.

En Santiago donde conocían todo lo que valía y podía Peñaloza, no querían obedecer las sugestiones del fraile, que quería hacerlos invadir por un lado para caer él por otro cuando Chacho hubiera acudido sobre los santiagueños.

Así el fraile se convenció que tendría él que traer la invasión si quería que ésta se realizase, porque de otro modo la provincia de Santiago no se movería nunca.

En Catamarca no se había atrevido a pensar el fraile, porque sabía que allí Chacho tenía tanta influencia como en La Rioja, y temió ser descubierto. Y como en la sorpresa estaba la mitad del éxito, y si su intención se descubría era casi inútil tentar la sorpresa, no hizo nada del lado de Catamarca.

Apremiado por Rosas y viendo que Chacho se robustecía cada vez más, pero sabiendo que no tenía sobre las armas más que un par de regimientos, el astuto y perverso fraile se lanzó por fin a la empresa vigorosamente, apoyado en la provincia de Santiago.

El fraile Aldao tenía como dos mil hombres de las tres armas, que habían entrado cuando menos se les esperaba, por el departamento de Costa Alta, que era el más solo. Los llanos de La Rioja ofrecían buen campo donde combatir con éxito, dado el caso en que Chacho quisiera atacarlos, y allí cayó el fraile como un ave de rapiña.

Grande fue la sorpresa de Peñaloza al saber lo que sucedía, pues nunca esperó una invasión así de golpe, y cuando menos lo esperaba, puesto que su actitud pacífica y amistosa no autorizaba un golpe de tal naturaleza. En el acto envió sus chasques en todas direcciones, llamando a sus leales, sin descuidar uno especial para el general Benavídez, noticiándolo de lo que pasaba.

«Yo me limitaré a repeler esta invasión injustificable, le mandaba decir, hasta recibir sus órdenes, porque no quiero que en ningún caso vaya usted a creer que yo he podido provocarla, o que la haga más sangrienta de lo que se merece. Si el fraile me ataca, yo me defenderé hasta esperar sus instrucciones. Yo podía salir y deshacer el fraile, concluyendo con el ejército que ha traído, pero como no quiero que se me haga el menor cargo, me abstengo y espero hasta donde es posible. Ya sabemos que la guardia nacional de La Rioja, aunque licenciada, está pronta para acudir sin pérdida de tiempo al primer llamado. Cada soldado tenía consigo sus armas, municiones y cuanto le era necesario, de modo que todos llegarían para formar en el acto.»

Chacho sonreía con la mayor calma, porque estaba seguro del éxito de un combate con el fraile, al que aunque reputaba como hombre bravo y tenaz, militarmente lo miraba con el mayor desprecio.

—No es enemigo para mí —decía—, ni sus soldados han de engordar en La Rioja; mañana no va a encontrar el fraile camino bastante cómodo para emprender su retirada.

Había algo que desesperaba a Peñaloza, a pesar de todas sus seguridades, y este algo era la actitud que había asumido Victoria desde el primer momento pretendiendo salir con él a campaña. Chacho se agarraba la cabeza con ambas manos y le suplicaba que se quedara, pero ella, silenciosa y triste al ver la contrariedad de su marido, hacía sin responderle una palabra, sus preparativos de marcha.

Desesperado Chacho viendo que por ningún medio podía reducir a Victoria a la razón, le hizo un argumento tremendo.

—Si no te quedas en casa —le dijo—, si persistes en el disparate de seguirme, me quedo yo también aunque el ejército de Aldao entre a la ciudad y venga a golpearme la puerta. Y mañana tal vez al verme marchar prisionero del fraile, o muerto por defenderte, La Rioja escupirá mi cadáver como el de un cobarde y tendrá mucha razón. Así habrás logrado tu objeto y te habrás complacido en un capricho que da muy pobre idea de tu criterio.

Victoria lloró, lloró con amargura conmovedora y prometió al Chacho quedarse, aunque con la más firme resolución de asistir a la batalla. Chacho la abrazó conmovido ante su dolor, y prometiendo estar muy pronto de regreso, se despidió de ella y de su hija con las más tiernas y apasionadas palabras.

—El deseo de volver a verlas me hará esquivar todo peligro —les dijo—; ya saben que Dios está conmigo, porque conmigo están la justicia y la razón, y así como me ha protegido siempre, me protegerá también hoy —y salió de la ciudad al frente del ejército más entusiasta y ardoroso que había mandado hasta entonces.

—Ahora —dijo— que se ate bien las sotanas el fraile, porque si yo lo agarro será esta su última maldad, no le he de perdonar la cobardía alevosa con que se ha conducido y las iniquidades que habrá cometido en los Llanos.

Apenas había salido Chacho, siguió Victoria haciendo sus preparativos de marcha, y no había andado tres leguas, cuando se ponía también en camino, siguiendo el rastro de la columna. Todas las reflexiones de Anita habían sido inútiles. Victoria estaba decidida a marchar a la Costa Alta en seguimiento de Chacho.

—Piensa en el disgusto enorme que le vas a dar, cuando te vea a su lado.

—Es que él no me verá sino cuando le haga yo falta, y entonces será mayor la utilidad que el disgusto.

—Si a tu solo proyecto de ir se ha desesperado tanto, calcula lo que hará cuando te vea en medio del peligro.

—Es que no me verá, yo te lo garanto, no me verá sino en el caso de que algo le sucediera, y entonces su placer será grande, yo te lo aseguro.

Victoria concluyó sus pocos preparativos y se puso en marcha, sola, pero tratando de guardar siempre una buena distancia entre ella y la columna cuyo rastro seguía. Como todos la conocían, la iban deteniendo al paso para agasajarla y proporcionarle cuanto le hiciera falta en el camino. Y ella seguía su marcha diciéndoles que no necesitaba nada, pues iba a incorporarse al coronel Peñaloza. Todos se asombraban de aquel acto de arrojo, porque sabían que Peñaloza marchaba al encuentro del enemigo, y creyendo que Victoria tal vez lo ignorase, se lo hacían presente pidiéndole se guardara, pero ella reía alegremente al responder: «Pero si precisamente a la batalla voy, ¿o se figuran ustedes que tengo miedo?»

Aunque ella no quería, de todas partes se ofrecían para acompañarla, con tan buena voluntad que antes de llegar a la Costa llevaba ya una escolta respetable.

Chacho, inocente de lo que pasaba y persuadido de que Victoria quedaba en su casa, de donde no se movería, se había contraído exclusivamente a sus preparativos para la batalla que no podía tardar.

El enemigo lo había sentido y reuniéndose a gran prisa lo esperaba en Ilisca, paraje únicamente a propósito para un encuentro.

Chacho, para revisar aquella tropa entusiasta, y tendiéndola en línea de batalla, marchó tranquilamente sobre el enemigo invasor.

Este había cometido en los Llanos todo género de iniquidades de modo que a la llegada de Chacho las poblaciones se levantaban alborozadas a su paso, saludando a su libertador.

Cuando la columna llegó a Ilisca llevaba ya unos mil quinientos hombres de caballería y unos doscientos infantes que Chacho creía más que suficientes, pues ya sabemos que no tenía fe ninguna en esta arma, ni en ninguna otra que no fuera su caballería.

El enemigo tendido en línea ocupaba una buena superficie. Aldao creía anonadar al Chacho con su infantería, y la había colocado toda reunida en un solo punto para repeler mejor cualquiera de las grandes cargas que indudablemente le traería el Chacho. Aldao manejaba esta arma mejor que él y se proponía sacar todas las ventajas posibles contra su adversario.

Chacho, sin más preámbulos ni preparativos, desprendió dos guerrillas de infantería y empezó a tirotear al ala derecha de Aldao, compuesta toda de caballería, con el objeto de hacerle perder la formación y acobardarla un poco. Del ala izquierda no se preocupaba mucho pues siendo infantería, él se encargaba de deshacerla con un par de cargas.

Victoria, que se mantenía siempre a una corta distancia, en cuanto sintió los primeros tiros apuró el paso de su caballo, y a la media hora ya se encontraba sobre el campo de batalla. El fuego de infantería era nutrido y el estrépito inmenso, pero Victoria no se mostró impresionada en manera alguna. Se acercó por el extremo opuesto adonde se hallaba Peñaloza, siendo saludada por un clamoreo entusiasta por las tropas que primero la conocieron, y que quedaron asombradas de verla allí.

Como ella lo había calculado, a su presencia aquellas tropas desplegaron un valor formidable, y empezaron a pelear con extraño brillo. Y Chacho, dominado por el ardor de la lucha y absorbido por las alternativas del combate, ni siquiera se apercibió de lo que pasaba. Acababa de dar una de sus cargas imponderables sobre los infantes de Aldao, sableándolos en toda regla. Y Victoria, orgullosa y feliz, tratando de ocultarse entre los escuadrones para no ser vista por él, no le quitaba un momento los ojos de encima.

En aquel momento Aldao comprendió que la batalla estaba perdida para él si no sucedía algo de extraordinario. Y ansioso de cambiar la faz del combate con un golpe de audacia infinita, desprendió sus mejores tropas combinadas para que cargaran allí donde se hallaba el Chacho, llevando por principal objeto apoderarse de su persona. Así, mientras los más cargaban de firme a las tropas que lo rodeaban, una compañía debía acometerlo a él, y tratar de tomarlo vivo o muerto sin atender otra cosa. Y mientras el grueso cargaba reciamente, aquella compañía logró rodear a Chacho y dos soldados más, acosándolos de todas partes,

Chacho, semejante a un león, había echado pie a tierra, y sirviéndose de su propio caballo para proteger su espalda, se defendía de una manera heroica.

Victoria, que vio aquel círculo que estrechaba a su marido, adivinó lo que pasaba, y poniéndose al frente de un escuadrón, voló en su auxilio, mientras decía:

—¡Cobardes! ¡Están dejando matar al Chacho!

Y cayó como una tormenta de muerte sobre aquel círculo que luchaba con Peñaloza de una manera desesperada.

Muchos soldados habían echado pie a tierra creyendo concluir más pronto, y lo estrechaban poniéndolo en serios apuros para poder defenderse.

Cuando Chacho vio a Victoria en peligro tan inminente, acudiendo a lo más serio del combate, quedó espantado abandonando toda defensa y quedando a merced de los soldados que lo acosaban. Pero Victoria llegaba a su lado en aquel momento y protegía su espalda para ayudarlo a montar a caballo.

La lucha se trabó entonces encarnizada y feroz, cuerpo a cuerpo y al arma blanca, sonando de cuando en cuando el disparo hecho por algún oficial en momento apurado. Ya no había que pensar en tomar al Chacho, sino salir de aquel círculo de muerte que los estrechaba, como ellos habían estrechado a Chacho momentos antes. La presa se les había escapado, y no se trataba ya sino de defender la vida que corría serio peligro, pues ya una mitad había pagado con la suya la audacia de su pretensión.

Uno de los soldados, que mostraba en salvarse el mayor apuro, encontrando a Victoria como único obstáculo que le cerraba el paso, cerró con ella, descargando un terrible sablazo sobre su hermosa cabeza, que la volteó del caballo. Un grito inmenso partió de todos lados, y mientras Chacho con unos acudía en socorro de Victoria, el capitán Ramón Ibáñez acometió al soldado ultimándolo a golpes de sable.

El combate en aquel punto quedaba terminado.

Chacho comprendió que si no atendía en general a la batalla podía perderla a pesar de las ventajas obtenidas, y abandonando un momento a Victoria, a la que sacaban del campo de batalla, cargó al enemigo con aquella impetuosidad tremenda que lo caracterizaba. Sus soldados combatían con más ardor que nunca, porque querían a todo trance vengar a la Victoria, que creían muerta.

Poco tiempo pudo resistir Aldao a aquellas cargas repetidas y tenaces; sus tropas empezaban a desbandarse, y temiendo él caer prisionero, se resolvió a retirarse abandonando los cuerpos que aún quedaban entretenidos en el combate.

Si Chacho se hubiera apercibido de la retirada de Aldao, lo hubiera hecho perseguir hasta tomarlo. Pero oprimido por la desgracia de Victoria, y deseando concluir pronto para volar a su lado, apenas vio que el enemigo se retiraba, encargó a sus jefes de cuerpo hicieran una persecución ligera y volvió al lado de su esposa.

Victoria había vuelto en sí del desmayo que le causó al principio la herida y preguntaba por el Chacho. No le importaba tanto saber si su herida era muy grave, como si se había o no triunfado y si su marido estaba libre de todo peligro. Su herida era grave y dolorosa; el sable con que fue inferida no era muy filoso y había roto la carne fracturando el hueso.

Peñaloza llegó hasta Victoria profundamente conmovido; debía la vida a su mujer y era causa de aquella herida que iba a dejar sobre su hermoso rostro una cicatriz tremenda.

—Vida mía —le dijo con acento de cariñoso reproche—, ¿por qué saliste de casa cuando me habías prometido no moverte de allí? ¿Cómo y para qué has venido aquí a correr tanto peligro? ¿No sabes que si te hubiera sucedido una desgracia mayor, yo me hubiera hecho volar los sesos?

—¡No seas loco, mi querido, y déjame saborear la felicidad de haber venido y haber llegado a tu lado tan a tiempo! Mi corazón preveía que iba a sucederte una desgracia y que yo te iba a salvar. Mis pensamientos se han cumplido y mis deseos también, puesto que te he servido de alguna utilidad.

—Me has salvado la vida —exclamó Chacho besando las manos de Victoria—; cuando tú llegaste allí ya no podía de fatiga, me acosaban por todos lados a pie y a caballo, y ya me era difícil toda defensa. Fue entonces cuando llegaste tú; aquellos bribones tuvieron que atender a tus soldados y a ti misma, mi valiente querida, y recién pude yo tomar aliento y subir a caballo, aunque la sorpresa de verte me inutilizó por completo en el primer instante. Pero tu herida debe hacerte sufrir mucho y es preciso atenderla ante todas las cosas.

Ya los oficiales y jefes que desde el primer momento rodearon a la herida, habían improvisado un lavaje de caña y la habían vendado con una prolijidad extrema, para lo cual habían desgarrado sus ropas.

—No te aflijas por mí que estoy muy bien, ni descuides por ello el final de tu triunfo. La herida no me molesta ni tiene peligro mayor, según los que la han visto.

—¿Que no deba molestarte, si es un bárbaro hachazo? —decía Chacho, afligidísimo—. Todo esmero será poco para atenderte como mereces. El enemigo ha sido bien escarmentado, te lo garanto, y huye en su más espantosa derrota, perseguido de cerca por mis grupos. Él no volverá más a pisar tierra riojana, yo te lo garanto, pero ahora seré yo quien irá a buscarlo adonde se halle, para tomarle cuenta de esta herida, la más cruel y cobarde que se haya jamás inferido.

—No te aflijas, que yo estoy ya vengada; el capitán Ibáñez deshizo a sablazos la cabeza de aquel bandido.

Chacho se acercó al capitán Ibáñez y le estrechó cordialmente la mano.

—El capitán Ibáñez —dijo—, es acreedor al agradecimiento del Chacho, agradecimiento que no olvidaré nunca. Acepto esta deuda sagrada y no daré lugar, lo juro, a que se me cobre.

—Nada hice, más que cumplir con mi deber —dijo aquél—, y demasiado pago estoy con el ascenso que acaba de otorgarme.

—Lo dicho, mayor, puede usted contar con mi agradecimiento eterno.

Chacho mandó a varios ayudantes para que hicieran cesar en sus persecuciones a los diversos grupos que lo hacían, y vinieran a incorporársele, y se puso a improvisar una ambulancia para llevar a su esposa hasta La Rioja donde sería mejor cuidada.

—No te molestes —decía ella—, yo puedo montar a caballo cómodamente y hacer la travesía sin dificultad alguna.

—Puede sobrevenirle una fiebre que lo eche todo a perder; las heridas de la cabeza son delicadas y es preciso cuidarlas mucho.

—Pero si mi herida no es más que un golpe de sable ¡sin mayor consecuencia que el dolor consiguiente! Esto no es nada, no te aflijas, ya verás que pronto estoy buena.

Chacho, que estaba habituado a andar entre valientes, no podía menos que asombrarse ante el valor y resistencia de aquella mujer extraordinaria. Muchos hombres, con aquella herida, se hubieran acobardado, y por lo menos hubieran hecho las naturales demostraciones del dolor que debía producirle.

Es que Victoria se dominó todo cuanto le era posible, para no afligir a su marido mostrándole cuánto sufría. Comprendía que Chacho, de verla sufrir, sufría él mismo, y escondía cuanto le era posible el sufrimiento doloroso que experimentaba.

Chacho, con cueros, mantas y guardamantas, improvisó una ambulancia de primer orden, donde fue colocada Victoria con un esmero y un cuidado dignos de ella. Y con un cuidado exquisito la acomodaron a la cincha de la mula más mansa, emprendiendo de aquella manera original la marcha de regreso.

Sobre el campo de aquella victoria que había sellado con su sangre la mujer de Peñaloza, quedó de destacamento una fuerza bastante para repeler cualquier nuevo avance, avance que no se efectuaría pues el enemigo no había quedado en estado de volver; poco le sería el tiempo para huir y ponerse fuera del alcance de los suyos. El resto de aquel ejército victorioso formó en columna de honor detrás de la ambulancia dando estruendosos vivas al pasar por las poblaciones del tránsito.

Al tener noticias del triunfo completo de Chacho y de la hazaña de la «Víctor», una gran comitiva de paisanos se iba agregando a la columna en marcha, para tener el honor de acompañarla siquiera hasta la población vecina.

Chacho, orgulloso y feliz, marchaba al lado de la ambulancia, a pie, vigilando que el camino se hiciera con toda prolijidad, de manera que la ambulancia tuviera menor movimiento. De aquella manera estaba también más próximo a Victoria en cualquier caso de necesidad. En vano ella le pidió que montara a caballo y siguiera la marcha con más comodidad; él no quiso, asegurando que así iba más contento, con lo que ella no insistió más.

Como muchos se adelantaban llevando la doble noticia del triunfo obtenido y de la hazaña de la Chacha, la comitiva era esperada por todas partes por el pueblo, que saludaba, poseído de delirante entusiasmo, a su caudillo y a la heroica Victoria.

Así llegaron a La Rioja donde la herida fue puesta en condiciones inmejorables, renovando el vendaje el mismo Chacho, ayudado por los mejores curanderos de la ciudad, porque allí no se conocían médicos. En la práctica continua de las heridas había muchos de estos curanderos, que eran habilísimos; así es que Victoria fue curada en consulta, declarando todos ellos que la herida no ofrecía ninguna gravedad de muerte, aunque era preciso cuidarla mucho para que no sobreviniera ninguna complicación.

La Rioja se había conmovido profundamente con aquel suceso, y los unitarios, que siempre tomaban con que Chacho debía emprender una campaña en regla, empezaron de nuevo a fastidiarlo, diciéndole que aquello era motivo suficiente para que marchara en el acto sobre Mendoza y tomara el desquite consiguiente. Y para hacerle mayor fuerza, le decían que era preciso vengar la herida de Victoria de una manera ejemplar.

—No se puede culpar a un pueblo por la acción de un soldado —respondía Chacho noblemente—; el soldado que hirió a Victoria pagó con su vida su cobardía, y basta. La invasión del fraile Aldao al territorio de La Rioja y los desmanes cometidos, es preciso que los pague el fraile, pero antes yo necesito recibir comunicaciones del general Benavídez, para conocer su modo de pensar, porque no quiero contrariar su política ni causarle un mal rato que puede muy bien ser serio. Yo estoy seguro que él va a condenar el proceder del fraile y a tratarlo malamente; entonces no debo aprovecharme ni valerme de los elementos que me ha dado Benavídez, para causarle un disgusto.

Chacho en este caso procedía con una lealtad exquisita. Cuanto tenía, incluso su misma tranquilidad de espíritu, lo debía a aquel hombre leal y bueno y él no podía pagar con una felonía los beneficios recibidos.

La respuesta al chasque que hizo cuando la invasión de Aldao no podía tardar mucho, lo que hacía inútil el envío de uno nuevo. Y contra todas las esperanzas y deseos de los unitarios de La Rioja, Chacho se resolvió a esperar hasta tener noticias del general. Este en cuanto recibió el chasque, respondió él mismo a Peñaloza que se ponía en camino y que mientras él llegaba, se mantuviera a la defensiva como lo prometía. Pero el chasque cayó ante una partida enemiga que lo tomó y degolló para robarlo. Así es que Peñaloza no pudo recibir la respuesta del general en el momento oportuno.

El general Benavídez se puso en marcha con una escolta que parecía un ejército, temiendo que Peñaloza se dejara arrastrar por sus instintos guerreros, recibiendo en el camino la noticia de lo que había pasado.

Y apresuró entonces la marcha, temiendo que Chacho, entusiasmado en su persecución, fuese a seguirlo hasta Mendoza, haciéndolo quedar mal, por lo que él se había responsabilizado con Rosas de que Chacho no se movería.

«Si le han herido la mujer, pensaba el caudillo, no va a parar hasta no agarrar al fraile, y entonces se va a vengar ahorcándolo del primer algarrobo que encuentre, en lo que tendría mucha razón. ¿Quién lo mete al fraile de porquería a andar provocando aventuras? Bien merecido tendría cualquier desgracia que le sucediera.»

Pero así como tuvo en el camino la noticia de la derrota de Aldao y la herida de la mujer del Chacho, supo también que éste, a pesar de todo no había querido perseguir al derrotado fraile, esperando el regreso del chasque que había enviado a San Juan y que hasta entonces no había vuelto, lo que hizo suponer a Benavídez la verdad, de lo que había pasado, y fue para él una nueva prueba de la lealtad y la nobleza con que procedía el Chacho.

Benavídez acampó a inmediaciones de la ciudad, y pasó solo a hablar con Peñaloza, oyendo de su boca la narración de lo sucedido, narración de cuya veracidad no era posible dudar un momento.

—Agradezco la confianza y seguridad que en mí tiene, amigo mío —le dijo—; ésta es una iniquidad del fraile, a quien yo pondré en su lugar. Puede quedar tranquilo a este respecto y licenciar la tropa que tenga en armas, porque es conmigo con quien va a entenderse el fraile.

El general Benavídez descansó un par de días en casa de Peñaloza, recibiendo con placer la hospitalidad leal del noble caudillo y pasó enseguida a Mendoza a conferenciar con el fraile, de quien supo que había procedido así obedeciendo a órdenes terminantes de Rosas.

—Es bueno que sepa entonces —contestó con severidad Benavídez—, que si no ha traído su persecución hasta Mendoza, ha sido por esperar mis instrucciones. Entonces sírvale de precedente esta declaración que le hago de la manera más terminante. Si yo soy responsable ante el general Rosas de que Peñaloza no se moverá de aquí para turbar el orden actual de cosas, no permitiré tampoco que ninguno vaya a turbarlo en La Rioja, y si alguno invade su territorio en son de guerra, no será con Peñaloza solo sino conmigo mismo con quien se encontrará.

—¿Quiere decir que el general Benavídez toma el partido de ese caudillo?

—El general Benavídez tiene el honor de proteger a ese hombre noble, que con la influencia y el poder que tiene, si no fuera por mí, cambiaría el día que quisiera la situación de todo el Norte.

—Está bien —respondió el fraile con el mayor enojo—; yo sabré entonces lo que he de responder al general Rosas, si me pregunta por qué no cumplo sus órdenes.

—Aquellas órdenes nunca las podría haber cumplido, pues ya ve cómo le ha ido con Peñaloza; puede responder lo que quiera, pero cuidado con intentar una nueva invasión a La Rioja.

Benavídez se retiró a San Juan en la seguridad de que el fraile, solo por temor al Chacho mismo, no intentaría una nueva campaña, y el caudillo riojano, fiel a su promesa, licenció gran parte de su ejército. Pero quedó con bastante fuerza en pie para defender siempre su provincia en caso de cualquier avance federal.

Benavídez estaba demasiado lejos para contar con su auxilio inmediato, en caso de apuro o de invasión.

Tiempo de calma

Chacho volvió a quedar tranquilo en La Rioja, pudiendo dedicarse al trabajo de campo en una pequeña hacienda que había formado con los regalos que le hacían sus amigos pudientes.

El gobierno de La Rioja marchaba con toda tranquilidad, sin que Chacho se metiera con él para nada, ni llegase jamás por la casa de gobierno.

Chacho, humilde y sin la menor ambición de mando, no salía de su casa sino para ir a su pequeña hacienda, huyendo del boato y de los agasajos que le hacían; sin embargo, sin quererlo y sin saberlo tal vez, él era el poder más fuerte, el único poder que había en La Rioja.

Todo el que algo necesitaba, a él acudía y no al gobierno, y Chacho, con su infinita bondad, atendía a todos sus solicitantes, otorgando al momento cuanto se le pedía, sin ver que al hacerlo contrariaba muchas veces las disposiciones del gobierno. Y éste, aunque se mortificaba de aquellos avances a sus atribuciones, no reclamaba nunca, por no ir contra lo que Peñaloza había dispuesto, de donde se deducía que el verdadero gobernador de la provincia, de hecho, era el Chacho.

Por eso, cuando el caudillo riojano hizo proponer al gobierno a don Tomás Gordillo, una de las personas más notables de la Rioja, éste contestó que no aceptaba, porque aunque tenía condiciones para hacer un buen gobierno, sabía que nunca podría gobernarlo a él. Chacho sonrió ante esta respuesta y no insistió más diciendo:

—Nada más fácil de gobernar que yo, porque nadie puede estar más dispuesto a acatar las órdenes emanadas del gobierno. Pero también es cierto que yo no tengo la fuerza de carácter de decir que no, y cuando alguien me pide una cosa, y este alguien es un constante servidor de la patria, yo no puedo negarle lo que pide, ¿es esto acaso un crimen?

Victoria se iba restableciendo poco a poco de su herida que se había hecho célebre. Los gauchos hablaban de ella como de un caudillo entrañudo, pues los testigos de aquella sangrienta batalla habían narrado con exagerado colorido la manera como ella había combatido para salvar a Chacho. Y puede decirse que tenía tanto prestigio como el Chacho mismo, pues con su arrojo y valor había despertado verdadero fanatismo entre las multitudes. Y como su ascendiente sobre Chacho era grande, a ella acudían en sus empeños más fuertes, seguros de que habían de salir airosos, pues para Chacho no había sobre la tierra mayor satisfacción que la de poder complacer a aquella buena compañera de su vida, a la que amaba cada día con mayor pasión.

Cuando Victoria se hubo restablecido del todo y pudo montar a caballo, no se separó un momento de Peñaloza, acompañándolo en todas sus correrías, ya fuesen las que hacía para ir a la pequeña hacienda, ya las excursiones a los demás departamentos, para mantener con su presencia el espíritu militar y guerrero.

Ya Peñaloza se había habituado de tal manera a la compañía de su mujer, que no podía andar sin ella, esperándola para emprender cualquier viajecito si ella tenía algún inconveniente. Un año y otro año transcurrieron así, sin que se produjera en La Rioja ningún acontecimiento que turbara la paz.

Aunque las demás provincias se hallaban bajo el juego del partido federal sus gobiernos creían prudente no meterse con Chacho, por el respeto que éste les inspiraba y por el decidido apoyo que sabían le prestaría el general Benavídez.

El único que no se daba por vencido era el tenaz fraile Aldao, que aliado con Santiago, no perdía la esperanza de dar a La Rioja el golpe de gracia.

Los federales entonces tenían tal pasión desenfrenada por el robo que llegaban a robarse entre ellos mismos, sin el menor miedo ni escrúpulo. Los grupos que merodeaban por su cuenta, ni siquiera respetaban la propiedad de sus mismos caudillos por terribles que éstos fueran.

Un día cruzaba de Tucumán un cargamento destinado al general Benavídez. En este cargamento iban tres mil pesos plata, tabaco y cueros por valor de otro tanto, con que Tucumán concluía de pagar a Benavídez su última contribución de guerra, por haberlos librado del Chacho y vuelto el poder a los federales. Aunque la escolta que llevaban los arrieros era de primer orden, se juntaron en el camino cuatro o seis grupos de federales, pelearon a la escolta y le arrebataron la carga y las mulas. El capataz del arreo disparó en cuanto fueron atacados, desparramando la voz por el camino de lo que les había sucedido y la cantidad que les arrebataban, porque el capataz lo había dado todo por consumado.

Supo Chacho la noticia y en el acto se puso en marcha con el regimiento que siempre tenía sobre armas y listo para marchar.

Era una carga federal arrebatada por federales, y el botín no podía ser más lícito. ¡Qué bien, vendrían a la provincia de La Rioja aquellos treinta mil bolivianos! No podía darse una campaña más rápida y provechosa.

Victoria perfectamente restablecida de su herida, lo quiso acompañar y Peñaloza no pudo hacerla desistir de su pretensión; en vano le mostró que aquella campaña no tenía ningún peligro y era sumamente penosa por la rapidez con que sería necesario andar; en vano le hizo ver las mortificaciones de una marcha tan rápida y tal vez demasiado larga; no hubo forma de que quisiera quedarse, y fue preciso que Chacho consintiera en que Victoria lo acompañara, o renunciase a aquella campaña, la más provechosa de todas cuantas hasta entonces había hecho.

Ya estaba habituado a la compañía de Victoria, y como realmente no había el menor peligro en la aventura porque los ladrones huirían en cuanto se les echara encima, emprendió su marcha alegre y rápidamente hacia el paraje donde había tenido lugar el asalto. Allí hizo tomar el rastro por los rastreadores que llevaban consigo, los dos más famosos de los Llanos, y sobre el rastro siguió con admirable seguridad la dirección que habían llevado aquellos.

El rastreador riojano es algo de admirable y útil en las guerras de montoneras que allí se hacen. Basta mostrarle una vez el rastro que hay que seguir para que, sin equivocarse nunca, lo siga entre mil diferentes huellas.

Ya se ha hablado mucho del rastreador riojano, escribiéndose sobre él admirables capítulos, para que intentemos hacer aquí una descripción de este hombre asombroso. Sin embargo, a lo mucho dicho y escrito, queremos añadir una anécdota que dará una idea completa de lo que es éste.

En la caballada y mulada de una fuerza que cruzó los Llanos, se mezclaron quince mulas de un arriero, que fueron llevadas por los soldados sin que lo notaran ni ellos ni el dueño de las mulas. Quince días después de esto y estando aquella fuerza acampada en la provincia de Catamarca, se presentó al jefe un paisano reclamando sus quince mulas.

—¿Cómo sabes que están aquí? —preguntó el jefe.

—Señor —respondió el paisano— porque he seguido su rastro hasta el paraje donde están rodeados los animales de estas fuerzas.

El jefe no podía creer que entre el rastro de mil animales, que producen por lo menos diez mil pisadas, unas sobre otras, borrando las segundas a las primeras, el paisano pudiera reconocer sus mulas, por lo que le hizo esta observación:

—¿Cómo me vas a hacer creer que en esa cantidad de pisadas confundidas vas a conocer las de tus mulas?

—Nada más fácil, señor —contestó el gaucho sonriendo—, yo conocería la pisada de mis mulas aunque sobre el rastro de las caballadas que usted lleva pasaran cinco más.

Y como el jefe manifestase aún duda, el paisano ofreció probar lo que decía.

Salieron y allí donde los rastros de pisadas se confundían más con otras en pasmosa confusión, se agachó el paisano, y señalando unas pisadas, casi perdidas entre todas las demás, dijo al jefe:

—Estas, todas éstas son de mis mulas.

—¿Y nadie te ha dicho que están aquí?

—Nadie, señor.

—Entonces yo te digo que no seas tonto, que aquí no están tus mulas, y que lo que estás haciendo conmigo es una farsa.

El paisano quedó azorado de aquella duda, pareciéndole increíble que hubiera quien no creyese lo que él aseguraba como rastreador. Y miró el rastro de sus mulas, diciendo:

—¡Pero si aquí está la prueba de lo que digo! ¿Por qué no quiere usted creerlo?

—Porque me parece imposible. ¿Qué te hago si tus mulas no están aquí?

—Primero —dijo el paisano— necesito ver si no las han sacado y enseguida podré contestar a usted —y el paisano dio rápidamente una vuelta por todo el rededor del campamento. Concluida ésta, volvió adonde esperaba el jefe sonriendo de lo que creía una farsa, y exclamó:

—No las han sacado, porque no he hallado el rastro en ninguna dirección, pero hay una que no está entre la caballada, porque he visto el rastro entre un trozo más pequeño que va en aquella dirección pero que no sale del campamento. Es una mula zaina malacara muy grandota; las otras catorce están entre la gran caballada.

El jefe pidió al paisano las señas de aquellas catorce mulas y las apuntó prolijamente, para que el paisano no pudiera indicarle unas por otras, y enseguida volvió a preguntarle:

—Y si las mulas no están donde decís, ¿qué te hago yo?

—Usted, en ese caso, hace lo que quiera, me fusila o me echa de veterano, pero en cambio si están me las entrega.

Todos acompañaron al rastreador riendo del chasco que presentían y éste se puso a buscar sus mulas entre aquel mil y pico de animales. Más trabajo le dieron éstas para ser halladas que el que le había dado hallar el rastro de las pisadas entre aquella confusión de rastros. Pero al fin, triunfante y lleno de satisfacción, señaló una por una las catorce mulas cuyas señas había ya dado. Enseguida pasaron al cuerpo de guardia, hallando allí la mula que faltaba y que él ya había asegurado haber sido sacada de entre las demás. La prueba no podía ser más concluyente y el jefe, admirado, le mandó entregar en el acto sus mulas.

Así los rastreadores que llevaba Chacho, una vez que vieron el rastro que era preciso seguir, rastro que enseña el mismo capataz del arreo, se lanzaron tras él con pasmosa seguridad. Y apuraron la marcha de tal manera, que dos días después alcanzaban a los ladrones que descansaban en las inmediaciones de Punta del Negro.

Al principio formaron en son de guerra, intentando una resistencia en toda regla, pues el tesoro que llevaban bien valía la pena de defenderlo con toda regla. Pero apenas los cargó y les causó algunas bajas, se dispersaron en todas direcciones, parándose, cuando vieron que no eran perseguidos, a observar lo que Chacho hacía y la dirección que con el tesoro llevaba. Pero Chacho los hizo cargar de nuevo, dispersándolos por completo.

Las bolsitas de los bolivianos, como los atados de los cueros, estaban intactos, lo que probaba que aún no habían ni siquiera tentado el reparto, sin duda porque no se creían en seguridad completa.

Chacho regresó a La Rioja con el tesoro que destinó desde el primer momento a repartirlo entre sus tropas. Pero el capataz, creyendo salvarlo, le hizo presente que aquello provenía del gobierno de Tucumán.

—El gobierno de Tucumán es enemigo, como enemigos eran los ladrones —respondió—; es un botín de guerra que yo aprisiono y que el gobierno de Tucumán puede venirme a reclamar si se cree capaz de medirse conmigo.

—¿Y qué contesto yo entonces al general Benavídez?

—¿Qué tiene que ver en esto el general? ¿Acaso es el dueño de esto?

—¿Y cómo no, señor? Ese dinero, como todo lo demás, pertenece al general Benavídez a quien lo manda el gobernador de Tucumán porque se le debe.

La cuestión variaba entonces de aspecto para Chacho. Siendo bienes de la Federación podía tomarlo sin el menor escrúpulo y repartirlo a sus tropas. Pero siendo dinero particular del general Benavídez, su amigo, cometía un robo quedándose con él, y esto era distinto.

Chacho reflexionó un momento, y pensó que aquello no podía ser considerado como un botín de guerra y por consiguiente no podía quedarse con él sin dar derecho para que lo llamaran ladrón. Y después de consultarlo con Victoria, con quien consultaba todo, decidió remitir a San Juan, bajo custodia, todo aquel tesoro, de la misma manera que lo había rescatado. Y señalando para aquella comisión al mismo regimiento que había hecho la persecución a los ladrones, avisó al capataz que al día siguiente podía seguir viaje, llevando todo aquello al general Benavídez.

Cuando se supo la determinación tomada por el Chacho, los hombres de La Rioja quisieron influir en su ánimo para que no hiciera la devolución. Pero él les tapó la boca con estas simples palabras:

—¿Qué quieren, ustedes? ¿Dar a los federales el derecho de llamarnos ladrones? Si este dinero fuera del gobierno, no digo que no, pero es de un particular y de un particular amigo; no es posible obrar de otra manera.

Y de tal modo les presentó la lealtad de la acción que los mismos que antes le aconsejaban se quedara con todo, no insistieron más. Chacho remitió al día siguiente el tesoro, escoltado por el regimiento cuyo jefe llevaba para Benavídez el más expresivo recado.

—Haga presente al general en mi nombre que traje esto a La Rioja, porque creía que pertenecía al gobierno de Tucumán, y yo lo había tomado a fuerzas federales. Pero habiendo sabido que le pertenecía personalmente, me apresuro a remitírselo bajo segura custodia, porque el coronel Peñaloza no ha nacido para ladrón. Si él les regala algo como compensación del trabajo de haber rescatado el tesoro y escoltádolo hasta San Juan pueden aceptarlo porque será una compensación bien ganada. Pero si nada les da, nada pidan, que no hay compensación más grande que el cumplimiento del deber.

Y Chacho, obrando así quedó más satisfecho que si se hubiera apoderado de todo.

El general Benavídez sabía ya que el tesoro, que le habían remitido de Tucumán, había sido arrebatado en el camino por un grupo de salteadores, que no se sabía adónde se habían dirigido. En vano había enviado comisiones a todas partes para indagar el rumbo que habían seguido con el arreo, pero nada había podido conseguir. Así es que cuando vio llegar aquella arria tan bien escoltada y supo que era la que había lamentado perdida, su alegría fue inmensa. Recibió alborozado el recado con que Chacho acompañaba la remesa y alojó a aquel regimiento en el cuartel mismo de su escolta, tratándolo regiamente.

Aquella nueva acción de Chacho obligaba a Benavídez profundamente. Él hubiera podido quedarse con todo aquello sin que nadie lo supiera, puesto que eran grupos de federales los que habían acometido el primer asalto. Pero había preferido mandarlo a su dueño para que nadie pudiera hacerle un cargo injusto.

—Mientras ustedes estén en San Juan —dijo al jefe del regimiento—, serán tratados con todas las consideraciones posibles; pueden estar con la misma confianza que en La Rioja.

Pero el jefe chachista manifestó que tenía orden de regresar en cuanto hubiese cumplido su comisión, y que si se le permitía, lo haría al siguiente día.

Benavídez no puso ningún inconveniente, y aquella misma noche el jefe se despidió, pues al otro día, a la primera luz del alba, se pondría en camino.

El general Benavídez apartó diez mil pesos, diciendo al jefe que los llevara a Peñaloza para que éste les diera el destino que creyera más conveniente; pero el jefe rechazó el presente, diciendo que tenía orden de no recibir nada.

—Como general —le dijo—, yo le ordeno a usted que lleve estos diez mil pesos y los entregue al coronel Peñaloza para que éste les dé el destino que crea más justo.

Ante una orden del general, el jefe no tuvo más remedio que obedecer, y acomodando los diez mil pesos en su carguero, se puso en camino a la madrugada siguiente, llevando para el caudillo riojano una carta del general. Este agradecía cariñosamente a Chacho la nueva prueba de amistad que le daba, y le pedía distribuyese aquellos diez mil pesos entre los soldados que habían ayudado al rescate. «Esta es una prueba más, que estrecha fraternalmente la amistad que nos unía, concluía aquella carta. Ya sabe que puede disponer de mí de todos modos.»

Chacho recibió la respuesta de Benavídez y el dinero, que distribuyó en el acto entre los soldados del regimiento, con excepción de dos mil pesos que reservó para atender a la miseria de otros muchos tan dignos como ellos mismos, aunque no hubieran tomado parte en la acción del rescate.

Aquel reparto de dinero puso de fiesta a toda La Rioja; el buen pueblo hacía muchos años que no veía tanto dinero en circulación. Habían concluido por habituarse a la miseria, al extremo de que ya veían como cosa de magnates el hecho de poder cocinar un poco de carne de vaca.

Y las simpatías de Benavídez se afirmaron tanto en La Rioja, que los mismos paisanos lo miraban como un amigo particular, visto que lo era de su caudillo. Los demás gobernadores empezaron a desconfiar de Benavídez y a coaligarse entre ellos para aprovechar el primer momento de darle en la cabeza. Benavídez estaba muy ligado con el Chacho para ser un buen federal, y temían que ligados ambos, el día menos pensado se apoderaran de todo el Norte.

El fraile Aldao era el director de esta farra, porque era el que más miedo tenía. Sabía el odio que le profesaba Peñaloza y el deseo que de derrocarlo tenía. Chacho estaba sujeto a Benavídez, y a la hora que éste dejara de contenerlo, no le quedaba la menor estabilidad de su dominación. Por esto empezó a trabajar en una liga de gobierno contra aquellos dos caudillos terribles, a quienes debían derrocar en un momento dado.

Todas estas confabulaciones tenían que hacerlas bajo la más estricta reserva, pues si Benavídez o Chacho llegaban a sospechar algo, estaban perdidos.

Chacho, entretanto, seguía en La Rioja tranquilo y feliz, pues su liga con Benavídez había traído el bienestar absoluto de toda su provincia. Rodeado por los seres que más amaba en el mundo, Anita y Victoria, solo pensaba en cuidar su pequeña hacienda y cultivar aquel pedazo de tierra, única cosa que poseía. De tiempo en tiempo enviaba un chasque a Benavídez para saber lo que pasaba en el resto de la República y estar siempre de acuerdo en todas las cosas, chasques que volvían con las más cariñosas respuestas y regalos de dinero que el general hacía al Chacho, porque conocía su pobreza nacida en su honradez acrisolada, pues a pesar de haberse colocado al lado de Quiroga, y conociendo el proceder de éste, se hubiera cortado las manos antes que tocar un centavo que no le perteneciera.

La gran campaña

Gracias al respeto profundo que había logrado infundir a sus vecinos y a la protección decidida y leal del general Benavídez, logró vivir en paz muchos años siendo el verdadero padre de su provincia.

Para los riojanos no había gobierno ni había leyes ni había poder que estuviera arriba de un caudillo. A él acudían en todas sus dificultades y él sabía remediarlas prontamente, pues para servir a un necesitado el Chacho no conocía dificultad capaz de detenerlo. Porque lo mandaba llamar el paisano más oscuro, se galopaba diez o quince leguas, porque para él todos eran iguales, lo mismo el jefe más importante que el más infeliz soldado.

Y si alguno le hacía la menor observación sobre el trabajo que se tomaba con un hombre que podía hacer venir hasta él para que dijera lo que se le ofrecía, respondía alegremente:

—Cuando él me manda llamar será porque me necesita y porque no puede venir él hasta donde yo estoy. ¿No vienen ellos en el acto y alegremente cuando yo los hago llamar para disponer de sus vidas? ¿No abandonan sin mirar para atrás intereses y familia para seguirme a mí, sin preguntarme adónde los llevo y qué voy a hacer de ellos? Pues, entonces, yo estoy obligado a acudir cuando me llaman, más sabiendo que esto solo lo hace el que por un motivo poderoso no puede venir adonde yo estoy.

Y abandonando cualquier cosa que tuviera entre manos, se iba a la casa del que lo llamaba, que generalmente era un enfermo grave que quería recomendarle sus hijos antes de morir, o alguno que tenía la familia enferma en el último estado de miseria y que no había podido salir por haber vendido para comer su última mula. Y Chacho, con un cariño paternal y un interés vivísimo, mitigaba todas las desventuras haciéndose cargo de los miserables.

Por esto es que Chacho, por más que le regalasen, por más dinero que le mandaran sus amigos para mejorar su fortuna, nunca tenía un centavo. Eran tantos los pobres de La Rioja que a él acudían, que todo el dinero le hubiera sido poco para partirlo con ellos. Y para él no había situación más agradable, que cuando tenía que pedir prestado para comer, por haber dado a alguno la última provisión que le quedaba.

—Yo no tengo qué comer —exclamaba—, pero en cambio a nadie le falta, porque nadie viene a pedirme.

Los negociantes no tenían para él la menor reserva, le hubieran dado todo el negocio sobre su sola palabra si se lo hubiera pedido. Pero él jamás había hecho uso de su crédito para sí; cuando lo había usado era solo para salir de garantía de algún infeliz necesitado, por quien pagaba siempre sin permitir que fueran a cobrarle. Así la idolatría que aquel buen pueblo tenía por su caudillo era asombrosa.

Hablaban de Chacho como si hablaran de Dios, y andaban espiándole en la cara sus deseos para complacerlo en el acto. Cualquiera de aquellos hombres hubiera sacrificado su vida, sin mirar atrás, por complacer a Peñaloza.

Las cuestiones más enredadas y las disputas más agrias eran llevadas ante el Chacho, como ante el juez supremo, para que éste las arreglara. Ninguno acudía a la justicia a pleitear su derecho. En un solo juicio verbal Chacho se enteraba de la contienda con todos sus antecedentes, reflexionaba un momento y daba su fallo, que era acatado al momento, sin que ninguno pensara en desobedecer, porque desde que Chacho lo había dado es porque así debía de ser.

Y como Victoria no era para ellos otra cosa que el mismo Chacho, en ausencia de éste a ella acudían, aceptando sus fallos como si fuesen los de él mismo. Lo que hay es que Victoria, como mujer y más bondadosa, nunca fallaba dejando un descontento, pues algo dejaba siempre para el pobre que no tenía razón y que debía quedar en la calle.

—Tú tienes razón —decía—, y todo te lo mando entregar porque esto es lo que debo hacer en estricta justicia, pero es preciso que seas generoso y compasivo y dejes algo a este infeliz, que también tiene mujer e hijitos que alimentar.

El ganador no resistía nunca un pedido hecho de aquella manera por la Victoria, y así el que perdía la cuestión, siempre venía, a salir ganando algo. Conforme acudían a Chacho los litigantes y los disconformes, a él acudían también los que querían obtener algún favor del gobierno y reclamar de alguna injusticia o abuso de poder. Y Chacho resolvía por sí en el acto, siempre concediendo lo que se le pedía.

Nadie había escuchado jamás un no salido de sus labios. Si algún juez cometía una injusticia o un acto de ociosidad o de venganza, poniendo preso un individuo, en el acto estaba la familia, quejándose a Peñaloza, que mandaba lo pusieran inmediatamente en libertad y lo dejasen tranquilo.

—Pero, señor, si es un malvado que no quiere hacer caso ni respetar la autoridad —sabía argumentar el juez o la autoridad que recibía la orden—, y es preciso que algún castigo reciba.

—Yo lo haré entrar en vereda y que se porte en lo sucesivo como un hombre de bien, pero póngalo en libertad nomás, que su familia necesita de sus brazos.

Y no había más remedio que obedecer, porque nadie hubiera querido ponerse mal con el Chacho. Por eso es que Gordillo había dado aquella graciosa respuesta cuando le ofrecieron el gobierno, pues el gobernador de La Rioja lo era solo en el nombre, siendo el Chacho el único gobierno real que allí existía.

Con lo único que Chacho no transigía era con el robo, vicio que detestaba con toda su alma. Nadie iba a empeñarse con él por un ladrón, porque sabían que era inútil, pero iban a empeñarse con Victoria que, compasiva siempre, ordenaba la libertad, y el del empeño salía airoso. Cuando Chacho sabía que ella había intercedido por algún ladrón, se enojaba con ella, diciendo que era preciso dejar castigar severamente a los ladrones. Pero Victoria por toda defensa daba un beso a Chacho, que concluía por hacerle un cariño y darle la razón, bajo la promesa que no volvería más a interceder por ladrones.

La palabra de Chacho disipaba siempre el mayor rencor, venciendo la obstinación más grande sin la menor dificultad. Así todos eran felices, y vivían sin la menor dificultad e inconveniente. Pero aquel estado de paz absoluta no podía durar mucho, y un nuevo golpe de mano, más serio que los demás, fue llevado a La Rioja.

Rosas había sido prevenido secretamente, por mensajes de Aldao y del mismo López, que desconfiara de Benavídez porque éste estaba aliado con el Chacho para imponerse ambos en las demás provincias.

Chacho, según hacían saber a Rosas, trataba malamente a los gobernadores que respondían a Rosas, quienes no se atrevían a hacer nada, porque sabían que tendrían encima a Benavídez con todo el poder de la provincia de San Juan, que era mucho.

—Entre los dos nos imponen su voluntad como quieren —decían—, y día va a llegar en que nos derroquen porque no queramos apoyar sus miras unitarias o darles toda la plata que exigen.

Rosas, que no quería ponerse mal con Benavídez de quien podía necesitar de un momento a otro, resolvió abrir campaña contra Chacho de una manera reservada, porque sabía que éste era su enemigo irreconciliable y que bien podía levantar contra él todo el Norte, a pesar de la garantía que por él había dado Benavídez, de que nunca se movería contra el gobierno de la Federación. Mandó al fraile Aldao un mensajero seguro para que le transmitiera sus instrucciones y dio orden al tremendo Oribe para que enviase a Mendoza una división de su ejército mandada por Maza, que debía recibir las órdenes de Aldao como las suyas propias.

Aquella división de las tres armas, con buena artillería y mejor infantería, compuesta de unos ochocientos hombres, se puso en marcha en el acto sobre Mendoza. Las instrucciones enviadas a Aldao eran de atacar a Chacho por sorpresa, si era posible, y anonadarle y despedazarlo en un solo combate, tratando de tomarlo prisionero o matarlo.

Que debía obrar con todo sigilo para que Benavídez no se impusiera de la operación y suspenderla hasta recibir nuevas órdenes en caso que aquél quisiera tomar cartas en el asunto.

En vista de aquellas instrucciones que lo llenaron de gozo, el fraile Aldao empezó a reunir y armar su guardia nacional, mientras llegaba el coronel Maza con su división. Y para que nadie pudiera sospechar la causa de aquellos preparativos, dijo que temía una invasión de Chacho y que se preparaba para repelerla.

Así si Benavídez sabía la cosa, se limitaría a convencerlo de lo contrario, pero no se movería de San Juan. Una vez dado el golpe, poco le importaba que aquél lo supiera o no, porque él había obrado por órdenes de Rosas que aquél no se atrevería contrariar una vez vencido el temible Peñaloza.

El fraile Aldao, con el contingente que le traía el asesino Maza, no tenía más que pensar que en la organización de un gran cuerpo de caballería. ¿Para qué quería más infantes y más artillería que la que aquél debía traer?

Para no perder la costumbre y para aumentar aquélla, prepararía dos o tres batallones de infantería, pero todo su anhelo desde el primer momento, fue organizar un inmenso cuerpo de caballería con que poder hacer frente a la lucida caballería de Chacho, tan terrible en la batalla.

Si Benavídez no lo supo, Chacho supo que Aldao se armaba, y aunque le dijeron que se armaba para estar prevenido contra él, él sonrió picarescamente y dijo:

—Si Aldao se arma es para caernos nuevamente; armémonos bien para que no nos tome de sorpresa, que si yo llego a agarrar al fraile, no es mala la letanía que le voy a hacer rezar.

Y llamó a las armas a la provincia de La Rioja que se levantó sin que faltara uno solo de sus hijos. Y Chacho con todas las armas que había mandado Benavídez y las que había tomado al mismo fraile en su última acción, empezó a armar los más brillantes regimientos que hasta entonces había presentado en batalla.

Así, sin que el fraile lo sospechara, se preparaba a recibirlo de una manera harto contundente.

Así Chacho tenía listo para entrar en pelea unos dos mil quinientos hombres, perfectamente armados. Y destacó un cuerpo ligero de bomberos, para que le avisaran en cuanto el fraile se moviera de Mendoza. Así, el fraile que esperaba sorprender a Chacho, se iba a encontrar sorprendido él mismo al verse esperado por aquél en semejante pie de guerra.

En cuanto llegó la división de Oribe, Aldao se preparó a abrir inmediatamente la campaña. Y puso a Maza al corriente de lo que se trataba, haciéndole revisar la gran masa de caballería que tenía preparada.

—¿Y todo esto es para pelear a Chacho? —preguntó Maza al ver los grandes preparativos que hacía el fraile—. Las tropas que yo he traído nomás bastan para deshacer a ese gaucho miserable.

Con las que usted trae, solamente, apenas tiene para empezar la caballería de Chacho; yo sé lo que ese caudillo vale y puede en la batalla, y no hay que equivocarse. Solo porque vamos a tomarlo de sorpresa es que voy tan confiadamente, que si no no me atrevería a hacerlo.

Como Maza iba a obedecer las órdenes de Aldao, no quiso discutir con él, pero rió alegremente de los temores que aquél demostraba. Le parecía increíble que con aquellos elementos pudiera tenerse duda de triunfar de un pobre caudillo, que no tenía más que lo que pudiera sacar de La Rioja, en un momento de apuro.

Aldao no se puso en marcha hasta que no hubo reunido cuanto creía necesitar, y eso contando con que iba a sorprender a Chacho. En cuanto el fraile se puso en marcha y se vio la dirección que llevaba, los bomberos del Chacho se movieron rápidamente para llevarle el aviso. Con infantería y artillería, Aldao tenía que moverse muy lentamente, de modo que los bomberos podían llegar a La Rioja antes que el ejército hubiera hecho una jornada.

En cuanto Chacho tuvo la noticia de que Aldao se movía con fuerzas que habían llegado de Buenos Aires en su auxilio, se movió también para salirle al encuentro. Y aumentando en su marcha el ejército con cuanta gente se le iba incorporando, apuró su marcha para llegar cuanto antes al encuentro del fraile, en el límite del territorio riojano, para que los pueblos de su provincia no sufrieran en ningún caso las consecuencias de una batalla. Pero la lentitud que traía Aldao en su marcha para no hacerse sentir y la confianza con que venía, hicieron cambiar por completo a Chacho su plan de campaña, decidiendo sorprender al fraile y desmantelar su famoso ejército.

Este plan pareció a Chacho más eficaz porque con él destruía la acción de la artillería enemiga, empezando a marchar de noche para realizar su sorpresa.

Aldao marchaba de día, ocultándose durante la noche en campamentos seguros, mientras Chacho hacía lo contrario. Marchaba a largas jornadas durante la noche, ocultándose durante el día entre los montes.

Así se fueron acercando uno al otro, sin sospecharlo el fraile, hasta que se pusieron a una corta jornada de camino, que el Chacho calculó andar en una noche. Así mientras el ejército de Aldao dormía confiadamente y sin la menor vigilancia, Chacho forzó la marcha del suyo con el mayor recato, hasta ponerse a unas diez cuadras de donde dormía aquél. Así perfectamente preparado, esperó los primeros destellos del día, cayendo sobre el dormido ejército del fraile Aldao cuando éste menos lo esperaba, como una tormenta. Los cuerpos no tuvieron tiempo de formar, y la mayor parte ni siquiera de tomar sus armas.

La caballería de Chacho había entrado por sus filas, sableando de una manera vertiginosa en medio del mayor pánico. Según lo llevaba pensado y resuelto el Chacho, su primera operación con un regimiento que lo seguía, fue enlazar los cañones y sacarlos a la cincha con los armones a que se hallaban prendidos antes que los artilleros pudieran darse cuenta de ello.

El terror y la confusión más espantosa se apoderó de aquel ejército que ni siquiera trató de defenderse. Los artilleros huyeron hacia la infantería, buscando allí un refugio contra la muerte. Pero la infantería era un pelotón informe y confuso, que ningún amparo podía prestar.

Tropas de combate todas y bien aguerridas, al principio habían tratado de formar apresuradamente, pero los batallones se habían mezclado, las compañías se desconocían y los soldados abandonaban el fusil y huían. Las caballerías no habían tenido tiempo de ensillar y habían saltado en pelo, sin tratar de hacer frente, hasta una pequeña población que había a treinta cuadras de allí, donde habían pasado la noche el fraile Aldao y Maza. Dos batallones que por un exceso de precaución habían llevado con ellos, era lo único que se había salvado.

El fraile, como siempre, se había acostado la noche anterior con un soberano peludo, peludo que habían disipado por completo los primeros tiros y la gritería espantosa de sorpresores y sorprendidos. Y el fraile y Maza con el caballo de las riendas, se miraban aterrados sin saber qué partido tomar.

Es que no hay nada tan terrible como la sorpresa de un campamento. El hombre más bravo despierta bajo el tiroteo y el vocerío, se asusta porque se aturde, no está bien despierto y cree que sueña, no atina a tomar sus armas ni se le ocurre disposición salvadora alguna, y ni aun atacado personalmente acierta a defenderse.

Por esto un ejército sorprendido es un ejército vencido y deshecho sobre tablas. El soldado ha perdido el tino, no se da cuenta del paraje en que se halla ni del sitio que ocupa su compañía y su batallón que yendo de un lado al otro forman una pelota que el sable enemigo se encarga de deshacer.

Tan asustado el uno como el otro, el fraile y Maza se miraban aún a la cara, cuando llegaron jadeantes y aterrados los primeros que habían podido huir de la matanza y que sabían que allí estaban los jefes superiores. Y antes que éstos les preguntaran algo, decían ellos la noticia de lo que pasaba con la exageración consiguiente al terror que tenían.

—Nada se salva, nada —dijeron—; el enemigo en número tremendo, como nunca hemos visto, ha sorprendido el campamento y no se harta de matar.

La artillería y la infantería han sido concluidas a sablazos.

—Ni un minuto que perder tenemos —gritó el fraile en el colmo del terror— si queremos salvarnos. Con estos dos batallones y algunos cuerpos que se nos incorporen podremos salvarnos de la matanza.

Y Maza, completamente de acuerdo, hizo montar a los dos batallones, colocándose en el centro con el fraile, y emprendió la retirada con una rapidez vertiginosa.

Aún no había aclarado por completo y con el polvo levantado por las disparadas y el ir y venir, no se distinguía lo que pasaba a una cuadra de distancia. Apenas habían andado dos cuadras los fugitivos, cuando se sienten avanzados por un gran trozo de caballería, que venía en buena formación.

—Aquí nos embromamos —gritó el fraile—, y mandó echar pie a tierra en el acto y formar cuadros.

Pero poco después respiraba a pulmón pleno al ver que aquel trozo de caballería era la de ellos mismos, que había escapado intacta de la sorpresa y la matanza.

—Con esto tenemos para hacer frente y salvar bien hasta Mendoza —dijo el fraile alborotado—. Haga seguir la marcha, coronel —y echando al gañote un gran trago de aguardiente de uva, volvió a colocarse en el centro de la infantería y a seguir la marcha.

Al fraile Aldao no le faltaba nunca un buen frasco de aguardiente de uva, que usaba metido en un bolsillo hecho expresamente para llevarlo, colgado al cuello, por mayor precaución, con un cordoncito. Este era su consuelo en los grandes momentos y al que acudía siempre para calmar sus miedos.

Ninguno de los dos podía explicarse cómo Chacho los había sorprendido de aquella manera, sin que lo hubieran sentido teniéndolo tan cerca como lo habían tenido.

—Solo el Chacho hace estas pruebas —decía el fraile medio punteado ya—, es un hombre extraordinario con el que nadie ha de poder, hay que confesarlo.

Y seguía dando besos a su limeta a medida que se le iba pasando el jabón. Felizmente para ellos, en la inmensa confusión del combate y el placer consiguiente a la victoria, no había sido notada ni la fuga de aquel gran trozo de caballería, ni la fuga del fraile Aldao con aquella brigada de infantería.

Chacho creía que allí debía estar el fraile y lo buscaba entre las pocas carpas que se veían a retaguardia del campamento, pero estas eran las carpas de los jefes de batallón y regimientos, la mayor parte de los cuales se hallaban mezclados al combate, tomando disposiciones salvadoras que eran perfectamente inútiles, porque la tropa, y la oficialidad, aterradas, solo atendían a la lucha individual sin obedecer las voces de mando que se perdían mezcladas al tremendo estrépito de la pelea.

Temiendo Chacho que el fraile pudiera haberse escondido allí nomás, empezó a ordenar que cesara la matanza y que el campamento fuera rodeado por un ala de caballería. Y sus soldados habituados a obedecer aquellas órdenes en todo momento, dejaron de matar y empezaron a formar la gran ala circular.

Las bajas sufridas por el ejército del fraile eran numerosísimas, como que los riojanos desde el primer momento no habían hecho otra cosa que herir. En cambio, ellos habían sufrido muy poco porque aquel enemigo no había atinado a otra cosa que a huir y rendirse, defendiéndose desesperadamente solo aquellos que se veían más acosados.

Y como los rendidos eran respetados por las fuerzas del Chacho, todos los que no podían huir tomaban aquel temperamento para salvar por lo menos la vida. Cuando se vieron completamente rodeados y vieron que no quedaba la más remota esperanza, empezaron a pedir gracia, yendo los mismos jefes, en medio de aquella confusión, al encuentro de Peñaloza para rendirse sin condiciones. Pero ya el generoso caudillo había dado orden de que cesara la matanza y se respetase a los rendidos.

Fue entonces que Chacho supo que ni Aldao ni Maza dormían con el ejército, buscando la comodidad de las poblaciones, indicándoles dónde habían pasado la noche anterior escoltados por dos batallones de infantería.

Allí acudió Chacho en el acto, pero inútilmente, viendo con pena que el fraile debía ir ya muy lejos, si como lo decían se había retirado desde el principio del combate. Asimismo, Chacho, que tenía un vivo deseo de tomar al maldito fraile para que terminaran de una vez aquellos sangrientos hechos, despachó tres grandes grupos perfectamente montados para que trataran de alcanzarlo. Pero al mismo tiempo les ordenó que no intentaran ninguna persecución inútil, regresando si llegaba la noche y no lo habían divisado.

Como el fraile se había retirado en caballos perfectamente frescos, y apurando su fuga cuanto le era posible, no era creíble que le dieran alcance aquellos soldados que habían peleado toda la mañana, y montados en animales que no habían tenido un solo momento de reposo.

Concluido todo combate por la rendición del enemigo, mientras volvían los perseguidores, Peñaloza se ocupó de hacer recoger todas las armas diseminadas en el campo, formando un buen montón de ellas.

Como se trataba de una sorpresa en cuyo éxito se tenía la mayor seguridad, Victoria había consentido en quedarse media legua a retaguardia del ejército, escoltada por un regimiento de los mejor armados. Fue recién cuando todo combate hubo cesado cuando se acercó donde estaba su marido y le dio un fuerte abrazo.

Victoria montaba un espléndido caballo mendocino, pisador, que hacía caracolear a su gusto, arrancando las más vivas exclamaciones de aquellos que la vieron por primera vez y que llenos de asombro preguntaban quién era. Y Victoria, magnífica y esbelta cruzaba el campo de batalla, cacheteando al brioso corcel, pues se asustaba de los cadáveres a cuyo lado se veía obligado a pasar. Y la esbelta mujer iba felicitando a su paso a jefes, oficiales y soldados, recomendándoles la mayor compasión para los heridos y que no abusaran del triunfo.

Los heridos fueron transportados sobre los armones prisioneros, y en andas o a caballo, según se podía, hasta la próxima población, para evitar que pasaran la noche a la intemperie, y para que fueran allí mejor atendidos. Y a esta ocupación estuvieron dedicadas las tropas del Chacho todo aquel día y gran parte de la noche.

Los soldados rendidos, que no habían sufrido gran cosa en el combate, ayudaban a la operación de transportar heridos, mirándose vencidos y vencedores, no como tales sino como viejos compañeros que hubieran combatido juntos por la misma causa.

Como el ejército del fraile había carneado en abundancia la tarde anterior, las fuerzas de Peñaloza tuvieron comida en abundancia, lo que les hacía buena falta, pues la marcha de la noche anterior y el combate de aquella mañana les habían abierto un apetito infernal.

El fraile Aldao, que hacía siempre sus campañas a lo príncipe, llevaba dos carretas de provisión que no hubo forma de salvar y que fueron abandonadas por el fraile, temiendo que por ellas fuese a ser más morosa la retirada.

Allí encontró el Chacho cuanto podía desear, no para él que era un hombre sobrio y moderado, sino para sus jefes y oficiales que harto se habían ganado aquel banquete. Allí había fiambres abundantes y variados, vinos de primer orden y aves escabechadas de la manera más apetitosa. Con decir que aquellas eran provisiones del fraile, queda hecho el mejor elogio del improvisado banquete. Las carretas fueron vaciadas, y tendidas las exquisitas provisiones sobre el verde, a la luz de una magnífica Luna y a unas veinte cuadras del campo de batalla. Y a aquel inesperado banquete presidido por el Chacho y por Victoria, se sentaban a suelo limpio no solo los jefes y oficiales chachistas, sino también los prisioneros que quedaban allí, a pesar de que Peñaloza les había notificado que estaban en completa libertad.

Se encontraban allí muy bien y querían reposar del susto y la fatiga antes de ponerse en camino. A ninguno de ellos se les había tocado un pelo de la ropa, al extremo de que Chacho no había permitido ni siquiera que les tomaran las armas.

Para ellos, habituados siempre al saqueo del vencido hasta dejarlo desnudo, era aquella una cosa que les llenaba del más completo asombro. Y admiraban profundamente a aquel caudillo tan valiente y noble, que compartía la felicidad y ventajas del triunfo con el más humilde e infeliz de sus soldados. Porque a cada momento mandaba llamar a uno y otro para darles alguna botella de vino, y recomendarles el mayor orden y la mayor compasión para los vencidos.

Y Victoria, feliz, todo lo feliz que puede ser una mujer amante y apasionada, presidía aquella fiesta fraternal e improvisada al lado de su marido, siendo el objeto de todos los cumplidos, de todas las felicitaciones y de todos los brindis.

Chacho, que jamás había pecado en una falta de previsión, había ordenado a sus tropas que tomaran parte en el regocijo general, pero con todo listo para entrar en pelea en cualquier momento que fuera necesario.

Aldao se había retirado; las fuerzas que había enviado en su persecución estaban de vuelta diciendo que era imposible alcanzarlo, el ejército había quedado destruido y prisionero. Pero el fraile podría tener cerca alguna fuerte reserva y caer sobre ellos en el momento que menos lo esperaran, aprovechando el descuido natural a que se entrega un ejército victorioso.

Chacho juzgaba a los demás por sí mismo; suponía en el fraile la misma tenacidad y la misma audacia que él tenía, y encontraba muy posible y lógico que el fraile tratara de avanzarle al campamento. Así es que todos estaban prontos para cualquier sorpresa, con los caballos ensillados y atados al pie o a la mano.

Los jefes enemigos daban a Chacho detalles sobre la manera como se había hecho aquella campaña y el objeto que tenía, detalles que Chacho escuchaba atentamente, asegurando que no comprendía el interés que Rosas tenía en destruirlo, cuando él no se metía con nadie para nada.

—Visto que ha sido el fraile Aldao el encargado de realizar la expedición, es porque ella ha sido provocada por informes que él había dado a Buenos Aires. ¿A quién conviene la desaparición del coronel Peñaloza? —decían razonablemente—. Es claro que Aldao quedaría preponderando en todo el Norte. Entonces no puede ser otro que el fraile Aldao el autor de esta expedición desgraciada, de cuyo éxito se mostraba tan seguro.

—Debe ser así —respondía Chacho, sonriendo siempre—, pero es preciso convenir que el fraile tiene hecho pacto con el diablo para no caer en mis manos. Yo nunca he hecho matar a nadie, impidiendo que los demás lo hagan, cuando he podido. Pero si ese fraile infame cayera en mis manos, yo no sé hasta qué punto podría contenerme; creo que lo ahorcaría de un algarrobo, sin el menor remordimiento, pues él es la causa de la ruina de todas estas provincias. Es un hombre que no se harta de robos y de sangre, y que no le basta con lo que ha hecho y hace en Mendoza, pretendiendo ensangrentar también a La Rioja y cuantas provincias tuvieran la desventura de caer bajo su dominación. Yo considero una obra santa el exterminio de ese fraile infame, y con lo que ha sucedido espero que el general Benavídez no mirará mal que yo expedicione sobre Mendoza y la libre de semejante azote.

El improvisado y opíparo banquete fue tan entretenido, que duró toda la noche sin que la animación decayera un solo momento. Se había vaciado una respetable cantidad de botellas y damajuanas, pero ninguno se había excedido en lo más mínimo.

Al amanecer del nuevo día todos charlaban de la manera más alegre. Solo Victoria, rendida por la fatiga, dormía plácidamente con su espléndida cabeza recostada en el hombro del generoso Chacho, que permanecía inmóvil por no incomodarla. Hacía dos noches que no dormía y no descansaba, y sin embargo en su rostro no se habían visto las huellas del cansancio. Parecía un hombre que recién se levantara de descansar con toda comodidad.

El fin de un tigre

Concluido aquel banquete, el Chacho empezó a dictar sus órdenes para la marcha, que no debía retardarse ya. Dispuso un magnífico servicio de guardias avanzadas para que no se moviera una paja en aquellos alrededores sin que él la sintiera, y previno a los cuerpos que podían entregarse al reposo hasta el mediodía, hora en que se rompería la marcha.

Y era curioso ver al Chacho repartir todas aquellas órdenes y tomar todas aquellas medidas, en la más absoluta inmovilidad, para no turbar el sueño de su compañera, que seguía durmiendo sobre su hombro.

—En cuanto a los jefes y oficiales prisioneros, ellos eran perfectamente libres —había dicho—, y dueños de salir de este campamento a la hora y en la dirección que quieran.

En aquellos tiempos de barbarie y de sangre, un vencedor semejante era digno de la más absoluta admiración.

Cuando los jefes federales mandaban sus prisioneros a ser degollados en Santos Lugares, como los de Quebracho, y esto después de haber degollado ellos hasta cansarse, semejante proceder les parecía un sueño. Creían que era un engaño cruel, para degollarlos cuando fueran a hacer uso de su libertad, y no se atrevían a moverse del campamento. Fue solo cuando vieron que aquel ejército se entregaba al reposo, sin notar ningún semblante que acusara una mala intención, que se atrevieron a acercarse al Chacho para agradecerle su generosidad y pedirle permiso para ponerse en camino.

—Ustedes nada me deben —dijo el caudillo—; han sido arrastrados tal vez a este combate porque les era imposible desobedecer las órdenes de sus superiores, y yo no tengo entonces derecho ni razón para proceder de otra manera. Y aunque fueran mis enemigos, no lo haría, porque no está en mis costumbres, y porque quiero que cuando un oficial o un jefe mío caigan prisioneros tengan el derecho de reclamar para ellos el respeto que yo les hago observar con los demás.

—Para nosotros un prisionero suyo será sagrado desde hoy en adelante —dijeron—; queremos ser dignos del beneficio que hemos recibido.

—Yo nada exijo, para mí, ni para nadie —observó aquel caudillo extraordinario—, solo les pido respeto por los prisioneros que puedan hacerse entre los míos. Ustedes están perfectamente libres y si necesitan que alguien los acompañe, pueden pedirlo nomás.

—Desearíamos que hasta las avanzadas nos acompañase alguno —dijo uno de ellos— para evitar que nos hagan volver hasta aquí.

Chacho llamó a uno de sus ayudantes y le pidió que acompañara a aquellos señores hasta la guardia avanzada, y que no les pusieran el menor obstáculo en su marcha, en cualquiera dirección que la emprendieran. Y si algún soldado prisionero quiere seguirlos o salir del campamento en cualquier otro rumbo, que se le dé franca salida.

Los prisioneros no volvían en sí de su asombro ante la noble e hidalga conducta de aquel hombre, a quien habían tenido siempre por un caudillo vulgar y sanguinario, una especie de Quiroga, pero sin los méritos militares del Tigre de los Llanos. Y se despidieron por fin de Peñaloza, deseándole todas las felicidades posibles para la hermosa compañera que seguía reposando en su hombro.

Algunos de aquellos jefes, los más crueles y menos susceptibles de una acción generosa, no creían todavía en la buena fe de Peñaloza. Y oprimían las culatas de sus pistolas como si quisieran tenerlas prontas para el indudable momento de la matanza, según ellos.

Y salieron del campamento por entre los cuerpos de guardia, sin que una sola palabra descomedida o agria pudiera autorizarlos a un mal pensamiento. Se veían libres, galopaban en dirección a Mendoza, buscando la incorporación a los que se habían salvado con Aldao y Maza, y no volvían aún de su asombro.

Si Chacho hubiera procedido de una manera calculada, no lo hubiera hecho mejor. Aquellos hombres salían de su campamento, siendo más chachistas que cualquier riojano.

Muchos soldados, que los vieron salir del campamento, quisieron venir con ellos y para ninguno hubo el menor inconveniente. Y la fama del Chacho, llevada por aquellos hombres agradecidos, se extendió por todas partes, aumentando la que ya tenía. Y llegaron a Mendoza con la relación de lo que les había sucedido, hecha de una manera tan apasionada que el fraile Aldao prohibió bajo las más severas penas que se hablara una sola palabra en elogio de Peñaloza, pues aquello importaba una traición a la patria de la que era enemigo.

Es que Aldao comprendía que mientras más se realzaba la personalidad de Peñaloza, más se deprimía la suya indirectamente, y esto no le convenía en manera alguna, porque se traducía en simpatías ganadas para el caudillo riojano, que tan vergonzosamente lo había sorprendido y despedazado.

Su descrédito con Rosas iba a ser grande, porque Maza relataría con exactitud la manera en que había sucedido aquella catástrofe y la conducta de Peñaloza con los prisioneros de guerra. Y trató entonces de ganarse a Maza, permitiéndole hacer todo género de atropellos e iniquidades durante el tiempo que allí permaneció. Como Maza estaba a las órdenes del fraile, no podía salir de Mendoza hasta que aquél no lo despachase.

Y el fraile que lo que quería era captarse la amistad del jefe, le dijo desde un principio, que paseara hasta que se aburriese y que le dijera cuándo quisiera que lo despachara. Con semejante autorización y fuerzas a sus órdenes, no quedó iniquidad que aquel bandido no cometiera, llegando hasta eclipsar al mismo fraile Aldao, que es cuanto pueda decirse.

Cuando ya estuvo harto de borracheras, robos y todo género de crueldades, recién pidió al fraile que lo despachara para volver al ejército de Oribe.

Aldao le entregó entonces un parte falso para Rosas, desfigurando los hechos, y lo leyó a Maza para que hablara él de una manera acorde. Y para adquirir completamente la complicidad de éste, le regaló al despedirse una buena suma de dinero y algunas de las muchas y ricas alhajas que tenía en su colección de robos.

El fraile estaba seriamente empeñado en desfigurar los hechos, pues la verdad de lo sucedido lo hubiera desacreditado completamente con el tirano mostrándole la inmensa superioridad de Peñaloza.

Así terminó aquella desastrosa tentativa para el fraile, última que debía emprender contra Chacho, porque ya se había convencido de que ni solo ni ayudado por fuertes elementos podría nunca con el caudillo riojano.

Este, después que dejó reposar tranquilamente a su valiente ejército y a su noble compañera, se dispuso a regresar a La Rioja. Su campaña no podía haber sido más feliz y provechosa. Había tomado gran cantidad de armas y municiones, dos piezas de artillería con sus armones correspondientes y una buena cantidad de mulas y caballos. Además de aquellas dos carretas llenas de víveres; habían tomado, en la población donde durmió el fraile, una galera que contenía dinero, ropas finísimas y todo cuanto pueda necesitar el viajero más exigente.

Aquella galera, vista su comodidad, la destinó Chacho desde el primer momento para que su compañera hiciera la travesía de regreso. Pero ésta no quiso aceptar, diciendo que volvería como había venido, en su caballo y al lado de su marido.

—Que quede la galera —dijo— para aquellos heridos de mayor gravedad.

Los heridos graves, que eran pocos, fueron acomodados en la galera y las carretas, donde se encontraron vendas y una cantidad de medicamentos con sus indicaciones, que les vinieron de perilla. Con las armas tomadas se hicieron tantos cargueros que la noche se vino encima sin que hubieran terminado. Y para que todo fuera completo, desnudaron los cadáveres de sus ropas exteriores, que les hacían gran falta, mientras que ellos no las precisaban para nada. Y se emprendió una marcha triunfal de regreso, como nunca se había visto, por la cantidad de cosas tomadas al enemigo.

La entrada a La Rioja fue un acontecimiento como nunca se había visto. Conociendo ya por chasques el resultado de aquella brillante y corta campaña, el pueblo, verdaderamente entusiasmado, había salido al camino a esperar a su caudillo, para saludarlo y acompañarlo hasta la ciudad con todo género de alegres manifestaciones.

Después que se hubieron depositado las armas en la casa de gobierno, se pusieron los cañones en exposición en la plaza pública, para que el pueblo pudiera darse cuenta de la importancia de la presa, que venía a darles una preponderación guerrera sobre sus vecinos. Y el pueblo, entusiasmado hasta el delirio, se reunió alrededor de las piezas, donde proclamó y vitoreó frenéticamente a Chacho y a la Víctor.

La Rioja acababa de probar una vez más que sus hijos eran invencibles, aunque se aglomeraran sobre ellos todo género de elementos.

Enseguida, Peñaloza hizo repartir entre los más necesitados, el dinero y la ropa tomada al enemigo, con lo que el entusiasmo popular no reconoció límites; el dinero era bastante, de modo que en pequeñas cantidades había alcanzado para hacer la momentánea felicidad de muchos.

Aquellas fiestas duraron más de quince días en que no se oía por toda La Rioja más que el alegre sonido de los bombos y triángulos, tocando las zambas más saladas y las más alegres chacareras.

Chacho había enviado un hombre de toda su confianza para que diera cuenta a Benavídez, con la mayor minuciosidad, de lo que había sucedido.

El general sanjuanino sabía ya que había tenido lugar un choque entre fuerzas de Aldao y Peñaloza, pero no conocía el menor detalle. Así es que cuando llegó el chasque de Peñaloza, ya había enviado comisiones por todos lados para conocer la verdad de los hechos. En vista de lo sucedido, Peñaloza le mandaba avisar que iba a abrir una campaña sobre Mendoza, para librarla de la dominación de aquel bandido y para librar a La Rioja de un eterno peligro, porque mientras Aldao estuviese allí, él se vería obligado a mantener un ejército sobre las armas, lo que no era posible.

Por las armas y municiones tomadas al fraile, el Chacho tenía cómo poner en pie de guerra un respetable ejército, con los elementos que de todo el Norte iba a requerir. Volvía a hacerse Chacho un enemigo sumamente temible para él mismo en caso de que se rebelara contra su amistad.

Era preciso complacerlo en todo lo posible, que hasta razón tenía para estar enojado.

Peñaloza debía estar rabiando, con mucha razón, puesto que no había dado el menor motivo para autorizar el proceder del fraile, pero a Benavídez no se le ocultaba que Rosas había tenido mucha parte en esto. Así es que mandó decir a Peñaloza que no emprendiera ningún movimiento ni hiciera la menor cosa hasta no hablar con él, que así convenía a los intereses de ambos, y sobre todo al de La Rioja.

Las comisiones de Benavídez regresaron trayéndole los datos exactos de lo que había sucedido. El triunfo de Peñaloza tenía más importancia que la que él mismo le daba, pues había quitado al fraile todos los elementos de guerra de que podía disponer Mendoza y aumentado su prestigio de una manera fabulosa.

Si Chacho volvía a emprender una campaña como la que concluyó en Manantiales, todo el interior caería irremediablemente en sus manos, pues Santa Fe misma nada podría contra él, si se presentara allí con un ejército de cinco o seis mil hombres.

Pero Benavídez se equivocaba por completo respecto a los propósitos del Chacho. Leal antes que nada, el gran caudillo no había pensado un momento en faltar a la amistad que lo ligaba con Benavídez. Él esperaría, hasta oír la opinión de su amigo y estaría de acuerdo con él según lo que a ambos conviniera. En vano sus amigos políticos empezaron a tentarlo de nuevo poderosamente, las condiciones excepcionales en que se hallaba para emprender una campaña en toda regla y volver a apoderarse de todo el Norte.

—No tenemos al frente más enemigos serios que Benavídez, y con los elementos que hoy tenemos, Benavídez no nos podría resistir. Rosas puede mandar un ejército poderoso, y entonces será muy difícil hasta el sostenernos en La Rioja.

Chacho resistió todas esas tentaciones y no quiso escucharlas.

—Antes que todo está mi fe empeñada —decía—, mi fe empeñada con Benavídez, que no ha desmentido la suya y a la que no puedo faltar como cualquier maula. Nuestros elementos serían siempre los mismos y nada habremos perdido con esperar un poco. Siempre valdremos lo mismo y nuestra superioridad será indiscutible.

Y convencido de que a su primer llamado acudiría toda La Rioja, Chacho licenció sus fuerzas, no dejando en pie de guerra más que dos regimientos con lo que pensaba establecer una severa vigilancia del lado de las provincias vecinas, de manera de tener conocimiento del menor amago de invasión. Y esperó tranquilamente la venida de Benavídez, quien lo mandó llamar para tener con él una conferencia a mitad del camino.

—No vaya coronel —dijeron sus amigos—; los federales juegan el todo por el todo y serán capaces de hacer cualquier infamia por verse libre de usted.

—El general Benavídez no es capaz de cometer una infamia —respondía Chacho—. Es mi amigo y yo lo conozco, mucho mejor que ustedes. ¿Por qué había de cometer conmigo un acto de deslealtad?

—Entonces no vaya solo, lleve por lo menos un regimiento que lo ponga a cubierto de una traición.

—¿Y por qué voy a hacer semejante injuria a un hombre como aquél? ¿Con qué cara voy a escuchar el reproche que éste tendría el derecho de hacerme? Iré solo con mi secretario, que es como debo de ir, y ya verán ustedes que nada me sucede.

Viendo que el Chacho no les hacía caso, y temiendo realmente sus amigos que fuera a sucederle una desgracia, vieron a Victoria para que ésta no le permitiera ir solo, haciéndole entender que tal vez se trataba de una traición.

—¿Por qué no viene aquí Benavídez? —decía en apoyo de sus sospechas—. Es claro que es porque intenta algo en contra de Chacho.

Victoria habló con el Chacho, pidiéndole que llevara un regimiento de escolta, pero éste le contestó en el mismo sentido que conocemos, añadiendo:

—¿Es posible que seas tú quien me aconseja una acción cobarde? Solo un cobarde es capaz de precaverse de un amigo, y gracias a Dios yo no lo soy, ni quiero dar a nadie el derecho de que lo presuma.

—Está bien —respondió Victoria perfectamente convencida—, pero yo voy a acompañarte; yo no represento ni siquiera la fuerza de un hombre, y por ir yo a tu lado nadie va a tratarte de cobarde.

Y como Chacho consintió en el acto, Victoria no solo quedó tranquila sino que tranquilizó a sus amigos con la siguiente cuerda reflexión:

—Si Chacho consiente en que yo lo acompañe, es porque está seguro de que no hay ningún peligro que correr, y cuando el Chacho está tan seguro que me lleva a mí, es claro que no hay ni la menor sospecha de peligro.

Chacho, acompañado de su esposa y de su secretario Alvarez, una de las personas más distinguidas de La Rioja, marchó al encuentro de Benavídez con la tranquilidad del que nada teme, pero el gobierno tomó en el acto todas las medidas para estar a cubierto de cualquier desgracia.

—Peñaloza puede tener toda la confianza que quiera —dijo—, pero el gobierno está en la obligación de temerlo todo de aquella gente, y de tomar sus medidas para poder proteger en un caso dado a su gran caudillo y con él a su provincia.

Y movilizó en el acto cuatro regimientos con lo que se puso en marcha lenta hacia el punto donde se dirigiera Chacho, bastante despacio para que el caudillo no lo notara, pero no tanto que no pudiera protegerlo en un momento de peligro.

Benavídez quedó sorprendido ante la escolta con que se le presentaba Chacho, su esposa y su secretario.

—¿Y a qué debo —preguntó— el placer y el honor de semejante visita?

—Es que ésta es así —respondió Peñaloza—; no quiere dejarme solo por ninguna parte, porque tiene miedo que me coman los tigres.

—La verdad ante todo —respondió Victoria sonriendo bondadosamente.

Y refirió al general Benavídez la causa de que ella hubiera ido acompañando a su marido, para tranquilizar a los que querían que se viniera con un ejército.

El general dio un abrazo a Peñaloza y tendió sus manos a Victoria.

—Nunca me hubiera creído que Peñaloza sospechara de mí —dijo— y me crea capaz de una infamia como ésta. Él me ha hecho justicia y me ha mostrado su espíritu en toda su nobleza, porque generalmente el hombre piensa de los demás por sí mismo. Aquí está todo lo que he traído para asistir a esta conferencia, y esto, porque tengo muchos enemigos que podrían quererse aprovechar de hallarme solo en el campo.

Y Benavídez hizo formar toda su escolta, que se componía de algunos jefes y oficiales y un escuadrón de caballería.

—Yo no he ido hasta La Rioja para ahorrarme camino —dijo—, pues haciendo la mitad cada uno nos encontraríamos más pronto. Pero si yo hubiera sabido que esto iba a dar lugar a semejante duda, hubiera hecho toda la jornada.

—Es que a usted no lo conocen bien, general —decía Chacho—. Pero yo me encargo de hacerlo conocer. En La Rioja ha de ser usted tan estimado como yo mismo.

—Bueno, eso vendrá cuando me conozcan más; pero hablemos ahora de lo que nos interesa y urge. Creo que es necesario que usted permanezca tranquilo, con los elementos que ha conquistado últimamente.

—Es que esto se ha repetido dos veces ya, con el amparo y fuerzas de Buenos Aires, y esto no puede permitirse. Yo creo que estoy en mi derecho de hacer una campaña hasta Mendoza y no solo derrotar al fraile, sino traérmelo prisionero a La Rioja para que responda ante la justicia de todo el daño que ha causado.

—La situación no es buena; es preciso que el gobernador Rosas se convenza de que el fraile Aldao es un pillo que no mira por la Federación sino por él mismo. Si usted cae sobre Mendoza, puede creer que yo me he dado vuelta y he protegido un movimiento que puede costarle la pérdida del

Interior. Yo le garantí que usted no se movería de La Rioja en contra de los gobiernos que a él respondían. Entonces creo que tengo la obligación de avisarle que en vista de los avances del fraile Aldao yo no puedo responder de usted más tiempo, y que son esos avances e invasiones los que lo han hecho salir de su propósito. Enseguida yo no me empeño más y usted puede hacer lo que mejor le parezca. Entonces, convenimos en que por ahora usted no hará nada.

Arreglado así todo, los dos caudillos se quedaron allí dos días hablando amistosamente.

—Yo creo que el poder de Rosas vacila —decía Benavídez— precipitado a un fin trágico por sus muchos horrores. Los elementos que se levantan en su contra son muchos, según mis noticias, y día va a llegar en que no podrá con todos. Entonces nos hemos de entender aquí Peñaloza, y sus amigos no tendrán nada que reprocharle por haberme atendido y guardado consecuencia. Marchando de acuerdo podemos hacer mucho, y mucho será que el Interior de la República nos deba la paz y el bienestar.

—Yo estoy muy contento que mi secretario Alvarez lo oiga expresarse así —decía Peñaloza—, pues él podrá entonces convencer a los que aún vacilan y desconfían de usted.

Don Francisco Alvarez era una persona de respeto, por su conducta recta y la firmeza asombrosa de su carácter. Era un joven entonces de inteligencia clarísima, lo que le había dado cierta influencia entre los chachistas.

Peñaloza escuchaba atentamente su palabra razonada y recta, y más de una vez había seguido sus consejos prudentes; por esto Peñaloza estaba contento de que Alvarez mismo escuchara las palabras de Benavídez para que pudiera formarse una idea exacta de aquel general e inculcarlas a los partidarios más incrédulos.

Benavídez vio en Alvarez una persona ilustrada y de clara razón, encontrando un placer verdadero en conversar con él y cambiar ideas sobre todas aquellas cuestiones.

Y Alvarez a su vez encontró en Benavídez un hombre de una viveza natural soberbia, aunque de escasa ilustración.

Y ambos simpatizaron íntimamente, con gran placer del Chacho que tenía por Alvarez un cariño exagerado.

Se convino, pues, en que Chacho suspendería su campaña a Mendoza y se quedaría en La Rioja prevenido, pero sin provocar a nadie, al menos hasta no ver por donde resollaba Rosas después de la derrota del fraile.

Pero ya sabemos que Rosas apurado ya de todas partes, poco o nada tenía que hacer. El tirano no halló más amparo que Benavídez, y a él le escribió para que arreglara amistosamente al fraile y al caudillo.

«Sé que Aldao es así como Dios lo ha hecho, decía Rosas, que ha ido a buscar a Peñaloza, pero es preciso que todos sepan también que ahora más que nunca necesito la unión de todos mis elementos. Los enemigos de la Federación y de la América se alían con el inmundo extranjero para venir a saquear la patria y someterla a la más negra degradación. Es preciso olvidar todo resentimiento de provincia y pensar en la patria y la Federación.»

Benavídez volvió a escribir entonces a Chacho, diciéndole que pronto se verían nuevamente para comunicarle noticias graves. Y empezó a preparar un fuerte ejército echando mano de todos los elementos que tenía, no para defender a Rosas en un caso de apuro, sino para defenderse él y la provincia de San Juan de cualquier avance federal y unitario mismo. Porque Benavídez quería conservar una importancia y valor, que lo impusieran a cualquier partido que lo necesitara.

Benavídez empezaba a comprender que Urquiza jugaba sucio a Rosas, y entre uno y otro, se quedaba con el primero, no solo por ciertas simpatías personales, cuanto por las más claras conveniencias políticas. San Juan tenía entonces mucho comercio con Buenos Aires, y por los negociantes que iban y venían, Benavídez tenía conocimiento, aunque con algún retardo, de los acontecimientos más graves de la política federal. Y veía que Rosas estaba sobre un volcán que haría erupción tarde o temprano, abrasando la infame tiranía. Y se entendió con el Chacho para sostenerse mutuamente, en previsión de todo, no estando dispuesto a someterse a nadie, sino a obrar por su sola y exclusiva cuenta de la manera que más conviniese a los intereses políticos.

Lo que se venía previendo hacía tiempo, sucedió por fin. Urquiza, el prestigioso y poderoso caudillo de Entre Ríos, se sublevó contra el poder de Rosas y le declaró la guerra decididamente. Y mientras Rosas impartía sus órdenes a sus jefes y caudillos, declarando traidor a la patria y a la América al loco Justo José de Urquiza, éste enviaba sus comisiones para entenderse con los gobernadores, solicitando alianza para la gran campaña que habría apoyado con Entre Ríos, Corrientes, y todo el partido unitario de la República.

Los gobernadores de Rosas vieron en aquella propuesta una verdadera locura de Urquiza, porque creían que el poder de Rosas era insuperable. Y como defendiendo al tirano defendían la dominación y el robo ejercido por ellos mismos, negaron al caudillo entrerriano su cooperación, aunque especulativa y solapadamente prometieron no hacerle daño y prescindir de la lucha hasta no ver claro en ella. Así creían quedar bien con Urquiza, sin ponerse mal con Rosas, exponiéndose a que éste les diera en la cabeza una vez que sofocara al temerario caudillo.

Solo Benavídez y Chacho respondieron a Urquiza de una manera leal y decidida, comprometiéndose a sostenerlo en el Interior y ayudarlo eficazmente en el triunfo de su noble idea, dando en tierra con aquella borrascosa y degradante tiranía. Ambos mandaron ofrecer a Urquiza el contingente de su ejército con ellos a la cabeza pero haciéndole ver que entonces las provincias quedarían entregadas a la Federación sin la menor defensa, siendo más difícil dominarlas después.

«Allí es donde los necesito yo, respondió Urquiza viendo en aquella manifestación el triunfo de su causa, porque para luchar aquí con Rosas tengo elementos sobrados. Quedándose allí, ustedes podrán responderme del Interior y sofocar allí los últimos restos de la Federación.»

El convenio no podía ser más ventajoso para ellos, comprometiéndose a cumplir toda instrucción que en aquel sentido recibieran.

Si la empresa de Urquiza fracasaba, ellos nada habían hecho, y entonces Rosas, por conveniencia propia, seguiría teniéndolos a su lado. Y si Urquiza triunfaba de Rosas, ¿quién podría meterles dientes en el Interior?

Así, para responder a toda situación difícil que pudiera presentarse, ambos en sus respectivas provincias empezaron a preparar sus ejércitos, de modo que aun licenciados pudieran estar prontos al primer llamamiento.

Los gobiernos vecinos empezaron a alarmarse con aquellos preparativos y a pasarse la voz de «¡alerta!» no atreviéndose a preguntarles directamente por qué se armaban, aunque ya suponían que sería con motivo del pronunciamiento de Urquiza, conocido ya en toda la república por las mismas comunicaciones en que Rosas lo declaraba loco, traidor, salvaje, unitario.

El general Urquiza se había puesto en campaña con todo el esfuerzo de su gran carácter y la gran actividad que hacía su condición más remarcable. Ya Entre Ríos y Corrientes se habían levantado en masa al sonido de su palabra prestigiosa y lo simpático de la causa que abrazaba. Y los unitarios acudían de todas partes a engrosar sus filas, deseando de una vez lanzarse sobre Buenos Aires y aplastar la tiranía. La Banda Oriental concurría al movimiento con sus mejores tropas, y el Brasil ponía a disposición del caudillo, soldados y armamentos, que era lo que más necesitaba.

Rosas estaba fuerte como nunca, tenía inmensas tropas y jefes caracterizados; tenía en su favor la creencia general de que Urquiza no lo derrocaría, pero asimismo el caudillo entrerriano no vaciló ni un momento. Y con mayor entusiasmo mientras mayores eran las dificultades para vencer, se preparó a marchar sobre Buenos Aires, a buscar al tirano en su propia guarida.

Urquiza tenía todas las condiciones necesarias para dirigir una empresa de aquella magnitud, disponía de grandes elementos bélicos, y entonces el éxito más completo debía coronar todas sus esperanzas.

Todos conocen el resultado de aquella campaña grande y salvadora, y nosotros mismos lo hemos narrado con sus mayores detalles en nuestra Historia de Rosas.

La batalla de Caseros se produjo y la tiranía de Rosas se hundió para no volver a alzarse más. Los gobiernos federales del interior, aquellos caudillos bárbaros y sanguinarios no podían sostenerse más, y una era de paz y felicidad empezó a sonreír a la República.

La noticia del triunfo de Caseros tomó a las provincias en lo mejor de sus preparativos bélicos, con excepción de San Juan y La Rioja, cuyos caudillos las habían levantado respectivamente a una condición temible por la suma de fuerzas y armamentos de que ambos disponían quedando en situación de imponer la ley a las demás el día que fuera necesario.

Viéndose perdidos los tenientes de Rosas, en el Interior se someten a Urquiza. El poder de Rosas había caducado, y ellos no podían luchar contra Benavídez y Chacho, que se habían puesto por completo de parte de la organización nacional.

El general Gutiérrez en Tucumán estaba con Urquiza también, pero su provincia nada había ganado con esto, pues aquel federalote seguía tiranizándola como antes, lo que había sublevado al partido unitario tan perseguido allí, hasta asesinar a sus hombres más culminantes.

El fraile Aldao, a quien parecía un sueño aquel cataclismo federal, fue hecho prisionero al fin, muriendo de la manera tremenda que narramos en nuestra Historia de Rosas. Así Mendoza fue librada de aquel fraile feroz, que debía morir entre los tormentos horribles que causaron en él el alcohol, el remordimiento de sus bárbaros crímenes, y las úlceras tremendas que devoraban su cuerpo podrido en vida por la crápula y la vida formidable que había llevado hasta su caída.

Peñaloza se retiró a La Rioja después de haber concluido con la dominación federal, recibiendo allí los despachos de coronel de la Nación, que le mandó entregar el general Urquiza, en prueba de su estimación y en premio de sus buenos e infatigables servicios.

Chacho no quiso tomar parte en las cuestiones políticas; abandonó el gobierno a los hombres que el pueblo había designado y se retiró a la vida privada, feliz, en medio de su mujer y de su hija que se había casado con un comandante Fernández. En la pacificación del Interior, Chacho se había hecho conocer en la mayor parte de las provincias, dejando en todas ellas numerosas simpatías tanto por su modo de ser, cuanto por lo que él debía al partido unitario. A pesar del prestigio que tenía Benavídez entre los federales y la poca resistencia que le hacían los unitarios allí en el mismo San Juan, Chacho era más prestigioso y más querido que él. Aquel pueblo tenía idolatría por el caudillo riojano, en quien había siempre hallado un protector después de la batalla.

Las provincias se hallaban divididas por los múltiples caudillos que brotaban de todas partes, caudillos de ambiciones desmedidas y que querían buscar a toda costa como habían buscado los federales bajo el poder fraternal de Rosas. Y se disputaban el poder a toda costa, tratando cada cual por su lado de captarse para sí el apoyo del general Urquiza, que estaba en el apogeo de su poder y simpatía como vencedor de Caseros.

«Que hagan lo que quieran, pensó Chacho, no tocando mi Rioja.»

Y se retiró a Jacha, tranquilo y feliz, esperando los acontecimientos que lo habían de arrojar más tarde a la más brillante escena.

El general Urquiza, hombre de una rara penetración, a quien era difícil engañar con apariencias, se fijó en este gran caudillo, vio que era el hombre más imponente en las provincias del Norte, y trató de atraerlo a su lado. Y lo llamó al Paraná para hacerlo tomar parte en el memorable acuerdo de San Nicolás. Allí se entendieron los dos grandes caudillos, comprometiéndose Peñaloza a sostener las ideas y política de Urquiza, que la creía santa, con toda la leal voluntad de que era susceptible. Fue entonces cuando Urquiza le regaló aquel célebre puñal de oro, de que hemos hecho mención al principio de este romance, y que conservó hasta el día de su trágica muerte.

Urquiza entonces era una bella figura política. Acababa de derrocar la más infame tiranía de que haya memoria, y se había hecho acreedor a la simpatía del país entero. Por eso Chacho, que procedía sin cálculo, sin malicia y sin estudio, se comprometió con

Urquiza, haciendo una de aquellas alianzas de corazón que no se quiebran nunca.

Urquiza hizo remitir a Peñaloza sus despachos de general, acordado por el primer Congreso del Paraná, con lo que Peñaloza concluyó por entregarse por completo al astuto general Urquiza, que sabía que teniéndolo a Chacho en el Interior, no se movería allí nadie en contra de su política.

Siguiendo su noble costumbre de amparar y proteger a sus leales, a costa de lo poco que poseía, Peñaloza repartió entre los suyos todo el dinero y prendas que los últimos acontecimientos habían hecho venir a sus manos. Lo tomado a Aldao, lo regalado en la mayor parte de las provincias y lo enviado por el mismo Urquiza, fue repartido entre los más infelices, reservando para sí la más pequeña parte.

Aun, y en esta época de reorganización y descalabro, entra la parte más lucida e interesante de este hombre extraordinario, que con solo los elementos que podía sacar de la pobre y desamparada Rioja, tuvo en apuros, por años enteros, a la nación, con todo su ejército y sus mejores jefes.

Los Montoneros, segunda parte del Chacho, ofrece un interés dramático de primera fuerza, que será una de las más asombrosas páginas de nuestra historia nacional. Aún no se ha hecho al general Peñaloza la justicia debida, pues aún permanecen desconocidos los hechos más notables de su vida.

Libros a la carta

A la carta es un servicio especializado para

empresas,

librerías,

bibliotecas,

editoriales

y centros de enseñanza;

y permite confeccionar libros que, por su formato y concepción, sirven a los propósitos más específicos de estas instituciones.

Las empresas nos encargan ediciones personalizadas para marketing editorial o para regalos institucionales. Y los interesados solicitan, a título personal, ediciones antiguas, o no disponibles en el mercado; y las acompañan con notas y comentarios críticos.

Las ediciones tienen como apoyo un libro de estilo con todo tipo de referencias sobre los criterios de tratamiento tipográfico aplicados a nuestros libros que puede ser consultado en Linkgua-ediciones.com.

Linkgua edita por encargo diferentes versiones de una misma obra con distintos tratamientos ortotipográficos (actualizaciones de carácter divulgativo de un clásico, o versiones estrictamente fieles a la edición original de referencia).

Este servicio de ediciones a la carta le permitirá, si usted se dedica a la enseñanza, tener una forma de hacer pública su interpretación de un texto y, sobre una versión digitalizada «base», usted podrá introducir interpretaciones del texto fuente. Es un tópico que los profesores denuncien en clase los desmanes de una edición, o vayan comentando errores de interpretación de un texto y esta es una solución útil a esa necesidad del mundo académico.

Asimismo publicamos de manera sistemática, en un mismo catálogo, tesis doctorales y actas de congresos académicos, que son distribuidas a través de nuestra Web.

El servicio de «libros a la carta» funciona de dos formas.

1. Tenemos un fondo de libros digitalizados que usted puede personalizar en tiradas de al menos cinco ejemplares. Estas personalizaciones pueden ser de todo tipo: añadir notas de clase para uso de un grupo de estudiantes,

introducir logos corporativos para uso con fines de marketing empresarial, etc. etc.

2. Buscamos libros descatalogados de otras editoriales y los reeditamos en tiradas cortas a petición de un cliente.

www.ingramcontent.com/pod-product-compliance
Lightning Source LLC
Chambersburg PA
CBHW020412030726
47495CB00006B/1487